第 十 卷

1924.4—1924.8

孙中山全集

广 东 省 社 会 科 学 院 历 史 研 究 室
中国社会科学院近代史研究所中华民国史研究室　合 编
中 山 大 学 历 史 系 孙 中 山 研 究 室

中 华 书 局

目　　录

致阿卜里刚电[*]

（一九二四年四月一日）

墨总统阿卜里刚阁下：据敝国侨居顺诺拿省之人民呈诉，顺省议院将施行隔绝华侨于一定区域之法律。此律若经施行，敝国侨民实受莫大之虐待与损失。深望阁下竭力保护华侨在条约上应享之权利，两国邦交实利赖之。孙文。印。（一日）

据《广州民国日报》一九二四年四月十五日《大元帅保护墨国华侨》

免赵士北职务令

（一九二四年四月一日）

大元帅令

大理院长兼管司法行政事务赵士北着免本兼各职。此令。

（中华民国陆海军大元帅之印）

中华民国十三年四月一日

据大本营秘书处编《陆海军大元帅大本营公报》（以下简称《大本营公报》）第十号（广州一九二四年四月十日版）《命令》

---

[*] 一九二三年十二月十九日，墨西哥顺诺拿省通过一项法律，限令中国华侨与墨人隔绝，并令侨民于四个月内移居墨西哥政府所指定的区域。这是孙中山接到旅墨华侨的呈诉书后，给墨西哥总统发去的电文。

特任吕志伊职务令

（一九二四年四月一日）

大元帅令

　　特任吕志伊为大理院长。此令。

（中华民国陆海军大元帅之印）

中华民国十三年四月一日

据《大本营公报》第十号《命令》

特派吕志伊职务令

（一九二四年四月一日）

大元帅令

　　特派吕志伊兼管司法行政事务。此令。

（中华民国陆海军大元帅之印）

中华民国十三年四月一日

据《大本营公报》第十号《命令》

准郑述龄辞职令

（一九二四年四月一日）

大元帅令

　　前禁烟督办杨西岩呈该署查验处长郑述龄恳请辞职。郑述龄
准免本职。此令。

（中华民国陆海军大元帅之印）

中华民国十三年四月一日

据《大本营公报》第十号《命令》

准余浩廷等辞职令

（一九二四年四月一日）

大元帅令

　　前禁烟督办杨西岩呈该署科长余浩廷、邓以濂、张世昌、吴季祐、温竞生、高少琴、刘薇卿，所长郑文华恳请辞职。均照准。此令。

（中华民国陆海军大元帅之印）

中华民国十三年四月一日

据《大本营公报》第十号《命令》

委派鲁涤平宋子文职务令

（一九二四年四月一日）

大元帅令

　　派鲁涤平、宋子文为财政委员会委员。此令。

孙　文

中华民国十三年四月一日

据谭延闿编《总理遗墨》第三辑（出版时间不详，广东省社会科学院藏）影印原令

给叶恭绰的训令

（一九二四年四月一日）

大元帅训令第一二九号

　　令大本营财政部长叶恭绰

　　为令饬事：案据广东地方善后委员会呈称："呈为奸商藐法，财政纠纷，吁请严令查拿，以重职权而资统一事：窃自军〈兴〉以来，财政枯竭已达极点。幸赖我大元帅力谋统一，各军将领一致赞同，凡我人民同深盼祷。惟是统一本旨，贵求实效，不慕虚名。查近日各项税捐，仍有奸商混向别机关瞒请承办，紊乱财政，莫此为甚。委员等耳目所及，不敢壅于上闻，经于三月二十日第三十五次会期提出讨论，众议所有捐项属于中央者，应由财政部主持；属于全省者，应由财政厅主持；属于广州市者，应由市政厅主持。倘有混向别机关瞒承者，我全粤人民决不公认。拟请帅座明令颁布，如有上项情事，即将该奸商尽法惩办，以符统一财政之本旨，全粤幸甚，大局幸甚"等情。据此，当经指令"呈悉。查军队擅抽杂捐，早经明令禁止，并声明奸商承办者，应一体从重治罪在案。至原有各项税捐，自应由各主管机关主持。有奸商敢向别机关瞒承者，事与向军队承办杂捐无异，自应一律严惩，以免紊乱财政。候即令行财政部长布告禁止，并通行军政各机关遵照可也。此令"等语。除指令印发外，合行令仰该部即便遵照布告严禁，并由部分别咨令军政各机关一体遵照，仍将遵办情形报查。切切。此令。

　　　　　　　　　　　　　　　（中华民国陆海军大元帅之印）

中华民国十三年四月一日

　　　　　　　　　　　　　据《大本营公报》第十号《训令》

给杨西岩的指令

（一九二四年四月一日）

大元帅指令第三〇四号

　　令前禁烟督办杨西岩

　　呈为转呈总务厅长黄仕强恳请辞职由。

　　呈悉。已有明令黄仕强准免兼职矣。此令。

　　　　　　　　　　　　（中华民国陆海军大元帅之印）

中华民国十三年四月一日

　　　　　　　　　　　　　　据《大本营公报》第十号《指令》

给杨西岩的指令

（一九二四年四月一日）

大元帅指令第三〇五号

　　令前禁烟督办杨西岩

　　呈为转呈秘书马武颂等恳请辞职由。

　　呈悉。已有明令照准矣。此令。

　　　　　　　　　　　　（中华民国陆海军大元帅之印）

中华民国十三年四月一日

　　　　　　　　　　　　　　据《大本营公报》第十号《指令》

给广东地方善后委员会的指令

（一九二四年四月一日）

大元帅指令第三〇六号

令广东地方善后委员会

呈请明令禁止奸商瞒承税捐由。

呈悉。查军队擅抽杂捐，早经明令禁止，并声明奸商承办者，应一体从重治罪在案。至原有各项税捐，自应由各主管机关主持。有奸商敢向别机关瞒承者，事与向军队承办杂捐无异，自应一律严惩，以免紊乱财政。候即令行财政部长布告禁止，并通行军政各机关遵照可也。此令。

（中华民国陆海军大元帅之印）

中华民国十三年四月一日

据《大本营公报》第十号《指令》

任命吴铁城状[*]

（一九二四年四月二日）

任命吴铁城为广东省警卫军司令。此状。

据《广州民国日报》一九二四年四月二日《吴铁城就司令职纪盛》

---

* 此件所标时间系《广州民国日报》发表日期。

着严拿赖世璜令 [*]

（一九二四年四月二日）

赖世璜党恶扰民，防阻义师，俶扰纲纪，曾饬褫夺官职。着各军各机关一体严拿，解省惩办，以昭炯戒。特令遵照。

据《广州民国日报》一九二四年四月三日《通缉赖世璜之命令》

给程潜的指令 [**]

（一九二四年四月二日）

大元帅指令第三一〇号

令大本营军政部长程潜

呈拟议赔偿法商"麻奢"轮船船价办法，乞令遵由。

呈悉。应照准。此令。

（中华民国陆海军大元帅之印）

中华民国十三年四月二日

据《大本营公报》第十号《指令》

---

[*] 此件所标时间系据四月三日《广州民国日报》云"昨广东省长公署训令各机关云；现奉大元帅第七一号令开"酌定。

[**] 大本营兵站部曾于一九二三年九月租借法国志利洋行商船"麻奢"轮，以助军用。该轮不慎于十一月五日在东莞石龙附近之龙叫地方被焚毁。为维护外侨财产，军政部呈议赔偿该轮船价二万元。

给卢师谛的指令 *

（一九二四年四月二日）

候饬刘总司令妥为办理，并惩办肇事之军官，抚恤伤亡，清还枪械。令饬廖司令将扣留枪枝暨所缴枪弹如数交还。

据《广州民国日报》一九二四年四月四日《帅令交还卢部枪械》

致李济深等电 **

（一九二四年四月三日）

肇庆李处长济深、梧州黄师长绍雄、郑师长润琦，抄送刘军长玉山均览：元密。前以整军经武，曾饬直辖第七军军长刘玉山将在省部队移驻三罗，协剿南路匪患。旋复由参谋处嘱暂驻都城，整顿待命，均经先后令达通知在案。乃迭据报告，该部到都城后，被各该部包围，勒缴枪枝等情。该部移驻都城，系政府命令，即有不是，亦应呈候本大元帅核示办理，何得同类相残，自扰自治？着即各守原防，听候解决，毋得妄动干戈，致干宪典。所有收缴枪枝，拘留人员，并着悉数发还礼释。特此电达，仰即遵照，毋违干咎。仍着具

报，毋延。切切。大元帅令。

据《广州民国日报》一九二四年四月三日《帅令西江军队息争》

准任黄家齐职务令

（一九二四年四月三日）

大元帅令

　　大本营参军长张开儒呈请任命黄家齐为参军处中校副官。应照准。此令。

（中华民国陆海军大元帅之印）

中华民国十三年四月三日

据《大本营公报》第十号《命令》

给郑洪年的命令*

（一九二四年四月三日）

　　江门向担任此责①，近日不知如何忽然短交。务望严责照数交足为要。

据《广州民国日报》一九二四年四月七日《财厅催解江门海防费》

---

　　*　原令未署日期。按郑洪年致函江门财政处公布此令的日期为江（三）日，今据此酌定。

　　①　江门向担任此责：海防司令部（驻江门）的经费一向由江门财政处拨给，每天约一千二百元。

给张启荣的指令

（一九二四年四月三日）

大元帅指令第三一二号

　　令卸钦廉高雷招抚使张启荣

　　呈为遵令卸职，缴销关防，并开列用款清册，乞准报销拨还由。

　　呈及清册均悉。查此项用款未经奉令核准，所请予报销拨还之处，碍难照准。清册发还。此令。

（中华民国陆海军大元帅之印）

中华民国十三年四月三日

据《大本营公报》第十号《指令》

给马超俊的指令

（一九二四年四月三日）

大元帅指令第三一三号

　　令广东兵工厂长马超俊

　　呈拟《民国〔团〕备价请领枪弹暂行细则》及《章程》，乞饬省长转令所属一体遵照由。

　　呈及细则、章程均悉。候令行广东省长饬属一体遵照可也。细则、章程存。此令。

（中华民国陆海军大元帅之印）

中华民国十三年四月三日

据《大本营公报》第十号《指令》

给杨庶堪的训令

（一九二四年四月三日）

大元帅训令第一三二号

令广东省长杨庶堪

为令行事：据广东兵工厂长马超俊呈称："窃厂长日前拟具扩充职厂计划及民团军队备价请领枪弹一案，经呈奉钧座令字第四十九号内开：'呈及清折均悉。所陈整顿扩充厂务办法，尚属妥协，应予核准。仰即继续妥筹办理，随时分别呈报查核。此令。清折存'等因。奉此，厂长遵即依照扩充计划，次第筹办，以期仰副钧座注重军实之至意。惟是厂长对于民团，尚有无穷之希望。兹谨为钧座略陈之：今者，地方警察尚未遍设，而军队又为国防之用，训练民团最为重要。各县县长职司守土，负有专责，每月自应派委熟悉军事人员分赴各乡，施以适当之军事教育，并因势利导，实行宣传吾党三民主义，期粗知军学及自身应尽之职责，咸使晓然吾党之精神，成为无数有主义之民团，直接可以保护地方，间接可以捍卫国家，即将来出师北伐，亦无后顾之忧。至于检〔枪〕弹，乃事关军实，各县民团来厂请领，亦须有一定之程序，方足以资遵守，以杜流弊。谨拟具《民团备价请领枪弹暂行细则》及照录《民团备价请领枪弹暂行章程》，恳请钧座令饬广东省长转令所属，一体遵照。除将筹办情形随时呈报外，理合具文连同暂行细则及章程共三份，呈请鉴核，伏乞俯赐分别存转，实为公便"等情。据此，除指令照准外，合行抄发原细则及章程，仰该省长即便转饬所属一体遵照办理。此令。

计抄发原细则、章程各一份。

（中华民国陆海军大元帅之印）

中华民国十三年四月三日

据《大本营公报》第十号《训令》

给杨西岩的指令
（一九二四年四月三日）

大元帅指令第三一四号

　　令前禁烟督办杨西岩

　　呈为转呈查验处长郑述龄呈请辞职由。

　　呈悉。已有明令照准矣。此令。

（中华民国陆海军大元帅之印）

中华民国十三年四月三日

据《大本营公报》第十号《指令》

给杨西岩的指令
（一九二四年四月三日）

大元帅指令第三一五号

　　令前禁烟督办杨西岩

　　呈为该署科长余浩廷等呈请辞职由。

　　呈悉。已有明令，均照准矣。此令。

（中华民国陆海军大元帅之印）

中华民国十三年四月三日

据《大本营公报》第十号《指令》

给林森的指令

（一九二四年四月三日）

大元帅指令第三一七号

　　令大本营建设部长林森

　　呈请令饬外交部制止外人议设省港通电水线，并通令各军勿任意挂搭电话电线于电报线上，致碍电报交通，为外人借口由。

　　呈悉。候分别令行外交部及各军长官遵照办理可也。此令。

（中华民国陆海军大元帅之印）

中华民国十三年四月三日

据《大本营公报》第十号《指令》

给杨希闵等的训令

（一九二四年四月三日）

大元帅训令第一三三号

　　令中央直辖滇军总司令杨希闵、湘军总司令谭延闿、豫军讨贼军总司令樊钟秀、桂军总司令刘震寰、东路讨贼军总司令许崇智、中央直辖广东讨贼军第四军军长梁鸿楷、中央直辖第一军军长朱培德、中央直辖第二军军长黄明堂、中央直辖第七军军长刘玉山、中央直辖第三军军长卢师谛、中央直辖赣军司令李明扬、北伐讨贼军第二军军长柏文蔚、北伐讨贼军第三军军长胡谦、山陕讨贼军司令路孝忱

　　为令行事：据大本营建设部长林森呈称："现据广东电政监督

兼广州电报局局长何家猷、现据沙面电报局局长李锡祥邮代电称：'职局办理洋账各行交存按柜，近日纷到提取。虽因广港线阻过久，寄报转港太迟，以致外人啧有烦言。惟日来港中喧传西人议设省港水线，及以彼国兵舰无线电传递省港电报。事未实施之前，原不敢谓必有其事，但证之各行，既非停止营业，忽有提回按柜之举，不为无因。如果成为事实，不独伤害国体，且与粤省电政前途绝大打击。而职局以亏累之余，又经各行提回按柜，如再纷至沓来，应付不易，势必连累水线，款项亦难汇拨，牵动更巨。锡祥伏查，值兹修线通报之际，岂能任令外人创此提议影响报务？应请将西人议设省港水线及以彼国兵舰无线电传递省港电报一事，呈报大元帅饬令外交部预为交涉制止。一面并请通令各军对于电报线路认真维持，及不得挂搭电话用线。以期报务通畅，兼资随时修理，俾免外人借端侵害国权，电政幸甚等情。据此，查广港直达线路在深圳段内，前因军事阻断，所有港电均系交邮递转，外人啧有烦言。家猷因广港直达一时未易恢复，是以竭力经营，改由江香、前山各局线路接转港报，由前山局送交澳门洋公司转由水线寄港，已定期于本月敬日通报，并经电陈钧鉴在案。讵我方竭力设法维持电报交通，而外人适有筹设省港水线，及以彼国兵舰无线电传递省港电报之提议。现虽得之传闻，未敢据为事实。但各行商既有向沙面电局提回按柜之举，此事恐非无因。若不预为交涉防范，则影响电政前途，关系实大。理合据情呈报钧部察核，俯赐转呈大元帅饬令外交部善为设法词预，向英领事官交涉，防患未然，以重国体而维电政。并请大元帅通令各军，嗣后对于电报线路，不得挂搭电话用线，俾电报传达得以灵通，庶免外人有所借口，实为公便'等情到部。除径咨外交部向英领事官询问阻止外，惟出师讨贼以来，各军为利便起见，随意挂搭电话等线，久成习惯，于电报传达殊有阻碍。

该电政监督兼局长所请电报线路禁止挂搭电话，以期报务通畅，尚属必要情形，理合据情呈请钧帅下令制止，借资整顿。是否有当，伏乞训示祗遵"等情前来。除指令"呈悉。候分别令行外交部及各军长官遵照办理可也。此令"印发外，合行令仰该总司令、军长、司令即便遵照转饬所属，嗣后各处电报线路禁止挂搭电话，以维电政而利交通。切切。此令。

（中华民国陆海军大元帅之印）

中华民国十三年四月三日

据《大本营公报》第十号《训令》

给程潜的训令

（一九二四年四月三日）

大元帅训令第一三四号

令大本营军政部长程潜

为令饬事：据大本营建设部长林森呈称："现据广东电政监督兼广州电报局局长何家猷、现据沙面电报局局长李锡祥邮代电称：'职局办理洋账各行交存按柜，近日纷到提取。虽因广港线阻过久，寄报转港太迟，以致外人啧有烦言。惟日来港中喧传西人议设省港水线，及以彼国兵舰无线电传递省港电报。事未实施之前，原不敢谓必有其事，但证之各行，既非停止营业，忽有提回按柜之举，不为无因。如果成为事实，不独伤害国体，且与粤省电政前途绝大打击。而职局以亏累之余，又经各行提回按柜，如再纷至沓来，应付不易，势必连累水线，款项亦难汇拨，牵动更巨。锡祥伏查值兹修线通报之际，岂能任令外人创此提议影响报务？应请将西人议设省港水线及以彼国兵舰无线电传递省港电报一事，呈报大元帅饬令外交部预为交涉制止。一面并请通令各军对于电报线路认真维持，及不得挂搭电话用线，以期报务通畅，兼资随时修理，俾免外人借端侵害国权、电政幸甚等情。据此，查广港直达线路在深圳段内，前因军事阻断，所有港电均系交邮转递，外人啧有烦言。家猷因广港直达一时未易恢复，是以竭力经营，改由江香、前山各局线路接转港报，由前山局送交澳门洋公司转由水线寄港，已定期于本月敬日通报，并经电陈钧鉴在案。讵我方竭力设法维持电报交通，而外人适有筹设省港水线，及以彼国兵舰无线电传递省港电报之提议。现虽得之传闻，未敢据为事实，但各行商既有向沙面电局提回按柜之举，此事恐非无因。若不预为交涉防范，则影响电政前途实大。理合据情呈报钧部察核，俯赐转呈大元帅饬令外交部善为设词，预向英领事官交涉，防患于未然，以重国体而维电政。并请大元帅通令各军，嗣后对于电报线路，不得挂搭电话用线，俾电报传达得以灵通，庶免外人有所借口，实为公便'等情。除径咨外交部向英领事官询问阻止外，惟出师讨贼以来，各军为利便起见，随意挂搭电话等线，久成习惯，于电报传达殊有阻碍，该电政监督兼局长所请电报线路禁止挂搭电话，以期报务通畅，尚属必要情形。理合据情呈请钧帅下令制止，借资整顿。是否有当，伏乞训示祗遵"等情前来。除指令"呈悉。候分别令行外交部及各军长官遵照办理可也。此令"印发外，合行令仰该部长即便遵照向外交团严重制止，仍将交涉情形具报核办为要。此令。

（中华民国陆海军大元帅之印）

中华民国十三年四月三日

据《大本营公报》第十号《训令》

给赵士觐的指令

（一九二四年四月三日）

大元帅训令第一三六号

　　令前大本营粮食管理处督办赵士觐

　　为令知事：案查前据该前督办造送收支四柱总册一本、开办费报销分册一本、开办后一个月分支出分册一本暨单据粘存簿二本，请予核销前来。当经发交大本营审计局审查去讫。兹据复称：'审查数目尚无错误，核对支出单据亦属相符，应请准予核销。惟该督办所造各册均与定式不符，拟请令饬依式另造开办费及经常临时费支出计算书两份呈送备案'等情。据此，除指令照准外，合行令仰该前督办即便知照，并依式速造支出计算书两份补送备案。切切。此令。

　　　　　　　　　　　　（中华民国陆海军大元帅之印）

中华民国十三年四月三日

据《大本营公报》第十号《训令》

给林翔的指令

（一九二四年四月三日）

大元帅指令第三一八号

　　令大本营审计局局长林翔

　　呈复审核粮食管理处开办费及自成立日起至裁撤日止开支经常、临时各费请予核销，并饬照式补造支出计算书由。

　　呈悉。前大本营粮食管理处督办赵士觐造送开办费,及自该处成立日起至裁撤日止开支经常、临时各费数目清册,既经审查,尚无不合,自应准予核销。仰候令饬依式补造支出计算书二份,呈送备案可也。原呈存。此令。

（中华民国陆海军大元帅之印）

中华民国十三年四月三日

据《大本营公报》第十号《指令》

在广东第一女子师范学校
校庆纪念会的演说

（一九二四年四月四日）

校长、诸君:

　　今天是广东女子师范开十七周年纪念会。这十七年之中,是什么时候呢? 你们学生知不知道呢? 现在是民国十三年,大家知道为什么事要叫做民国呢? 在十三年前,中国不叫做民国,叫做大清帝国。中国在那个时候有皇帝,做皇帝的是满洲人,现在民国没有皇帝。满洲人从前做中国的皇帝,有了二百六十多年,那是中国的什么时候呢? 就是亡国的时候! 满人做了中国二百六十多年的皇帝,就是中国亡了二百六十多年。在十三年前才推翻大清帝国,创造中华民国。那次推翻大清帝国,是我们汉人在近来几百年中的一件大事。我们中国亡国了几百年,做人的奴隶也有几百年,在十三年前才推翻帝国,光复汉人的山河,脱离做奴隶的身分,所以那是我们汉人一件很大的事。

　　诸君毕业之后是去教人的,是为国家培养人才。培养人才,就是学师范者的任务。诸君要能够达到这种任务,便先要知道自己是生在什么时候，在这个时候是应该做些什么事业。诸君都是生在光复以后的时候，不必做外国人的奴隶，大家从此以后都有希望做主人，自己可以管国事。学师范的人本来是教少年男女的，是教少年男女去做人的。做人的最大事情是什么呢？就是要知道怎么样爱国，怎么样可以管国事。中国人从前做满人的奴隶，被满人压制，不许问国事，因为那个时候的中国是满人的国家，我们没有份。从今以后，不是满人的国家，中国便是大家的国家。你们都有一个家，家和国有什么关系呢？家庭要靠什么才可以生活呢？各个家庭都要靠国才可以生活。国是合计几千万的家庭而成，就是大众的一个大家庭。学生受先生的教育，知道对于学校有尊敬师长、爱护学校的责任；对于家庭有孝顺父母、亲爱家庭的责任。对于国家也有一种责任，这种责任是更重大的，是四万万人应该有的责任。诸君在学校内求学，便应该学得对于国家的责任。现在我们的国家是什么景象呢？从光复以后，成立了中华民国，这个民国便是我们的国家。当中的国民有四万万，一半是男人，一半是女人，就是四万万人之中有二万万是女人。从前满人做中国皇帝的时候，不但是女子不能问国事，就是男子对于国事也不能过问。经过革命以后，才大家都有份，大家都可以问国事。推究大家可以问国事的来历，还是由于我们主张三民主义，实行革命的原故。所以大家要问国事，便要明白三民主义。明白三民主义和实行三民主义，便是诸君对于国家应该负的责任。

什么是三民主义呢？第一个是民族主义。什么是民族主义呢？就是要中国和外国平等的主义。要中国和英国、法国、美国那些强盛国家都一律平等的主义，就是民族主义。汉人在三〔十〕十〔三〕年前做满洲人的奴隶，我们当那个时候没有国家，不能和别人讲平等。满人的国家很弱，不能自立，总是受外国的压制，被英国、法国、美国、日本和世界上许多国家[的]侵略，失去了疆土，抛弃了主权。满人总是受各国人的束缚，做英国、法国、美国、俄国和日本那些强国的奴隶。我们汉人又做满人的奴隶。所以在十三年前，我们是奴隶中的奴隶，叫做"双重奴隶"。推翻满清以后，脱离一重奴隶，还要做各国的奴隶。因为满清借许多外债，和外国立了很多不平等的条约，至今还没有废弃，还是受各国条约的束缚。那是些什么条约呢？就是满人把我们的主权土地押到外国的条约。那些条约好比是主人穷，借别人的钱用，把奴隶押到别人，所写的身契一样。那个奴隶就是卖了身，便不能自由。所以我们至今受各国条约的束缚，至今还是做各国的奴隶。我们革命党主张民族主义，本想中国和各国平等，但是中国从前衰弱，不能和各国平等。创造民国，把国家变强盛，国家强盛了才可以和各国平等。大家读历史，都知道在中国附近最著名的是日本。日本在六十年前，和高丽、安南、缅甸是一样。高丽、安南、缅甸因为不知道革命，所以亡国，做外国的奴隶。日本因为知道革命，革命能够成功，所以变成世界上的头等强国，各国都不敢轻视。日本在没有强国之先，和外国也写过了身契，立过了许多不平等的条约；但是强盛以后，便废除了那些条约，不受各国的束缚，和外国立于平等地位。日本之所以能够和外国平等的原故，就是因为日本人知道民族主义，能够实行民族主义。我们从前提倡革命，主张民族主义，不许外国人侵略中国，不做外国人的奴隶，许多人都不明白，所以总是不能达到目的。到了革命风潮发生以后，才知道做外国人的奴隶是很耻辱，才不肯做满人的奴隶，故实行革命，赶走自外国来的满人，推翻清朝的皇帝。至今有了十三年，不能够马上强盛，虽然脱离了满人的束缚，不做满人的奴隶，还要做各国人的奴隶。我们要以后不做各国人的奴隶，要废除一切不平等的条约，便更要发奋有为，实行民族主义。这就是做人的、做学生的和做一般国民的,对于民族主义应该有〈的〉责任。

第二个是民权主义。在十三年前,国家的大事只有皇帝一个人管,百姓都不能过问。好象一个东家生意,全店事情,这是东家一人管理,别人不能过问,店中伙伴只是听命做工,不得兼涉店事一样。满清皇帝专制的时候也是这一样。到了辛亥年推翻清朝皇帝以后,我们才是主人。现在是民国,是以民为主的,国家的大事人人都可以过问。这就是把国家变成大公司,人人都是这个公司内的股东,公司内的无论什么事,大家都有权去管理。这便是民权主义的精义。

第三个是民生主义。什么是民生主义呢?诸君读历史、地理,都知道中国人民是很多的,疆土是很大的,并且是很肥美的,所出的农产是很多的,所有的矿藏是很丰富的。中外没有通商以前,洋货没有进口,中国是很富的。那个时候,中国人虽然做满洲人的奴隶,但是全国的工业农业极发达,人民都有衣食,所谓家给人足。现在是什么景象呢?成了民穷财尽的世界,人民日日有患贫之忧,受贫穷的困苦。推到我们国家的土地有这样大,矿藏有这样富,农产有这样多,为什么还弄到民穷财尽,人民日日受贫穷的困苦呢?最大的原因是受外国经济压迫。外国从前用洋枪大炮、海陆军兵力打开我们中国的门户,要和我们通商。通商本来是两利的事,但是中国工业不及外国进步,所以中外通商以后洋货进口便日日加多。详细原因是由于外国洋货都是用很大的工厂、极大的规模、很多的机器做出来的,不是用手工做出来的;我们的土货都是用手工做出来的。用手工做出来的价钱很昂贵,用机器做出来的价钱很便宜。因为人人爱便宜,所以土货不能和洋货竞争,所以洋货的销行便多过土货。譬如大家手内用的,身上穿的,家内所需要的,没有那一件东西不是洋货。通商的事，是以中国所无的运进，以所有的运出，所谓以有易无。但是中国的交通不好，沿海面的省分还有火船来往，到了内地，不能行船，又没有铁路，所出的土产都不能运出。他们外国的交通很便利，在本国有铁路，在海面有大洋船，他们的洋货很容易运进。所以，运进来的洋货便很多，运出去的土货便很少。洋货进口换钱出去，土货出口换钱进来，这两笔账比较起来，进口洋货换的钱，比出口土货换的钱，每年要多过五万万元。这就是我们每年要送五万万钱到外国去。用五万万钱的数目分配到四万万人，就是中国人平均每个人要用一块多钱的洋货。用一个学生所用的洋货计算，不只一块多钱。譬如一件洋布衣便值几块钱，一本洋书也要值几块钱，一枝自来水笔也要值几块钱。不过，交通不便利的各省分，象甘肃、新疆、四川、贵州那些内地人民，所用的洋货要少些；交通很便利的省分，象江苏、广东的人民，所用的洋货要多些，每人每年要用一百多元或者几百元的洋货。这就是我们的钱，每年都被他们的洋货交换去了。由于这个道理，所以弄到全国民穷财尽。

我们革命之后要实行民生主义，就是用国家的大力量，买很多的机器，去开采各种重要矿产。象煤矿、铁矿，中国到处皆有，煤矿尤其普遍。譬如广东的花县、韶关和北江一带，便有很丰富的煤矿。广东人现在每日用煤是很多的，所以市面的煤价很贵。普通的煤一吨要值二十多元。那些矿内的煤一开出来了便是钱。另外还有金、银、铜、铁、锡的五金矿都是很多，完全开出来了，中国便可以大富。到了那个时候，我们也用机器去制造货物。日本现在就是这样，所以日本有很多的货物输出，运到中国来的更是很多。日本货的价钱比较欧美的还要便宜。中国将来矿产开辟，工业繁盛，把国家变成富庶，比较英国、美国、日本，还要驾乎他们之上。

到了那个地步，中国要成什么景象呢？我们预先看不到，可以看英国、美国现在是一个什么景象。他们国内有许多人是发大财的。他们所发的大财不只几百万、几千万，有几万万、几百万万。普通发几千万的财，不算是发大财。推究他们发大财的原因是由于机器多，制造的货物多，赚的钱也很多。有机器的人便一日比一日富，没有机器的人便一日比一日穷。富者愈富，穷者愈穷。所以他们的社会，小康之家是很少的。没有中产阶级，只有两种绝相悬殊的阶级，一种是资本家，一种是工人。在这两种阶级的中间，不穷不富的人很少。这种现象，不是好现象，这就是社会上的毛病。我们革命成功，民国统一之后，要建设成一个新国家，一定是要开矿，设工厂，谋国家富足。现在是民国十三年。再过十三年，到民国二十六年，中国或者不穷，也是象英国、美国一样的富足；社会上也是象英国、美国一样，生出两种阶级的人，一级是大富人，一级是大穷人，中间没有第三级的人民，那便是不均。我们现在是患贫，贫穷就是我们的痛苦。英国、美国的毛病不是患贫，是患不均。全国的财富，人民没有分均匀，所以富人的财产常常到几万万，穷人连面包都难得找到手。富人因为有了那样多财产，便垄断国家的大事，无恶不作。穷人因为没有生活，便不得不去做富人的牛马奴隶。那种发大财的富人是少数，做奴隶的穷人是多数。在一个国家之内，只少数人有钱是假富，要多数人有钱才是真富。我们现在没有大富人，多数都是穷。要革命成功以后，不受英国、美国现在的毛病，多数人都有钱，把全国的财富分得很均匀，便要实行民生主义，把全国大矿业、大工业、大商业、大交通都由国家经营。国家办理那些大实业，发了财之后，所得的利益让全国人民都可以均分。好象中国的宗族主义，用祖宗的公产，举可靠的家长去经营实业，发了大财之后，子孙可以同分其利；有贫穷无告的，都可以利益均沾。总而言之,我们的民生主义,是做全国大生利的事,要中国象英国、美国一样的富足;所得富足的利益,不归少数人,有穷人、富人的大分别,要归多数人,大家都可以平均受益。

到了那个时候,国家究竟是做一些什么事呢？就是要办教育。国家有了多钱,便移作教育经费。中国现在的岁入约计自二万万到三万万。日本有十几万万,美国有几十万万。这些经费都是归国家用去办理教育、海陆军和一切行政的。国家的岁入在日本有十几万万,中国土地要大过日本十几倍,国家建设好了,至少可以收一百多万万。那样多的岁入,应该定作什么用途呢？要由国家拨十几万万,专作教育经费。有了这样多的教育经费,中国人便不怕没有书读,做小孩子的都可以读书。现在广东办了不少的平民学校,穷家的小孩子,象水上的儿童和乡村的儿童能不能够都到平民学校内去读书呢？平民学校不收学费,并且发给书籍,穷家小孩子本可以去读书。但是乡下的小孩子要去放牛,每天要赚几毫钱。水上的小孩子要去划船,每日要赚两毫钱。他们不赚钱,便没有饭吃,没有衣穿。到了没有饭吃,没有衣穿,就令有平民学校,不收学费,他们怎么能够去读书呢？要那些穷家小孩子都能够读书,不但是学校内不收学费,有书籍给他们读,还要那些读书的小孩子有饭吃、有衣穿、有屋住;要那些小孩子自出世以后,自小长成人,国家都有教有养,不要小孩子的父母担忧,那些穷家父母才能安心送去读书。现在穷家的父母总是日日为小孩子的衣食住担忧,所以虽然办了许多平民学校,乡下的小孩子还是要放牛,城市的小孩子还是要做工。现在广州市的小孩子自八岁到十岁都要做工,那些做工的小孩子该有多少呢！那些穷小孩子未必没有很聪明的吗！也是有极大聪明的。如果能够读书,或者可以成圣贤,也可以造就成很好的人才。但是现在无力去读书,不能上进,国家便减少了很多的人才。我们实行民生主义，国家发了大财，将来不但是要那一般平民能够读书，并且要那一般平民有养活。壮年没有工做的，国家便多办工厂，要人人都有事业。老年不能做工的，又没有子女亲戚养活的，所谓鳏、寡、孤、独四种无告的人民，国家便有养老费。国家的大作用，就是设官分治，替人民谋幸福的。

象我们革命党主张民生主义，造成这样的国家，才真是替人民谋幸福，才真是为人民的幸福来打算。人民有了这样的好国家，一生自幼到老，才可以无忧无虑，才可以得安乐。我们现在的中国人，没有那一个是长年可以得安乐的，没有那一个不是忧愁的。如果不忧愁，能够过安乐的日子，便是没有长成人，不知道有世界上艰难辛苦的事。若是成人之后，年纪大了，便有忧愁。诸君不信，可以回家去问问老父老母和兄长姑嫂，一年到头，处心积虑，是一个什么样子。我想他们的长年思虑，若是家穷的，不是愁每月的油盐柴米和房租家用没有着落，就是愁儿女的衣食学费没有办法。就是家内富的，不是忧子孙的书读不好，就是忧子孙没有事做，没有职业；并且忧自己老了之后，家当靠不住，子子孙孙不能长享幸福。无论富人穷人，只要是稍为有阅历的人，便一年到头总是有忧愁，总是不得安乐。他们为什么要这样忧愁呢？有忧愁就是受痛苦。因为以前的国家不好，人民真是受痛苦，所以才这样忧愁。我们革命党在十三年前革命，推翻满清，创造民国；现在革命、建设民国是为什么呢？就是要除去人民的那些忧愁，替人民谋幸福。要四万万人都可以享福，把中国变成一个安乐国家和一个快活世界。在这个国家之内，我们四万万人不是一代可以享幸福的，是代代可以享幸福的。这是什么国家呢？这就是将来的中华民国。

现在的中华民国有了十三年。在这十三年之中，人民享了多少幸福呢？诸君回到家内去问父母，到底在这十三年中，是享了多少福。我想诸君的父母一定答应说,在这十三年以来没有享过一点福。在十三年以前,只是怕穷,但是没有兵灾,可以享太平福。民国十三年以来,没有一年没有兵灾。象广东在这几年之中,无日不是战争;各省都是一样。最近又要发生南北战争。为什么到了民国以来,人民反要加一种痛苦呢?大家做学生的,是有知识阶级,要明白当中的道理。本来在没有革命以前,人民虽然是穷,但是还有清菜淡饭,可以过安乐日子;现在受兵灾,连清菜淡饭都没有吃的。这是什么原故呢?不明白道理的人,都是说革命不好,从前有皇帝,所以有太平日子过;现在把皇帝推翻了,没有真命之主,所以天下不太平。因为这个原故,许多人还是想复辟,希望真命天子出世。诸位学生听到他们说这些话,到底是有没有道理呢?就他们这些话去推测,岂不是民国反不如从前的旧国家吗?民国既是不如从前的旧国家,我们为什么要成立民国呢?为什么要大家赞成民国呢?为什么要大家对于民国来尽心职务,建设这个新国家呢?大家又为什么承认是中华民国的国民,不承认是大清帝国的遗民呢?诸君是女子师范学生,毕了业之后是要去教人的。要教别人怎么样可以明白这些道理,便要自己先明白这些道理。诸君现在学校内求学,到底明白不明白这些道理呢?要明白这些道理,先从什么地方研究起呢?要研究这些道理,最简单的方法就是要把民国和帝国的两件事研究清楚。把民国和帝国两件事的好歹研究清楚了,自然可以明白这些道理,自然容易教别人也明白这些道理。

我们从前推翻专制帝国,造成平等自由的民国,本意是打破不好的旧世界,改造成一个很好的新世界,要人人在这个新世界中都可以安乐,都可以快活。现在不但是不快活、不安乐,并且反加忧愁,反加痛苦。这个道理是很容易明白的。要怎么样才可以明白这个道理,可以用我们讲话的这间房屋来做比喻:从前没有见过外国洋楼的人,不知道新式洋楼是怎样好,一见这间大房屋,一定是很心满意足的。但是见过洋楼以后,知道新式房屋有许多层,上下各有升降机,不必用气力走上走下;一进机内,只要司机人的手一动,要到那一层便是那一层。用水不要人挑,全屋都装得有自来水,一转启闭塞,要用热水便是热水,要用冷水便是冷水。用灯不要点火,满屋都有电灯,一转接电钮,便满屋辉煌,光辉夺目。再回想到这间屋,一定是很不满意的。我们中国人没有到过外国,没有住惯过文明屋,现在住到这间屋内,一定觉得是很好。若是住惯了文明屋的人,再来住这间屋,便觉得很不卫生。譬如今天这样冷的天气,便没有方法御寒;到夏天炎热的时候,又没有方法解热,知道这间屋是很不适用的。文明屋的每间房子之内,都挂得有寒暑表,房内的冷热随时可以知道。如果房内太冷了,象今天的天气一样,便开热水管或者电炉,马上就可以把房内的温度变热;如果房内太热了,象广东的夏天,便开电气风扇。最新的住屋,在夏天是用冷空气,马上就可以把房内的温度变冷。那种文明屋内的温度可以任意变更,我们要他是多少度,便可以变成多少度。大概在夏天总是不得高过华氏八十度,冬天总是不要低过华氏七十度,一年四季的房内温度都是很平均的,都是很卫生的。所以外国人在冬天出街才穿大外套,在家内都是穿单衣,女子们更是穿很薄的亮纱。我们中国人在冬天要吃火锅,他们外国人在冬天要吃雪糕。我们要象外国人那一样的卫生,必要有那种文明屋的设备方可以成功。象这间旧式的房屋,我们要怎样变热,怎样变冷,可不可以做得到呢?大家没有住惯外国文明屋的人,中国的这种旧屋是怎样不卫生,外国的那种新屋是怎样很卫生,或者还不甚知道;但是住惯了外国文明屋的人,一定很感觉这种旧屋不卫生的不方便。我们在中国要想所住的房屋,都是象外国房屋一样的卫生,便要拆去这种不文明的旧房屋,在这一块地基,另外造一所很文明的新洋楼。我们对于国家也是一样的道理。因为先知先觉的人,知道中国从前不文明的旧国家专制太过,人民过于痛苦,所以发起革命,想建设一个象英国、美国很文明的新国家,让人民得安居乐业,过很快乐的日子。从前推倒大清帝国,改造中华民国,就是打破不文明的旧国家,改造成文明的新国家。好比拆去不文明的旧屋,另造很文明的新屋一样。现在满清的专制旧政府已经推倒了,民国的共和新政府建设成功没有呢?毫没有建设成功。中国现在的时势,正是青黄不接,好比旧屋已经拆去了,新洋楼还没有做好一样。因为新洋楼还没有做好,所以住在这间旧屋内的人,忽然遇到风雨的灾害,便无地藏身,便要受痛苦。现在民国十三年,全国人民不能安居,还要受各种灾害的痛苦,就是这个道理。我们要免去这种痛苦,所以还要做一番建国的工夫。在这种工夫没做完之先,国家当然还是很凄惨,人民当然还是很痛苦。我们要想住将来很文明的洋楼,过很卫生的日子,此时所受的痛苦,便不能不忍耐。

　　以上所讲的道理,如果诸君还不甚明白,诸君可以再看看贵校背后的观音山是一个什么景象。从前的观音山,有很多楼台亭阁,树木花草。站在广州市的北边很高,风景是很好的。此刻市政厅要把他辟作公园,所以把那些旧房屋都拆去了。我有一个朋友,从前也游过了观音山的,也见过了那些楼台亭阁的,近来他又去游玩过一次,回来对我说:"为什么把观音山的那些旧房屋都拆去了呢?为什么要弄到这样荒凉凄惨呢?这真是可惜得很呵!"我回答说:"这是市政厅的新计划,要把那个全山辟作很好的新公园,所以把他暂时变成荒凉的景象,这没有什么可惜。请你明年再去游观音山罢,便可以知道将来是一番什么新景象。"改造国家的情形,也是和这一样。不过改造国家不是象改造公园，在一二年之内便可以做成功的。好象今天是贵校第十七周年的纪念日，贵校的学生毕业过了许多次数，贵校的陈设和一切功课是经过了十七年的预备、十七年的改良和十七年的扩充，才有今日这样大的规模。

我们要创造一个新国家，不是象做一间普通的新屋，只要开辟地基；要象做很高大的洋楼，要把地基挖得深，屋基筑得很坚固，然后在这个屋基之上，做成洋楼，才是很坚固，才不致倒坍。民国至今有了十三年，当中倒了几次呢？诸君知不知道呢？民国四年，袁世凯自己做皇帝，把中华民国改成洪宪帝国，这是民国倒过了第一次。民国六年，张勋复辟，请宣统再出来做皇帝，又把中华民国改成大清帝国，这是民国倒过了的第二次。现在曹锟拿钱买总统做，利用吴佩孚的武力统一中国，事事要服从专制，这又是在拆民国的台，民国又要再倒。民国成立以来不过十三年，为什么被人拆台，就倒过了两三次呢？就是由于国基不稳固。从前的国基，挖得不深，做得不坚固，便要在那个基础上建民国，好象屋基挖得不深，没有做坚固，便要在那个基础上建筑高大洋楼，那里有长久不倒的道理呢？我们要国家巩固，永远不倒，是用什么做基础呢？要用人心做基础，要用人人的方寸之地做基础。人人的心内都赞成民国，倾向民国，然后民国才不致倒，才可以巩固。在十三年前推倒满清、成立民国，一般武人官僚表面赞成民国，心内何尝有民国呢？因为他们的心内都不赞成民国，所以不但是袁世凯在北京做皇帝，就是龙济光在广东也称龙王。如果此后再没有国基，将来一定又有人做皇帝，诸君便要做奴隶。中国不但是不能强盛，和外国并驾齐驱，外国一定要来亡中国。现在列强对于中国，主张共管，说中国人没有自治能力。从前很野蛮的满洲人都可以治中国，都把中国治得很久；此后还不太平，还不能想法则去自治，他们那些文明国家便要来代我们治中国,便要来共管。共管就是和从前瓜分一样的口调。中国到了被列强共管,就是亡国,中国人不久便要灭种。

诸君回到家内,遇着家人反对民国,便要把所讲的道理对他们详细解释,说民国还没有造好,我们人民眼前不能不牺牲,不能不忍耐,等到国家彻底改造好了,我们便永远的得安乐。国家要怎么样才可以改造好呢?要有立国基础,才可以造好。立国基础,就是万众一心,欢迎民国。到了人人都欢迎民国,不反对民国,民国便可以永远不摇动。诸君毕业之后便要去教人。中国有二万万女人,是不是欢迎民国,都要靠你们去宣传。贵校办了十七年,在十三年前的帝国时代,是别人办理;到了民国时代,廖校长才来接办。廖校长是民国的新教育家,是宣传民国新福音的人,我想他平日把这些道理一定对你们是讲得很多的,你们对于这些道理或者是已经懂得很明白的。你们都是师范学生,毕业之后就要做人师长,如果做师长的人都不明白民国的道理,我们便永远没有希望造成民国的国基。

今天廖校长请我来讲演,是有什么希望呢?我是一个革命党,是爱提倡革命的道理的。今日到贵校来讲话,希望大家听了我的话之后都变成革命党,宣传三民主义,要中国富强,和英国、美国并驾齐驱。

诸君所用的宣传方法,就对人而论,应该由近及远,先对父母兄弟姊妹和一切家人说明,再对亲戚朋友和一般普通人说明。就措词而论,所说的话应该亲切有味,要选择人人所知道的材料。譬如宣传民族主义,就要说这种主义是用来对外国人〈打〉不平等的。象从前满人做中国的皇帝,到处都是满洲人做官,管我们的事情,我们总是做他们的奴隶,汉人和满人是很不平等的。我们要民族平等,所以便要排满。现在虽然是脱离了做满人的奴隶,还要做外国人的奴隶,中国事事都是受外国人干涉,受外国人管理。譬如广东的邮政局和海关都是由外国人管理,这也是很不平等的。我们要除去这种不平等,便要提倡民族主义,赞成民族主义。民权主义是用来对国内打不平等的。中国在十三年前有皇帝,皇帝之下还有公、侯、伯、子、男许多阶级,他们都是高高在上,人民总是处在很低下的地位,那是很不平等的事情。我们主张民权革命,便铲平那些阶级,要政治上人人都是平等,就是男女也是平等。所以我们革命之后,便实行男女平权。广东的省议会便有女议员。女人能够和男人一样的做议员,与闻国家大事,地位该是何等高尚呢,该是何等荣耀呢!诸君知道近来外国女子争参政权,不知道费了多少能力,牺牲了多少心血,还有许多国家争不到手。中国革命之后,不要女子来争,便给予参政权,议会之中设立女议员。但是一般女子都不热心这参政权;就是做议员的女子,没有做很久,便心灰意懒,不继续去奋斗。广东都是这样,别省更可想而知。所以二万万女子,至今很不明白民国,还不能理国事。大家从此以后,要把我们民权主义中所包括男女平等的道理,对二万万女子去宣传,在女子一方面建设民国的国基。要他们都知从前的地位是很低,现在的地位是很高;这个女子地位抬高的原因,就是由于我们主张了民权主义。民生主义是什么用法呢?是用来对大富人打不平的。国家太平了,开辟财源,所得的利益不许少数人独享,要归多数的人共享,国家的利益大家可以均沾。少年的人有教育,壮年的人有职业,老年的人有养活。全国男女,无论老少,都可以享乐。这就是三民主义的用法。更行简单言之:民族主义是对外人争平等的,不许外国人欺负中国人;民权主义是对本国人争平等的,不许有军阀官僚的特别阶级,要全国男女的政治地位一律的平等;民生主义是对于贫富争平等的,不许全国男女有大富人和大穷人的分别。要人人都能够做事,人人都有饭吃。这就是三民主义的大意,诸君要详细研究。现在对于这三民主义,还要印成专书,以后可以随时取阅。

大家明白了这三民主义,才知道中国是一个什么民国。现在的中华民国,就是大家的家产,大家都是这个家产的主人。如果做师长的女子都不明白理家事,这个家产的前途便没有希望,所以你们的责任是很重大的。大家除了明白三民主义之外,根本上还要明白我们始终革命是什么用意。我们的革命党的目标,始终都是要国家富强的。要达到这个目标,还要大家来赞成。赞成的方法,是在明白三民主义,巩固民国的基础。要民国的基础怎么巩固,就是在把三民主义的道理注射到人民心内,要人人的心理上都倾向共和。人人的心理上都倾向共和,中国才再不发生皇帝,中国才可以富强。法国、美国之所以永远富强,就是由于没有皇帝。俄国在六年之前推倒了皇帝,成立共和,六年以来,一般人民很明白共和的道理,俄国以后当然没有人做皇帝,俄国便可以望富强。中国成立共和至今不过十三年,当中倒过了两三次,总是有人做皇帝,就是因为国基不巩固,人人的心理还不欢迎共和。今天我到贵校来讲话,就是希望大家先明白共和,自己明白了之后还要去宣传,要诸君的父兄家人和一切亲戚朋友都明白,都来赞成共和,都来欢迎共和。

据中国国民党中央执行委员会宣传部编《孙中山先生最近讲演集》

(广州一九二四年七月版)《三民主义与男女平权》

在广州石围塘检阅滇军的演说[*]

（一九二四年四月四日）

民国十三年来，兵祸频仍，无日不在纷乱之中。惟原其故，实由于革命功夫之未能彻底。欲谋中国之太平强盛，非实行贯彻革命不可。但革命不能徒托空言，须仗兵力。故现在决定将滇军组织党军，俾全军皆具革命思想，努力以干革命事业，则革命终有成功之日，中国终有强盛之日。尚望诸将士本此精神，以为党为国。

据《广州民国日报》一九二四年四月七日《大元帅阅兵之演讲》

致国民党中央执行委员会函[**]

（一九二四年四月四日）

在缅甸被英政府窘逐之同志董方城、鲍慧僧二人，应由党中留心考察何等事务相宜安置。如党中无事可办，则向各行政机关为之觅事，免至赋闲为要。此致

中央执行委员会照

孙　文

据中国国民党中央委员会党史委员会编订《国父全集》

（台北一九七三年版）第三册（转录史委会藏原函）

---

[*]　四月四日，孙中山赴石围塘检阅滇军蒋光亮部，演说长达三小时之久，此为演说的大意。四月四日，系据四月七日《广州民国日报》云"昨星期五"查出。

[**]　原函未署日期，所标时间据《国父全集》。

准伍学�辞职令

（一九二四年四月四日）

大元帅令

　　兼广东全省船民自治联防督办伍学熀呈请辞去兼职。伍学熀准免兼职。此令。

（中华民国陆海军大元帅之印）

中华民国十三年四月四日

据《大本营公报》第十号《命令》

裁撤广东全省船民自治联防督办令

（一九二四年四月四日）

大元帅令

　　广东全省船民自治联防督办一职，着即裁撤。此令。

（中华民国陆海军大元帅之印）

中华民国十三年四月四日

据《大本营公报》第十号《命令》

特任方声涛职务令 *

（一九二四年四月四日）

　　特任命方声涛为福建省长兼闽省民军总司令。

据《广州民国日报》一九二四年四月七日《方声涛长闽省军民》

---

　*　此件所标时间系据四月七日《广州民国日报》云"昨四日，特任命……"确定。

委派雷飙缪笠仁职务令

（一九二四年四月四日）

大元帅令

　　派雷飙为禁烟督办署总务厅厅长，缪笠仁为禁烟督办署督察处处长。此令。

（中华民国陆海军大元帅之印）

中华民国十三年四月四日

据《大本营公报》第十号《命令》

给朱培德的命令[*]

（一九二四年四月四日）

连阳①防务，着由本军派队填防。

据《广州民国日报》一九二四年四月十五日《朱培德呈报接收连阳防务》

给叶恭绰的指令

（一九二四年四月四日）

大元帅指令第三二〇号

---

　　* 原令未署日期。按四月十五日《广州民国日报》载朱培德呈报大元帅云："连县防务已于支日接收清楚。"据此推测，该令应在四月四日之前，今暂作四日。

　　① 连阳：指广东的连县、连山、阳山。

令大本营财政部长叶恭绰

呈报撤消广东全省奥加可捐，改归部办，施行印花税，录送章程，乞予察核备案由。

如呈备案。章程存。此令。

（中华民国陆海军大元帅之印）

中华民国十三年四月四日

据《大本营公报》第十号《指令》

给林翔的指令

（一九二四年四月四日）

大元帅指令第三二一号

令大本营审计局长林翔

呈复审核卸建设部长兼代财政部长邓泽如呈送建设部开办费暨十二年四五月份收支各计算书，又财政部开办费暨十二年三四五六月份收支各计算书，尚属核实，应准予核销由。

呈悉。应照准。候令行建设部、财政部分别遵照可也。此令。

（中华民国陆海军大元帅之印）

中华民国十三年四月四日

据《大本营公报》第十号《指令》

给大本营建设部财政部的训令

（一九二四年四月四日）

大元帅训令第一三八号

令大本营建设部、财政部

为令知事：据卸大本营建设部长兼代大本营财政部长邓泽如呈送建设部开办费计算书暨十二年四、五月份收支计算书附属表簿，又财政部开办费计算书暨十二年三、四、五、六月份收支计算书附属表簿，请饬局核销等情前来。经发交审计局审查，据复称该卸部长册列各数尚无浮滥，计核销建设部开办费共一千二百九十六元八毫八仙，四月份经常费共一千九百八十四元一毫八仙，五月份经常费共四千三百七十七元六仙。又财政部开办费共一千零八十二元七仙，三月份经常费共八百七十一元七毫八仙，四月份经常费共四千五百二十三元三毫四仙，五月份经常费共五千一百三十八元二毫二仙，六月份经常费共四千七百十二元八仙。以上各数尚属核实，均应准予核销等情。据此，除指令照准并分令外，仰该部长查照，并行知该卸部长知照可也。此令。

(中华民国陆海军大元帅之印)

中华民国十三年四月四日

据《大本营公报》第十号《训令》

给程潜的训令

（一九二四年四月四日）

大元帅训令第一三九号

令大本营军政部长程潜

为令遵事：前据广州各商埠柴行、竹行代电呈称："军队、土匪设卡抽费，民不堪命，乞令取消"等情。经交财政委员会查酌拟办，兹据呈复："案经本会三月二十七日第二十四次特别会议决录案，呈请明令禁止"等因前来，应予照准。合行令仰该部长查照，通令各军一律禁止，以苏民团。此令。

（中华民国陆海军大元帅之印）

中华民国十三年四月四日

据《大本营公报》第十号《训令》

给鲁涤平的指令

（一九二四年四月四日）

大元帅指令第三二二号

令禁烟督办鲁涤平

呈报就职日期由。

呈悉。此令。

（中华民国陆海军大元帅之印）

中华民国十三年四月四日

据《大本营公报》第十号《指令》

给叶恭绰杨庶堪的指令

（一九二四年四月四日）

大元帅指令第三二三号

令财政委员会主席叶恭绰、杨庶堪

呈复经已录令送由鲁督办涤平遵照解散水陆侦缉联合队由。

呈悉。此令。

（中华民国陆海军大元帅之印）

中华民国十三年四月四日

据《大本营公报》第十号《指令》

给吴铁城的指令

（一九二四年四月四日）

大元帅指令第三二四号

　　令广东省警卫军司令吴铁城

　　呈报就职及启用印信日期由。

　　呈悉。此令。

（中华民国陆海军大元帅之印）

中华民国十三年四月四日

据《大本营公报》第十号《指令》

任命方鼎英等职务令

（一九二四年四月五日）

大元帅令

　　任命方鼎英为湘军第一军第一师师长，张辉瓒为湘军第一军第九师师长，戴岳为湘军第二军第二师师长，谭道源为湘军第三军第三师师长，王得庆为湘军第三军第六师师长，吴家铨为湘军第四军第四师师长。此令。

（中华民国陆海军大元帅之印）

中华民国十三年四月五日

据《大本营公报》第十一号(广州一九二四年四月二十日版)《命令》

致泰戈尔函 *

（一九二四年四月七日）

亲爱的泰戈尔先生：

　　我极为希望在您抵华时，能获得亲自迎接您的特殊荣幸。向学者表示敬意乃是我们的古老风尚。但我将欢迎的您，不仅是一个曾为印度文学增添光辉的作家，而且还是一个在辛勤耕耘的土地上播下了人类未来福利和精神成就的种子的杰出劳动者。

　　届时，我能否有幸邀请您光临广州？

　　　　　　　　　　　您的忠诚的孙逸仙　一九二四年四月七日

据传记文学编辑委员会编《传记文学》第七卷第六期
（台北一九六五年十二月版）杨允《孙中山与泰戈尔
信使往来》中英文影印件译出（袁鸿林译，金应熙校）

追赠萧学智令

（一九二四年四月七日）

大元帅令

　　据大本营军政部长程潜呈复拟请将已故滇军第三军军部少将副官长萧学智追赠陆军中将。萧学智着追赠陆军中将。此令。

　　　　　　　　　　　　　（中华民国陆海军大元帅之印）

中华民国十三年四月七日

据《大本营公报》第十号《命令》

---

　　*　泰戈尔：印度文学家。有译太哥儿、泰谷尔等。

准方孝纯辞职令

（一九二四年四月七日）

大元帅令

　　大本营参军长张开儒呈少校副官方孝纯因病辞职。应照准。此令。

　　　　　　　　　　　　　　（中华民国陆海军大元帅之印）

中华民国十三年四月七日

据《大本营公报》第十号《命令》

给赵士觐的指令

（一九二四年四月七日）

大元帅指令第三二五号

　　令两广盐运使赵士觐

　　呈西江巡舰舰队主任函请备款接收"定海"、"江平"、"福海"等缉私舰，应否准给，请令遵并请派员收回各舰由。

　　呈悉。擅留运署巡舰，妨碍缉私，殊为不合，未予处罚，已属从宽。该舰队主任所称发给垫款之处，未便照准。所有"平南"及"定海"、"江平"、"福海"各舰，候令参军处派员会同海防司令饬舰前往收回交该使接管可也。此令。

　　　　　　　　　　　　　　（中华民国陆海军大元帅之印）

中华民国十三年四月七日

据《大本营公报》第十号《指令》

给林若时张开儒的训令

（一九二四年四月七日）

大元帅训令第一四〇号

　　令海防司令林若时、大本营参军长张开儒

　　为令遵事：据两广盐运使赵士觐呈称："呈为呈请核示事：窃查盐税为国家正供，所有军饷及行政费，莫不赖此开支。粤省政变之后，盐税收入日形短绌，上年统计，较之民国十一年，不及十分之四。虽由西、北两江道途梗塞，运销未能畅旺，亦未始不由缉私巡舰被各军借用，不能查缉私盐有以致之。查运署原有缉私巡舰一十四艘，除沉没破坏不计外，现在所存寥寥无几。内有'平南'一艘，先被滇军第三军蒋军长光亮借用，又'定海'、'江平'、'福海'三艘，先后驶离省河，由西江善后李督办济深收留差遣，业经邓、伍各前运使①及运使任内迭次呈请帅座令饬各军交还运署，以便派往缉私，而裕税收在案。嗣奉大本营参谋处函知：'业已电饬各军克日交还，嘱即派员前往接收'等因。遵即派员分投接洽，讵意滇军蒋军长则称请将'平南'舰暂留运兵，一俟驻扎九江军队运回省城，即行交还。西江善后督办则称'定海'、'江平'、'福海'三舰已饬舰队主任招桂章，令其刻日集中江门，与运署派员接洽交代。当经派员迭次磋商，现据西江巡舰舰队处招主任函称：'前垫支接收各舰运动费，及购回舰内机件费，共约港纸银二千二百元，修理及起绞费约毫银五千四百元，购煤费约毫银八千六百元，伙食费约毫银二

---

　　①　邓、伍各前运使：即邓泽如、伍汝康。

千元,士兵恤款毫银八百元,士兵购置棺木殓费毫银四百元,各项共计一万九千余元。目下交还缉舰消息传播,各债权人均向同人等陈请,佥谓当时挪借巨款,纯系友谊的互助。倘各舰交还之后,此项债务一旦移归政府,则归款势将延宕。似此情形,各舰长谅当负责,断无善始毁终等语。谆谆数四,词侧理长,揆理衡情,万难恐然不顾。因是对于兹事深感困难,用特函达,请早日派员携足款项来江接收,庶得以早卸仔肩而清手续'等情。查该主任函称虽非无因,惟所开各项有无浮滥,及各该舰在西江督办处服务时,曾否领过该款之处,无从查考,且运署每日所收盐款,业已奉饬拨支各军饷项,至该招主任函开各款,应否准发,运使未敢擅便,理合备文呈请帅座鉴核指令祗遵,并请派员将'平南'、'定海'、'江平'、'福海'各舰一并收回转发运使,以便派往缉私,实为公便"等情前来。据此,除指令"呈悉。擅留运署巡舰,妨碍缉私,殊为不合,未予处罚已属从宽。该舰队主任所称发给垫支之处,未便照准。所有'平南'及'定海'、'江平'、'福海'各舰,候令行参军处派员会同海防司令饬舰前往收回交该使接管可也。〈此令〉"印发外,仰该司令、参军长即便遵照办理。此令。

(中华民国陆海军大元帅之印)

中华民国十三年四月七日

据《大本营公报》第十号《训令》

任命朱和中职务令

(一九二四年四月八日)

大元帅令

任命朱和中为秘书①。此令(月俸五百元)。

孙　　文

中华民国十三年四月八日

据谭编《总理遗墨》第三辑影印原稿

准任陈荣贵职务令

(一九二四年四月八日)

大元帅令

　　大本营军政部长程潜呈请任命陈荣贵为广东兵工厂审验处处长。应照准。此令。

(中华民国陆海军大元帅之印)

中华民国十三年四月八日

据《大本营公报》第十一号《命令》

给沈荣光的命令*

(一九二四年四月八日)

令沈荣光着将收缴锺部枪械概予发还,以重友谊。

据《广州民国日报》一九二四年四月九日《帅令发还锺明阶枪械》

---

　　①　秘书:即大本营秘书。

　　*　锺明阶部在开建被沈荣光部包围缴械,这是孙中山处理善后的命令。所标时间系根据四月九日《广州民国日报》云"昨沈已来电粤中,催促锺氏前往领还矣"酌定。

给林云陔的指令

（一九二四年四月八日）

大元帅指令第三二六号

令广东高等检察厅检察长林云陔

呈请令饬禁烟督办：以后犯鸦片烟罪，人犯务须送由法庭依法科断由。

呈悉。禁烟督办之设，原为厉行禁烟起见。所有缉获烟犯，自应送交法院依法审判，以重法权。仰候令饬该督办遵照办理。其原颁禁烟条例中，有与现行刑律抵触者，并候饬由该督办查明，呈请修正可也。仍候令大理院长兼管司法行政事务转行各级法院一体知照。此令。

（中华民国陆海军大元帅之印）

中华民国十三年四月八日

据《大本营公报》第十号《指令》

给鲁涤平赵士北的训令

（一九二四年四月八日）

大元帅训令第一四一号

令禁烟督办鲁涤平、大理院长兼管司法行政事务赵士北

为令饬事：案据广东高等检察厅检察长林云陔呈称："呈为呈请事：窃查鸦片烟罪原属刑事范围，向来各机关对于此项犯罪人，一律均送由法院办理。自禁烟督办署成立后，既从属〔厉〕行烟禁，

湔除烟毒为宗旨,则发现此项犯罪人,当亦日见其多,若非陆续送由法院科断,究恐不足以收禁烟之实效。职厅有见于此,理合具文呈请大元帅察核,伏乞饬令禁烟督办署,嗣后对于犯鸦片烟罪人,务须随时照奉送由法院办理,以重法权而明统系"等情。据此,当经指令"呈悉。禁烟督办之设,原为属〔厉〕行烟禁起见,所有缉获烟犯,自应送交法院依法审判,以重法权。仰候令饬该督办遵照办理。其原颁禁烟条例中,有与现行刑律抵触者,并候饬由该督办查明,呈请修正可也。仍候令大理院长兼管司法行政事务转行各级法院,一体知照。此令"。除指令印发并分令外,合行令仰该督办院长即即行遵照办理便转行各级法院一体知照。切切。此令。

（中华民国陆海军大元帅之印）

中华民国十三年四月八日

据《大本营公报》第十号《训令》

给李福林的指令

（一九二四年四月八日）

大元帅指令第三二七号

　　令东路讨贼军第三军军长李福林

　　呈报遵令解散新圹至大览尾一带私立勒收保护费机关情形由。

　　呈悉。该军长此次奉令解散新塘至大览尾一带私立勒收保护费机关,未及旬日即行办理完竣,具见办事认真,殊堪嘉尚。仰仍督饬所部随时留心稽查,毋任故态复萌,贻害商旅。是为至要。

此令。

（中华民国陆海军大元帅之印）

中华民国十三年四月八日

据《大本营公报》第十号《指令》

给大本营参谋处的命令*
（一九二四年四月九日）

肃清东江，业经联军攻击前进，逆军溃窜势所必至。即着李明扬迅率所部开赴新丰、连平、和平方面驻扎，分兵兜剿败窜之匪，兼卫地方。切切。此令。

据《广州民国日报》一九二四年四月九日《令李明扬兜剿陈军》

给鲁涤平的指令
（一九二四年四月九日）

大元帅指令第三二九号

令禁烟督办鲁涤平

呈请简派雷飙为总务厅厅长，缪笠仁为督察处处长，并呈履历由。

呈悉。履历存。已分别令派矣。此令。

（中华民国陆海军大元帅之印）

中华民国十三年四月九日

据《大本营公报》第十号《指令》

---

*　此件所标时间系《广州民国日报》发表日期。

给伍朝枢的指令[*]

（一九二四年四月九日）

大元帅指令第三三〇号

　　令大本营外交部长伍朝枢

　　呈请电饬新会梁事务所长将"沙碧近"轮船解省，交回德领转给德商管〔营〕业由。

　　呈悉。已电新会县长查照，将该轮解省矣。此令。

（中华民国陆海军大元帅之印）

中华民国十三年四月九日

据《大本营公报》第十号《指令》

给黄绍竑戴恩赛的训令^{**}

（一九二四年四月九日）

大元帅训令第一四二号

　　令西路讨贼军第五师师长黄绍雄〔竑〕、梧州关监督戴恩赛

　　为令遵事：据大本营军政部长程潜呈报："现准法国领事函开：关于智利洋行'罗封'轮船，海关注册第二千一百五十六号一事，经

---

　　*　四月三日，伍朝枢呈报：新会县古兜善后事务所所长梁少琦等电称，该所截获一艘贼轮，查明原系被匪劫走之德国显利士洋行之"沙碧近"轮。建议将该轮归还原主，以示怀柔。

　　**　原件无具体日期。按大本营公报先发训令后发指令惯例，据大元帅指令第三三一号内容印证，此件发表日期拟为四月九日。

本领事曾屡次照会贵部长在案。顷据确实报告,该轮为军队强劫骑去后,改名为'飞鲸',又名'飞捷',现决意将该轮在梧州发卖等语。本领事闻悉之下,不胜骇异。盖此等行为与强盗无异,因害及敝国商人,故特函声明:如三日内不能将该轮发还,则贵政府应完全负责,不特需赔偿该轮之价值,且本领事另提出要求该轮无理受封后之损失。恳请贵部长即日通电,严令地方负责之官员,将行为如强盗之军队,处以惩戒为荷等由。理合备文呈请帅座令饬广西讨贼军第一军黄总指挥及梧州海关监督一体知照,如遇有上列名号之轮船行驶,即予扣留以便发还具领,免酿交涉"等情。据此,除指令照准并分令外,合行令仰该师长、监督即便遵照。此令。

(中华民国陆海军大元帅之印)

中华民国十三年四月　日

据《大本营公报》第十号《训令》

给程潜的指令

(一九二四年四月九日)

大元帅指令第三三一号

　　令大本营军政部长程潜

　　呈请令饬梧州关监督等扣留"罗封"轮船发还法商智利洋行具领由。

　　呈悉。应照准。已令行黄师长[①]及梧州关监督查照办理矣。仰即知照。此令。

(中华民国陆海军大元帅之印)

---

　　①　黄师长:即西路讨贼军第五师师长黄绍竑。

中华民国十三年四月九日

给伍学煜的指令

（一九二四年四月九日）

大元帅指令第三三八号

　　令兼广东全省船民自治督办伍学煜

　　呈请辞去兼职由。

　　呈悉。已明令准辞兼职，同日并有令将广东全省自治督办一职裁撤。仰即遵照。赶将任内经营款项及一切事宜结束，清楚具报察核，并将关防缴销。附件存。此令。

（中华民国陆海军大元帅之印）

中华民国十三年四月九日

批刘培寿等快邮代电

（一九二四年四月十日）

　　往事不咎，只问明柏烈武[①]今后对于联省主张如何，明白答复。文批。

---

① 柏烈武:柏文蔚字烈武。

给广州市政厅的命令 *

（一九二四年四月十日）

特着令市政厅筹九万元，盐运署筹六万元，财政厅筹五万元，合共二十万元，赶于日间凑足，完全解交湘军总部转发左路湘军，俾得速收复河源，解决东江军事。

据《广州民国日报》一九二四年四月十一日《帅令迅筹前敌军饷》

给鲁涤平的指令

（一九二四年四月十日）

大元帅指令第三三二号

令禁烟督办鲁涤平

呈请取消前督办任内已拨未发之款以便专心整理由。

呈悉。杨前督办任内奉拨未发之款究尚若干，仰即咨催前任赶紧造册，连同各项交代，咨由该督办核明转报来府，以凭通令取消。在未通令以前，有持从前拨款命令向该督办署支款者，准其止付。所有该署收入，除留本署开支外，应悉数造报，听候指拨可也。此令。

（中华民国陆海军大元帅之印）

---

* 此件所标时间系根据四月十一日《广州民国日报》云"大元帅日昨特着令……"酌定。

中华民国十三年四月十日

据《大本营公报》第十一号《指令》

给广东地方善后委员会的指令

（一九二四年四月十日）

大元帅指令第三三三号

　　令广东地方善后委员会

　　呈请撤销广东全省船民联防以恤民艰由。

　　呈悉。广东全省船民自治联防督办已明令撤销矣。此令。

（中华民国陆海军大元帅之印）

中华民国十三年四月十日

据《大本营公报》第十一号《指令》

给杨庶堪的指令

（一九二四年四月十日）

大元帅指令第三三四号

　　令广东省长杨庶堪

　　呈复遵令调查广东全省船民自治联防情形请察核由。

　　呈悉。广东全省船民自治联防督办业已明令裁撤矣。此令。

（中华民国陆海军大元帅之印）

中华民国十三年四月十日

据《大本营公报》第十一号《指令》

给张开儒的指令

（一九二四年四月十日）

大元帅指令第三三五号

　　令大本营参军长张开儒

　　呈为少校副官方孝纯因病辞职乞睿裁由。

　　呈悉。应照准。此令。

（中华民国陆海军大元帅之印）

中华民国十三年四月十日

据《大本营公报》第十一号《指令》

给范石生的指令

（一九二四年四月十日）

大元帅指令第三三六号

　　令中央直辖滇军第二军军长范石生

　　呈据情转呈请严令撤销护商机关由。

　　呈悉。已令行军政部通令严切禁止矣。此令。

（中华民国陆海军大元帅之印）

中华民国十三年四月十日

据《大本营公报》第十一号《指令》

给鲁涤平的指令

（一九二四年四月十日）

大元帅指令第三三七号

令禁烟督办鲁涤平

呈为躬赴前方督战，暂委总务厅长雷飙代行督办职务，乞备案由。

呈悉。准予备案。此令。

（中华民国陆海军大元帅之印）

中华民国十三年四月十日

据《大本营公报》第十一号《指令》

追赠韩恢伏龙令

（一九二四年四月十一日）

大元帅令

故江苏招讨使、讨贼军总司令韩恢，江苏陆军第六师师长兼参谋长伏龙，生立功勋，死极惨烈，经交由大本营军政部议复，请予赠恤。韩恢着追赠上将，伏龙着追赠陆军中将，均照阵亡例给恤，以昭忠烈。此令。

（中华民国陆海军大元帅之印）

中华民国十三年四月十一日

据《大本营公报》第十一号《命令》

委派古应芬等职务令

（一九二四年四月十一日）

大元帅令

　　派古应芬、戴传贤、曹受坤、杨宗炯、陈国榘、何启沣、陆钜恩为法制委员会委员。此令。

孙　文

中华民国十三年四月十一日

据谭编《总理遗墨》第三辑影印原稿

给吴铁城的训令

（一九二四年四月十一日）

大元帅训令第一四三号

　　令广州市公安局长吴铁城

　　现查有大本营任命之各招抚使等，往往有在省招兵情事。此种军队多属莠民，麇集省城，屡滋事端，殊堪痛恨。仰该局长即日查明，派出军队前往分别解散，以维治安。除分别令行各该招抚使等遵照解散，嗣后不得仍在省城招兵，致干撤究外，仰即遵照。此令。

（中华民国陆海军大元帅之印）

中华民国十三年四月十一日

据《大本营公报》第十一号《训令》

给赵杰等的训令

（一九二四年四月十一日）

大元帅训令第一四四号

　　令豫鲁招抚使赵杰、粤闽湘军招抚使刘毅、抚河招抚使马晓军

　　现查有大本营任命之各省招抚使，往往有在省招兵情事。此种军队多属莠民，麇集省城，屡滋事端，殊堪痛恨。除令行广州市公安局长吴铁城即日查明，派出军队前往，分别解散以维治安外，仰该招抚使即遵照解散，嗣后不得仍在省城招兵，致干撤究。此令。

　　　　　　　　　　　　　　　（中华民国陆海军大元帅之印）

中华民国十三年四月十一日

　　　　　　　　　　　　　　　　据《大本营公报》第十一号《训令》

给程潜的指令

（一九二四年四月十一日）

大元帅指令第三三八号

　　令大本营军政部长程潜

　　呈复已故湘车〔军〕所部支队长舒用之等①请追赠陆军步兵上校等，并按级给恤由。

　　呈悉。舒用之等均准如所请追赠给恤。仰即遵照办理。

---

　　① 指舒用之、张鲁才、李刚、祝鼎新、庄金榜。

此令。

（中华民国陆海军大元帅之印）

中华民国十三年四月十一日

据《大本营公报》第十一号《指令》

给叶恭绰的指令

（一九二四年四月十一日）

大元帅指令第三三九号

　　令大本营财政部长叶恭绰

　　呈复遵令严禁奸商瞒承税捐情形由。

　　呈悉。此令。

（中华民国陆海军大元帅之印）

中华民国十三年四月十一日

据《大本营公报》第十一号《指令》

给广东地方善后委员会的指令

（一九二四年四月十一日）

大元帅指令第三四〇号

　　令广东地方善后委员会

　　呈请严令撤销小北江出、入口货捐由。

　　呈悉。军队擅抽杂捐及沿途勒征货税，迭经严令禁止。据称何旅长克夫近在连江口车站设厂，对于小北江出入口货按值百抽五，勒收军费，殊属不合。仰候令行蒋军长转饬立即撤销，并候行财政部转咨广东省长知照。此令。

（中华民国陆海军大元帅之印）

中华民国十三年四月十一日

据《大本营公报》第十一号《指令》

给蒋光亮叶恭绰的训令

（一九二四年四月十一日）

大元帅训令第一四六号

令中央直辖滇军第三军军长蒋光亮、大本营财政部部长叶恭绰

为令饬事：案据广东地方善后委员会呈称："呈为案经议决据情转达，乞请严令撤销小北江入口货〈捐〉以恤民艰事：窃委员等现据连阳小北江一带公民全体代表陈必正、杨汝威等呈称：'窃公民等小北江一带地方，土瘠民贫，出产物少，向来觅食维难。近年以盗匪充斥，兵燹频加，种种生机不绝如缕。其幸而苟延残喘者，只赖本地柴麦等物以有易无，博升斗以赡家室。不料此次军兴，各队之云集连江口站者，语其名堂之不一，几于辨别之无从，一遇小北江货到，无论出口入口，勒收费用，纷至沓来，甚有同一部分而暗派多人分途抽收者，有公然勒抽至再至三者，明目张胆。商民敢怒而不敢言，稍与理论，非受痛击即被将货抢夺。他不具论，即就出口柴根，已受种种损失。似此重重苛抽，商民裹足不前，百货已腾贵不堪矣。乃有中央直辖滇军第一独立旅旅部士兵，近竟借口军用紧急，复在连江口车站张贴布告，设厂委员，硬将小北江出入口货每值百元勒抽军费五元。商民以其例外苛抽，变本加厉，纷纷集众议决停办、停载，异〔冀〕其稍念民艰，顿生觉悟。不谓迄今多日，停罢者自停罢，抽收者自抽收。呼吁无闻，商艰罔恤。各埠商畏威惧

祸，哑忍自甘，惟相戒店不办货，运馆不运，渡船不载行，此因咽〔噎〕废食之策而已。独我小北江贫民生斯、长斯、聚斯，受此莫大打击，欲耕无具，欲劳无工，欲用无物，势不至欲炊无米，欲死无所不止。呜呼！谁实为之，为之何哉，有此例外苛抽害民病商？势迫沥情，联呈贵会，俯念商民艰困已达极点，立赐据情转呈大元帅暨杨省长、蒋军长，准予分令独立旅长何克夫将抽收小北江出入口贷捐厂撤销，以苏民困'"等情。据此，当经指令"呈悉。军队擅抽杂捐及沿途勒征货税，迭经严令禁止。据称何旅长克夫近在连江口车站设厂，对于小北江出入口货，按值百抽五勒收军费，殊属不合。仰候令行蒋军长转饬立即撤销，并候行财政部转咨广东省长知照。此令"等语，除指令印发并分行外，合行令仰该军长立即转饬遵照撤销，仍将停收日期暨遵办情形报查部长即便转咨广东省长知照。此令。

（中华民国陆海军大元帅之印）

中华民国十三年四月十一日

据《大本营公报》第十一号《训令》

致全国学农工商通电[*]

（一九二四年四月十二日）

本党为救国之政党，为中国之主权而奋斗，为青年国民之利益而奋斗，为全体国民脱离军阀压迫而奋斗。革命的青年国民为中国唯一之希望，当在本党旗帜之下为中国之主权，为青年国民之利益，为全体国民之利益而奋斗。为本党之前锋，当干青年之事业。

  ＊ 此件所标时间系据四月十三日北京《顺天时报》云"孙文为贯彻革命主义起见，昨曾发出通电一则……原文如下"酌定。

土耳其之复兴，出于土耳其青年之奋斗。俄国之复兴，出于俄国青年之奋斗。中国之复兴，当亦出于中国青年之奋斗。农民之生活，五十年来日见苦痛，蚕丝之出产，日受外人之操纵，非收回我国之主权，农民之生活愈趋愈苦，城市无容身之地，乡村无养身之地。中国不革命，农民方面实无〈发财〉机会。农民不参加革命不能速发发财机会之来。工人失业日多，实业不发展，不但不做工不得食，且无机会做工。中国实业之发展须待革命之成功。工人当参加革命以促其成功。工人为本党之基础，本党之奋斗乃为发展实业而奋斗，为工人利益而奋斗。工人当与本党共同奋斗。商务日见零落，外货日见充斥，此非一时之现象，乃永久之现象。革命不成功，则此现象长此不灭。本党为主权而奋斗，即为保护国民贸易而奋斗。商人实为本党之主力军，商人当与本党共同奋斗。本党革命成功之日，即商务发展之日也。

据北京《顺天时报》一九二四年四月十三日《孙文致全国学农工商之通电》

特任叶恭绰兼职令

（一九二四年四月十二日）

大元帅令

　　特任叶恭绰兼盐务督办。此令。

（中华民国陆海军大元帅之印）

中华民国十三年四月十二日

据《大本营公报》第十一号《命令》

任命郑洪年兼职令

（一九二四年四月十二日）

大元帅令

　　任命郑洪年兼盐务署署长。此令。

　　　　　　　　　　　　（中华民国陆海军大元帅之印）

中华民国十三年四月十二日

　　　　　　　　　　　　据《大本营公报》第十一号《命令》

准伍学熀辞职令

（一九二四年四月十二日）

大元帅令

　　财政委员会委员伍学熀呈请辞职。伍学熀准免本职。此令。

　　　　　　　　　　　　（中华民国陆海军大元帅之印）

中华民国十三年四月十二日

　　　　　　　　　　　　据《大本营公报》第十一号《命令》

委派张汉职务令

（一九二四年四月十二日）

大元帅令

　　派张汉为大本营海军委员。此令。

　　　　　　　　　　　　（中华民国陆海军大元帅之印）

中华民国十三年四月十二日

据《大本营公报》第十一号《命令》

给樊钟秀的命令[*]

（一九二四年四月十二日）

特令豫军樊总司令迅率所部主力军加入作战，先行收复两阳①，进剿高雷②。

据《广州民国日报》一九二四年四月十四日《豫军加入南路作战》

给李福林的指令

（一九二四年四月十二日）

大元帅指令第三四一号

令东路讨贼军第三军军长李福林

呈报枪决匪犯彭彦等日期，乞察核发交军政部备案由。

呈悉。候令行军政部查照备案可也。此令。

（中华民国陆海军大元帅之印）

中华民国十三年四月十二日

据《大本营公报》第十一号《指令》

---

　　*　原令未署日期。按四月十四日《广州民国日报》载："樊总司令奉令后特先调留驻韶关之豫军一营全部撤调来省……该营经于昨十二日由韶关乘专车来省"，今据此酌定日期。

　　①　两阳：即广东境内阳江、阳春两县。

　　②　高雷：即指广东西南部之高州、雷州。

给程潜的训令

（一九二四年四月十二日）

大元帅训令第一四七号

　　令大本营军政部长程潜

　　为令行事：据东路讨贼军第三军军长李福林呈称："窃军长于本月八日遵奉帅令，派队凭线前赴长洲围捕，拿获著匪彭彦、简标、简锡（混名大针板）、简成（混名大旧成）、简普文（混名猪仔）、陈奕仔等六名，另嫌疑犯人屈为曾、纪成等一十六名。经将匪徒拒捕，伤亡职部兵士五名各情，据情呈报在案。提讯各匪，据供：是日兵匪交战之时，梁驹督率拒捕，当场伤毙并烧毙匪徒彭苏、屈仲二名等语。复据彭彦供称：前于民国十年充当职部排长，开驻韶关，因不愿北伐，唆摆士兵挟械同逃后，伙同简标、简锡、简普文、简成、彭昌、彭五、彭鸿、彭海、彭苏、彭体等，纠党骑劫江门大利轮船一次，截劫东圃鱼珠车渡二次，其余在水面行劫多次不能记忆。陈奕仔一犯供认：伙同彭昌、简标等匪骑劫东莞稍潭拖渡一次。此次大利轮船案内，劫匪彭昌、彭五、彭鸿、彭海、彭苏、彭体、彭志、彭同等多名，均由彭彦一人介绍前往长洲当差，暂时躲避，后因马司令①停发伙食已十余天，彭昌等匪已逃往他方等语。查各匪供词确凿，直认不辞。复因获犯简锡受伤已重，未便久延。除将各嫌疑犯人复提研讯外，谨于本月九日提出讯实匪犯彭彦、简标、简锡、简成、简普文、陈奕仔等六名，验明正身，派队押赴河南宝冈地方宣布罪状，

---

　　① 马司令：即长洲要塞司令马伯麟。

依法枪决,以昭炯戒。理合将决犯日期备文呈报钧座察核,伏乞发交军政部备案,实为公便"等情。据此,除指令外,合行令仰该部长即便查照备案。此令。

(中华民国陆海军大元帅之印)

中华民国十三年四月十二日

据《大本营公报》第十一号《训令》

给林翔的指令

(一九二四年四月十二日)

大元帅指令第三四三号

　　令大本营审计局局长林翔

　　呈复审核广东兵工厂十二年四五六月份预算书乞予鉴核备案由。

　　呈悉。准予核定备案,仰候令军政部转饬该厂知照可也。原呈暨预算书均存。此令。

(中华民国陆海军大元帅之印)

中华民国十三年四月十二日

据《大本营公报》第十一号《指令》

给程潜的训令

(一九二四年四月十二日)

大元帅训令第一四九号

　　令大本营军政部长程潜

　　为令饬事:案查前据广东兵工厂长马超俊造呈该厂十二年四、

五、六等月支出预算书前来,当经发交大本营审计局详加审核去讫。兹据复称:"为呈复事:案奉大元帅发下广东兵工厂厂长马超俊呈缴十二年四、五、六等月份支出预算书各二件,查该厂预算书内官长薪水及厂长公费均未照军政部订定饷章计算,当经函请派员说明,并请具函证实。旋准函开:前准贵局大函以敝厂十二年四、五、六月份预算书有未甚明了之处,嘱派经办人员来局接洽,以便谘询一切等因。当即派敝厂三等军需正周梓骥、军需金彝光前赴贵局接洽。兹据该员等回厂面称:昨奉派赴大本营审计局,经将本厂大概情形陈述,惟预算书内厂长及各员司薪水未曾折扣,公费亦未免太多,须将缘由备函声明等情前来。查敝厂自厂长以及各员司之薪水照十足支给,此事系由朱前厂长①呈奉帅座面准。至公费一节,缘敝厂历任厂长凡因公晋省,向系开支旅费。朱前厂长接事之初,正当沈鸿英蹂躏本厂之后,规复伊始,头绪纷繁。又值军事倥偬,不时晋省。故每月总开报公费四百元,以免烦琐。此事亦经朱前厂长回明帅座在案。所有以上各缘由,相应据实函达,请烦查照等由。准此,官长薪水及厂长公费既经钧帅面准,自可作为预算之定额。又查包工工资栏内,照该书备考核算,少计八角八分,惟属预算,似无庸议。除将广东兵工厂十二年四、五、六等月分预算书各提一份留局存案外,理合备文连同原呈暨预算书呈请钧帅鉴核备案,实为公便"等情。据此,当经指令"呈悉。准予核定备案。仰候令军政部转饬该厂知照可也。原呈暨预算书均存。此令"。除指令印发外,合行令仰该部即便转饬该厂知照。此令。

(中华民国陆海军大元帅之印)

———————

　①　朱前厂长:即朱和中。

中华民国十三年四月十二日

据《大本营公报》第十一号《训令》

给杨希闵等的训令

（一九二四年四月十二日）

大元帅训令第一五〇号

  令中央直辖滇军总司令杨希闵、湘军总司令谭延闿、豫军讨贼军总司令樊钟秀、桂军总司令刘震寰、东路讨贼军总司令许崇智、中央直辖广东讨贼军第四军军长梁鸿楷、中央直辖第一军军长朱培德、中央直辖第二军军长黄明堂、中央直辖第七军军长刘玉山、中央直辖第三军军长卢师谛、北伐讨贼军第二军军长柏文蔚、北伐讨贼军第三军军长胡谦

  现查有大本营任命之各招抚使、各军长，往往有在省招兵情事。此种军队多属莠民，麋集省城，屡滋事端，殊堪痛恨。除令行广州市公安局长吴铁城即日查明，派出军队前往将各该招抚使在省所招之军队分别解散，以维治安外，仰该总司令、军长即便转饬所属一体遵照，嗣后不得在省城招兵，致干查究。切切。此令。

         （中华民国陆海军大元帅之印）

中华民国十三年四月十二日

据《大本营公报》第十一号《训令》

给何家猷的指令

（一九二四年四月十二日）

大元帅指令第三四四号

令广东电政监督兼广州电报局长何家猷

呈请令饬财政委员会筹拨的款,清还大东、大北两公司电费,并永远维持电政,并附香港电局原函由。

呈函均悉。该局欠大东、大北两公司电费,应饬由沙面电报局拨款清偿,余俟财政充裕再行筹拨。仰即遵照。原函发还。此令。

(中华民国陆海军大元帅之印)

中华民国十三年四月十二日

据《大本营公报》第十一号《指令》

给程潜的指令

(一九二四年四月十二日)

大元帅指令第三四五号

令大本营军政部长程潜

呈复请准予追赠韩恢以陆军上将,伏龙以陆军中将,均照阵亡例给恤由。

呈悉。韩恢等已明令准予赠恤矣。仰即遵照办理。此令。

(中华民国陆海军大元帅之印)

中华民国十三年四月十二日

据《大本营公报》第十一号《指令》

给陈兴汉的指令

(一九二四年四月十二日)

大元帅指令第三四七号

令管理粤汉铁路事务陈兴汉

呈请饬下财政委员会,嗣后无论何项机关、何部军队,不得再向该路派担款项,俾得暂维路务由。

呈悉。仰候令行财政委员会遵照,嗣后无论何项机关、何部军队,暂均不得再向该路派担款项可也。此令。

(中华民国陆海军大元帅之印)

中华民国十三年四月十二日

据《大本营公报》第十一号《指令》

给财政委员会的训令
(一九二四年四月十二日)

大元帅训令第一五二号

令财政委员会

为令行事:据管理粤汉铁路事务陈兴汉呈称:"案查职路前以机车损坏,枕木废烂,拟请停提路款三个月,俾资修理一案,呈奉钧座发交财政委员会议决暂缓从议等因,本应遵照。惟查职路机车损坏、霉锈不能行驶者实居多数,现在虽有少数勉强可用者,机件亦多亏损。至沿路枕木日久未换,废烂尤多,以致脱钩出轨之事迭见发生,此皆由职路负担过重,乏款修理有以致之。第收入无多而支出日巨,所有积欠员司薪水与及各项账目为数虽巨,然犹属余事。但修路为目前要素,倘再延时日不予修理,不免危险迭生,势必成为废路而后已。职目睹危状,再四思维,舍暂停日提路款之策,则虽有巧妇亦难为无米之炊。职为维持现状,免有贻误起见,谨再沥情具呈钧座鉴核,伏乞转发财政委员会仍照前案,酌予停提路款,俾得稍购材料,从速择要修理,免生危险。抑更有请者:职路负担之重已达极点，目下支持已形岌岌之势，应请并案饬下财政委员会，嗣后无论何项机关、何部军队，不得再向职路派担款项，俾得暂维路务以利交通。是否有当，仍候指令祗遵"等情。据此，除指令"呈悉。仰候令行财政委员会遵照，嗣后无论何项机关、何部军队，暂均不得再向该路派担款项可也。此令"印发外，合行令仰该会即便遵照办理。此令。

（中华民国陆海军大元帅之印）

中华民国十三年四月十二日

据《大本营公报》第十一号《训令》

给林森的指令

（一九二四年四月十二日）

大元帅指令第三四八号

　　令大本营建设部长林森

　　呈为令同内政部拟订《广州市权度检查执行规则》呈乞核准施行由。

　　呈悉。所拟《广州市〈权度〉检查执行规则》十四条，大致尚属妥协，惟第六条末句应改为"分别加鏨五或一两种"字样，文义较为明晰。余均如所拟施行。仍咨内政部知照。折存。此令。

（中华民国陆海军大元帅之印）

中华民国十三年四月十二日

据《大本营公报》第十一号《指令》

给叶恭绰杨庶堪的指令

（一九二四年四月十二日）

大元帅指令第三四九号

　　令财政委员会主席委员叶恭绰、杨庶堪

　　呈报解散禁烟督办署水陆侦缉联合队情形由。

　　呈悉。此令。

（中华民国陆海军大元帅之印）

中华民国十三年四月十二日

据《大本营公报》第十一号《指令》

给伍学熀的指令

（一九二四年四月十二日）

大元帅指令第三五〇号

　　令财政委员会委员伍学熀

　　呈请辞职由。

　　呈悉。照准。此令。

（中华民国陆海军大元帅之印）

中华民国十三年四月十二日

据《大本营公报》第十一号《指令》

致杨希闵等电

（一九二四年四月十三日）

　　急。石龙杨总指挥并转朱军长、范军长、蒋军长①暨各将领均览：迭接捷书，欣慰无已。东江逆敌负固期年，赖滇军将士萃三迤英华，壮南天柱石，连番征战，备著勋劳。迩后联合各军，协驱丑虏，三军甫出，敌胆俱寒，义易冠军，至堪嘉慰。博罗既下，惠州可克，残敌之狼狈甚于前，我军之勇慨则盛于曩昔也。所望乘胜穷追，芟夷后患，国人水火，大局未宁，吾人之责任尚重也。特复数言，告我诸将士勉焉。大元帅。元。印。

据《广州民国日报》一九二四年四月十四日《大元帅电嘉前敌将官》

致谭延闿电*

（一九二四年四月十三日）

　　急。广州抄送谭联军总指挥并转宋总指挥②各军长暨各师旅长均览：自去冬石龙一役滞我师徒，该军间关跋涉，仗义增援，巩固北门，克驱丑虏，而东江之师亦振，裨益大局，嘉慰良深。近复茹苦含辛，忘身许国，方张挞伐，即报捷音，以资衡岳钟灵。宏兹英杰，

---

　　①　杨总指挥即杨希闵。朱军长、范军长、蒋军长指朱培德、范石生、蒋光亮。

　　*　这是孙中山接得湘军克复门龙、响水两要隘的捷报后，给谭延闿等的嘉勉电。此外，特饬财政部发现洋一万元犒赏。

　　②　谭联军总指挥即谭延闿。宋总指挥即宋鹤庚。

固有应膺其大任者。逆军新挫之余,曷足当貔虎之威。尚望奋其
威武,先竟肃清东路之功。国家前途,仰赖于吾人者,方无疆也。
特电致勉,并望告我诸将士。大元帅。元叩。

据上海《民国日报》一九二四年四月十九日《联军叠克要隘之详报》

给财政委员会的手令*

(一九二四年四月十三日)

无论如何,对于该军①给养费务与各军同一看待,即日筹拨,
以利戎行。

据《广州民国日报》一九二四年四月十五日《帅令筹拨西路军费》

给李明扬的命令**

(一九二四年四月十四日)

令督率所部开往新丰、和平一带,堵截陈军②北窜。

据《广州民国日报》一九二四年四月二十一日《李明扬进驻新丰》

---

　*　此件所标时间系据四月十五日《广州民国日报》云"特于昨十三日手令财政委
员会"确定。

　①　该军:指西路讨贼军刘震寰部。

　**　原令未署日期。按四月二十一日《广州民国日报》载:李明扬奉帅令率众进发新
丰,敌"遂于十五日星夜向惠州退却"。据此判断,此令应在十四日以前,今拟作十四日。

　②　陈军:指陈炯明部队。

给赖天球的命令 *

（一九二四年四月十四日）

以东江陈军现纷向后方退却，着该司令即率所部分驻澄江之第二、三旅，开赴和平警戒，相机兜剿，毋任窜扰。

据《广州民国日报》一九二四年四月十五日《帅令赖天球开赴和平警戒》

给广东地方善后委员会的指令

（一九二四年四月十四日）

大元帅指令第三五一号

令广东地方善后委员会

呈为据情转呈柴杉竹行商请严禁军队在西江沿岸设立护商机关由。

呈悉。仰候令行广东省长查明何处护商机关、系何项军队所设，传喻各该军官遵照迭次命令，即日一律裁撤。如敢违抗，即商请该管上级官或呈由本大元帅派队前往勒令撤销，并将违令之军官拿办，以肃军纪。其匪徒勒收行水，应如何剿办以利交通，并候饬由省长督饬地方团警商同防军协力妥办可也。此令。

（中华民国陆海军大元帅之印）

中华民国十三年四月十四日

据《大本营公报》第十一号《指令》

---

* 此件所标时间系据四月十五日《广州民国日报》云"大元帅昨令赖天球"酌定。

给杨庶堪的训令

（一九二四年四月十四日）

大元帅训令第一五四号

令广东省长杨庶堪

为令饬事：案据广东善后委员会呈："为案经议决据情代达，乞迅下明令，撤销沿河护商强收保费各机关，以利交通而维商业事：窃委员等现据广州各商埠柴杉竹行代表何德等呈称：'窃商等向在省城及附近商埠开设柴杉竹行生理，前赴西、北两江采办货物，尤以西江支流之广宁、四会为多。计由四会开排，经马房、河口、西南、紫洞一带，沿最近河流分理附近各埠。近年以来，盗贼猖獗，河道梗塞，所有放运排张迭被掳勒打单，政府无力保护，商民饱受痛苦。曾经组织商团，沿河自卫，军兴以来，秩序大乱。商团被强暴军队缴械解散，即以沿河防地为利薮，纷纷设立护商机关，扣留货物，勒收行水，而匪势猖獗，未闻剿办。去年春间，商等大帮货物行至紫洞，被匪抢劫，排伏凫水逃命，排张沿河流散，损失十余万元。夏间，商等大帮货物行至西南，因该处新设护商机关，缴费不及，即被放枪扣留。适遇西潦膨胀，水紧锚松，沿河漂没，损失二十余万元。商人望洋兴叹，致有雇船捞运携资取赎及与收买赃物之败类在佛山警署暨广州地方审判厅发生讼案。本年初春，商等大帮货物行至河口、西南、奇石街等处，先后被匪掳去排伏五十七名，轰毙排伏一名，损失货物十余万元。护商队袖手旁观，不独不为援手，反在西南将商等流失之货扣留取赎，美其名曰煤银。既将货物扣留取赎矣，又被匪徒盗卖与西南杉街惯营收买赃物之黄某。迨商等贩运第二次货物沿河下行,所有各处护商费用均已如额缴纳,则又勒收更费,致与护排福军发生冲突,事后扣留货物勒补子弹费三百元。凡此经过事实,均彰彰在人耳目。月来驻防军队变本加厉,同一防地分设护商机关数处,聚敛搜刮,罔恤商艰。计由四会开排,有粤军第一师护商队一处,第三师护商队四处,滇军第五师护商队四处,滇军第六师护商队十三处,福军护商队一处,狮山保卫团麦珍一处。其挂滇军旗号而由各姓收取护商费用者,上滘村则有梁姓、李姓、黎姓三处,下滘村则有黎姓二处,尚有沿河匪帮堂口十二处。兵匪合计共有四十处。每处最高定价来排一张收保护费一百二十元,最低议价则收十元,或二三十元。民力有限,聚敛无穷。当经本月廿二日通电陈明,请予援照省城先例,撤销沿河保护费,用以苏民困,并请大元帅明令清乡,以除匪患。现在沿河贼匪均向各军长官领旗缴费,包收保护费用,军队借土匪以推广保护费,土匪借军队为护身符。每领一旗,即分设保护卡口七八处。收保护费者在此,议被掳人价目者在此,赎被留柴杉竹排者在此,说行水者在此。商等财穷力尽,不得不集行停业以待解决。惟念柴薪为民生日用之品,停业过久即闹柴荒。今照上开四十处缴纳保护费,每元卖柴四十斤尚须缺本。若再迁延不理,古人薪桂之喻即在目前。伏乞钧会体念民瘼,迅下明令,撤销沿河护商机关,挽已去之人心,救将绝之民命,不胜屏营待命之至。除通呈外,谨呈'等情。据此,窃思军兴而后,河道梗塞,商旅戒途。究厥原因,无非各军队受人欺蒙遍设机关,假护商之美名,行剥民之暴行。据呈各节多属实情,当于四月三日第三十九次常会提出讨论,经众议决,据情代达。理合备文呈请帅座迅下明令,将沿河护商强收保费各机关刻日撤销,以利交通而维商业"等情。据此,当经指令"呈悉。仰候令行广东省长查明何处护商机关、系何项军队所设,传喻各该军官遵照迭次命令,即日一律裁撤。如敢违抗,即商请该管上级官或呈由本大元帅派队前往勒令撤销,并将违令之军官拿办,以肃军纪。其匪徒勒收行水,应如何剿办以利交通,并候饬由省长督饬地方团警商同防军协力妥办可也。此令"等语。除指令印发外,合行令仰该省长即便遵照妥办,仍将办理情形报查。切切。此令。

(中华民国陆海军大元帅之印)

中华民国十三年四月十四日

据《大本营公报》第十一号《训令》

给各军的训令[*]

(一九二四年四月十四日)

现方作战时期,凡在前方各将领不得搁置职务,擅自旋省,希即转饬一体遵照。

据《广州民国日报》一九二四年四月十四日《帅令各军注重职守》

给吕志伊的指令

(一九二四年四月十四日)

大元帅指令第三五二号

　　令大理院院长兼管司法行政事务吕志伊

　　呈报就职日期由。

　　呈悉。此令。

(中华民国陆海军大元帅之印)

---

[*]　此件所标时间系《广州民国日报》发表日期。

中华民国十三年四月十四日

据《大本营公报》第十一号《指令》

给伍学焜的指令
（一九二四年四月十四日）

大元帅指令第三五三号

　　令前广东全省船民自治联防督办伍学焜

　　呈报撤署日期由。

　　呈悉。此令。

（中华民国陆海军大元帅之印）

中华民国十三年四月十四日

据《大本营公报》第十一号《指令》

致李根沄电 *
（一九二四年四月十五日）

　　石龙速转滇军李师长根沄览：元电欣悉，东江余孽稽诛，联军整军复进。贵师长勇迈直前，克复要隘，风声所树，气壮全军。长驱之势既成，穷寇之追难缓，尚其鼓厉将士先下惠城。贵师长年少有为，仗义伊始，勋功遂著，前途正未有艾也。大元帅。删印。

据上海《民国日报》一九二四年四月二十五日《帅座电奖李根沄》

---

　　* 李根沄，滇军第七师师长，时兼任东江右翼代总指挥，在协同联军攻占樟木头、飞鹅岭等战役中功劳卓著。

准任曾镛职务令

（一九二四年四月十五日）

大元帅令

　　中央军需总监蒋尊簋呈请任命曾镛为中央军需处运输处处长。应照准。此令。

（中华民国海陆军大元帅之印）

中华民国十三年四月十五日

据《大本营公报》第十一号《命令》

给陈融的指令

（一九二四年四月十五日）

大元帅指令第三五四号

　　令广东高等审判厅厅长陈融

　　呈为会同高检厅请援照旧案，将粤省一切司法收入概留作维持粤省司法及改良监狱狱需，不准提作别用由。

　　呈悉。准如所请办理。仰候令行大理院及广东省长查照备案可也，仍咨高检厅知照。此令。

（中华民国陆海军大元帅之印）

中华民国十三年四月十五日

据《大本营公报》第十一号《指令》

给吕志伊杨庶堪的训令

（一九二四年四月十五日）

大元帅训令第一五五号

令大理院长吕志伊、广东省长杨庶堪

为令饬事：案据广东高等审判厅厅长陈融会同广东高等检察厅检察长林云陔呈称："为呈请事：窃职检察长前奉钧帅面谕，饬拟具改良粤省司去制度意见，呈候采择等因，经会同职审判厅长遵照办理，一俟筹拟妥协，再当另文详报。惟维持司法独立及进谋其改良，非有确定经费不为功。民国十年，职审判厅长奉令筹办全省司法，经数月筹备，全省司法厅、庭完全成立。经费一项，除省库拨支外，不敷数十万元。原定计划系由全省司法收入项下分别弥补，惟不敷之数尚巨，而司法收入无多。因扩张全省登记事宜，期登记费收入稍资维持。当经呈请广东省长指定登记费及其他司法收入为拨补司法经费不敷及改良监狱之用，业奉令准在案。自援桂军与陈逆背叛以迄今兹，粤库奇绌，财政厅积欠司法经费极巨，高地审检四厅仅藉讼费、登记费各项收入稍资维持而外，属厅庭因厅县欠发经费，且有因而停顿之势，故维持现状已感困难。至吾国监狱不良，久已为世诟病。前者华盛顿会议议决撤销领事裁判权一案，尚须派员来华实地调查，若不亟图改良，不独贻笑邦交，且于撤去领事裁判权一案更属大有妨碍。职检察长对于改建广州监狱及看守所，刻正积极进行。故粤省司法收入即属稍有赢余，亦应留作此项改建之需。若进谋司法制度之改良，尤需费用。我大元帅维持司法宿有盛心，近对于司法之改良，尤复殷殷致意，钦仰莫铭。用敢专呈陈请乞俯准查照旧案,将粤省一切司法收入概留作维持粤省司法及改良监狱等项之需,不准提作别用。如蒙令准,并请分行大理院及广东省长遵照,实为公便"等情。据此,当经指令"呈悉。准如所请办理,仰候令行大理院及广东省长查照备案可也,仍咨高检厅知照。此令"等语,除指令印发并分行外,合行令仰该院长、省长即便查照。此令。

(中华民国陆海军大元帅之印)

中华民国十三年四月十五日

据《大本营公报》第十一号《训令》

给大本营军政部的训令*

(一九二四年四月十六日)

前据该部先后呈送修正大本营军政部官制草案、海陆军审计条例及经常临时费用等表,均经详阅。所拟官制当属可行,审计条例已经核定,饬由大本营参谋处抄达。至费用各款,自属要需,惟刻当经济困难,准按月暂先发给二万元,由财政委员会交中央军需处转给备用,即仰该部长妥为分配,撙财济用,督率员司克恭厥职。除分行财政委员会、中央军需处遵办外,特令遵照。此令。

据《广州民国日报》一九二四年四月十六日《帅令筹给军政部经费》

---

* 此件所标时间系《广州民国日报》发表日期。

给杨希闵等的训令

（一九二四年四月十六日）

大元帅训令第一五七号

令中央直辖滇军总司令杨希闵、湘军总司令谭延闿、豫军讨贼军总司令樊钟秀、桂军总司令刘震寰、东路讨贼军总司令许崇智、中央直辖广东讨贼军第四军军长梁鸿楷、中央直辖第一军军长朱培德、中央直辖第二军军长黄明堂、中央直辖第七军军长刘玉山、中央直辖第三军军长卢师谛、北伐讨贼军第二军军长柏文蔚、北伐讨贼军第三军军长胡谦

为令行事：据中央直辖滇军第五师师长胡思舜代电称："前奉钧令，所有各护商机关着一律撤销等因。师长当将三水防区内无论何军所设征收护费卡所，概行勒令解散，地方稍为安谧。乃现据芦包厘厂总办谈继昌、河口厘厂总办曾省三等呈称：'近日西、北江一带，每有悬挂军队旗帜之小轮，强拖货船勒收旗费，经过沿河厘卡，并敢恃强直驶，绝不遵章纳税。似此包揽把持，实属有碍饷源，应请设法维持'等情前来。师长复查属实，除派拨部队随时严予禁止外，理合据情转呈钧座察核，恳乞俯赐通令各军严饬所部勿再包揽货船、抗纳厘税，以维饷源而重军誉"等情。据此，应予照准，合行令仰该总司令、军长即便转饬所属一体遵照。嗣后无得再有包揽货船、抗纳厘税情事，致碍饷源而干查究。切切。此令。

（中华民国陆海军大元帅之印）

中华民国十三年四月十六日

据《大本营公报》第十一号《训令》

着不擅押民事犯令 *

（一九二四年四月十六日）

凡司法衙门对于民事人犯，如有相当保证出外候讯者，不得擅押。倘此后如查得胆敢违令作弊者，定当照律惩办。

据《广州民国日报》一九二四年四月十七日《毋擅押民事犯》

给徐绍桢的指令

（一九二四年四月十六日）

大元帅指令第三五六号

令大本营内政部长徐绍桢

呈请褒扬寿妇邓苏氏由。

呈悉。准予题颁"百龄人瑞"四字匾额，并给予银质褒章，以示褒扬。仰即转给承领可也。此令。

（中华民国陆海军大元帅之印）

中华民国十三年四月十六日

据《大本营公报》第十一号《指令》

严禁收编土匪令 **

（一九二四年四月十七日）

大元帅令

收编土匪,迭经明令禁止在案。良以匪性难驯,其或迫于诛剿,勉托名义。既幸法纲可逃,为恶遂愈见恣肆,军誉受其羞污,人民遭其荼毒。责以疆场之事,罔不临时变散,不足为用,比比可征。兹为整军除害计,合再重申禁令。自此次通令之后,其已奉政府核准给有名义者,姑准免其置议。所有各军对于土匪未收者,不得再收;已编者,编〔缴〕械遣散,以重军纪而靖萑苻。除分令外,特令遵照。切切。此令。

据《广州民国日报》一九二四年四月十七日《重申禁编土匪之帅令》

给财政委员会的命令 *
(一九二四年四月十七日)

令财政委员会每日筹给各军医药费一千元。

据《广州民国日报》一九二四年四月十八日《筹给各军医院医药费》

给林翔的指令
(一九二四年四月十七日)

大元帅指令第三五七号

令大本营审计局长林翔

呈复审核大本营会计司长黄隆生呈缴十二年九月份杂役工饷册据,尚属相符,请予核销由。

呈悉。应照准。俟令行大本营会计司遵照转知。此令。

(中华民国陆海军大元帅之印)

---

* 此件所标时间系据四月十八日《广州民国日报》云"大元帅……昨特谕令"酌定。

中华民国十三年四月十七日

据《大本营公报》第十一号《指令》

给大本营会计司的训令

（一九二四年四月十七日）

大元帅训令第一五九号

　　令大本营会计司

　　为令行事：据大本营审计局长林翔呈复："案奉钧帅发下大本营会计司司长黄隆生呈缴十二年九月分杂役工饷册及工饷收据到局。查该司续报九月份杂役工饷毛银一千三百三十五元零三分二厘，数目尚属核实，拟请照数准予核销。除册及收据留局备查外，理合备文连同原呈呈复钧座鉴核示遵，实为公便"等情。据此，应予照准。除指令外，合行令仰该司长遵照转知。此令。

　　　　　　　　　　　　　　（中华民国陆海军大元帅之印）

中华民国十三年四月十七日

据《大本营公报》第十一号《训令》

给大本营会计司的训令

（一九二四年四月十七日）

大元帅训令第一六三号

　　令大本营会计司

　　为令知事：前据该司司长黄隆生先后呈送十二年九月二十日起至十二月七日止计算书等件，请予核销等情前来。经发交大本营审计局审核，兹据呈复审核尚属相符等情。据此，自应准予核销。除指令外,合行令仰该司长查照并行转知。此令。

　　　　　　　　　　　　　（中华民国陆海军大元帅之印）

中华民国十三年四月十七日

据《大本营公报》第十一号《训令》

给莫灿庭的指令 *

（一九二四年四月十七日）

　　商运护商各机关,前经明令撤销。军队抽收货费,亦经迭令禁止。所呈各节,着军政部查明严行制止。

据《广州民国日报》一九二四年四月十七日《谕禁小北江勒索机关》

给林翔的指令

（一九二四年四月十七日）

大元帅指令第三六一号

　　令大本营审计局长林翔

　　呈复审核大本营会计司庶务科十二年十月份经办各项数目册据情形,乞示遵由。

　　呈悉。照准。已令行大本营会计司遵照矣。此令。

　　　　　　　　　　　　　（中华民国陆海军大元帅之印）

中华民国十三年四月十七日

据《大本营公报》第十一号《指令》

---

　　* 　连县商会会长莫灿庭呈报孙中山:小北江仍有各部军队重征货物机关,请再次严令一律撤销,以符功令。所标时间系《广州民国日报》发表日期。

给卢兴原的指令

（一九二四年四月十七日）

大元帅指令第三六二号

　　令总检察厅检察长卢兴原

　　呈请增加诉讼状纸费并改收银币，乞核备案由。

　　呈悉。准予备案。此令。

（中华民国陆海军大元帅之印）

中华民国十三年四月十七日

据《大本营公报》第十一号《指令》

与大本营法制委员的谈话*

（一九二四年四月十八日）

　　现在我要诸君组织法制委员会的目的，是要上紧做三件事：

　　第一，要把现在广东各机关的组织条例全部拿来审查，整理行政的系统，改善行政的组织。将来诸君关于审查这种案件的时候，应该要求各该机关的人列席，求事实的明了和理论的贯彻。

　　第二，要把一切现行的法律全部拿来审订，和民国建国精神相违背的地方，通要改过，并且一方要求适合于革命时期中的行使，一方面要求适合于国家和人民的需要。

---

　　* 这是孙中山在大元帅府与廖仲恺、戴传贤、林云陔、吕志伊等谈话的大意。所标时间系据四月十九日《广州民国日报》云"昨日午前十时，各委员往谒帅座"酌定。

第三,要审定法院编制和司法行政的组织。我们一个着眼在除弊,一个着眼在便民。能除弊方能确立司法的尊严;能便民方能完成司法的效用。至于法官和律师的考试,也是一件要紧的事情。委员会要制定考试的通则和法官律师考试的专则。

据《广州民国日报》一九二四年四月十九日《法制改革之帅座政见》

免赵士觐职务令

(一九二四年四月十八日)

大元帅令

　　两广盐运使赵士觐另有任用,着免本职。此令。

(中华民国陆海军大元帅之印)

中华民国十三年四月十八日

据《大本营公报》第十一号《命令》

任命邓泽如职务令

(一九二四年四月十八日)

大元帅令

　　任命邓泽如为两广盐运使。此令。

(中华民国陆海军大元帅之印)

中华民国十三年四月十八日

据《大本营公报》第十一号《命令》

任命李翊东郑校之职务令

（一九二四年四月十八日）

大元帅令

　　任命李翊东、郑校之为大本营技师，每人每月薪俸贰百元。此令。

孙　文

中华民国十三年四月十八日

据谭编《总理遗墨》第三辑影印原稿

给黄昌谷的训令

（一九二四年四月十八日）

大元帅训令第一六六号

　　令大本营会计司长黄昌谷

　　为令遵事：据大本营审计局长林翔呈："为呈复事：案奉钧帅发下代理大本营会计司司长黄昌谷呈转该司庶务科十二年十月份经办各项数目册、单据簿等件到局。查该司庶务科十二年十月份共支出一万零七百三十二元四角二分五厘。惟购置物品栏内绒台布一张价银一元四角、交际栏内宴客上菜二十五分毫洋一百二十五元，原单上未有铺章，未便遽予核销外，计应销毫洋一万零六百零六元零二分五厘。核算数目单据尚无错误，拟请准予核销。又查庶务科为会计司所统辖，关于经常支出，应由该司按照计算书格式编造方符手续。兹既分开，暂予审计。嗣后应统由该司长汇编，俾

免纷歧。除册及单据簿留局存查外，理合备文连同原呈呈复钧帅
鉴核示遵"等情。据此，应予准照。除指令外，仰该司即便遵照。
此令。

（中华民国陆海军大元帅之印）

中华民国十三年四月十八日

据《大本营公报》第十一号《训令》

给林翔的指令

（一九二四年四月十八日）

大元帅指令第三六六号

令大本营审计局长林翔

呈复审大本营会计司长黄隆生呈报十二年九、十各月份计算
书等件，尚属相符由。

呈悉。已令行大本营会计司准予核销矣。此令。

（中华民国陆海军大元帅之印）

中华民国十三年四月十八日

据《大本营公报》第十一号《指令》

给鲁涤平的指令

（一九二四年四月十八日）

大元帅指令第三六七号

令禁烟督办鲁涤平

呈为遵令呈复及拟修正《禁烟条例》由。

呈悉。此令。

（中华民国陆海军大元帅之印）

中华民国十三年四月十八日

据《大大营公报》第十一号《指令》

给财政委员会的指令

（一九二四年四月十八日）

大元帅指令第三六八号

　　令财政委员会

　　呈为议决军队提取沙捐款项，嗣后不准抵解由。

　　呈悉。准如所议办理。此令。

（中华民国陆海军大元帅之印）

中华民国十三年四月十八日

据《大本营公报》第十一号《指令》

给广东地方善后委员会的指令 *

（一九二四年四月十八日）

大元帅指令第三六九号

　　令广东地方善后委员会

　　呈请严令各军限日撤销小北江各重收机关以恤商困由。

　　呈悉。查军队沿河设卡，藉名护商勒收费用，迭经严令禁止，北江商运局亦经明令裁撤。乃据小北江一带，自连县以达连江口，

---

　　* 原令未署日期。按大元帅指令第三六八号、第三七〇号，发令日期均为四月十八日，今据此标出。

此种苛敛机关犹有十余处之多。困商病民，孰甚于此？仰候钞单令行广东省长迅即调查明确，何处机关、系何项军队所设，传喻各该军官遵照迭次命令，即日一律裁撤。如敢违抗，即商该管上级官或呈由本大元帅派队前往勒令撤销，并将违令之军官严行拿办，以肃军纪而恤商艰。其各埠勒收更钱，系出何人所为，并候饬由省长查明禁止可也。单存。此令。

　　　　　　　　　　　　　　　　（中华民国陆海军大元帅之印）

中华民国十三年四月　　日

据《大本营公报》第十一号《指令》

给杨庶堪的训令[*]

（一九二四年四月十八日）

大元帅训令第一六七号

　　令广东省长杨庶堪

　　为令饬事：案据广东地方善后委员会呈称："呈为案经议决据情转达，伏乞严令各军长官将各重收机关限日撤销，以苏民困事：窃委员等现据连县商会代理会长莫灿庭、阳山商会会董梁鹤龄、菁莲埠商会会董陈月藜、大湾商会分所长黄连士、含洸商会会长李建勋等联同呈称：'窃查护商护运各费种种病商害民，迭奉大元帅暨省长、军政部分令各军禁止、解散各在案。乃敝各商会复据沿江各埠商民纷到诉称：近来各种苛捐，禁止者虽三令五申，抽者愈明目张胆。他非所论，即就我连阳小北江一带而论，计自连县以达连江

---

　　* 原令未署日期。按大元帅训令第一六六号、第一六八号，发令日期均为四月十八日，今据此标出。

口站,其中经过小江、阳山、菁莲、大湾、含洸、连江车站,除正式完纳关税,缴交护费不计外,无论大小出入口货船、空船,每到一埠必有数十次之多,勒收更钱每埠每次船多则六七十元,少亦三四十元。商民处此,应付几于无法矣。不谓近自令行禁止后,而菁莲、含洸、连江口站各部队,纷纷设卡重抽,有所谓商运、护运、放行、护商、特别军费、附加、保商、检查种种,更有自称商军司令部者,名堂复杂,征敛烦苛。统计出入口货,每值本银百元,必要加多七八十元之抽费。商民以血本攸关,稍与理论即被痛击,其或将货掠去。群情愤激,至此已极。叩乞据情转达撤销,以救民命等情到会。当经敝各商会派员四出沿江各埠,调查属实。似此显违命令,重征害民。商民莫奈,若竟罢工罢市,非类要挟亦类自杀。但至忍无可忍,恐不免由停办、停运、停载而联合罢工、罢市,以实行其因噎废食之下策者。素仰贵会体念民艰,无微不至,理合粘呈各重抽厂卡名堂,据情联恳转呈,严令各部队重征机关一律限日撤销,以申功令而救民命,实叨公便'等情,并粘呈各重抽机关名堂一纸前来。据此,当于本月四日发交第三十九次常会会议,佥以勒护运机关迭经帅座严令解散有案。兹据呈开,竟以小北江一隅之地而勒抽重征者至十数处之多,害商病民伊于胡底?委员等忝为人民代表,自应据情上达,借伸民隐。经一致议决代予转达,理合具呈钧察,伏乞严令该处防军,立将重抽机关即日撤销,以恤商困而维民生"等情。据此,当经指令"呈悉。查军队沿河设卡,藉名护商勒收费用,迭经严行禁止,北江商运局亦经明令裁撤。乃据称小北江一带,自连县以达连江口,此种苛敛机关犹有十余处之多。困商病民,孰甚于此?仰候钞单令行广东省长迅即调查明确,何处机关、系何项军队所设,传谕各该军官遵照迭次命令,即日一律裁撤。如敢违抗,即商该管上级官或呈由本大元帅派队前往勒令撤销,并将违令之军官严行拿办,以肃军纪而恤商艰。其各埠勒收更钱,系出何人所为,并候饬由省长查明禁止可也。单存。此令"等语,除指令印发外,合行照抄原单,令仰该省长即便遵照妥办,仍将办理情形报查。切切。此令。

(中华民国陆海军大元帅之印)

中华民国十三年四月　日

据《大本营公报》第十一号《训令》

给伍朝枢的指令

(一九二四年四月十八日)

大元帅指令第三七〇号

令大本营外交部长伍朝枢

呈请电令前方军官即予放行英商符鲁士特由。

呈悉①。候电令前方各军长官遵照放行可也。此令。

(中华民国陆海军大元帅之印)

中华民国十三年四月十八日

据《大本营公报》第十一号《指令》

致杨希闵刘震寰电

(一九二四年四月十八日)

据伍部长朝枢呈称:"据驻广州英领事函称:英商亚细亚火油

---

① 四月十六日伍朝枢呈报:英商亚细亚火油公司有代表一人名符鲁士特(Frost),需乘该公司"广西"号电船离开惠州,请正在惠州前线用兵之各军官即予放行。

公司代表符鲁特〔士〕士〔特〕,前两日乘该公司电船'广西'号离惠,中途为军队枪击,不能前进,请电令各军长官准予放行,免受困迫"等语。仰即转饬所部,如见该电船由惠州下驶,立予放行,并妥为保护出境为要。大元帅。巧。

据《广州民国日报》一九二四年四月十九日《帅令放行英商电船》

给财政委员会的指令

(一九二四年四月十八日)

大元帅指令第三七一号

　　令财政委员会

　　呈称第二十七次议决报告案内第十二项记录错误,请赐更正由。

　　呈悉。准予更正备案。此令。

(中华民国陆海军大元帅之印)

中华民国十三年四月十八日

据《大本营公报》第十一号《指令》

给程潜的训令

(一九二四年四月十八日)

大元帅训令第一六八号

　　令大本营军政部长程潜

　　为训令事:据东路讨贼军第三军军长李福林呈称:"呈为呈请严办著匪事:案查去年十二月二十五日,有匪首黄国在省河地面纠党骑劫法商'安澜泰'轮船,驶至泥塘海面,经职部军队截回,当场格毙黄国、黄明二名,拿获匪党何海山、周访、罗忠、马式四名,均经职部讯明惩办呈报军政部长在案。查本案同日由法国领事函解获匪何瑶、吕利达、黄沛、周球等四名,经由军政部军法处再三提讯,惟因各匪供词刁狡,以至日久稽诛。福林生长是乡,见闻最悉。何瑶即何堪改名,系石溪乡著匪,去年曾在南石头地方伙劫省河补抽厘厂职员住宅有案。此次伙同吕利达、黄沛、周球等匪,因骑劫法商轮船,获解在军政部军法处。慎重刑狱自当不厌详求,惟在省河内地骑劫轮船,此等强盗行为情形昭著,无可掩饰。况自此案发生以后,石溪乡附近一带顿形安靖,乡人额手称庆,方幸股匪多数就拿。福林目睹情形,惟有呈请帅座,令行军政部军法处立将劫匪何瑶(即何堪)及吕利达、黄沛、周球等四名尽法惩办,以重邦谊而靖地方,实为公便"等情。据此,除指令已饬军政部按法惩办外,仰该部长即便遵照办理。此令。

(中华民国陆海军大元帅之印)

中华民国十三年四月十八日

据《大本营公报》第十一号《训令》

给李福林的指令

(一九二四年四月十八日)

大元帅指令第三七二号

　　令东路讨贼军第三军军长李福林

　　呈请令行军政部立将著匪何瑶等尽法惩办由。

　　呈悉,已另行军政部按法惩办矣。此令。

(中华民国陆海军大元帅之印)

中华民国十三年四月十八日

据《大本营公报》第十一号《指令》

给刘玉山的指令*
（一九二四年四月十八日）

　　呈悉。该部师长陈天太频年转战，迭著勤劳，军事方殷，倚畀尤切，所当聿昭厥志，勉副干城之望，毋得遽萌退志，致深鼙鼓之思。所请辞职之处，着毋庸议。仰即转令遵照。此令。

据《广州民国日报》一九二四年四月十八日《大元帅慰留陈天太》

告诫惠州城将士电
（一九二四年四月十九日）

　　自陈逆构叛，俶扰纪纲，窃据偏隅，称兵犯上，劳师挞伐，迄今逾年。本大元帅为国为民，原以罪在渠魁，胁从罔治，方冀能自觉悟，赎彼往愆。乃自去春及今，战祸绵延，闾里骚然，民生憔悴。民何不幸，遭兹闵凶！每一思维，辄为惘怅！陈逆炯明，罪浮于盗，二三从寇，黩武累民，均为法所必诛，律无可逭。若夫一般将士，或一时迫势，惑于甘言，附和盲从，致蹈罪罟。本大元帅物与民胞，方矜悯之，何忍不教而诛？所有在惠州城内军队，应不少识时将士，如能悔罪输诚，本大元帅必予容纳，许以自新，一视同仁，决无歧异；若其怙恶不悛，歧途不悟，是则自取咎戾，应自惕也。特电诰诚，其

---

　　*　刘玉山曾呈报该军师长陈天太恳请辞职，并请孙中山慰留。原文未署日期，此处所标时间系《广州民国日报》发表日期。

猛省诸。大元帅孙。效。

据《广州民国日报》一九二四年四月二十一日《大元帅之讨逆檄》

致宋鹤庚等电

（一九二四年四月十九日）

　　湘军谭总司令即转宋总指挥、鲁军长、谢军长、吴军长、陈军长均鉴：驰骤贤劳，时深系念。前接捷电，曾复数行。兹得删电，益悉种切。河源既下，敌胆应寒。惠城孤军，夫焉能守！地形错杂，崔苻潜伏，妨碍故多。然以诸兄学识更富，经验处置，战局必获裕如，知早筹策及之也。第一路联军作战，本杀贼之心，较前尤勇，故开战三日，遂围惠城，附近之敌，肃清亦净。虽屡顽敌固守，已饬剿抚兼施，计可即下。湘军素称善战，甚盼一往直前。冠南①曾克桂、柳。闽南局势尚佳。信〔新〕丰、和平局面，并已派赣军二千人，令往侧击警戒。贵军提师远戍，需用饷弹屡饬源源接济。无线电信已令在西江移拨，即可派来利用交通也。余事当与组安总戎筹计，诸兄尽可放心耳。文。晧。

据《广州民国日报》一九二四年四月二十一日《大元帅勉湘军将领电》

给黄明堂的命令 *

（一九二四年四月十九日）

　　协同豫军进攻南路。

据《广州民国日报》一九二四年四月十九日《准备南征之忙迫》

---

①　冠南：即沈鸿英。

*　此件所标日期系《广州民国日报》发表时间。

给黄绍竑的命令[*]

（一九二四年四月十九日）

派队参加南路作战。

据《广州民国日报》一九二四年四月十九日《准备南征之忙迫》

给何家猷的训令

（一九二四年四月十九日）

大元帅训令第一六九号

令广东电政监督何家猷

据石龙电报局局长卢崇章电称："窃以东江战事重开,石龙为前敌中枢,接转军电经译日夜无休,是同人等之职责所在,未敢告劳。惟是军事旁午之秋,欲期各勉力前途,为我西南政府效忠致果,必须各得瞻仰。查职局自东江军兴以来,积欠经费千五百余元,月望电政监督之接济未及半数,仅能维持伙食、修理线路及局用等费用而已。目下东江战事重张,商电报费收入比前更少。似此情形无难有绝粒之虞。各员生工役等睹此情形,神意颓然。局长一人之力微,平日之消息灵敏,路线通畅,惟员生工役奋力之果。深恐该员生工役等瞻仰困难而致神意不存,影响战事,前途实足为虑。又我军得胜节节,前各处线路多被毁,继迭接各方函电催促修理杆线,经屡问电政监督,请领款项修理杆线及接济经费,而每次

发给不过二三十元,即员生工役伙食几且不敷。值此大敌当前,各项消息全赖电报传递,若不发款修理各线及各员生工役薪饷,殊难维持。在局长一人撤差事微,贻误军情事大,迫得电恳钧座拨款维持,以利戎机,伏乞电令遵行。临电不胜待命之至"等情前来。查该局长所陈各节尚属实情,合行令仰该监督迅予设法维持,免误戎机。切切。此令。

(中华民国陆海军大元帅之印)

中华民国十三年四月十九日

据《大本营公报》第十一号《训令》

给鲁涤平的指令

(一九二四年四月十九日)

大元帅指令第三七四号

　　令禁烟督办鲁涤平

　　呈请任命吴家麟等为禁烟督办署科长等职由。

　　呈悉。吴家麟等已明令照准矣。履历存。此令。

(中华民国陆海军大元帅之印)

中华民国十三年四月十九日

据《大本营公报》第十一号《指令》

给张开儒的指令

(一九二四年四月十九日)

大元帅指令第三七五号

　　令大本营参军长张开儒

　　呈为该处上尉差遣郑继周勤慎从公,请予升补少校副官,以资鼓励由。

　　呈悉。准如所请。已另有明令任命矣。此令。

　　　　　　　　　　　　　　　　（中华民国陆海军大元帅之印）

中华民国十三年四月十九日

据《大本营公报》第十一号《指令》

公布《陆海军审计条例》令
（一九二四年四月二十日）

大元帅令

　　兹核定《陆海军审计条例》公布之。此令。

　　　　　　　　　　　　　　　　（中华民国陆海军大元帅之印）

中华民国十三年四月二十日

附:陆海军审计条例

　　第一条　军政部审查手续,依本法施行。

　　第二条　军政部对于陆海军各种经费出纳及军用物品与军有产业之保管处理,应行审定之事项如左:

　　一、各陆海军及机关会计年度之预算、决算;

　　二、各陆海军及机关每月现金之收支概算、计算;

　　三、陆海军特别会计之收支概算、计算;

　　四、各陆海军及机关军用品之收支概算、计算;

　　五、军有产业之保管、处理及买卖建筑事项;

　　六、命令特定应经军政部审定之收支概算、计算。

第三条　军政部审定各陆海军及机关之计算、决算、编制、审计报告书呈报大元帅,必须记载之事项如左:

一、各陆海军及机关呈报预算、决算之金额,与发款机关报告支付之金额是否相符;

二、各陆海军及机关岁出之支用,并官有物品之买卖及利用,是否与帅令之核定及预算相符;

三、有无超过预算及预算外之支出;

四、有无不经济之支出。

第四条　军政部审定各陆海军及机关之计算、决算,应将其审计之成绩呈报大元帅。其认为法令上或经理上有应行改正事项者,得并呈其意见于大元帅。

第五条　中央军需处及其他发款于陆海军及机关之官署,于每月经过后,应将上月支付各陆海军及机关之金额,列表送军政部审核备查。

第六条　各陆海军及机关,于每月五号以前,编造本月份预算送军政部备核。

第七条　军政部审核各陆海军及机关月份计算书,如有疑义,得行文查询之。

第八条　各陆海军及机关遇有前项之查询,须迅速答复。

第九条　军政部审计局之审查,由部长核定之。

第十条　军政部审计支出款项,认为应负赔偿之责者,须分别呈报大元帅核夺,或由军政部行知该机关主管长官限期追缴。除大元帅特免外,该主管长官不得为之减免。

第十一条　军政部关于审计事项,得编定关于审计上之各种证明及书式,分别呈报大元帅核定或分行之。

第十二条　军政部审查完竣事项,自议决之日起五年内,发见其中有错误、遗漏、重复等情事者,得为再审查;若发见诈伪之证据,虽经过五年后,亦得为再审查。

第十三条　军政部对于审查事项认为必要时,得行委托审查。受委托之军官,须将其审查情形报告备核。

第十四条　军政部之审计报告书,随时呈报大元帅,发交审计院存查。

第十五条　本条例自奉大元帅核定之日施行。

据《大本营公报》第十一号《命令》

给各招抚使的命令 *

（一九二四年四月二十日）

特令各招抚使不得在省设署办事,藉势招摇。

据《广州民国日报》一九二四年四月二十日《两招抚署将改办事处》

给东江联军的命令 **

（一九二四年四月二十日）

令迅速前进,务于短促时间收束东江军事。

据《广州民国日报》一九二四年四月二十日《帅令市区驻军赴前敌》

---

　*　此件所标时间系《广州民国日报》发表日期。
　**　此件所标时间系《广州民国日报》发表日期。

任命郑洪年职务令

（一九二四年四月二十一日）

大元帅令

　　任命郑洪年兼广东财政厅厅长。此令。

　　　　　　　　　　　　（中华民国陆海军大元帅之印）

中华民国十三年四月廿一日

　　　　　　据《大本营公报》第十二号（广州一九二四年四月三十日版）《命令》

委派邓泽如职务令

（一九二四年四月二十一日）

大元帅令

　　派邓泽如为财政委员会委员。此令。

　　　　　　　　　　　　（中华民国陆海军大元帅之印）

中华民国十三年四月廿一日

　　　　　　　　　　据《大本营公报》第十二号《命令》

委派廖仲恺等职务令

（一九二四年四月二十一日）

大元帅令

　　派廖仲恺、吕志伊、陈融、林云陔为法制委员会委员。此令。

　　　　　　　　　　　　（中华民国陆海军大元帅之印）

中华民国十三年四月二十一日

据《大本营公报》第十二号《命令》

给李烈钧的命令 *

（一九二四年四月二十一日）

通令各军请饬所属遵照：在广九沿路部队，须与李军长福林所派护路军联络，协同保护，以固交通。

据《广州民国日报》一九二四年四月二十三日《帅座关心广九路运输》

给徐绍桢的指令

（一九二四年四月二十一日）

大元帅指令第三七六号

令大本营内政部部长徐绍桢

呈请褒扬节妇陈钱氏由。

如呈，题颁"懿德贞型"四字，并给予银质褒章，以示褒扬。仰即转给承领。至恳加给褒辞以示优异一节，亦应照准，并即由部代撰给领可也。此令。

（中华民国陆海军大元帅之印）

中华民国十三年四月二十一日

据《大本营公报》第十二号《指令》

＊　原令未署日期。按四月二十三日《广州民国日报》载："李参谋长奉谕，昨廿一日特通令各军高级长官一体知照"，今据此酌定时间。

给叶恭绰的指令

（一九二四年四月二十一日）

大元帅指令第三七七号

　　令兼盐务督办叶恭绰

　　呈报就职日期由。

　　呈悉。此令。

（中华民国陆海军大元帅之印）

中华民国十三年四月二十一日

据《大本营公报》第十一号《指令》

给郑洪年的指令

（一九二四年四月二十一日）

大元帅指令第三七八号

　　令兼盐务署署长郑洪年

　　呈报就职日期由。

　　呈悉。此令。

（中华民国陆海军大元帅之印）

中华民国十三年四月二十一日

据《大本营公报》第十二号《指令》

给邓泽如的命令[*]

（一九二四年四月二十二日）

赶行接任，极力整理，以裕收入。

据《广州民国日报》一九二四年四月二十二日《邓泽如之履新》

给吴铁城的命令^{**}

（一九二四年四月二十二日）

　　着即派出委员协同警兵沿门催收^①，限日解缴，毋得故事疲玩，妨碍要需。

据《广州民国日报》一九二四年四月二十二日《帅令严催租捐》

给程潜的训令^{***}

（一九二四年四月二十二日）

　　为令行事：据广东筹饷总局督办范石生呈称："案据承办老新城东南北关等处什赌合德公司商人陈必有等呈称：'窃现因军饷紧急，所有广州市河北一带、西关水陆警界范围内一切什赌，招商承

---

　　*　　原令未署日期。按四月二十二日《广州民国日报》载："邓奉谕后，业于今日（廿二）下午二时前往接任。"现据邓接任日期标出。
　　**　　此件所标时间系《广州民国日报》发表日期。
　　①　　指催收租捐事。
　　***　　此件所标时间系据四月二十三日《广州民国日报》云"昨大元帅训令军政部长程潜文云"酌定。

办，征收饷项，以济军需。同人等集合资本，组织合德公司名目，呈请承办广州市河北一带警界范围内一切什赌，以一年为期，期内如无欠饷，别商不得加饷揽承。每天缴纳正饷银一千元，公礼一百元，另缴按饷五千元正，请给谕开办，所有承办事件，恳照附呈节略各款办理。为此具呈请求钧局察核，迅批准给谕开办，实为公便。呈附承办节略一扣'等情。据此，查核所拟节略大致尚洽，认饷亦属核实，除批准给示由本月十一日起饷开办，暨函报财政委员会将饷款支配指定拨付外，理合呈报钧府察核备案，并乞通令各军一体切实保护，以卫饷源，实为公便"等情。据此，除指令"呈悉。准予备案。并候令饬军政部通行各军一体保护可也。此令"除印发外，合行令仰该部长即便遵照办理。此令。

据《广州民国日报》一九二四年四月二十三日《帅令保护杂赌》

给叶恭绰的训令

（一九二四年四月二十二日）

大元帅训令第一七一号

令盐务督办叶恭绰

为令遵事：前据卸两广盐运使伍汝康呈："办理补恤各程船损失一案，经先后交由稽核所宋经理暨赵运使查明呈复，窒碍甚多。该商所缴一万三千元，有无另发准单未准移交等情，复经指令查明妥速议结去后，旋据复称：遵查所缴现饷仍另发减折准单，并声明此案有违例章"等情前来。据此，查该卸运使伍汝康办理补偿程船损失一案，并未查确，轻率补偿，有违向章，碍难照准。所有折发二万零六百二十元准单，着由盐务署责成该卸运使负责如数缴还，以重公款。至该卸运使藉词恤商，擅抵公款，办理含混，其中有无情弊,并由盐务署令饬两广盐运使严行查办,呈候核夺。仰该督办即便遵照,并转饬办理。原呈二件随发,办结仍缴存。此令。

　　　　　　　　　　　　　　　（中华民国陆海军大元帅之印）

中华民国十三年四月廿二日

　　　　　　　　　　　据《大本营公报》第十二号《训令》

给杨庶堪的指令

（一九二四年四月二十二日）

大元帅指令第三七九号

　　令广东省长杨庶堪

　　呈请颁发明令任命郑洪年兼广东财政厅厅长,以专责成由。

　　呈悉。已有明令任命矣。此令。

　　　　　　　　　　　　　　　（中华民国陆海军大元帅之印）

中华民国十三年四月二十二日

　　　　　　　　　　　据《大本营公报》第十二号《指令》

致刘震寰电*

（一九二四年四月二十三日）

　　刘总司令①并转各将领均览:迭接捷音,殊深嘉慰。东江残敌负嵎者几一年,今敌势已摧,我气甚盛,安良除暴,在此一举。务望努力奋斗,协竟全功,前途之事至重也。特此电告,诸盼勉之,并转

　　＊　原电未署日期。按四月二十六日《广州民国日报》载:"接廿三日石龙转飞鹅岭快函云:大元帅迭接右翼西路捷报,特电嘉慰。"今据此确定时间。

　　①　刘总司令:即桂军总司令刘震寰。

诸将士。

据《广州民国日报》一九二四年四月二十六日《帅座嘉勉西路将士》

致樊钟秀电[*]

（一九二四年四月二十三日）

克日调回省城，仍返原防静候后命。

据《广州民国日报》一九二四年四月二十四日《豫军暂缓南征》

准任陈敬汉杨志章职务令

（一九二四年四月二十三日）

大元帅令

大本营财政部长兼盐务督办叶恭绰呈请任命陈敬汉、杨志章兼盐务署秘书。均照准。此令。

（中华民国陆海军大元帅之印）

中华民国十三年四月廿三日

据《大本营公报》第十二号《命令》

准派吴家麟等职务令

（一九二四年四月二十三日）

大元帅令

禁烟督办鲁涤平呈派吴家麟、张毂、彭耕、彭国钧、龙廷杰、朱

---

　*　此件所标时间系据四月二十四日《广州民国日报》云"帅……昨已电樊部"酌定。

谦良、锺忠为禁烟督办署科长，谭柄鉴、朱创凡、郑鸿铸、鲁岱、刘汲之为禁烟督办署秘书。均照准。此令。

（中华民国陆海军大元帅之印）

中华民国十三年四月廿三日

据《大本营公报》第十二号《命令》

准任郑继周职务令

（一九二四年四月二十三日）

大元帅令

大本营参军长张开儒呈请任命郑继周为参军处少校副官。应照准。此令。

（中华民国陆海军大元帅之印）

中华民国十三年四月廿三日

据《大本营公报》第十二号《命令》

给大本营军政部的命令*

（一九二四年四月二十三日）

近日广州市内劫杀之案层见叠出，据报多系不肖军人所为，殊堪痛恨。查军民杂居，易滋纷扰，况复机关林立，名目繁多，携械横行，流弊丛生，势所必至。亟应从严取缔，以肃军纪而保公安。自今以后，凡有防地之军队，着即各回原防，不得在广州市内设立司

---

* 此件所标时间系据四月二十四日《广州民国日报》云"大元帅……特于昨二十三日下午一时颁发命令"确定。

令部或办事处、留守处。原驻市内滇军第二师各旅、团、营，着移驻西郊之西村及江村、新街一带。滇军第二军各部，着移驻东郊燕圹、石牌、东浦一带驻扎。若未有指定防地之军队，凡军师以上者，准在市上设立司令部或办事处、留守处，所辖部队亦应自行择地迁驻郊外。其他一切游击、别动、先锋、警卫、警备、梯团、支队、某路某纵队等非正式编制之军队，除广东省警卫军及经本大元帅特许者外，无论所属何军，永远不准驻扎市内设立机关。其向驻市内者，限于奉令十日内一律迁出，撤销机关。逾限即责卫戍总司令部、公安局长会同分别缴械解散。事关整军卫民，各统兵将领务宜认真办理。广州卫戍总司令、公安局长有维持市内治安之责，仍着随时查察永保治安，仰军政部通令遵照。切切。此令。

据《广州民国日报》一九二四年四月二十四日
《限期各军移郊之帅令》

给赵士觐的指令

（一九二四年四月二十三日）

大元帅指令第三八二号

　　令财政委员会委员赵士觐

　　呈请辞职由。

　　呈悉。照准。此令。

（中华民国陆海军大元帅之印）

中华民国十三年四月二十三日

据《大本营公报》第十二号《指令》

与日本广东通讯社记者的谈话*

（一九二四年四月二十三日）

　　余于此问题，初无特殊之感想，此在日本毋宁视为最良之教训，须为黄种色人而觉醒之绝好机会，此外余殊无所感也。

　　日本以前过于倾倒白人种之势，对于白色民族少所顾虑。余企图亚细亚民族之大同、团结已三十年，因日人淡漠置之，遂未具体实现以至今日。使当时日本表示赞同，想不至如今次受美国极端的屈辱。日本对于美国态度之愤慨固属当然。然日本将以何种手段对抗之耶？今日之日本，恐非可威吓美国者。虽已对美举行示威运动，然以前此震灾，国力受莫大之损失，战争必不可能。然舍此欲使美国被动的变更其态度，实无一物，其事甚明。故余此际所望于日本者，忍受耻辱，退而静谋亚细亚民族之大结合，俟黄色人种之团结完成，然后讲求对于此次屈辱之方策，斯日本民族之愤激庶不徒劳，而有圆满结果之一日。

　　美国此种态度正当与否，余不愿明答。何则？盖恐引起日本并吞高丽是否正当之反问也。为日本计，此际无论如何，惟有隐忍以图国力之充实，并努力亚细亚民族之团结。至于此问题将来之进展如何，全属未知之数。南方政府未尝就此考虑何等之对策，局面之变化，殊非吾人所能预测。余关于中国移民排斥问题，亦无何

---

　　* 鉴于美国上院通过排日移民法案，日本舆论界主张一致强硬对付。为此，日本广东通讯社记者走访孙中山，这是孙与记者的谈话。所标时间系据《孙文与日本史事编年（增订本）》考订的谈话日期。

等感想。中国今日毫无向外发展之余力,非先专意以促内部之统一不可。(下略)

据《广州民国日报》一九二四年四月三十日

《帅座对美排日案谈话》(转录原文译文)

复吴忠信函[*]

(一九二四年四月二十四日)

礼卿^①兄鉴:

来书具悉。解决国是,全在吾人之努力。此间刻正并力以除东江余孽,拟俟粤境肃清后,一方整饬内政,以粤省树建设之始基;一方出师北伐,以期早日讨平国贼。届时,皖、奉两系以及国中各有力分子如能奋起,以与吾党合作,则尤大局之幸矣。

匆复,顺颂

大安

孙　文　四月二十四日

据《国父全集》第三册(转录史委会藏原函影印)

复梁鸿楷等电

(一九二四年四月二十四日)

梁军长、张总指挥、林司令、杨、陈、卓、梁、王^②各旅长均鉴:谋

---

* 原函未署年份。据函内“刻正并力以除东江余孽”等内容分析,应在一九二四年。

① 礼卿:吴忠信字礼卿。

② 梁军长、张总指挥、林司令、杨、陈、卓、梁、王:即第四军长梁鸿楷、东路军总指挥张国桢、海防司令林若时、第一独立旅长杨锦龙、第二独立旅长陈锡乾、第一师第一旅长卓仁机、第八旅长梁若谷、旅长王经舫。

密。马电悉。防务统一,系筹饷局专责,该军长等勿庸干涉。至从前每日抵承若干,现批商承若干,应饬范督办查明呈复核夺。至该饷收入局时,自应拨还支配给养,仰即知照。大元帅。敬。印。

据《广州民国日报》一九二四年四月二十八日

《大元帅复梁鸿楷等电》

准赵士觐辞职令

（一九二四年四月二十四日）

大元帅令

　　财政委员会委员赵士觐呈请辞职。赵士觐应准免职。此令。

（中华民国陆海军大元帅之印）

中华民国十三年四月二十四日

据《大本营公报》第十二号《命令》

给周之贞的命令[*]

（一九二四年四月二十四日）

　　特令周师长之贞着即将拘留乡民提解来省,以凭分别讯释。

据《广州民国日报》一九二四年四月二十四日

《帅令提解桑麻乡民来省》

　　＊　四月中旬,中央直辖第二师师长周之贞部与顺德县桑麻乡发生误会,演成斗案。周部因此拘拿数十乡民。孙中山派员前往调查后,给周发了此命令。原令未署日期,今据《广州民国日报》发表日期标出。

给程潜的指令 *

（一九二四年四月二十四日）

大元帅指令第三八五号

令大本营军政部部长程潜

呈报该部前后办理陆军教导团及改名陆军讲武学校情形，并恳指定台炮经费为该校常费由。

呈悉。该校经费准予由广东土丝台炮经费项下每月拨九千元，至该校归并军官学校之日为止。候即令行财政委员会转行广东财政厅遵照办理可也。此令。

（中华民国陆海军大元帅之印）

中华民国十三年四月　日

据《大本营公报》第十二号《指令》

给财政委员会的训令

（一九二四年四月二十四日）

大元帅训令第一七七号

令财政委员会

为令饬事：案据大本营军政部部长程潜呈称："呈为呈请事：窃部长鉴于历次革命迄无圆满成功之事实，尝推求其故，虽其中直接

＊　原令未署日期。按与该令内容相符的大元帅训令第一七七号，发令日期为四月二十四日。今据此推定。

间接之原因不一，而真正服膺革命之军事干部人材过于缺乏，以致不能组成纯粹革命军之干部军队，实为至大原因。部长为补救前项缺点起见，曾呈请组设中央陆军教导团，以为培养军事干部人材，备他日效命国家之用。业奉钧令准予照办，并经部长遵照招选合格员生于上年十月间开办，并经呈报各在案。嗣因本党创办陆军军官学校，奉令填出黄浦〔埔〕陆军学校地址，因此感于种种困难，遂改计缩小范围，将陆军教导团名义取消，改为陆军讲武学校，就原招之学生中挑选优等生约二百余名，及由滇、粤、桂、湘各军挑送考取者约百余名（在教导团时期内各军送请收录者甚多，因额限未收）合组一校，即就原中央陆军医院为校址。其教职各员，大半由东、西洋留学及本国军官学校毕业就中之优秀者，于帅座之三民主义、五权宪法尤能绝对服从、充分了解。部长并拟将该校课程于军事上应有学科外，兼授以较浅之政治、经济、社会诸学科，以期能得充分之常识。又于每星期日请各名人讲演本党主义。此讲演虽不拘题，而于现代思潮、本国情势及钧座提倡革命之原理与夫三民、五权之主张尤当特别注重。此部长前后办理教导团及陆军讲武学校之经过情形及其主张之大概也。惟查自奉令准办理教导团以来，一切招募、设备、枪枝、伙食等等开办费用，皆苦无着。除由部长设法借垫外，仅就邹前财政厅长内拨归职部之土丝台炮经费项下，每月平均约九千元左右一款稍资挹注（此款原系拨充军政部经费），实在不敷其巨。现在战事未息，国储奇绌，筹款自属不易。拟恳钧座暂将上项土丝台炮经费，俯赐明令指定作为该校常费。其不足者，仍由部长另行筹补。似此办理于政府收入所关甚微，而培养人材之效益不可计量。部长实已筹之再三，非敢冒昧渎听也。除造具预算另文赍呈外，所有职部前后办理陆军教导团及陆军讲武学校，并恳指定土丝台炮经费月计九千元为校经费各缘由，理合呈请钧座俯赐察核,指令祗遵,不胜惶恐待命之至"等情。据此,当经指令"呈悉。该校经费准予由广东土丝台炮经费项下每月拨九千元,至该校归并军官学校之日为止。候即令行财政委员会转行广东财政厅遵照办理可也。此令"等语除指令印发外,合行令仰该委员会即便转行广东财政厅遵照办理。切切。此令。

(中华民国陆海军大元帅之印)

中华民国十三年四月廿四日

据《大本营公报》第十二号《训令》

给伍学熀的指令

(一九二四年四月二十四日)

大元帅指令第三八六号

  令兼任广东全省船民自治联防督办伍学熀

  呈缴关防等件由。

  呈悉①。此令。

(中华民国陆海军大元帅之印)

中华民国十三年四月二十四日

据《大本营公报》第十二号《指令》

给廖湘芸的训令

(一九二四年四月二十四日)

大元帅训令第一八〇号

---

  ① 四月十五日伍学熀呈:已遵令将垫过署局经费列册报销,并将关防文件等物缴交大元帅府。

　　令虎门要塞司令廖湘芸

　　为令遵事:案据财政委员会主席委员叶恭绰等呈称:"本月于十五日第二十九次常会会议,准沙田清理处许处长文日邮电:'请将廖司令湘芸所委虎门护沙局长杨王超撤锁〔销〕,仍由本处东莞护沙费征收委员照案收拨,乞核示。'遵案议决,由本会呈请大元帅令饬廖司令,将所委虎门护沙局撤销等因在案,理合录案呈请大元帅鉴核施行"等情前来。据此,除指令照准外,合行令仰该司令即便遵照,将前委护沙局长杨王超迅即撤销毋违。许崇灏原电抄发。此令。

(中华民国陆海军大元帅之印)

中华民国十三年四月廿四日

据《大本营公报》第十二号《训令》

给叶恭绰杨庶堪的指令

(一九二四年四月二十四日)

大元帅指令第三八八号

　　令财政委员会主席委员叶恭绰、杨庶堪

　　呈请令饬廖司令撤销虎门护沙局由。

　　呈悉。照准。已令行廖司令①遵照矣。此令。

(中华民国陆海军大元帅之印)

中华民国十三年四月二十四日

据《大本营公报》第十二号《指令》

---

　　① 廖司令:即虎门要塞司令廖湘芸。

任命李铎等职务令

（一九二四年四月二十五日）

大元帅令

　　任命李铎、杨友棠为大本营军政部参事，王恒为大本营军政部审计局局长。此令。

　　　　　　　　　　　　（中华民国陆海军大元帅之印）

中华民国十三年四月二十五日

　　　　　　　　　　　　　　据《大本营公报》第十二号《命令》

委派张民达职务令

（一九二四年四月二十五日）

大元帅令

　　派张民达兼理盐务缉私主任。此令。

　　　　　　　　　　　　　　　　　　孙　文

中华民国十三年四月廿五日

　　　　　　　　　　　　据谭编《总理遗墨》第三辑影印原稿

委派周自得职务令

（一九二四年四月二十五日）

大元帅令

　　派周自得为广九铁路护路司令。此令。

通令各军将住在沿路车站各官兵一概撤退，并严禁〔令〕各官兵，不得干涉行车事宜。此令。

孙　文

中华民国十三年四月廿五日

据谭编《总理遗墨》第三辑影印原稿

给杨希闵的命令[*]

（一九二四年四月二十五日）

所有何克夫选拔之部队着即调赴东江，受杨总司令指挥服务，其直辖第一军在东江部队着即调赴连阳，遵照前命部署，并仰转行遵照。

据《广州民国日报》一九二四年四月二十五日《军队陆续出发助战》

给刘震寰的训令

（一九二四年四月二十五日）

大元帅训令第一八三号

　　令西路讨贼军总司令刘震寰

　　为令遵事：据广东全省沙田清理处处长许崇灏电呈称："据宝安清佃局总办兼护沙局主任陈强报称：'职奉委兼办护沙，当于县属沙井地方设局开办，遵章收费。讵被土豪陈炳南狡串防军，瞒请西路讨贼军第三师长黎鼎鉴委充护沙局长，以筹饷为名，霸收沙费，且扬言不论何处委员均予拿解'等语。请示办法前来，正核办

---

　　[*]　此件所标时间系《广州民国日报》发表日期。

间,又据西路讨贼军第三路启民寒日电称:'敝部文日克复宝安县城,宝安全属沙捐兼清佃局长,经委李佩剑接充,除饬遵章办理外,仍请贵处加委'等由。查派各局清佃护沙,均属本处职权,宝安总办陈强原为林前处长所委,崇灏接事后,以其熟悉情形,故予加委,实为筹饷紧急因事择人起见。乃西路第三师既委护沙局,第三路又占清佃局,不外借口筹济军食。伏思统一财政,早奉明令切实进行,无论何军给养,均由财政委员会暨中央军需处分别支配,本处收入款项亦系照案支拨。如果驻防军纷纷将征收机关占据,不特本处按月负担二十余万之饷项将归无着,更何统一之可言。且查西路军队前此进驻东莞时,占委该县清佃总办,迨经照准加委之后,所有收款分文未据解处。嗣是虎门一带应征护沙费,先经与虎门廖司令湘芸、谭司令启秀商定,拨给五成为防军伙食,而廖司令旋复派委征收,往复磋商,迄无解决。现在占据宝安清佃护沙者,又复出于第三师所部,相率效尤,大碍征收。惟有仰恳大元帅明令制止,并请刘总司令严令该管长官将所派人员克日撤销,以重权限而维统一。仍乞大元帅、省长、刘总司令分电祗遵"等情前来。查财政统一,早经明令切实进行。该宝安县护沙局长,及全属沙捐兼清佃局长等职,既属沙田范围,应由广东沙田清理处处长委充,方符定制。该西路讨贼军第三师长黎鼎鉴等逾越职权,滥委各局长,不独累乱章制,并且破坏财政统一,殊属不合。仰该总司令即转饬该师长等将所派人员克日撤委,并令行所属,嗣后勿得再侵夺各行政机关,致干究办。切切。此令。

(中华民国陆海军大元帅之印)

中华民国十三年四月廿五日

据《大本营公报》第十二号《训令》

给财政委员会的指令

（一九二四年四月二十五日）

大元帅指令第三九一号

　　令财政委员会

　　呈请令行蒋军长①转饬军需筹备处,停止抽收芳村、花地等处筵席捐由。

　　呈悉。省河水陆筵席捐,既经指定全数拨充省市教育经费,而芳村、花地等处均在永春公司原定承抽区域之内,自不能另由滇军招商挽收,致妨教育。仰候令行蒋军长,将核准福利公司承收三五眼桥、花地、上下芳村、崇文二十四乡等处筵席捐之案即日撤销可也。附件存。此令。

　　　　　　　　　　　　　（中华民国陆海军大元帅之印）

中华民国十三年四月二十五日

据《大本营公报》第十二号《指令》

给戴传贤的指令

（一九二四年四月二十五日）

大元帅指令第三九四号

　　令法制委员会委员长戴傅〔传〕贤

　　呈报就职及启用关防日期由。

---

　　① 蒋军长：即滇军第三军军长蒋光亮。

呈悉。此令。

（中华民国陆海军大元帅之印）

中华民国十三年四月二十五日

据《大本营公报》第十二号《指令》

给邓泽如的指令

（一九二四年四月二十五日）

大元帅指令第三九五号

令两广盐运使邓泽如

呈报到任视事日期。

呈悉。此令。

（中华民国陆海军大元帅之印）

中华民国十三年四月二十五日

据《大本营公报》第十二号《指令》

给叶恭绰的指令

（一九二四年四月二十五日）

大元帅指令第三九六号

令大本营财政部长叶恭绰

呈报设立广东航运保卫处及委任黄石等为监督等职，并造送章程、清单由。

呈及章程、清单均悉。应照准。章程、清单存。此令。

（中华民国陆海军大元帅之印）

中华民国十三年四月二十五日

据《大本营公报》第十二号《指令》

致彭寿山转刘震寰电[*]

（一九二四年四月二十六日）

　　石龙西路总部主任并转刘总司令览：据伍部长朝枢呈称："据驻广州英领事函称：英商亚细亚火油公司代表符鲁士特，前两日乘该公司电船'广西'号离惠，中途军队枪击，不得前进，请电令各军长官准予放行，免受困迫"等情。仰该总司令即转饬所部，如见该电船由惠州下驶，立予放行，并妥为保护出境为要。大元帅。印。

据《广州民国日报》一九二四年四月二十六日《保护外商之帅令》

给林若时的命令^{**}

（一九二四年四月二十六日）

　　自后各军借用巡舰，非由帅座下令不得擅借。

据《广州民国日报》一九二四年四月二十六日《非由帅令不准借舰》

给大本营军政部的训令^{***}

（一九二四年四月二十六日）

　　案据广东筹饷总局督办范石生呈称："呈为呈请事：案据德和

---

　　*　此件所标时间系《广州民国日报》发表日期。电文所谓石龙西部总主任为彭寿山。

　　**　此件所标时间系《广州民国日报》发表日期。

　　***　此件所标时间系《广州民国日报》发表日期。

公司商人张敬三呈称:'窃敝公司遵照筹饷署法令,承办恩、开、新、台、赤五邑①防务经费(中略)'等情前来。查核所拟章程大致尚洽,认饷亦比从前每日增加一千元,当经批准承办,(中略)理合备文呈请鉴核,俯赐令饬五邑财政整理处处长,迅将从前拨付各军案饷数目列册呈筹饷局,核定令发下局,俾得照案拨付,并通令驻防五邑各军将领,饬属切实保护,以卫饷源"等情。据此,当经指令"呈悉。恩、开、新、台、赤五邑防务经费既经该总局批准德和公司承办,仰候令饬广东财政整理处按日由防务经费项下拨付各军军饷数目,查明列表呈报,以凭核定饬局照拨。并候令行军政部通行驻防五邑各军切实保护可也。此令"等语,除指令印发并分行外,合行令仰该部长即便遵照,通行各军切实保护。切切。此令。

据《广州民国日报》一九二四年四月二十六日《令保护五邑赌商》

给财政委员会的指令

(一九二四年四月二十六日)

大元帅指令第三九八号

　　令财政委员会

　　呈为赵运使提议维持盐税办法,由会议决请明令施行由。

　　呈悉。仰候令军政部转令中央直辖第一军朱军长所部王师,立将在北江一带所设抽收盐斤费用之机关悉收撤销,并通行各军不得加抽盐斤附捐及保护、查验等费,以恤商艰而维正税可也。附件存。此令。

(中华民国陆海军大元帅之印)

---

① 恩、开、新、台、赤:广东省属恩平、开平、新会、台山、赤溪五县。

中华民国十三年四月二十六日

据《大本营公报》第十二号《指令》

给程潜的训令

（一九二四年四月二十六日）

大元帅训令第一八六号

　　令大本营军政部长程潜

　　为令饬事：案据财政委员会呈称："为呈请事：本会本月十五日第二十九次常会会议，赵运使士觐提议维持盐税办法，请会公决案。议决由本会呈请大元帅明令维持等因在案，理合录案呈请钧座鉴核施行"等情。据此，当经指令"呈悉。仰候令军政部转令中央直辖第一军朱军长①所部王师②，立将在北江一带所设抽收盐斤费用之机阅〔关〕悉收撤销，并通行各军不得加抽盐斤附捐及保护、查验等费，以恤商艰而维正税可也。附件存。此令"等语。除指令印发外，合行抄录原议案，令仰该部即便转令朱军长所部王师，并通行各军一体遵照可也。此令。

　　　　　　　　　　　（中华民国陆海军大元帅之印）

中华民国十三年四月二十六日

据《大本营公报》第十二号《训令》

给大本营会计司的训令

（一九二四年四月二十六日）

大元帅训令第一八七号

---

　　①　朱军长：指朱培德。
　　②　王师：指王均师。

令大本营会计司

为令知事：前据卸大本营会计司长王棠呈送十二年二月份起至九月二十日止计算书等件，又更正十二年四、五、六、七等月份临时支出计算书等件，请予核销各等情前来，当经发交大本营审计局审核。兹据呈复："审核该司长任内，除收入各款各机关解款数目尚未完全编送，无从核对，俟编送齐全再行核销外，共各月支出经常费、赏恤伤兵各费，共应乙百二十八万二千乙百九十八元七角二分四厘，核对尚属相符。又十二年四、五、六、七等月份临时支出共乙百七十四万二千八百九十七元二角六分七厘，核数尚属相符，分别请予核销"等情。据此，除指令外，合行分〔令〕仰该司长查照转知该卸司长知照，并分别另缮各月份计算书、收支对照表各一份呈候备案。此令。

（中华民国陆海军大元帅之印）

中华民国十三年四月廿六日

据《大本营公报》第十二号《训令》

给林翔的指令

（一九二四年四月二十六日）

大元帅指令第三九九号

令大本营审计局长林翔

呈复审核卸大本营会计司长王棠呈更正十二年四、五、六、七等月份临时支出计算书等件尚属相符由。

呈悉。已令行大本营会计司查照转知矣。此令。

（中华民国陆海军大元帅之印）

中华民国十三年四月二十六日

据《大本营公报》第十二号《指令》

给叶恭绰杨庶堪的指令

（一九二四年四月二十六日）

大元帅指令第四〇〇号

　　令财政委员会主席叶恭绰、杨庶堪

　　呈请令饬大理院撤销坟山登记案由。

　　呈悉。应照准。候令行大理院遵照办理可也。此令。

　　　　　　　　　　　　　　（中华民国陆海军大元帅之印）

中华民国十三年四月二十六日

　　　　　　　　　　　　据《大本营公报》第十二号《指令》

给吕志伊的训令

（一九二四年四月二十六日）

大元帅训令第一八八号

　　令大理院院长兼管司法行政事务吕志伊

　　为令行事：据财政委员会主席叶恭绰等呈称："呈为呈请事：本会本月七日第二十七次常会会议，孙委员科提议坟山税契奉帅谕着令撤销，业已遵照停办。兹查坟山登记事同一律，请由本会公决呈请大元帅，令大理院并将坟山登记案撤销，以符取消坟山税契之本旨一案，议决由会呈请大元帅令饬大理院将坟山登记案撤销等因在案。理合录案呈请大元帅鉴核施行"等情前来。除指令"呈悉。应照准，候令行大理院遵照办理可也。此令"印发外，合行令仰该院长即便遵照。此令。

（中华民国陆海军大元帅之印）

中华民国十三年四月二十六日

据《大本营公报》第十二号《训令》

给李福林的指令

（一九二四年四月二十六日）

大元帅指令第四〇一号

令东路讨贼军第三军军长李福林

呈报拿获匪徒讯供拟办情形，请示遵办由。

呈悉。匪犯冯标、黎咸二名，胆敢伙党行劫并敢拒捕，实属不法，自应按照军法处以枪决，以昭炯戒。仰即遵照执行可也。此令。

（中华民国陆海军大元帅之印）

中华民国十三年四月二十六日

据《大本营公报》第十二号《指令》

关于台山县自治办法的谈话*

（一九二四年四月二十七日）

该县①自治，只能经理地方财政。凡属国库、省库之征收机关，不得妄引条约，致碍统一。

据《广州民国日报》一九二四年四月二十八日《关于台山自治之帅令》

＊　谈话时间不详。按四月二十八日《广州民国日报》载："省长公署……昨特指令财政厅云……此事已面请帅示"。今据此酌定日期。

①　该县：指广东省台山县。

致胡汉民电[*]

（一九二四年四月二十七日）

即日来粤，赞襄大计。

据《广州民国日报》一九二四年四月二十八日《大元帅电召胡汉民》

给大本营参谋处的命令^{**}

（一九二四年四月二十七日）

再函^①航空局长陈友仁，催促进行。所需款项，另饬财政委员会赶筹。

据《广州民国日报》一九二四年四月二十八日《飞机队积极助战》

给无线电总局的命令^{***}

（一九二四年四月二十七日）

特着广东无线电总局组织前敌无线电队赶速出发。

据《广州民国日报》一九二四年四月二十八日《无线电队今日出发》

＊　此件所标时间系根据四月二十八日《广州民国日报》云"大元帅……昨电沪召胡汉民"酌定。

＊＊　原令未署日期。按四月二十八日《广州民国日报》载：陈友仁奉令后，"已于昨日全数向博罗出发"。今据此酌定时间。

①　再函：指再次函示航空局长陈友仁，催促其率飞机全队移防博罗事。

＊＊＊　原令未署日期。按四月二十八日《广州民国日报》载："无线电总局奉令后，业准备一切，并定于二十八日乘广九车出发，拟抵石滩。"据此判断，此令当在二十七日以前发，今暂定二十七日。

给马超俊陈友仁的命令 *

（一九二四年四月二十七日）

刻日运输炸爆轰烈战品赴东江。

据《广州民国日报》一九二四年四月二十九日《实行轰炸惠州城》

与柏文蔚的谈话 **

（一九二四年四月二十八日）

孙：往事都可不问，今日只要文蔚答复对于联省自治主张如何。

柏：文蔚是军人，对于政治无多研究。以前在上海，因徐季龙主张委员制，蔚曾与闻。至于联省自治，向未主张。

孙：究竟以后对于联省自治是否主张？

柏：以前既未主张，以后当然不主张。

孙：此答辩可满意。以前错误的人很多，不是一人的错误，乃是一般的错误。这回改组，就是划除以前的错误。此改组以前的事，可以不问。只要以后服从本党的主张，柏案就算了结。

据《国父年谱》增订本下册（转录民国十三年四月
二十八日中央执行委员会第二十五次会议纪录）

　＊　此件所标时间系据四月二十九日《广州民国日报》云"马厂长、陈局长奉令后，即于昨二十七八两日用小火轮将各种战品分日运赴前敌"拟定。

　＊＊　这是孙中山于四月二十八日在中国国民党中央执行委员会第二十五次会议审查柏文蔚被控案时与柏文蔚的谈话。

致石龙行营电 *

（一九二四年四月二十八日）

英领对于此事①极为道歉，已令该舰克日将"电泰"交还等情。现派后方勤务股潘股长来省，会同交通局曾局长，向英领署收回，即拨与交通局应用。

据《广州民国日报》一九二四年四月二十九日《英舰交还"电泰"电船》

任命戴季陶邹若衡职务令

（一九二四年四月二十八日）

大元帅令

　　任命戴季陶为参议②，月薪三百元。

　　任命邹若衡为谘议③，不支薪。

孙　文

中华民国十三年四月廿八日

据谭编《总理遗墨》第三辑影印原稿

　　＊　此件所标时间系据四月二十九日《广州民国日报》云"昨日石龙行营接奉大元帅电令"酌定。

　　①　指四月十九日英国炮舰强行拖走石龙运输分处运输电船"电泰号"事。

　　②　参议：即大本营参议。

　　③　谘议：即大本营谘议。

任命廖朗如职务令

（一九二四年四月二十八日）

大元帅令

　　任命廖朗如为大本营财政部参事。此令。

（中华民国陆海军大元帅之印）

中华民国十三年四月二十八日

据《大本营公报》第十二号《命令》

准任陆仲履职务令

（一九二四年四月二十八日）

大元帅令

　　大本营财政部长叶恭绰呈请任命陆仲履为佥事。应照准。此令。

（中华民国陆海军大元帅之印）

中华民国十三年四月二十八日

据《大本营公报》第十二号《命令》

给廖行超的命令 *

（一九二四年四月二十八日）

　　一律退离广州市，转赴西郊一带，择要扼守。

据《广州民国日报》一九二四年四月二十八日《滇军准备移郊》

---

　　* 此件所标时间系《广州民国日报》发表日期。

给广东省财政厅的指令 *

（一九二四年四月二十八日）

呈悉。商人张志澄条陈各节固属切中时弊。惟军队擅办厘捐，迭经严令禁止，不啻三令五申，其奸商瞒承者，亦饬没收家财，从重惩办，立法可谓甚严。目前办法，应由该厅随时查明，如何处厘捐尚为防军占据，即商请该军长官饬令交还，或查有何项军队在何处擅征什捐，即商请该管长官勒令停收，以期令出惟行，财政渐就整理。所请再申禁令暨予市公安局以惩治奸棍之权之处，均无庸议。此令。

据《广州民国日报》一九二四年四月二十九日《令财厅请各军交还厘捐》

准任梁海秋职务令

（一九二四年四月三十日）

大元帅令

本〔大〕大〔本〕营财政部长兼盐务督办叶恭绰呈请任命梁海秋为盐务署秘书。应照准。此令。

（中华民国陆海军大元帅之印）

中华民国十三年四月三十日

据《大本营公报》第十二号《命令》

---

* 此件所标时间系据四月二十九日《广州民国日报》云"昨大元帅指令财政厅"酌定。

准邓泽如辞职令

（一九二四年四月三十日）

大元帅令

　　大本营参议邓泽如呈请辞职。邓泽如应准免职。此令。

（中华民国陆海军大元帅之印）

中华民国十三年四月三十日

据《大本营公报》第十二号《命令》

追赠王守愚令

（一九二四年四月三十日）

大元帅令

　　据大本营军政部长程潜呈议复故东路讨贼军前敌总指挥部参议王守愚前代鄂西总司令剧战宜施，去年讨贼军由闽回粤，尤多尽力，积劳致疾，遽以不起，拟请追赠陆军中将，并从优抚恤等情。王守愚着追赠陆军中将，并照中将积劳病故例给恤，以彰忠荩而示来兹。此令。

（中华民国陆海军大元帅之印）

中华民国十三年四月三十日

据《大本营公报》第十二号《命令》

给程潜的指令

（一九二四年四月三十日）

大元帅指令第四〇五号

　　令大本营军政部长程潜

　　呈为核议拟请追赠王守愚陆军中将并照中将积劳病故例给恤由。

　　呈悉。已有明令追赠给恤矣。仰即知照。此令。

（中华民国陆海军大元帅之印）

中华民国十三年四月三十日

据《大本营公报》第十二号《指令》

追赠蔡锐霆令

（一九二四年四月三十日）

大元帅令

　　大本营军政部长程潜呈查核故前赣军独立旅长蔡锐霆，矢死殉国，事实相符，请追赠陆军中将。蔡锐霆着追赠陆军中将，并照阵亡例议恤，以慰英灵。此令。

（中华民国陆海军大元帅之印）

中华民国十三年四月三十日

据《大本营公报》第十二号《命令》

给杨希闵的命令[*]

（一九二四年四月三十日）

大元帅令

　　肃清东江，业饬两路联军协力进行，节节均获胜利。前进渐远，部署宜周，残敌负隅，并应同时剿办。即着豫军总司令樊钟秀迅率所部协同第一路联军，前往肃清海陆丰沿海地区。关于作战，受第一路联军总指挥杨希闵之指导。至南路匪患，仍着南路各军会剿办理可也。除分行外，特此令达。此令

第一路联军总指挥杨希闵

孙　文

据上海《民国日报》一九二四年五月十一日《捷电频传之东江联军》

给李烈钧的命令[**]

（一九二四年四月三十日）

　　出发前方，协同策画一切。

据《广州民国日报》一九二四年四月三十日《李烈钧运筹决胜》

---

　　[*]　此件所标时间系据五月十一日《广州民国日报》云"四月三十日大元帅令"确定。

　　[**]　此件所标时间系《广州民国日报》发表日期。

给广州市政厅的命令 *

（一九二四年四月三十日）

请沙博士①勤办市政。

据《广州民国日报》一九二四年四月三十日《洋员勤办市政》

给广州市公安局的命令 **

（一九二四年四月三十日）

报载五月五日广州各团体举行总统就职庆祝。现粤境逆贼尚待肃清，人民困苦颠连，拯救莫及。抚躬自问，良用恻然。方今时局艰危，敌氛未靖，凡我同志，亟宜实心实力，共济时艰。其举行纪念庆祝典礼，徒饰耳目，无裨远大，应无庸议。着广州市公安局转饬各团体社会一体知照。

据《广州民国日报》一九二四年四月三十日《帅座不尚虚文》

给各军长官的命令 ***

（一九二四年四月三十日）

大元帅令

---

　*　此件所标时间系《广州民国日报》发表日期。

　①　沙博士：即德国沙美博士。

　**　此件所标时间系《广州民国日报》发表日期。

***　此件所标时间系《广州民国日报》发表日期。

广九铁路为东路作战军基路所在,交通保护应策周祥。前以责无专员,各军分兵驻守,致多疏漏。兹经任周自德〔得〕为广九铁路护路司令,所有该铁路全线及其附近,统责成周自德〔得〕负责保护,以利输运。其原驻广九铁路各处军队,除关于作战各军办理后方勤务事宜,得于交通辐辏点酌驻军队办理要公外,应着一律撤退。其各该军队撤退时期,由护路司令通报办理,并仰各军长官转饬所属不得干涉行车事宜,免碍交通。切切。此令。

据《广州民国日报》一九二四年四月三十日《周自德〔得〕负铁路全责》

给马伯麟的指令

(一九二四年四月三十日)

大元帅指令第四○六号

　　令长洲要塞司令马伯麟

　　呈报委任李思汉为总台长①,乞备案由。

　　呈悉。准予备案。此令。

(中华民国陆海军大元帅之印)

中华民国十三年四月三十日

据《大本营公报》第十二号《指令》

给程潜的指令

(一九二四年四月三十日)

大元帅指令第四○七号

---

　　①　总台长:即各炮台之总指挥。

令大本营军政部部长程潜

呈该部警卫团团附刘振寰积劳病故,拟请照章以少校赠恤,乞核示祗遵由。

呈悉。照准。此令。

（中华民国陆海军大元帅之印）

中华民国十三年四月三十日

据《大本营公报》第十二号《指令》

给叶恭绰的指令

（一九二四年四月三十日）

大元帅指令第四○八号

令大本营财政部长兼盐务督办叶恭绰

呈请任命陈敬汉等①兼盐务秘书由。

呈悉。已有明令照准矣。此令。

（中华民国陆海军大元帅之印）

中华民国十三年四月三十日

据《大本营公报》第十二号《指令》

给徐绍桢的指令

（一九二四年四月三十日）

大元帅指令第四○九号

令大本营内政部部长徐绍桢

---

① 陈敬汉等:陈敬汉、杨志章。

呈请准援用《国籍法》并恳修改《施行细则》由。

呈悉。《国籍法》既系六年以前所公布，自属有效。《施行细则》准如所拟修改，仰即由部咨复广东省长转饬督务处遵照可也。折存。此令。

（中华民国陆海军大元帅之印）

中华民国十三年四月三十日

据《大本营公报》第十二号《指令》

给鲁涤平的指令

（一九二四年四月三十日）

大元帅指令第四一〇号

令禁烟督办鲁涤平

呈为成立水陆巡缉队并送编制、饷章表，乞鉴核由。

呈、表均悉。准如所拟办理。表存。此令。

（中华民国陆海军大元帅之印）

中华民国十三年四月三十日

据《大本营公报》第十二号《指令》

给邓泽如的指令

（一九二四年四月三十日）

大元帅指令第四一一号

令大本营参议邓泽如

呈请辞职由。

呈悉。照准。此令。

（中华民国陆海军大元帅之印）

中华民国十三年四月三十日

据《大本营公报》第十二号《指令》

委派赵西山任务令[*]

（一九二四年四月）

　　派大本营出勤委员赵西山前赴西北，传谕陕军、同志、各军将领，迅速协同一致讨贼救国。此令。

据《国父全集》第四册（转录《史料汇编》

《大元帅密令》）

在广州市工人代表会的演说^{**}

（一九二四年五月一日）

各工团代表诸君：

　　诸君今天在此地开这个盛会，是效各国的工人，来庆祝世界各国通行的劳动节。世界各国的工人为什么要纪念今天的这一天呢？就是因为美国工人在三十九年以前的今天，结合了许多大工团在各城市巡行，要求资本家准工人作工八点钟、休息八点钟、教育八点钟，打破从前劳动无度的虐待。后来这种要求胜利了，全美国工人便把每年的今天作为劳动节，人人来纪念。随后传到了欧洲，各国的工人对于本国的资本家，也是照美国工人一样的要求，也是一样的胜利。这个劳动节便由此推行到欧洲，推行到全世界，

---

　　*　　此件所标时间据《国父全集》。

　　**　　五月一日，广州市工人代表大会与广州工人庆祝国际劳动节大会同时举行。

相沿至今,便成了世界各国工人通行的一个纪念日。所以今天的这个纪念日,是世界各国工人战胜了资本家的一日。这是我们工人全体都是应该来庆祝的。

我们中国工人,今天也来跟随世界各国的工人,同世界各国的工人合作,来庆祝这个纪念日。最要紧的是什么事呢?第一要知道,中国工人现在所处的是什么地位。要知道中国工人现在所处的是什么地位,便先要知道中国国家现在所处的是什么地位。中国现在是世界中最贫最弱的国家,受各国的种种压迫,所处的地位是奴隶的地位。中国现在所处的这种奴隶地位,比较各国殖民地的地位还要低得多。比方高丽是日本的殖民地,安南是法国的殖民地,高丽、安南在国际之中有没有地位呢?简直没有他们的地位。各国都是把他们当作奴隶,象高丽是做日本的奴隶,安南是做法国的奴隶。但是高丽、安南虽然是做外国的奴隶,他们只做一个强国的奴隶。我们中国现在是做世界列强的奴隶,凡是和中国有约通商的国家,都是中国的主人。这个原因,是由于从前满清没有钱用,借了许多外债,和列强立了许多不平等的条约,把他们主权都送了外国人。这就是满清把我们当作奴隶,要借外国的钱用,便拿我们去卖身。他们所立的那些条约,就是我们的卖身契一样。十三年前革命,推翻了满清,是脱了满清一重的奴隶。但是卖身契还没有收回,所以现在还要做各国的奴隶。从前是做二重的奴隶,现在还要做一重的奴隶。我们现在虽然只做一重的奴隶,但是主人有十几个,不比高丽的主人只有一个日本,安南的主人只有一个法国。大家想想,是侍候一个主人容易些呀,还是侍候许多主人容易些呢?做奴隶的人,只得一个主人的欢心,当然是很容易;要得许多人的欢心,当然是难得多。所以俗语说:"顺得姑来失嫂意。"故中国现在所处的地位是很困难的,比较高丽、安南的地位还要难得多,还要低一等。国家的地位既然是很低,我们人民的地位自然也是低,做工人的地位当然更是很低。

今天诸君跟随文明国家的劳动团体,在这个劳动纪念日来开这个工人大会,要怎么样这个大会才不是空开的呢?依我看起来,要从今日起,立一个志愿,组织一个工人大团体。现在文明各国的工人都有很大的团体。我们近来发生工人的风潮都是由各国传进来的。就是今天开这个大会,当然也是仿效各国工人的。各国工人现在是什么情形呢?他们所处的是什么地位呢?各国工人现在都有团体,国家也设立特别法律,保护这种团体的利益。不过这种利益只是文明国家才有,如果是专制国家,便没有这种利益。文明国家的工人成立了团体,是做一些什么事呢?他们所做的事,目的就是在同资本家争地位。工人既是要同资本家争地位,那么就是在文明国家之内,工人和资本家的地位当然还是不平等的。现在文明国的资本家还是很虐待工人。工人要不受资本家的虐待,所以工人同资本家之中便发生大问题。现在世界上不只一国有这种问题,就是各国都有这种问题。所以现在世界各国的工人都要联合起来,去和资本家抵抗。

外国之所以发生大资本家,是由于经过了实业革命。那种革命,是把各种生产的方法,不用手工来制造,专用机器来制造。因为机器的制造很快,工厂的规模又大,出品很多,所以有机器的人便发大财,便生出了许多大资本家。大资本家有了多钱,于是无恶不作,先压制本国的工人,后来势力膨胀,更压制外国的工人。中国工人和外国工人不同的地方,是外国工人只受本国资本家的压迫,不受外国资本家的压迫。如果有外国资本家来压迫,政府便去抵抗;就是受本国资本家的压迫,政府也是想方法来保护。所以外国工人一方面受本国资本家的压迫,一方面得政府的帮助。至于中国的实业还没有发达，机器的生产还没有盛行，所以中国还没有象外国一样的大资本家。外国有了机器生产之后，发生了大资本家，一般工人便受资本家的大害。中国工人现在还不受本国资本家的害，本国还没有大资本家来压迫工人。自从发生了工团风潮以后，那些小实业反要受工人的害，被工人来压迫。那末，中国的工人到底有没有受压迫呢？是受谁的压迫呢？中国工人是受外国资本家的压迫。故外国工人是受本国资本家的压迫，不受外国资本家的压迫；中国工人恰恰是相反，不受本国资本家的压迫，要受外国资本家的压迫。这就是中外工人不同的情形。

我们中国工人要受外国资本家的压迫，从什么地方可以看得出来呢？普通工人因为看不出来，所以不觉得大痛苦。外国资本家用什么东西来压迫中国工人呢？他们是用货物来压迫中国工人。他们的货物怎么样可以来压迫中国工人呢？是借国家保护的力量来压迫中国工人。外国工人受别国货物的压迫，政府便想方法来保护。中国政府不但是不保护中国工人，并且反去保护外国的货物；直接保护外国的货物，就是明保护外国的资本家。从什么地方可以看得出来呢？从海关便可以看得出来。从前中国和外国立了许多不平等的条约，给了外国许多的特别权利，其中有一件最重大的，就是把海关拨归外国人管理。进出口货物的税都是由外国人收，他们收多少就是多少，我们中国人不能过问。至于外国设立海关，是用来保护本国货物的，凡是有进口货物便收重税，出口货物便不收税。象这样收税的用意，就是要进口货物的价贵，在国内不能畅销；要本国所出的货物价贱，到处可以销行。象这样收税的办法，便可以抵制外国货物，保护本国货物。直接保护本国的货物，间接就是保护本国的工人。我们现在失去的海关，就是失去了保护各种实业的门户。因为门户大开，所以洋货源源而入，运到各省内地,用很便宜的价钱发卖。普通人因为爱便宜,所以不用土货,要用洋货。因为土货没有人买,洋货总是畅销,所以土货就被洋货打败。因为土货打败,全国都不出货,所以中国工人便没有工做。从前闭关自守的时代,中国工人还可以自耕而食,自织而衣,自己本来可以供给自己。到了外国人来叩关,打破我们的门户,和我们通商以后,自己便不能供给自己。土货消灭于无形,洋货充斥于市面。不但是洋货充斥于市面,就是外国银行发行的纸币也是通行于各地,中国的纸币也是被外国的纸币打败了。所以中国人民就谋生一方面的经济说,完全是处在外国的经济压迫之下。中国国家表面上虽是独立国,实在成了外国的殖民地。因为成了外国的殖民地,受了外国这样大的经济压迫,所以中国工人便谋生无路。

通商本来是以有易无,是两利的事。但是中国和外国通商后,把中国所无的洋货运进,把所有的土货运出,此中一进一出的比较,每年进口货超过出口货的数目要在五万万元以上。这就是外国多用五万万元的货,来换了中国五万万元的钱。中国多被外国换去了五万万元的钱,就是中国由于和外国通商,每年要损失五万万。中国每年有五万万的损失,就是中国对于外国每年有五万万元的进贡。中国工人本来不直接做外国人的工,不受直接的虐待,但是因为通商,多销洋货,每年的进贡有了五万万元,就是中国工人每年要损失五万万元的工钱。这种五万万元的损失,不是年年都是一定的,在十年之前只有二万万,到现在便增加到五万万,再过十年一定要加到十万万。现在的中国人,每年只损失五万万,已经是日日怕穷,叫苦连天。再过十年的损失要加一倍多,至少也有十万万。到了那个时候,专就经济压迫一项的难关,我们又是怎么样可以打得通呢!

外国工人只受本国资本家的压迫,中国工人要受外国经济的压迫,间接的要做外国资本家的奴隶,大家想想,中国工人的地位,比较外国的工人是不是差得多呢! 现在中国不只工人要受外国资本家的压迫,就是读书的人、耕田的人、做生意的人,都是受外国经济的压迫。

诸君在这个世界各国的劳动节来开这个大会,要用什么方法才可以打破这种压迫,来维持自己的地位和各界人民的地位呢?要步外国工人的后尘,维持自己的地位,是从什么地方着眼呢? 外国工人生在文明的国家,政府有很完备的法律来保护工人,所以事事都不要工人来担忧。因为政府有保护工人的法律,所以工人的地位是很高。就是生在不文明的国家,工人自己也能够组合团体,提高自己的地位。譬如俄国工人在几年以前结成大团体,推倒专制的俄皇,改革政体,弄成工人的独裁政治,无论什么资本家都不许执政权,只有工人才可以管国事。俄国工人的地位是怎么样呢!英国现在由工党组织内阁,一切政权都是在工人掌握之中,英国工人的地位又是怎么样呢! 其他各国工人的势力都是一日扩张一日,他们的地位都是一日抬高一日的。所以他们在本国之内,便可以解决一切问题。我们中国工人如果专学外国工人,组织大团体来解决国内的问题,推倒初发生的资本家,实在是很容易的。但是把这个问题解决了,对于外国经济压迫的问题,可不可以一齐来解决呢? 我们每年所受五万万的损失,可不可以挽回来呢? 都是不可能的。

我们本国的资本家实在没有压迫工人的大能力。现在中国工人所受的最大痛苦是由于外国的经济压迫。所以诸君今天有这样的盛气,结成这样的大团体,做这样的示威运动,应该想一个方法来抵抗外国经济的压迫。中国工人现在不但是不受本国资本家的压迫,并且反想种种方法来压迫本国资本家。因为这个情形,所以中国工人常常和本国资本家发生交涉。交涉胜利了之后,是不是解决了所有的经济问题呢? 要解决所有的经济问题,就应该打消一切经济的压迫。中国工人所处的地位,是驾乎本国资本家之上。为什么不能打消一切经济的压迫呢? 因为中国工人现在所受的毛病,由于本国资本家的压迫小,所受最大的压迫还是外国的资本家。我们每年损失了五万万,就是外国每年来抢了五万万。我们要把这种抢劫的五万万,不许外国人偷过关卡运回本国去,便先要争回海关的管理权。中国海关交到外国人去管理,是在从前那些中外不平等的条约之中载明过了的,所以我们要争回海关的管理权,便先要和外国交涉,废除一切不平等的条约。要达到这个目的,工人可不可以做得到呢? 要达到这个大目的,便要有大团体。中国现在有团体的,除了读书的人以外,只有工人才有团体。商人的团体是很小的,耕田的人简直没有团体。所以现在士农工商四界人,可说是农、商两界的人没有团体,只有士、工两界的人才有团体。工人既是有了团体,要废除中外不平等的条约,便可以做全国人的指导,作国民的先锋,在最前的阵线上去奋斗。

诸君是工人,是国民的一分子。要抬高工人的地位,便先要抬高国家的地位。如果专从一方面去做,是做不通的。象这样讲,工人不但是对于本团体之中有责任,在本团体之外还有更重大的责任。这是什么责任呢? 就是国民的责任。诸君结成了大团体,要担负什么责任呢? 就是要担负抬高国家地位的责任。如果不能担负这个责任,诸君便要做外国的奴隶。若是能够担负这个责任,把中国变成世界上头一等的强国,诸君便是世界上头一等的工人,和头一等的国民。要抬高中国国家的地位,便先要中国脱离了外国经济的压迫。中国工人受资本家的压迫,对资本家宣战;外国工人也是受资本家的压迫,也是对资本家宣战。现在中外的工人都是一样的作战,所向的目标都是一样的敌人,所以中外的工人应该联成一气。中国工人联络了外国工人,对外国资本家去宣战,便要学辛亥年的革命志士,同心协力,一往向前,抱破釜沉舟的大勇气。诸君有了这种团体和这种的勇气,便可以打破外国经济的压迫,解除条约上的束缚。做到了这个地步,中国的国际地位才可以同各国平等。现在中国同各国不平等的原故,是由于国际上的束缚。譬如政治、经济种种的压迫太多。要解除这种种束缚,在工人一方面并不是难事,英国、俄国的工人便是中国工人的好榜样。不过要象英国、俄国的工人担负国家的大责任,根本上还要有一种办法。我的三民主义和五权宪法,便是这种的根本办法。所以诸君要担负国家的大责任,还要服从我的三民主义和五权宪法。诸君能够服从我的主义,奉行我的办法,就可以和英国、俄国的工人一样,在社会上占最高的地位。由此看来,中国工人不只是反对本国资本家,要求减时间、加工价,完全是吃饭问题,最大的还是政治问题。要实行解决中国的政治问题,就要奉行三民主义,赞助我的革命。诸君能够奉行三民主义,赞助我的革命,才不是空开了这个庆祝大会。

据《广州市工人代表会决议案——附孙总理演说词》
(中国国民党中央执行委员会工人部一九二四年五月印行)《孙总理在工人代表会演说词》

大本营审计局更名令
(一九二四年五月一日)

大元帅令

大本营审计局着改为大本营审计处。此令。

（中华民国陆海军大元帅之印）

中华民国十三年五月一日

据《大本营公报》第十三号(广州一九二四年五月十日版)《命令》

任命王家琦职务令

（一九二四年五月一日）

大元帅令

　　任命王家琦为大本营参军。此令。

（中华民国陆海军大元帅之印）

中华民国十三年五月一日

据《大本营公报》第十三号《命令》

给程潜的指令

（一九二四年五月一日）

大元帅指令第四一四号

　　令大本营军政部部长程潜

　　呈拟定追赠滇军第三军军部阵亡副官长萧学智等中将等等级并给恤办法，乞令遵由。

　　呈悉。萧学智已明令追赠矣，余均如所拟办理。此令。

（中华民国陆海军大元帅之印）

中华民国十三年五月一日

据《大本营公报》第十三号《指令》

给程潜的指令

（一九二四年五月一日）

大元帅指令第四一五号

　　令大本营军政部部长程潜

　　呈复追赠湘军故团长黄钟珩上校并给恤由。

　　呈悉。准如所请赠恤。仰即遵照办理。此令。

（中华民国陆海军大元帅之印）

中华民国十三年五月一日

据《大本营公报》第十三号《指令》

给朱世贵的指令

（一九二四年五月一日）

大元帅指令第四一六号

　　令中央直辖滇军第四师师长朱世贵

　　呈报严禁所部重征小北江货物情形由。

　　呈悉。该师长服从命令，体恤商艰，将所属防地各种勒抽机关撤销严禁，殊甚嘉许。仰仍随时饬属认真办理，毋便日久玩生，有碍商业可也。此令。

（中华民国陆海军大元帅之印）

中华民国十三年五月一日

据《大本营公报》第十三号《指令》

给程潜的指令

（一九二四年五月一日）

大元帅指令第四一七号

　　令大本营军政部部长程潜

　　呈为遵令议复已故滇军营长王春霖等应得恤典由。

　　呈悉。准如所议，追赠王春霖为陆军中校，李春和为陆军中尉。各照阵亡例给恤，用示矜恤。仰即由部转行知照。此令。

（中华民国陆海军大元帅之印）

中华民国十三年五月一日

据《大本营公报》第十三号《指令》

给林森的指令

（一九二四年五月一日）

大元帅指令第四二〇号

　　令大本营建设部长林森

　　呈请暂拨广东省立银行场所一部设立商标注册所、权度检定所等情由。

　　呈悉。准予拨用。候令行财政部转饬广东省立银行知照可也。此令。

（中华民国陆海军大元帅之印）

中华民国十三年五月一日

据《大本营公报》第十三号《指令》

给叶恭绰的训令

（一九二四年五月一日）

大元帅训令第一九五号

令大本营财政部长叶恭绰

为令行事：据大本营建设部长林森呈称："窃据职部工商局长兼商标注册所总办、权度检定所所长称：'职所业经依法成立，惟尚无适当地方以资办公，于进行殊有阻碍。查广东省立银行停办后，该行场所经为航空局、东江商运局等各机关借用。现东江商运局取消，剧有场所，请转呈帅府将该局原用后楼一所拨供商标注册所暨权度检定所，以资进行'等情。查商标注册、权度检定两项，均奉钧座核准施行，自应急觅相当地方设立机关，奉行职务，以副钧座保护商业、整顿地方盛意。广东省立银行地点适中，交通便利，于施行权度检查及商人注册颇见适宜。该银行后楼地方，原系东江商运局所用，现在该局既经取消，移供使用似属尚无窒碍。理合据情呈请钧座察核，俯准所请，实为公便"等情。据此，除指令照准外，合行令仰该部长即便转饬广东省立银行遵照，暂拨该行场所一部为建设部设立商标注册所暨权度检定所之用。此令。

（中华民国陆海军大元帅之印）

中华民国十三年五月一日

据《大本营公报》第十三号《训令》

在岭南大学黄花岗纪念会的演说

（一九二四年五月二日）

学生诸君：

　　诸君今晚在岭南大学盛设筵席，开黄花岗的纪念会。我对于诸君是有无穷希望的。诸君现在求学时代，便知道纪念黄花岗的七十二烈士，此时的志向，当然是很远大。推到将来毕业之后，替国家做事，建功立业，前程更当然是无可限量。何以由于这个纪念会，便知道诸君的前程是很远大呢？诸君今晚为什么要来纪念黄花岗的七十二烈士呢？就当时的事业说，七十二烈士所做的事，是失败的，不是成功的。十四年前的今日①，是七十二烈士为国流血的一日，是革命党惨淡悲歌的一日。所以这个三月二十九日，就是七十二烈士为革命事业失败的一日。这个日期既是七十二烈士失败的一日，我们还要来纪念，所纪念的是在那一点呢？是不是要纪念他们的失败呢？失败还有什么价值可以纪念呢？我们现在所纪念之一点，不是在他们当时事业的成败，是在那一般烈士当时所立的志气。

　　七十二烈士在当时立了甚么志气呢？我们虽然不能立刻知道他们的志气，但是他们由于失败，便断头流血，牺牲性命，由此便可以知道他们的志气，最少的限度，是不惜身家性命，不管权利幸福，要做一件失败的事。当时起义的情形，是各省革命同志约了几百人集中到广州，想用那几百人，能够攻破制台衙门和水师行台，占

---

　　①　一九二四年五月二日，系农历三月二十九日，为黄花岗起义十三周年纪念日。

领广州做革命的策源地，再和满清去奋斗。至于敌人的军队，有新军，有满洲的驻防军，有提督所统带的水陆军，总共有几万人。革命党不过是几百人，用几百人去打几万人，那般烈士知道要得什么结果呢？就当时敌我众寡过于悬殊的情形相比较，那般烈士在事前，明知道是很危险的。既是明知道那件事极危险，他们还是决心去做，可见他们的用心是很苦的，立志是很深的。他们为什么用心要这样的苦呢？因为看见了当时的四万万人处在满清专制之下，总是说满清的皇恩浩荡、深仁厚泽，毫不知道被满清征服了两百多年，做了两百多年的奴隶，人人都是醉生梦死。这些人民的前途之生存是更危险的。因为看见了这种种族危险，所以明知结果是失败，还要去做。所存的希望是什么呢？就是以身殉国，来唤醒一般醉生梦死的人民。要四万万人由于他们的牺牲，便可以自己觉悟，大家醒起来，为自己谋幸福。所以七十二烈士为国牺牲，以死报国，所立的志气就是要死后唤醒中国全体的国民。由于他们所立的这种志气，便可以知道他们在当时想做那番事业的心思，就是要为四万万人服务。他们在专制政体之下，昏天黑地之中，存心想为四万万人服务，没有别的方法可以达到目的，想到无可如何之时，便以死来感动四万万人，为四万万人来服务。故革命事业，在七十二烈士虽然是失败，但是他们死得其所。在我们后死的人看起来，还可以说是成功。所以我们今天来纪念，就是纪念他们当时的志气，纪念他们以死唤醒国民、为国服务的志气。七十二烈士在辛亥年三月二十九日，想唤醒国民、为国服务，虽然是死了，但是由于他们死了之后，不到五个月，便发动武昌起义，推倒满清，打破专制，解除四万万人的奴隶地位。这就是七十二烈士以死唤醒国民、为国服务的志气，达到了目的。

我们今天来纪念他们，便应该学他们的志气，更加扩充，为国家,为人民,为社会,为世界来服务。诸君是学者,是有知识阶级,知道人类的道德观念,现在进步到了什么程度？古时极有聪明能干的人,多是用他的聪明能力,去欺负无聪明能力的人。所以由此便造成专制和各种不平等的阶级。现在文明进化的人类,觉悟起来,发生一种新道德。这种新道德就是有聪明能力的人,应该要替众人来服务。这种替众人来服务的新道德,就是世界上道德的新潮流。七十二烈士有许多是有本领学问的人,他们舍身救国,视死如归,为人类来服务的那种道德观念,就是感受了这种新道德的潮流。诸君今晚来纪念七十二烈士,要知道不是空空的来纪念,要学他们的志气,尤其要学他们的道德观念。

诸君要学他们的道德观念,是从什么地方学起呢？简直的说,就是要从学问上去学起。诸君现在求学的时候,便应该从今晚学起,爱惜光阴,发奋读书,研究为人类服务的各种学问。有了学问之后,便要立志为国家服务,为社会服务。象七十二烈士一样,虽至牺牲生命亦所不惜。切不可用自己的聪明能力去欺负人类,破坏国家,象那些无道德的官僚军阀之行为。并且要步七十二烈士的后尘,竭力去铲除这些防止国家社会中新道德之进步的大障碍,才是黄花节的真纪念。并望诸君把这个纪念,记在心头,永远的勿忘。

据《中国国民党周刊》第二十期(广州一九二四年五月十一日版)
《总理对岭南大学黄花岗纪念会演说词》

致棉兰同志函

(一九二四年五月二日)

蓝田、燕浅、中奭、联棠、璧磋、履初同志诸君均鉴:

由廖仲恺转来大函,备悉一切;并由撞打银行电汇来荷币二千零八九五盾,该港银一千四百五十九元,已交中央筹饷会进数,着该会主任邓泽如填发收据付上,以昭信实。夙仰诸同志热心党务,迭次讨贼,卓著勋劳,操算运筹,慨助巨款,崇德令誉,久已远近昭彰矣。惟本党主义,伐罪吊民,国贼一日未除,则仔肩不容苟卸。自民国十三年来,龙蛇群动,战血玄黄,名则号曰共和,实则甚于专制。迩更军阀横行,政孽肆毒,生民憔悴,举国徬徨,不有救济,势必沦胥以灭也。诸君既以党义奋斗于先,尤望以毅力坚持于后。今后党务之策划与饷项之运筹,仍请继续努力。他日成功,有众叨德,岂独文个人与本党之幸也耶。

临书神驰,尚希亮察。即候

义祺

孙文　十三年五月二日

据《国父全集》第三册(转录史委会藏抄件)

祭黄花岗烈士文

(一九二四年五月二日)

维中华民国十有三年五月二日,海陆军大元帅孙遣参军长张开儒致祭于黄花岗七十二烈士之茔前曰:

炎黄代祖,汉族中燔。张我义声,实起西南。百夫同力,风激霆迅。以我血肉,回兹劫运。志则以申,身则同命。求仁得仁,抑又何恨。在清末造,神州倾否。厨俊云兴,前仆后起。斗智为怯,角力已穷。歼厥渠魁,庶几有功。维此珠江,犬羊所窟。中贵恣睢,莫敢先发。壮哉先烈,回此阳九。虎穴衔力,仇牧陨首。杀气连云,元精贯日。武昌继之,遂夷清室。当其壮往,脱然生死。及其成功，一瞑不视。迤遭至今，中原鼎沸。群盗犹张，夫岂初志。
余亦有言，知难行易。以寡敌众，乃克攸济。桓桓诸公，百夫之特。
愿起九原，化身千亿。风云犹壮，岁月如新。抚往思来，倏及兹辰。
东山之阡，新宫翼然。昔时血骨，今日山川。士女济跄，荐羞醻酒。
匪曰报功，惟以劝后。尚飨。

据《中国国民党周刊》第二十期《大元帅祭文》

特任蒋中正职务令
（一九二四年五月二日）

大元帅令

  特任蒋中正为陆军军官学校校长。此令。

孙　文

中华民国十三年五月二日

据谭编《总理遗墨》第三辑影印原稿

任命蒋中正职务令
（一九二四年五月二日）

大元帅令

  任命蒋中正兼粤军总司令〈部〉参谋长。此令。

孙　文

中华民国十三年五月二日

据谭编《总理遗墨》第三辑影印原稿

任命张乃燕职务令

（一九二四年五月三日）

大元帅令

　　任命张乃燕为大本营参议。此令。

　　　　　　　　　　　　　（中华民国陆海军大元帅之印）

中华民国十三年五月三日

　　　　　　　　　　　　据《大本营公报》第十三号《命令》

给伍学熿的指令

（一九二五年五月三日）

大元帅指令第四二一号

　　令卸兼广东船民自治联防督办伍学熿

　　呈报垫支署局经费乞察核令遵由。

　　呈悉。所有该卸督办垫支各款，应俟将该署报销案审核后再
行筹还。仰即知照。此令。

　　　　　　　　　　　　　（中华民国陆海军大元帅之印）

中华民国十三年五月三日

　　　　　　　　　　　　据《大本营公报》第十三号《指令》

给程潜的指令

（一九二四年五月三日）

大元帅指令第四二二号

令大本营军政部长程潜

呈复查核故前赣军独立旅长蔡锐霆等矢死殉国,事实相符,请明令追赠为陆军中将等并给恤由。

呈悉。蔡锐霆已明令追赠陆军中将矣,余并准如所议追赠给恤。仰即遵照办理。此令。

（中华民国陆海军大元帅之印）

中华民国十三年五月三日

据《大本营公报》第十三号《指令》

给叶恭绰的指令
（一九二四年五月三日）

大元帅指令第四二四号

令大本营财政部长叶恭绰

呈请任命廖朗如为参事、陆仲履为佥事由。

呈悉。已有明令分别任命矣。此令。

（中华民国陆海军大元帅之印）

中华民国十三年五月三日

据《大本营公报》第十三号《指令》

给赵士觐的指令
（一九二四年五月三日）

大元帅指令第四二五号

令两广盐运使赵士觐

呈拟办北柜官运及北江银行缮具草案,请核令祗遵由。

呈及草案均悉。所拟组办北柜官运及北江银行各节尚属可行。惟不得发行纸币，以杜流弊。着新任运使审核办理。草案存。此令。

（中华民国陆海军大元帅之印）

中华民国十三年五月三日

据《大本营公报》第十三号《指令》

给叶恭绰的指令

（一九二四年五月三日）

大元帅指令第四二六号

令大本营财政部长叶恭绰

呈复办理彭贞元以债权镠辖未清，呈请令饬财政部长查明，秉公核办一案情形由。

呈悉。此令。

（中华民国陆海军大元帅之印）

中华民国十三年五月三日

据《大本营公报》第十三号《指令》

给赵成梁的指令 *

（一九二四年五月三至五日间）

大元帅指令第四二七号

----

　　* 原令未署日期。按大元帅指令第四二六号、第四二八号，发令日期分别为五月三日和五月五日，今据此推定。

呈悉。田曦既奉有柏军长委任，又无招募土匪确证，自应免予置议。仰即遵照释放可也。此令。

据《大本营公报》第十四号（广州一九二四年五月
廿日版）《指令》（转录赵成梁呈文）

任命林翔职务令

（一九二四年五月五日）

大元帅令

　　任命林翔为大本营审计处处长。此令。

（中华民国陆海军大元帅之印）

中华民国十三年五月五日

据《大本营公报》第十三号《命令》

准任温挺修职务令

（一九二四年五月五日）

大元帅令

　　大本营参谋长李烈钧呈请任命温挺修为大本营参谋处上校参谋。应照准。此令。

（中华民国陆海军大元帅之印）

中华民国十三年五月五日

据《大本营公报》第十三号《命令》

给杨庶堪的指令

（一九二四年五月五日）

大元帅指令第四二八号

　　令广东省长杨庶堪

　　呈为惠济义仓绅董业已缴足报效军饷，请明令准予永远管业，并饬内政部立案由。

　　呈悉。惠济义仓绅董既将认缴军费十五万四千元如数缴足，其原有番、香两属各沙田自应准予永远管业，以维公产。候即令行内政部立案可也。此令。

（中华民国陆海军大元帅之印）

中华民国十三年五月五日

据《大本营公报》第十三号《指令》

给徐绍桢的训令

（一九二四年五月五日）

大元帅训令第一九八号

　　令大本营内政部长徐绍桢

　　为令知事：案据广东省长杨庶堪呈称："呈为呈请事：政务厅长陈树人案呈：'惠济义仓原为备荒而设，创始于前清道光中叶，迄今垂八十年。凡遇水旱偏灾，无论本省、外省，莫不竭力施济，诚为粤省善团之嚆矢。历年积存款项购置产业，坐落于番禺、香山两属者，计有沙田六十余顷，亦为地方上共有之财团。上年粤省军兴，饷糈奇绌,当由广东全省官产清理处处长梅光培悉将仓产收归官有,变充军饷。乃一再编投,无人过问,不惜贬价求售。仅有萧永利堂、朱兴业堂等户领得香山县属大浪网、尔家环、马前沙及浪网尾等处围田水坦约十五顷,所余田坦尚多。迨十二月间,树人代行省长职务,窃见此案久悬莫结,军费亟待筹维,因思前人建设义仓,薄有积产,本属不易,一旦消灭,非所以维持善举。况夫贱价而沽,徒为资本家谋附益,与其利归一户,何如还诸众人。再四思维,总以国家军饷、地方公产两能顾全为宗旨,爰与该仓绅董商酌,属令报效军饷一十五万元,即将该仓原有田产连同已卖出之浪网等沙,亦一并收回发还管业。幸该绅董等深明大义,情愿以政府发还各产抵押款项如数具缴。其时官产已归并财政厅管理,树人商之该厅长梅光培,亦得同意,随着该仓绅董分期措缴。嗣因不敷收赎变产,再饬加缴四千元,亦愿遵办。业据该绅董等陆续缴足,报效军费毫银一十五万四千元,当将已变之浪网、尔家环、马前沙及浪网尾各围田坦悉数赎回,连同未变之香、番两属各沙田坦契照,一并给还该惠济义仓永远管业,此案经已完全结束。伏念案悬半载,解决末由。今既遵谕具缴十五万元有奇,连前备价领回仓廒地址及官厅收过上年晚季田租约共银八万余元,是该仓先后筹缴各款不下二十四万余元,似于饷需不无少补。所有该仓报效军费数目及将原产发还管业各缘由,请转呈帅座饬部立案'等情前来。省长复查该绅董等既遵劝谕筹缴巨款,以纾政府之急,尚属好义急公。其原有番、香两属各沙田产经已悉数发还,理合备文呈请大元帅明令准予永远管业。嗣后无论何项机关不得藉端没收,以维地方公产。并饬内政部立案施行"等情前来。据此,当经指令"呈悉。惠济义仓绅董既将认缴军费十五万四千元如数缴足,其原有番、香两属各沙田自应准予永远管业,以维公产,候即令行内政部立案可也。此令"。除指令印发外,合行令仰该部即便遵照立案。此令。

（中华民国陆海军大元帅之印）

中华民国十三年五月五日

据《大本营公报》第十三号《训令》

给李福林的指令

（一九二四年五月五日）

大元帅指令第四二九号

令东路讨贼军第三军军长李福林

呈报格毙著名匪首何声,请予备案由。

呈悉。准予备案。此令。

（中华民国陆海军大元帅之印）

中华民国十三年五月五日

据《大本营公报》第十三号《指令》

给程潜的指令

（一九二四年五月五日）

大元帅指令第四三〇号

令大本营军政部长程潜

呈请将市东红花冈之永济库上盖变卖,准将价款拨充讲武学校及海珠修缮费由。

呈悉。准如所请办理,仰即遵照。此令。

（中华民国陆海军大元帅之印）

中华民国十三年五月五日

据《大本营公报》第十三号《指令》

给李福林的指令

（一九二四年五月五日）

大元帅指令第四三一号

　　令东路讨贼军第三军军长李福林

　　呈报枪决匪犯冯标、黎咸日期由。

　　呈悉。此令。

（中华民国陆海军大元帅之印）

中华民国十三年五月五日

据《大本营公报》第十三号《指令》

给杨庶堪的指令

（一九二四年五月五日）

大元帅指令第四三四号

　　令广东省长杨庶堪

　　呈复核议广东公立警监专门学校仍应归高等检察厅管辖办理。

　　呈悉。所称广东公立警监专门学校应照成案,仍归广东高等检察厅管辖办理各节,应予照准。候分别令行总检察厅、广东高等检察厅遵照可也。此令。

（中华民国陆海军大元帅之印）

中华民国十三年五月五日

据《大本营公报》第十三号《指令》

给卢兴原林云陔的训令

（一九二四年五月五日）

大元帅训令第二○一号

　　令总检察厅检察长卢兴原、广东高等检察厅检察长林云陔

　　为令遵事：据广东省长杨庶堪呈称："呈为呈复事：案准大本营秘书处转到奉帅谕交办总检察厅检察长卢兴原请将广东公立警监专门学校拨归该厅直接管理等情呈文一件，正在核办间；又奉帅令据高等检察厅检察长林云陔呈请将公立警监专门学校校长仍归该厅任免等情，令饬并案核议具复酌夺等因。奉此，核阅两呈，在总检察厅方面，以为该校办理不得其人，实为改良监狱之障碍，是以有拨归该厅直接管理之请；在高等检察厅方面，以为关于监狱教育事项，依照部令应归该厅办理。现任校长系由大理院委任，办理不善，未便处理，是以有查照成例，该校校长仍由该厅任免之请。伏查该校设立之始，原名'公立监狱学校'，于民国二年十月由前广东司法筹备处拨款开办，常年经费则以收入学费开支。如仍不敷，再由处拨助。嗣司法筹备处裁撤后，即由高等检察厅照案办理。十年八月间，该校校长伍岳以广东高等警察学校久已停办，拟将监狱学校改为警监学校，以宏造就，随即拟具章程办法，报由高等检察厅转呈前大理院徐院长核准，改定章程，并因警务关系，由院咨送前内务部查核备案。其一切校长任免、学生毕业各项，仍由高等检察厅核办转报查核，有案可稽。此该校设立之沿革及其办理经过之情形也。本省长详加察核，窃以该校系属省立，由高等检察厅管辖已逾十年，根据成案，似无移转管辖之必要。所有任免校长、整

顿校务之事,自可照案仍归高等检察厅办理。至于总检察厅系全国最高检察机关,对于狱务既负积极改良之责,即对于该校亦有间接监督之权,似无须拨归管理始可实行监督。所有遵令核议缘由,理合备文呈请鉴核。是否有当,伏乞指令祗遵"等情前来。除指令"呈悉。所称广东公立警监专门学校应照成案,仍归广东高等检察厅管辖办理各节,应予照准。候分别令行总检察厅、广东高等检察厅遵照可也。此令"印发外,合行令仰该检察长即行遵照办理。毋再争执,致碍校务。切切。此令。

　　　　　　　　　　　　　　　　（中华民国陆海军大元帅之印）

中华民国十三年五月五日

据《大本营公报》第十三号《训令》

批香山各界代表呈文[*]

（一九二四年五月五日）

　　沙田清理处要旨在清理漏税而裕饷源。至于前已定案而办有成效之自护团体,诚不必多事改更,而滋流弊。着省长饬该处长慎之为要。文批。

据《大本营公报》第十三号《指令》（转录杨庶堪呈文）

准任陶勉斋职务令

（一九二四年五月六日）

大元帅令

----

　　[*]　广东沙田清理处曾派委顺绅充任东海十六沙局长,香山各界代表等呈请收回该成命,仍由该邑办理。批文未署日期。今据大元帅指令一九二四年第四五一号杨庶堪呈文转录日期标出。

　　大本营内政部长徐绍桢呈请任命陶勉斋为内政部科长。应照准。此令。

（中华民国陆海军大元帅之印）

中华民国十三年五月六日

据《大本营公报》第十三号《命令》

给蒋尊簋的训令

（一九二四年五月六日）

大元帅第二○三号

　　令中央军需总监蒋尊簋

　　为令行事：据大本营军政部长程潜呈称："案奉钧座发下滇军总司令杨希闵呈以所部第一军第二师步七团第一营中校营长赵连城，讨沈①之役在银盏坳阵亡，请予追赠陆军上校，并照上校阵亡例提前给恤；又第二师警卫队少校队长赵商民，江防会议时值沈军逞凶，从场制止，弹穿两目，竟至失明，并请提前从优给恤，俾资回籍等情。并呈缴调查表各一份，军医诊断书一份到部。查该已故中校营长赵连城身先士卒，为国捐躯，核与陆军战时恤赏章程第七章第十八条事实相符；该少校队长赵商民因公受伤，竟成残废，核与陆军战时恤赏章程第四章第八条事实相符，似应均予照准，以示矜恤而昭激劝。至所请提前发给阵亡赵连城一次恤金一千元、阵伤赵商民年金四百五十元俾资回籍一节，如蒙俞允，敬恳令饬中央军需处筹拨发给，以清手续。是否有当，伏乞训示祗遵"等情。据此，除指令照准外，合行令仰该总监即便查照筹给，以示矜恤。

---

　　① 沈：即沈鸿英。

此令。

（中华民国陆海军大元帅之印）

中华民国十三年五月六日

据《大本营公报》第十三号《训令》

给程潜的指令

（一九二四年五月六日）

大元帅指令第四三六号

令大本营军政部长程潜

呈请令饬中央军需处筹给滇军营长赵连城恤金、队长赵育〔商〕民年金由。

呈悉。准如所请，已令行中央军需处查照筹给矣。此令。

（中华民国陆海军大元帅之印）

中华民国十三年五月六日

据《大本营公报》第十三号《指令》

给朱世贵的指令

（一九二四年五月六日）

大元帅指令第四三七号

令中央直辖滇军第四师师长朱世贵

呈报经已撤销护商机关由。

呈悉。此令。

（中华民国陆海军大元帅之印）

中华民国十三年五月六日

据《大本营公报》第十三号《指令》

给李福林的训令

（一九二四年五月七日）

大元帅训令第二〇四号

令番东顺①剿匪司令李福林

为令遵事：据广东筹饷总局督办范石生呈称："据承办南海县江浦属赌饷永福公司商人报称：上月二十九日，忽有陆领所部队伍到官山墟，将原驻防滇军第七师蔡旅完全缴械，并将公司捣毁，声言无论何人，不得在此收取赌饷。如不遵行，定必杀毙，请予维持等语。经派员调查属实。并查悉陆领队伍在官山行同盗贼，贻害地方。此次捣毁承饷公司，擅将驻防军队缴械，实属目无法纪，应请令饬番东顺剿匪司令迅派队伍驰往剿办，以安商民而维功令"等情。据此，应予照准办理，合行令仰该司令即便遵照协同范督办办理，务将陆领拿获究办，其部众悉行缴械，以儆凶顽而肃军纪。切切。此令。

（中华民国陆海军大元帅之印）

中华民国十三年五月七日

据《大本营公报》第十三号《训令》

给许崇智的指令

（一九二四年五月七日）

大元帅指令第四三八号

---

① 番东顺：指番禺、东莞、顺德三邑。

令东路讨贼军总司令许崇智

呈请销假并到部视事日期由。

呈悉。此令。

（中华民国陆海军大元帅之印）

中华民国十三年五月七日

给李福林的指令

（一九二四年五月七日）

大元帅指令第四三九号

令东路讨贼军第三军军长李福林

呈报剿办马宁河面劫匪暨截获"西盛"、"东意"两轮情形,乞交部备案由。

呈悉。准予交部备案。此令。

（中华民国陆海军大元帅之印）

中华民国十三年五月七日

给张民达的指令

（一九二四年五月七日）

大元帅指令第四四〇号

令兼理盐务缉私主任张民达

呈报就职及启用关防日期由。

呈悉。此令。

（中华民国陆海军大元帅之印）

中华民国十三年五月七日

据《大本营公报》第十三号《指令》

追赠周朝宗令

（一九二四年五月八日）

大元帅令

　　据东路讨贼军总司令许崇智呈：所部第一旅参谋长周朝宗，护法诸役，卓著战功。前次白芒花一役，亲赴前敌阵亡，请予赠恤。经交部议复，请照陆军少将阵亡例赠恤，该故参谋长周朝宗著追赠陆军少将，并照例从优给恤，以昭忠荩。此令。

（中华民国陆海军大元帅之印）

中华民国十三年五月八日

据《大本营公报》第十三号《命令》

给戴传贤的指令

（一九二四年五月八日）

大元帅指令第四四一号

　　令法制委员会委员长戴传贤

　　呈送《处务规则》、《会议规则》乞察核备案由。

　　呈及规则均悉。准予备案。规则存。此令。

（中华民国陆海军大元帅之印）

中华民国十三年五月八日

据《大本营公报》第十三号《指令》

给程潜的指令

（一九二四年五月八日）

大元帅指令第四四四号

　　令大本营军政部长程潜

　　呈复请追赠故东路讨贼军第一旅参谋长周朝宗陆军少将，并从优抚恤由。

　　呈悉。准如所拟。周朝宗已明令追赠陆军少将，并照例从优抚恤矣。仰即遵照办理。此令。

　　　　　　　　　　　　　（中华民国陆海军大元帅之印）

中华民国十三年五月八日

据《大本营公报》第十三号《指令》

给吕志伊的指令

（一九二四年五月八日）

大元帅指令第四四五号

　　令大理院长兼管司法行政事务吕志伊

　　呈报接收情形由。

　　呈悉。此令。

　　　　　　　　　　　　　（中华民国陆海军大元帅之印）

中华民国十三年五月八日

据《大本营公报》第十三号《指令》

给许崇智的指令

（一九二四年五月八日）

大元帅指令第四四六号

　　令东路讨贼军总司令许崇智

　　呈报撤销东江前敌总指挥缘由，请察核备案由。

　　呈悉。准予备案。此令。

　　　　　　　　　　　　　　（中华民国陆海军大元帅之印）

中华民国十三年五月八日

据《大本营公报》第十三号《指令》

给吕志伊的指令

（一九二四年五月八日）

大元帅指令第四四七号

　　令大理院长兼管司法行政事务吕志伊

　　呈请将广东高等审检厅等机关司法收入以及登记费，均以五成解交该院等情由。

　　呈悉。粤省司法收入各款，前经令准广东高等审判厅、高等检察厅全数留作维持粤省司法及改良监狱等项之需，并令行该院及广东省长查照在案。所请将广东高等审检厅、广州地方审检厅司法收入及登记费均以五成解交该院各节，应毋庸议。至该院不敷经费，业据另呈令行财政部照数按月筹发矣。仰即知照。此令。

　　　　　　　　　　　　　　（中华民国陆海军大元帅之印）

中华民国十三年五月八日

据《大本营公报》第十三号《指令》

给吕志伊的指令

（一九二四年五月八日）

大元帅指令第四四八号

　　令大理院长兼管司法行政事务吕志伊

　　呈报接收前任交代实情，并请饬财政部每月拨给经费，以资维持由。

　　呈悉。所请令饬财政部依照成例，每月拨给该院经费七千元各节，应予照准。候令行财政部遵照筹拨可也。此令。

　　　　　　　　　　　　（中华民国陆海军大元帅之印）

中华民国十三年五月八日

据《大本营公报》第十三号《指令》

给叶恭绰的训令

（一九二四年五月八日）

大元帅训令第二〇六号

　　令大本营财政部长叶恭绰

　　为令饬事：据大理院院长兼管司法行政事务吕志伊呈称："呈为呈报事：窃查接管卷载赵前院长①任内，经管款项册列收支数目总结尚多不敷，故并无分文移交过院。而职院每月预算经费，原额

---

　　① 赵前院长：即赵士北。

共应支银一万八千六百六十六元，即照前任减成给发员薪办法，每月亦须实支银九千三百余元。近来司法收入，如制发各种状纸一项，前经总检察厅呈奉令准划归该厅办理；广东坟山登记一项，复经财政委员会呈奉令准撤销；所余仅有讼费及律师请领证书费两项收入，又异常短绌，以之拨充支款，不敷殊巨。查赵前任曾援徐前大理院院长兼管司法行政事务时成例，呈请按月由财政部拨款七千元以资补助，蒙赐批交财政部酌拨在案。窃以职院属中央司法机关，为维持法律，保障人民生命财产计，不可一日停顿。合无仰恳帅恩再颁明令，责成财政部如数照拨。俾得按月具领，撙节支销，俾资维持，实为公便。所有接收前任交代实情并请饬财政部每月拨给经费缘由，理合备文具报，呈请鉴核，伏乞指示祗遵"等情前来。除指令"呈悉。所请令饬财政部依照成例，每月拨给该院经费七千元各节，应予照准。候令行财政部遵照筹拨可也。此令"印发外，合行令仰该部长即遵照办理。切切。此令。

（中华民国陆海军大元帅之印）

中华民国十三年五月八日

据《大本营公报》第十三号《训令》

给范石生韦冠英的指令

（一九二四年五月八日）

大元帅指令第四四九号

　　令广东筹饷总局督办范石生、会办韦冠英

　　呈报于五月五日严禁杂赌，请通令各军约束所部，不得包庇开设由。

　　呈悉。查杂赌为害甚于洪水猛兽，亟应严行禁止，务绝根株。

据呈前情,仰候令行各军长官严约所部,不得包庇开设,以清赌祸可也。此令。

（中华民国陆海军大元帅之印）

中华民国十三年五月八日

据《大本营公报》第十三号《指令》

给杨希闵等的训令

（一九二四年五月八日）

大元帅训令第二○七号

令中央直辖滇军总司令杨希闵、湘军总司令谭延闿、粤军总司令许崇智、桂军总司令刘震寰、豫军讨贼军总司令樊钟秀、中央直辖第一军长朱培德、中央直辖第二军军长黄明堂、中央直辖第三军军长卢师谛、中央直辖第七军军长刘玉山、北伐讨贼军第二军军长柏文蔚、北伐讨贼军第三军军长胡谦、山陕讨贼军司令路孝忱

为令遵事:据广东筹饷总局总办范石生、会办韦冠英呈称:"窃以军需急迫,弛及赌禁,实属万不得已之举。但杂赌一端,祸人至烈,似宜严行厉禁,以顺民情。当于本月五日由职局拟定布告严禁在案。谨将原文恭缮呈报,以凭察核。仍乞钧座俯赐通令各军,约束所部,不得包庇开设,以清赌祸,实为德便"等情。据此,除指令"呈悉。查杂赌为害甚于洪水猛兽,亟应严行禁止,务绝根株。据呈前情,仰候令行各军长官严约所部,不得包庇开设,以清赌祸可也。此令"印发外,合亟令仰该总司令、军长、司令即便转饬所部一体遵照,嗣后不得有包庇开设杂赌情事。倘敢故违,定干严究。切切。此令。

（中华民国陆海军大元帅之印）

中华民国十三年五月八日

据《大本营公报》第十三号《训令》

给杨庶堪的指令

（一九二四年五月八日）

大元帅指令第四五一号

令广东省长杨庶堪

呈复办理张伯荃等呈请令行将派委顺绅充东海十六沙局长收回成命一案情形由。

呈悉。此令。

（中华民国陆海军大元帅之印）

中华民国十三年五月八日

据《大本营公报》第十三号《指令》

给林翔的指令

（一九二四年五月八日）

大元帅指令第四五二号

令大本营审计处长林翔

呈报接收刘前任①移交情形由。

呈悉。此令。

（中华民国陆海军大元帅之印）

---

① 刘前任：即刘纪文一任。

中华民国十三年五月八日

给叶恭绰的指令

（一九二四年五月八日）

大元帅指令第四五四号

　　令大本营财政部长叶恭绰

　　呈请将该部官制第八条第二项"盐税"二字删去，以符制度由。

　　呈悉。准如所拟修正，以符制度。此令。

　　　　　　　　　　　　　　（中华民国陆海军大元帅之印）

中华民国十三年五月八日

给徐绍桢的指令

（一九二四年五月八日）

大元帅指令第四五五号

　　令大本营内政部部长徐绍桢

　　呈送《管理药品营业暨检查药品规则》，请予备案由。

　　如呈备案。规则存。此令。

　　　　　　　　　　　　　　（中华民国陆海军大元帅之印）

中华民国十三年五月八日

给程潜的指令

（一九二四年五月八日）

大元帅指令第四五七号

　　令大本营军政部部长程潜

　　呈为遵核前兵站部经理局收发子弹数目相符，请予核销由。

　　呈悉。前兵站部经理局十二年四月至十月收发械弹数目，既经该部长核明尚无不符，自应准予核销。仰即转行知照。原册暨统计表均存。此令。

　　　　　　　　　　　　　　　（中华民国陆海军大元帅之印）

中华民国十三年五月八日

据《大本营公报》第十三号《指令》

任命何克夫职务令

（一九二四年五月九日）

大元帅令

　　任命何克夫为中央直辖第一混成旅旅长。此令。

　　　　　　　　　　　　　　　（中华民国陆海军大元帅之印）

中华民国十三年五月九日

据《大本营公报》第十三号《命令》

给杨庶堪的指令

（一九二四年五月九日）

大元帅指令第四五九号

　　令广东省长杨庶堪

　　呈请令行威远、沙角两炮台长官查禁勒收船费，并饬将收过款项交还由。

　　呈悉。威远、沙角两炮台胆敢藉口火食不足，擅向往来船货勒抽费用，实属显违禁令，贻害商旅。仰候令行军政部查明，饬将收过款项退还，并严禁以后不得再行滥征。如违即予拿办，以肃军纪可也。折存。此令。

（中华民国陆海军大元帅之印）

中华民国十三年五月九日

据《大本营公报》第十三号《指令》

给程潜的训令

（一九二四年五月九日）

大元帅训令第二〇八号

　　令大本营军政部长程潜

　　为令饬事：据广东省长杨庶堪呈称："为呈请事：现据粤海关税务司巴尔函称：据常关副税务司呈转'兴合'、'利商'两渡商分词呈称：'窃民渡等于本月十四日由港启行返省，行至沙角地面，忽被'威远'炮台驻兵着照原纳厘税减半收费，方准开行。计'兴合'渡缴纳毫洋二十八元,'利商'渡缴纳毫洋二十四元,均有收据。查额外征税,系属非法,历经帅令禁止。今复巧立名目征收火食费,不特显违禁令,即税收亦蒙影响。除照案函请军政部查禁外,合将原呈二件、收据一纸、照录一折函送察核,立行禁止并饬该炮台驻兵将所收之费,交由本关转给该渡船等收领,实为公便'等情。据此,查威远、沙角两炮台对于船渡滥行征费,殊属显违禁令,妨碍税务,亟应严禁。据函前情,除函复外,理合抄具原折转呈察核,伏冀令行各该炮台长官厉行查禁,并饬将收过款项交还具领,以符明令而维税收"等情。据此,当经指令"呈悉。威远、沙角两炮台胆敢藉口火食不足,擅向往来船货勒收费用,实属显违禁令,贻害商旅。仰候令行军政部查明,饬将收过款项退还,并严禁以后不得再行滥征。如违即予拿办,以肃军纪可也。此令"等语,除指令印发外,合行令仰该部长即便遵照查明严禁,仍将办理情形报查。切切。此令。

（中华民国陆海军大元帅之印）

中华民国十三年五月九日

据《大本营公报》第十三号《训令》

给林翔的指令

（一九二四年五月十日）

大元帅指令第四六〇号

　令大本营审计处处长林翔

　呈报遵令改处暨启用印信日期由。

　呈悉。此令。

（中华民国陆海军大元帅之印）

中华民国十三年五月十日

据《大本营公报》第十三号《指令》

免黄骚职务令

（一九二四年五月十二日）

大元帅令

　　广东造币厂监督黄骚另有任用，应免本职。此令。

（中华民国陆海军大元帅之印）

中华民国十三年五月十二日

据《大本营公报》第十四号《命令》

委派梅光培职务令

（一九二四年五月十二日）

大元帅令

　　派梅光培为广东造币厂监督。此令。

（中华民国陆海军大元帅之印）

中华民国十三年五月十二日

据《大本营公报》第十四号《命令》

给杨庶堪等的训令

（一九二四年五月十二日）

大元帅训令第二一○号

　　令广东省长杨庶堪、大本营军政部长程潜、大本营外交部长伍

朝枢、航空局局长陈友仁

　为令行事：查法国飞行家拟来广州，前由驻粤法领事函致该广东省长请予保护。现据该外交部长呈称该飞行家已由印度起程，不日抵粤，应由军政部长迅速转知各军队，于该飞机经过防地时妥为保护，并由外交部航空局分别查照，妥予接待。此令。

（中华民国陆海军大元帅之印）

中华民国十三年五月十二日

据《大本营公报》第十四号《训令》

给周自得的指令

（一九二四年五月十二日）

大元帅指令第四六二号

　令广九铁路护路司令周自得

　呈报就职及启用关防日期由。

　呈悉。此令。

（中华民国陆海军大元帅之印）

中华民国十三年五月十二日

据《大本营公报》第十四号《指令》

给蒋光亮的指令

（一九二四年五月十二日）

大元帅指令第四六三号

　令中央直辖滇军第三军军长蒋光亮

　呈请通缉已撤第七师第二十七团团长欧阳洪烈由。

呈悉。据称已撤该军第七师第二十七团团长欧阳洪烈临阵卷款潜逃,复敢降附北敌,实属不法。仰严令饬军政部通行各军一体严缉,务获究办可也。此令。

（中华民国陆海军大元帅之印）

中华民国十三年五月十二日

据《大本营公报》第十四号《指令》

给程潜的训令

（一九二四年五月十二日）

大元帅训令第二一一号

　　令大本营军政部长程潜

　　为令饬事:案据中央直辖滇军第三军军长蒋光亮呈称:"案据职部第七师长李根云〔沄〕呈称:'为呈请通缉以肃军纪而弭隐患事:窃职部二十七团团长欧阳洪烈,前以临阵潜逃,呈报撤差拿办在案。嗣查该团长缺额蚀饷几及百名之多,并将团部火食公款席卷而逃。当即一面派员四出踩缉,一面饬新委团长黄子荣切实查报去后。兹据探报称:该撤团长欧阳洪烈由粤逃港,投效北敌,潜谋不轨等情。查该撤团长欧阳洪烈临阵潜逃,缺额蚀饷,投效北敌,图谋不轨,实属有意为恶,不法已极,应请钧长分别转呈咨令一体上紧协缉,务获解办,以肃军纪而弭隐患'等情。据此,查该团长身膺重职,临阵潜逃,拐带公款,已属罪大恶极,乃不知革面洗心,竟敢投效北敌,谋为不轨,实属罪无可逭。除分令所属各部队从严侦缉外,理合备文呈请帅座转令各军饬属严缉,务获究办"等情。据此,除指令照准外,合行令仰该部即便遵照通行各军,一体严缉,该欧阳洪烈务获究办。切切。此令。

（中华民国陆海军大元帅之印）

中华民国十三年五月十二日

据《大本营公报》第十四号《训令》

给邓泽如的指令

（一九二四年五月十二日）

大元帅指令第四六四号

令两广盐运使邓泽如

呈报两广盐务缉私主任设处视事启用关防由。

呈悉。此令。

（中华民国陆海军大元帅之印）

中华民国十三年五月十二日

据《大本营公报》第十四号《指令》

准刘毅辞职令

（一九二四年五月十四日）

大元帅令

粤闽湘军招抚使刘毅呈请辞职。刘毅应准免职。此令。

（中华民国陆海军大元帅之印）

中华民国十三年五月十四日

据《大本营公报》第十四号《命令》

委派邵元冲等职务令

（一九二四年五月十四日）

大元帅令

　　派邵元冲、刘芦隐、黄季陆为法制委员会委员。此令。

（中华民国陆海军大元帅之印）

中华民国十三年五月十四日

据《大本营公报》第十四号《命令》

给徐绍桢的指令

（一九二四年五月十四日）

大元帅指令第四六七号

　　令大本营内政部长徐绍桢

　　呈请褒扬节妇李吴氏由。

　　呈悉。准予题颁"节媲松筠"四字并给予银质褒章。仰转给承领。此令。

（中华民国陆海军大元帅之印）

中华民国十三年五月十四日

据《大本营公报》第十四号《指令》

给徐绍桢的指令

（一九二四年五月十四日）

大元帅指令第四六八号

令大本营内政部长徐绍桢

呈请褒扬节妇伍梁氏由。

呈悉。准予题颁"节孝可风"四字并给予银质褒章。仰即转给承领。此令。

（中华民国陆海军大元帅之印）

中华民国十三年五月十四日

据《大本营公报》第十四号《指令》

准任陈宏毅伍自立职务令

（一九二四年五月十二日）

大元帅令

整理海军"飞鹰"、"福安"、"舞凤"三舰事宜潘文治呈请任命陈宏毅为"福安"舰长、伍自立为"舞凤"舰长。应照准。此令。

（中华民国陆海军大元帅之印）

中华民国十三年五月十二日

据《大本营公报》第十四号（广州一九二四年五月廿日版）《命令》

给潘文治的指令

（一九二四年五月十四日）

大元帅指令第四六九号

令整理海军"飞鹰"、"福安"、"舞凤"三舰事宜潘文治

呈请任命陈宏毅为"福安"舰长、伍自立为"舞凤"舰长由。

呈悉。已有明令任命矣。仰即知照。此令。

　　　　　　　　　　　（中华民国陆海军大元帅之帅）

中华民国十三年五月十四日

据《大本营公报》第十四号《指令》

给李福林的指令

（一九二四年五月十四日）

大元帅指令第四七〇号

　　令番、东、顺三邑剿匪司令李福林

　　呈报捕获著匪莫鬼王忠，请交军政部备案由。

　　呈悉。据呈该部旅长王若周捕获行劫日本"大图丸"、瑞典"斯兰"等轮案内著匪莫鬼王忠等情，缉捕勤能，至堪嘉慰。所请交部备案，应予照准。获匪即严鞠重办。仍饬所部将在逃余匪紧缉务获，以清崔苻而靖地方。此令。

　　　　　　　　　　　（中华民国陆海军大元帅之印）

中华民国十三年五月十四日

据《大本营公报》第十四号《指令》

给叶恭绰的指令

（一九二四年五月十四日）

大元帅指令第四七二号

　　令大本营财政部长叶恭绰

　　呈报撤销航运附加军费由。

　　呈悉。此令。

　　　　　　　　　　　（中华民国陆海军大元帅之印）

中华民国十三年五月十四日

据《大本营公报》第十四号《指令》

给蒋中正的指令

（一九二四年五月十四日）

大元帅指令第四七三号

　　令陆军军官学校校长蒋中正

　　呈报就职及启用关防日期由。

　　呈悉。此令。

　　　　　　　　　　　（中华民国陆海军大元帅之印）

中华民国十三年五月十四日

据《大本营公报》第十四号《指令》

给廖仲恺的指令

（一九二四年五月十四日）

大元帅指令第四七四号

　　令陆军军官学校中国国民党代表廖仲恺

　　呈报就职及启用印章日期由。

　　呈悉。此令。

　　　　　　　　　　　（中华民国陆海军大元帅之印）

中华民国十三年五月十四日

据《大本营公报》第十四号《指令》

给李福林的指令[*]

（一九二四年五月十四日或十五日）

大元帅指令第四七五号

　　令剿匪司令李福林

　　呈报捕获要匪莫苏、莫朗洲暨匪党陈保祥共三名，请示遵办由。

　　呈悉。莫苏、莫朗洲二名既系著名要匪，并敢开枪拒捕，毙伤官军，实属不法。该司令按照军法处以枪决，办理甚是。已于另呈内令准备案矣。其陈保祥一名，究系胁从，抑系首要，并应由该司令查明，详慎处断，期无枉纵。仰即分别知照。此令。

（中华民国陆海军大元帅之印）

中华民国十三年五月　　日

据《大本营公报》第十四号《指令》

任命李济深职务令

（一九二四年五月十五日）

大元帅令

　　任令李济深兼梧州善后处处长。此令。

（中华民国陆海军大元帅之印）

---

　　*　原令未署日期。按大元帅指令第四七四号、四七六号，发令日期分别为五月十四日和十五日，今据此酌定。

中华民国十三年五月十五日

据《大本营公报》第十四号《命令》

给李福林的指令

（一九二四年五月十五日）

大元帅指令第四七六号

　　令剿匪司令李福林

　　呈报枪决著匪莫朗洲、莫苏二名，乞备案由。

　　呈悉。准予备案。此令。

　　　　　　　　　　　　（中华民国陆海军大元帅之印）

中华民国十三年五月十五日

据《大本营公报》第十四号《指令》

给李福林的指令

（一九二四年五月十五日）

大元帅指令第四七七号

　　令剿匪司令李福林

　　呈报枪决著匪莫鬼王忠，乞备案由。

　　呈悉。准予备案。此令。

　　　　　　　　　　　　（中华民国陆海军大元帅之印）

中华民国十三年五月十五日

据《大本营公报》第十四号《指令》

给吕志伊的指令

（一九二四年五月十五日）

大元帅指令第四七八号

　　令大理院长兼管司法行政事务吕志伊

　　呈请将坟山登记仍准赓续办理由。

　　呈悉。坟山登记性质既与税契有别，且开办已久，人民尚属乐从，应准如呈赓续办理。即以所收登记费拨充该院经费，藉资补助。仰即知照。此令。

（中华民国陆海军大元帅之印）

中华民国十三年五月十五日

据《大本营公报》第十四号《指令》

给刘毅的指令

（一九二四年五月十五日）

大元帅指令第四七九号

　　令粤闽湘军招抚使刘毅

　　呈请辞职由。

　　呈悉。照准。此令。

（中华民国陆海军大元帅之印）

中华民国十三年五月十五日

据《大本营公报》第十四号《指令》

给程潜的指令

（一九二四年五月十六日）

大元帅指令第四八二号

　　令大本营军政部长程潜

　　呈复航空局军律暂属可行等情由。

　　呈及草案均悉。该《航空局暂行军律草案》既据审查暂属可行，仰该部长即转饬该局查照施行可也。草案存。此令。

　　　　　　　　　　　　（中华民国陆海军大元帅之印）

中华民国十三年五月十六日

据《大本营公报》第十四号《指令》

给赵成梁的指令

（一九二四年五月十六日）

大元帅指令第四八六号

　　令中央直辖滇军第一师师长赵成梁

　　呈复遵令提释田曦日期由。

　　呈悉。此令。

　　　　　　　　　　　　（中华民国陆海军大元帅之印）

中华民国十三年五月十六日

据《大本营公报》第十四号《指令》

给财政委员会的指令

（一九二四年五月十六日）

大元帅指令第四八七号

　　令财政委员会

　　呈为李处长纪堂提议台山自治办法第三条录案，呈乞核示由。

　　呈悉。查国税与地方税虽应划分清楚，而为事实上便利计，国税固亦无妨委托地方代收。前据台山县县长刘裁〔栽〕甫拟呈整顿自治办法，虽将国税、省税征收之权划归县署掌管，而所收税款仍应分别照解。原文第三条规定尚属明晰，果能明定考成，责令妥办，则于国库、省库之收支并无所损，而于该县自治裨益实多。案经特允，自应暂令试办，以观成效。仰即咨由广东省长转饬全省民产保证处李处长，按照特许台山自治办法第三条，将该县民产保证事宜转交县署接办可也。此令。

　　　　　　　　　　　　（中华民国陆海军大元帅之印）

中华民国十三年五月十六日

　　　　　　　　　　　据《大本营公报》第十四号《指令》

给财政委员会的指令

（一九二四年五月十六日）

大元帅指令第四八八号

　　令财政委员会

　　呈为台山田土业佃保卫事宜应否移交县署接管，请示遵办由。

呈悉。查此案昨据该委员会因广东全省民产保证处处长李纪堂提议取消台山自治办法第三条，录案呈请核示前来，当经明白指令在案。兹复据呈各情，核与前案事同一律，仰仍咨由广东省长转饬全省田土业佃保证总局，将台〈山〉田土业佃保证事宜，迅即按照特许该县试办自治办法第三条，移交县署接管可也。此令。

（中华民国陆海军大元帅之印）

中华民国十三年五月十六日

据《大本营公报》第十四号《指令》

委派程潜林翔职务令
（一九二四年五月十九日）

大元帅令

　　派程潜、林翔为财政委员会委员。此令。

（中华民国陆海军大元帅之印）

中华民国十三年五月十九日

据《大本营公报》第十四号《命令》

任命谢无量职务令
（一九二四年五月十九日）

大元帅令

　　任命谢无量为大本营特务秘书。此令。

（中华民国陆海军大元帅之印）

中华民国十三年五月十九日

据《大本营公报》第十四号《命令》

给邓泽如的指令

（一九二四年五月十九日）

大元帅指令第四九二号

令两广盐运使邓泽如

呈请通令各炮台免予检查缉私巡舰由。

呈悉。准如所请办理。仰候令行军政部通令各炮台一体遵照可也。此令。

（中华民国陆海军大元帅之印）

中华民国十三年五月十九日

据《大本营公报》第十四号《指令》

给程潜的训令

（一九二四年五月十九日）

大元帅训令第二二一号

令大本营军政部部长程潜

为令饬事：据两广盐运使邓泽如呈称："查盐税为国家正供，即为军饷来源。欲求饷源充裕，必先整顿税收，非认真缉私，无从着手。近日盐税收入寥寥无几，推原其故，虽由西、北两江运途梗塞，未始不由中柜所属私盐充斥有以致之。运署原有缉私巡舰一十四艘，现在所存只有'安北'、'江顺'、'横海'、'操江'、'福海'、'定海'、'江平'、'隼捷'等舰及缉私主任拨用之'飞鹏'一艘而已，实属不敷分布。当此私销泛滥，缉舰缺乏之际，各舰按段梭巡，来往出入，最贵神速，一有阻滞，则走私船只难免稍纵即逝。再四思维，合无仰恳恩施俯准，通令各炮台，嗣后遇有运署缉私巡舰经过，炮台一律免予检查。如遇戒严时期必须查验，并请从速验放，庶利缉私而免贻误"等情。据此，当经指令"呈悉。准如所请办理。仰候令行军政部通令各炮台一体遵照可也。此令"等语，除指令印发外，合行令仰该部即便通令遵照。此令。

（中华民国陆海军大元帅之印）

中华民国十三年五月十九日

据《大本营公报》第十四号《训令》

准蒋尊簋辞职令

（一九二四年五月二十日）

大元帅令

　　中央军需总监蒋尊簋呈请辞职。蒋尊簋准免本职。此令。

（中华民国陆海军大元帅之印）

中华民国十三年五月二十日

据《大本营公报》第十四号《命令》

委派罗镇湘职务令

（一九二四年五月二十日）

大元帅令

　　派罗镇湘为大本营军事委员。此令。

（中华民国陆海军大元帅之印）

中华民国十三年五月二十日

据《大本营公报》第十四号《命令》

给邓泽如的指令

（一九二四年五月二十日）

大元帅指令第四九五号

　　令两广盐运使邓泽如

　　呈请嗣后遇有军人包庇运私案件，拟将人犯径送军政部军法处讯办由。

　　呈悉。军人包庇贩私，大为盐法之害，自非严行惩办，不足以儆效尤而资整顿。嗣后遇有此等案件，应准如请，除将案内所有私盐暨船只照章没收外，所有人犯即解交军政部军法处从严讯办，用昭炯戒。候令军政部知照并通行各军申诫所部，慎勿以身试法可也。此令。

（中华民国陆海军大元帅之印）

中华民国十三年五月二十日

据《大本营公报》第十四号《指令》

给程潜的训令

（一九二四年五月二十日）

大元帅训令第二二四号

　　令大本营军政部部长程潜

　　为令饬事：据两广盐运使邓泽如呈称："窃维整顿盐务，首在疏通正销；欲求疏通正销，非严办走私无从着手。查私盐之种类，不一而足，有所谓洋私者，有所谓场私者，有所谓邻私者。而以洋私为最，场私次之，邻私则近日来者甚少。至走私船只亦觉名目繁多，有轮船、拖渡之夹带者，有渔船、帆船之贩运者，有兵轮差遣船之包庇者。轮船、拖渡之夹带可由缉私厂、卡查验之，渔船、帆船之贩运可由缉私舰队截缉之。惟兵轮差遣船之包庇，非仰仗帅座威严，令饬各军帮同整饬，实属防不胜防。查向来缉获私盐案件，先由运署执法官提案审讯。如果赃证确凿，除将私盐船只照章没收，交仓秤收投变，分别充公充赏外，并将人犯函送法庭惩办。间有私盐无多，案情细微，由执法官酌拟罚金呈请从宽发落者。惟近日缉获私盐数起，多系军队包庇，若照寻常私盐办法，诚恐不足以资整顿。昨准两广盐务缉私张主任民达来署面商，嗣后如有此等重大案件，除将案内私盐船只仍照章没收办理外，所有人犯拟即径送军政部军法处从严讯办，俾资折服而昭炯戒。运使细查所商办法原为整理缉务、维持军饷起见，是否有当，未敢擅便。理合具文呈请帅座鉴核，指令饬遵。如蒙俯如所请，并恳通饬各军一体知照"等情。据此，当经指令"呈悉。军人包庇贩私，大为盐法之害，自非严行惩办，不足以儆效尤而资整顿。嗣后遇有此等案件，应准如请，除将案内所有私盐暨船只照章没收外，所有人犯即解交军政部军法处从严讯办，用昭炯戒。候令军政部知照并通行各军申诫所部，慎勿以身试法可也。此令"等语，除指令印发外，合行令仰该部即便知照并通行各军一体知照。切切。此令。

（中华民国陆海军大元帅之印）

中华民国十三年五月二十日

据《大本营公报》第十四号《训令》

给叶恭绰的指令

（一九二四年五月二十日）

大元帅指令第四九六号

　　令大本营财政部长叶恭绰

　　呈报委任劳勉为广东造币分厂总办、蔡炳为会办，请核示施行由。

　　呈悉。准予备案。此令。

（中华民国陆海军大元帅之印）

中华民国十三年五月二十日

据《大本营公报》第十四号《指令》

给邓泽如的指令

（一九二四年五月二十日）

大元帅指令第四九七号

　　令两广盐运使邓泽如

　　呈为时局艰难，拟将署内外经费分别暂行核减，以期撙节度支，稍资军饷，具呈仰恳备案由。

　　呈悉。该运使到任未久，即将署内外经费大加核减，比较原额，月可节省四千余元之巨。洵能体念时艰，实心任事，至堪嘉许。所请备案之处应予照准。将来地方平靖，仍准由该运使体察情形，随时呈明规复，以符旧制。仰即知照。表存。此令。

（中华民国陆海军大元帅之印）

中华民国十三年五月二十日

据《大本营公报》第十四号《指令》

给蒋尊簋的指令

（一九二四年五月二十日）

大元帅指令第四九八号

令中央军需总监蒋尊簋

呈为再请辞职由。

呈悉。应照准。此令。

（中华民国陆海军大元帅之印）

中华民国十三年五月二十日

据《大本营公报》第十四号《指令》

复沈鸿英电

（一九二四年五月二十一日）

急。桂林沈总司令冠南鉴：迭接来电，曾经电复，应办之事均经饬办。兹得庚电，备悉贤劳。吾兄为大局除障碍，为桑梓谋幸福，热诚若此。文主持中枢，固乐为之筹策，俾得早告成功者。需用饷弹，除已饬解运者外，再饬续办。陆逆①已摧，如兄毅力持久必能克之。嗣后奠定桂局，微特足弭鄙人西顾之患，从此两粤一家，更觉有裨益于大局也。非惟盼望，亦所赖耳。文。马午。

据北京《顺天时报》一九二四年五月三十一日《孙文病起后之治军》

---

① 陆逆：指陆荣廷。

任命彭介石职务令

（一九二四年五月二十一日）

大元帅令

　　任命彭介石为大本营参议。此令。

　　　　　　　　　　　　　（中华民国陆海军大元帅之印）

中华民国十三年五月廿一日

据《大本营公报》第十五号（广州一九二四年五月卅日版）《命令》

准杨泰辞职令

（一九二四年五月二十一日）

大元帅令

　　大本营参军长张开儒呈称少校副官杨泰呈请辞职。应予照准。此令。

　　　　　　　　　　　　　（中华民国陆海军大元帅之印）

中华民国十三年五月廿一日

据《大本营公报》第十五号《命令》

委派黄昌谷职务令

（一九二四年五月二十二日）

大元帅令

派黄昌谷为财政委员会委员。此令。

（中华民国陆海军大元帅之印）

中华民国十三年五月廿二日

据《大本营公报》第十五号《命令》

给李福林的指令

（一九二四年五月二十二日）

大元帅指令第四九九号

　　令东路讨贼军第三军军长李福林

　　呈报枪决营长黄居正乞交军政部备案由。

　　呈悉。准予交部备案。此令。

（中华民国陆海军大元帅之印）

中华民国十三年五月廿二日

据《大本营公报》第十五号《指令》

给李福林的指令

（一九二四年五月二十二日）

大元帅指令第五〇〇号

　　令东路讨贼军第三军军长李福林

　　呈复省释陈保祥情形由。

　　呈悉①。此令。

---

　　①　五月十九日,李福林呈报:经查明陈保祥向未为匪,已发交该军王若周旅充当线兵,以观后效,请察核。

（中华民国陆海军大元帅之印）

中华民国十三年五月廿二日

据《大本营公报》第十五号《指令》

给张开儒的指令

（一九二四年五月二十二日）

大元帅指令第五〇一号

　　令大本营参军长张开儒

　　呈为少校副官杨泰续请辞职乞示遵由。

　　呈悉。杨泰呈请辞职业由明令照准。仰即知照。此令。

（中华民国陆海军大元帅之印）

中华民国十三年五月廿二日

据《大本营公报》第十五号《指令》

给张开儒的指令

（一九二四年五月二十二日）

大元帅指令第五〇二号

　　令大本营参军长张开儒

　　呈称该处少校副官杨泰呈请辞职及清发存薪，乞令遵由。

　　呈悉。杨泰辞职已有明令照准。所存薪金，应俟财政充裕陆续补发。仰即转饬知照。此令。

（中华民国陆海军大元帅之印）

中华民国十三年五月廿二日

据《大本营公报》第十五号《指令》

给财政委员会的指令

（一九二四年五月二十二日）

大元帅指令第五○四号

令财政委员会

呈请令饬中央直辖第一军朱军长取消百货捐暨鸡鸭蛋捐由。

呈悉。查此案昨据坪石商会副会长周汉勋等暨邓运使电呈前来，当饬朱军长查明办理去讫。兹复据呈各情，候即令行朱军长转饬王师长，均即遵迭令，将百货捐停收，捐卡一律裁撤，以恤商艰。至裕源公司在韶州车站设卡，抽收出口鸡鸭蛋捐，究系由该军核准，抑系向其他军队瞒承，并候饬由朱军长查明禁收，呈报查核可也。附件存。此令。

（中华民国陆海军大元帅之印）

中华民国十三年五月廿二日

据《大本营公报》第十五号《指令》

给朱培德的训令

（一九二四年五月二十二日）

大元帅训令第二二八号

令中央直辖第一军军长朱培德

为令饬事：据财政委员会呈称："呈为呈请事：本月十二日第三十七次常会会议，准财政厅函请提议取消百货捐并鸡鸭蛋捐附请议书案，议决由会呈请大元帅饬滇军第一军朱军长查案取消等因

在案。理合录案备文呈请钧座鉴核施行"等情。据此,当经指令
"呈悉。查此案昨据坪石商会副会长周汉勋等暨邓运使电呈前来,
当饬朱军长查明办理去讫。兹复据呈各情,候即令行朱军长转饬
王师长[①],均即遵送令,将百货捐停收,捐卡一律裁撤,以恤商艰。
至裕源公司在韶州车站设卡,抽收出口鸡鸭蛋捐,究系由该军核
准,抑系向其他军队瞒承,并候饬由朱军长查明禁收可也。附件
存。此令"。除指令印发外,合行抄发原请议书,令仰该军长即便
遵照办理。仍将遵办情形报查。切切。此令。

（中华民国陆海军大元帅之印）

中华民国十三年五月廿二日

据《大本营公报》第十五号《训令》

给黄昌谷的训令

（一九二四年五月二十二日）

大元帅训令第二二九号

令大本营会计司长黄昌谷

为令遵事:前据该司长先后呈报十二年十二月八日起至十三
年二月底止收支各表册单据请予核销各等情。经发交审计处审
核,据复尚属相符,自应准予核销。嗣后该司收支款项应照计算书
格式编造,以资划一。仰即知照。此令。

（中华民国陆海军大元帅之印）

中华民国十三年五月廿二日

据《大本营公报》第十五号《训令》

---

① 王师长:即王均。

给林翔的指令

（一九二四年五月二十二日）

大元帅指令第五〇五号

令大本营审计处处长林翔

呈复审核会计司十二年十二月八日起至十三年二月底止收支表册、单据，尚属相符，请准核销由。

呈悉。已如呈令行会计司知照矣。此令。

（中华民国陆海军大元帅之印）

中华民国十三年五月廿二日

据《大本营公报》第十五号《指令》

给鲁涤平的指令

（一九二四年五月二十三日）

大元帅指令第五〇六号

令禁烟督办鲁涤平

呈为设立虎门检查所，恳请令行驻防军队查照协助由。

呈悉。候令行虎门要塞司令饬属查照协助，以利进行可也。此令。

（中华民国陆海军大元帅之印）

中华民国十三年五月廿三日

据《大本营公报》第十五号《指令》

给廖湘芸的训令

（一九二四年五月二十三日）

大元帅训令第二三〇号

　　令虎门要塞司令廖湘芸

　　为令遵事：据禁烟督办鲁涤平呈称："呈为设立虎门检查所，恳乞令行驻防军队查照协助，恭呈仰祈睿鉴事：窃职署拟在各交通要道设所检查鸦片，业经呈奉指令照准在案。查虎门为港澳必经要道，自应从速设立，着手检查，以期杜绝私运，早清流毒。兹特选派干员前往虎门地方设所开办，为此呈请钧座俯赐令行虎门要塞司令官廖湘芸查照，认真协助，俾策进行。理合具呈，伏乞鉴核训示祗遵"等情前来。除指令"呈悉。候令行虎门要塞司令饬属查照协助，以利进行可也。此令"印发外，合行令仰该司令即饬所属一体遵照办理。切切。此令。

（中华民国陆海军大元帅之印）

中华民国十三年五月廿三日

据《大本营公报》第十五号《训令》

给刘纪文的训令

（一九二四年五月二十三日）

大元帅训令第二三一号

　　令卸大本营审计局局长刘纪文

　　为令知事：前据该卸局长呈送审计局十二年四月份起至九月

份止收支各书表请核销并请将欠发之数清发等情。经交审查,据复核数相符,自应准予核销。其欠发各款,着俟财政稍裕再行拨发。仰即知照。此令。

(中华民国陆海军大元帅之印)

中华民国十三年五月廿三日

据《大本营公报》第十五号《训令》

给林森的指令

(一九二四年五月二十三日)

大元帅指令第五〇七号

令大本营建设部部长林森

呈拟加收电话用费以供修造七十二烈士坟园由。

呈悉。准如所请办理。仰即知照。此令。

(中华民国陆海军大元帅之印)

中华民国十三年五月廿三日

据《大本营公报》第十五号《指令》

给杨庶堪的指令

(一九二四年五月二十三日)

大元帅指令第五〇八号

令广东省长杨庶堪

呈复已饬江防司令酌拨禁烟督办兵舰由。

呈悉。此令。

(中华民国陆海军大元帅之印)

中华民国十三年五月廿三日

给梅光培的指令

（一九二四年五月二十三日）

大元帅指令第五〇九号

　　令广东造币厂监督梅光培

　　呈报就职视事日期由。

　　呈悉。此令。

（中华民国陆海军大元帅之印）

中华民国十三年［廿］五月〈廿〉三日

给林翔的指令

（一九二四年五月二十三日）

大元帅指令第五一〇号

　　令大本营审计处处长林翔

　　呈复审查卸审计长刘纪文呈送十二年四月份起至九月份止收支各书表，尚属相符，请准核销由。

　　呈悉。已如呈令行该卸局长知照矣。此令。

（中华民国陆海军大元帅之印）

中华民国十三年五月廿三日

给林森的指令

（一九二四年五月二十三日）

大元帅指令第五一一号

　　令革命纪念会临时干事主任林森

　　呈为继续办理革命纪念会乞备案，并饬广东省长拨款，以资进行等情，并附章程一扣由。

　　呈及章程均悉。应准予备案。候令行广东省长查照原案，筹拨的款，继续办理可也。章程存。此令。

　　　　　　　　　　　　　（中华民国陆海军大元帅之印）

中华民国十三年五月廿三日

　　　　　　　　　　　　据《大本营公报》第十五号《指令》

给杨庶堪的训令

（一九二四年五月二十三日）

大元帅训令第二三二号

　　令广东省长杨庶堪

　　为令遵事：据革命纪念会临时干事主任林森呈称："呈为呈请备案事：窃查民国二年，邓慕韩、孙寿屏、邓泽如、潘达微、陆秋露、邓子瑜、何克夫、陆文辉等缅怀先烈义勋，发起革命纪念会，拟具章程，向广东省议会请议，经将案表决，咨请广东都督兼民政长核准，同时复径呈奉批准拨款开办，并拨旧官纸局为会地各在案。嗣以政变纷繁，进行见阻，十载于兹，深抱内疚。顷值中国国民党改组，广东支部结束,森与诸同志筹议,即借支部地址设办事处,并接收其器具,重兴会务。现根据原案继续办理,期竟前功,以扬先烈。理合备文并检具原案呈请大元帅察核,恳准备案,并饬广东省长拨给款项,俾资进行,实为德便"等情前来。除指令"呈及章程均悉。应准予备案。候令行广东省长查照原案筹拨的款继续办理可也。此令"印发外,合行令仰该省长即遵照办理。此令。

(中华民国陆海军大元帅之印)

中华民国十三年五月廿三日

据《大本营公报》第十五号《训令》

给杨希闵的指令

(一九二四年五月二十六日)

大元帅指令第五一五号

　　令广州卫戍总司令杨希闵

　　呈请迅颁已故副官长洪锡龄应得恤金由。

　　呈悉。候令财政委员会迅予筹发,俾赡遗族可也。此令。

(中华民国陆海军大元帅之印)

中华民国十三年五月廿六日

据《大本营公报》第十五号《指令》

给财政委员会的训令

(一九二四年五月二十六日)

大元帅训令第二三五号

　　令财政委员会

　　为令饬事:据广州卫戍总司令杨希闵呈称:"呈为恳请迅颁恤金以安故员家属事:本年三月十九日准大本营军政部咨开:奉大元帅令开:'据大本营军政部长程潜呈称已故广州卫戍总司令部副官长洪锡龄,上年随征东江,博罗之役不幸惨死。据杨总司令希闵呈请给恤,交部核议,拟予追赠陆军中将,照阵亡例给恤等语。洪锡龄着追赠陆军中将,并照中将例给恤,以彰忠烈。此令'等因。奉此,相应咨行查照为荷等由。准此,窃查该故员洪锡龄为国捐躯,身后萧条。其老父亦去岁病殁,停枢家庭,无资殡葬;其老母年近古稀,尚在倚闾而望;所遗寡妻弱子,无所依倚,情实堪怜。现该叔父及寡妻闻耗到粤,静候月余,其情甚属可悯。理合备文呈请钧帅饬部照中将阵亡例,迅颁恤金给该故员家属具领,俾赡孤寡而慰忠魂"等情。据此,除指令外,合行令仰该委员会迅予照数筹交杨总司令转给承领,俾赡遗族。仍将筹拨情形报查。切切。此令。

　　　　　　　　　　　　　（中华民国陆海军大元帅之印）

中华民国十三年五月廿六日

据《大本营公报》第十五号《训令》

给鲁涤平的指令

（一九二四年五月二十六日）

大元帅指令第五一六号

　　令禁烟督办鲁涤平

　　呈为遵令改拟《组织大纲》暨《办事细则》乞予核准备案由。

　　如呈备案。大纲暨细则均存。此令。

　　　　　　　　　　　　　（中华民国陆海军大元帅之印）

中华民国十三年五月廿六日

据《大本营公报》第十五号《指令》

给程潜的指令

（一九二四年五月二十六日）

大元帅指令第五一七号

令大本营军政部长程潜

呈请照少将积劳病故例给予已故西路讨贼军营长韩贵庭恤金由。

呈悉。准如所议给恤。仰即转行知照。此令。

（中华民国陆海军大元帅之印）

中华民国十三年五月廿六日

据《大本营公报》第十五号《指令》

给许崇智的指令

（一九二四年五月二十六日）

大元帅指令第五一八号

令东路讨贼军总司令许崇智

呈复查办兵站情形请饬呈缴流水簿彻底查算由。

呈表暨说明书均悉。仰候令饬罗前总监翼群迅将前经查办员加盖图记之各种流水簿据全数呈缴，转发审计处彻底清算，以昭核实可也。各件均存。此令。

（中华民国陆海军大元帅之印）

中华民国十三年五月廿六日

据《大本营公报》第十五号《指令》

给罗翼群的训令

（一九二四年五月二十六日）

大元帅训令第二三六号

　　令前兵站总监罗翼群

　　为令饬事：据许总司令崇智呈称："窃职前奉钧令查办前兵站总监罗翼群有无舞弊等因。奉此，经委许崇灏等查办委员组织委员会详细查核，业经呈报在案。兹据委员长许崇灏呈称：'呈为查明前兵站舞弊情形报请察核事：窃崇灏等奉令查办大本营前兵站总监部暨所属各局有无舞弊，查明据实呈报等因。奉此，经即函请各军派员会同查核，嗣因东江战事方殷，而该兵站部造送报销各表册又迟迟不行送会，无从查核，各军所派委员亦不继续到会。延至本年二月，始由大本营秘书处陆续将前兵站总监罗翼群造送各局表册函送钧部转发到会，崇灏即交各核算员详细查核。惟因表册繁多，至今始将米、煤两项查核完竣，另造清查表册加具说明送请察阅。惟查该兵站部舞弊之端，其荦荦大者则收据不实。伪造铺号，羼杂低货，短发斤数，伸缩价格，不一而足。即购米一项，伪造铺号至四五间之多，经调查米铺，并查获伪造发单一纸。所以伪造铺号，则因可以随意伸缩价格，使无从调查其抬高时价之证据。煤炭一项，亦复伪造铺号数间，所造报销发出煤斤，又不注明用途。凡此数种，皆兵站舞弊之端者。证之前次第三师郑师长来函附送供给数条，尤可为该兵站舞弊之实据。其中所述短发斤数凿凿可据，断非凭空捏造者综之。该前兵站舞弊情形其端不一，迨至查办，任意报销。经崇灏等屡向该兵站各局提取流水，总部始终不允交出，实因该流水簿于崇灏奉令查办时业已派员加盖图记，不能伪造之故。如须彻底清查，则非调集各种簿据未可证明。兹先将查明米、煤两项造册随文呈请察核，俯赐指令祗遵，实为公便'等情。并据附送清查兵站各表册十三件及说明书一扣到部。据此，查该兵站舞弊即经查有确据，应请转令该前总监罗翼群迅将前经查办委员加盖图记、久延未缴之各种流水簿据，全数呈缴，转发审计局彻底查核，以儆官邪而振颓风。今所有查办兵站委员会查出米、煤两项舞弊情形及请调集该兵站久延未缴簿据彻底审核各缘由，理合具文连同查办兵站委员会清查各表册十三件、说明书一扣，送请察核，分别令饬施行"等情。据此，除指令外，合行令仰该前总监即便遵照，将前经许委员长崇灏派员加盖图记之各项流水簿据，克日检齐呈缴来府，以凭转发审计处彻底查算，俾昭核实，勿得违延。切切。此令。

（中华民国陆海军大元帅之印）

中华民国十三年五月廿六日

据《大本营公报》第十五号《训令》

给程潜的指令

（一九二四年五月二十六日）

大元帅指令第五二〇号

　　令大本营军政部部长程潜

　　呈请照少校积劳病故例给予已故西路讨贼军营长锺汉荣恤金由。

　　如呈给恤。仰即转行知照。此令。

（中华民国陆海军大元帅之印）

中华民国十三年五月廿六日

据《大本营公报》第十五号《指令》

给许崇智的指令

（一九二四年五月二十六日）

大元帅指令第五二一号

　　令粤军总司令许崇智

　　呈报就职及启用印信日期由。

　　呈悉。此令。

　　　　　　　　　　（中华民国陆海军大元帅之印）

中华民国十三年五月廿六日

据《大本营公报》第十五号《指令》

给林翔的指令

（一九二四年五月二十六日）

大元帅指令第五二三号

　　令大本营审计处处长林翔

　　呈复奉令查算前兵站总监罗翼群，俟许总司令将此项表册移送到处时，谨当遵照办理由。

　　呈悉。此令。

　　　　　　　　　　（中华民国陆海军大元帅之印）

中华民国十三年五月廿六日

据《大本营公报》第十五号《指令》

任命黄昌谷职务令

（一九二四年五月二十七日）

大元帅令

　　任命黄昌谷为大本营会计司司长。此令。

（中华民国陆海军大元帅之印）

中华民国十三年五月廿七日

据《大本营公报》第十五号《命令》

任命顾忠琛职务令

（一九二四年五月二十七日）

大元帅令

　　任命顾忠琛为北伐讨贼军第四军军长。此令。

（中华民国陆海军大元帅之印）

中华民国十三年五月廿七日

据《大本营公报》第十五号《命令》

准任严宽职务令

（一九二四年五月二十七日）

大元帅令

　　大本营参军长张开儒呈请任命严宽为大本营参军处少校副官。应照准。此令。

（中华民国陆海军大元帅之印）

中华民国十三年五月廿七日

据《大本营公报》第十五号《命令》

任命萧养晦职务令

（一九二四年五月二十七日）

大元帅令

　　任命萧养晦为大本营谘议。此令。

（中华民国陆海军大元帅之印）

中华民国十三年五月廿七日

据《大本营公报》第十五号《命令》

任命和炉时职务令

（一九二四年五月二十七日）

大元帅令

　　任命和炉时为政府商业顾问。此令。

（中华民国陆海军大元帅之印）

中华民国十三年五月廿七日

据《大本营公报》第十五号《命令》

给许崇智的指令

（一九二四年五月二十七日）

大元帅指令第五二四号

令东路讨贼军总司令许崇智

呈为续查前兵站部卫生局舞弊情形，呈乞鉴核由。

呈悉。前兵站卫生局报销，经该总司令派员查算，既多可疑之点，候令审计处继续彻查明确，据实呈复，以凭究办可也。各件存。此令。

（中华民国陆海军大元帅之印）

中华民国十三年五月廿七日

据《大本营公报》第十五号《指令》

给林翔的训令

（一九二四年五月二十七日）

大元帅训令第二三九号

令大本营审计处处长林翔

为令饬事：据许总司令崇智呈称："窃查查核兵站部米、煤舞弊各情，业经连同表册呈送饬核在案。兹据查办兵站委员会委员长许崇灏呈称：'现查前兵站卫生局购入卫生材料，价目既多浮冒，数量又复参差。其发给各军卫生药品本已啧有烦言，则昭昭在人耳目，而对各项开支殊多弊窦。该卫生局于兵站收束仍继续办理，而当日情形究不可掩。合将调查各情缮具清册连同调查复文呈送察核'等情。并附送调查表册五本、呈复文一扣到部。据此，查该兵站卫生局购货价目既多浮冒，各项开支复生弊窦，朋比为奸，尤应迅饬审计局严行查究，以儆官邪。所有续查卫生局舞弊情形，理合将表册五本、查复原文一扣送呈察核施行"等情。据此，当经指令"呈悉。前兵站卫生局报销，经该总司令派员查算，既多可疑之点，候令审计处继续彻查明确，据实呈复，以凭究办可也。各件存。此令"等语，除指令印发外，合行检同原呈表册，令仰该处长即便遵照，彻查呈复，勿稍徇隐。切切。此令。

计发原呈一件、表册五本。

（中华民国陆海军大元帅之印）

中华民国十三年五月廿七日

据《大本营公报》第十五号《训令》

给鲁涤平的指令

（一九二四年五月二十七日）

大元帅指令第五二五号

令禁烟督办鲁涤平

呈赍本年四月份预算书暨前任本任职员名额薪饷比较表，仰乞鉴核由。

呈悉。查所赍预算比之杨前督办[①]任内开支之数每月减少一万余元，具征核实，殊堪嘉许。惟刻当财政困难之时，一切支出不能不减益求减。查内、财两部，每月开支经费均不过万元之谱。该督办署规模不能比之更大，查表列办公费一项月支八千余元，亦觉稍多。兹将预算表发还，仰再自行酌减。以薪饷、办公费合计，每月不超过一万五千元为度。另造全年预算表呈候核定，按月照支可也。比较表存。此令。

（中华民国陆海军大元帅之印）

中华民国十三年五月廿七日

据《大本营公报》第十五号《指令》

---

① 杨前督办：即杨西岩。

给何克夫的指令

（一九二四年五月二十七日）

大元帅指令第五二六号

　　令中央直辖第一混成旅旅长何克夫

　　呈报就职启用关防日期由。

　　呈悉。此令。

（中华民国陆海军大元帅之印）

中华民国十三年五月廿七日

据《大本营公报》第十五号《指令》

给程潜的指令

（一九二四年五月二十七日）

大元帅指令第五二七号

　　令大本营军政部长程潜

　　呈请照少校阵亡例给予已故湘军营长尹忠义恤金由。

　　如呈给恤。仰即转行知照。此令。

（中华民国陆海军大元帅之印）

中华民国十三年五月廿七日

据《大本营公报》第十五号《指令》

给杨庶堪的指令

（一九二四年五月二十七日）

大元帅指令第五二八号

　　令广东省长杨庶堪

　　呈请给假一月，省署公务由政务厅长陈树人代拆代行由。

　　呈悉。照准。此令。

　　　　　　　　　　　　　　（中华民国陆海军大元帅之印）

中华民国十三年五月廿七日

据《大本营公报》第十五号《指令》

给林翔的指令

（一九二四年五月二十七日）

大元帅指令第五二九号

　　令大本营审计处处长林翔

　　呈复审核兵工厂长马超俊呈缴十二年七、八、九等月份支出预算书等情乞备案示遵，并附兵工厂原呈预算书等件由。

　　呈悉。既据审核与旧案相符，应准备案。候令行军政部转令广东兵工厂长知照可也。预算书存。此令。

　　　　　　　　　　　　　　（中华民国陆海军大元帅之印）

中华民国十三年五月廿七日

据《大本营公报》第十五号《指令》

给程潜的训令

（一九二四年五月二十七日）

大元帅训令第二四一号

　　令大本营军政部长程潜

　　为令行事：据大本营审计处处长林翔呈称："呈为呈复事；案奉钧师发下广东兵工厂厂长马超俊呈缴十二年七、八、九等月份支出预算书到处审核。遵查该厂各月预算书包工工资一节，照备考栏核算少计八角八分，惟属预算似无庸议。其余均与旧案相符，拟请准予备案。除该厂十二年七、八、九各月份支出预算书各提一份留处外，理合连同原呈并该厂预算书呈请钧师鉴核示遵，实为公便"等情，并附呈广东兵工厂长马超俊原呈二件，十二年七、八、九各月份支出预算书三份前来。除指令"呈悉。既据审计与旧案相符，应准备案。候令行军政部转令广东兵工厂长知照可也。此令"印发外，合行令仰该部长即遵照办理。此令。

　　　　　　　　　　　　　　　　　（中华民国陆海军大元帅之印）

中华民国十三年五月廿七日

据《大本营公报》第十五号《训令》

给程潜的指令

（一九二四年五月二十七日）

大元帅指令第五三〇号

　　令大本营军政部长程潜

呈请给予已故西路讨贼军统领潘国熙等恤金由。

呈悉。潘国熙准照积劳病故例给予中校恤金；陈桂廷准照阵亡例给予上校恤金；刘震模准照阵亡例给予少校恤金，以示矜恤。仰即分别转行知照。此令。

（中华民国陆海军大元帅之印）

中华民国十三年五月廿七日

据《大本营公报》第十五号《指令》

给程潜的指令

（一九二四年五月二十七日）

大元帅指令第五三一号

令大本营军政部长程潜

呈请照少校因公殒命例给予已故湘军总司令部军务处少校处员郑传瀛恤金由。

呈悉。准如所议给恤。仰即转行知照。此令。

（中华民国陆海军大元帅之印）

中华民国十三年五月二十七日

据《大本营公报》第十五号《指令》

准黄隆生辞职令

（一九二四年五月二十七日）

大元帅令

大本营会计司司长黄隆生呈请辞职。黄隆生准免本职。此令。

（中华民国陆海军大元帅之印）

中华民国十三年五月廿七日

据《大本营公报》第十五号《命令》

给黄隆生的指令

（一九二四年五月二十七日）

大元帅指令第五三二号

　　令大本营会计司司长黄隆生

　　呈请免去本职由。

　　呈悉。已有明令准免本职矣。仰即知照。此令。

（中华民国陆海军大元帅之印）

中华民国十三年五月廿七日

据《大本营公报》第十五号《指令》

任命黄仕强张沛职务令

（一九二四年五月二十七日）

大元帅令

　　任命黄仕强为中央税捐整理处长，张沛为中央税捐整理处副处长。此令。

（中华民国陆海军大元帅之印）

中华民国十三年五月廿七日

据《大本营公报》第十五号《命令》

给叶恭绰的指令

（一九二四年五月二十七日）

大元帅指令第五三三号

令大本营财政部长叶恭绰

呈为设处整理税捐，恳请简员办理以专责任由。

呈悉。准如所请办理。已另有明令简任黄仕强为中央税捐处处长，张沛为副处长矣。仰即知照。此令。

（中华民国陆海军大元帅之印）

中华民国十三年五月廿七日

据《大本营公报》第十五号《指令》

任命杨泰峰职务令

（一九二四年五月二十八日）

大元帅令

任命杨泰峰为大本营谘议。此令。

（中华民国陆海军大元帅之印）

中华民国十三年五月廿八日

据《大本营公报》第十五号《命令》

给顾忠琛的训令

（一九二四年五月二十八日）

大元帅训令第二四四号

　　令北伐讨贼军第四军军长顾忠琛

　　查该军长为国服务，久著勋劳，本大元帅期望至厚。此次授以重任，尤望力加振厉，以赴事功。惟近来组织军队，每务铺张，徒有虚名，毫无实际，其或破坏社会秩序，影响国家纪律。至现在大军云集，国帑支绌，给养无出，犹其次者。该军长受任伊始，应力矫此弊，除筹有切实办法详陈核准外，不得广招军队，徒事虚浮。应从切实编练入手，先于都市以外之地设一教练大队，次第扩充，以植党军之基础。所有一切设施，仍应随时呈候核夺。切切。此令。

　　　　　　　　　　　　　　　（中华民国陆海军大元帅之印）

中华民国十三年五月二十八日

据《大本营公报》第十五号《训令》

给范石生的指令

（一九二四年五月二十八日）

大元帅指令第五三四号

　　令广东筹饷总局督办范石生

　　呈据会办韦冠英请修改《组织大纲》及《办事细则》可否照准，候核示遵由。

　　呈悉。所请修改《组织大纲》第六、七、八等条增加"会办"字样，应予照准；第五条无庸修改，仰即查照缮正呈候公布。《办事细则》仰并照签呈各条更正，缮呈备案可也。附件发。此令。

（中华民国陆海军大元帅之印）

中华民国十三年五月廿八日

据《大本营公报》第十五号《指令》

给蒋光亮的指令

（一九二四年五月二十八日）

大元帅指令第五三五号

　　令中央直辖滇军第三军军长蒋光亮

　　呈复停收三五眼桥、花地、芳村等处筵席捐情形由。

　　呈悉。此令。

（中华民国陆海军大元帅之印）

中华民国十三年五月廿八日

据《大本营公报》第十五号《指令》

给张开儒的指令

（一九二四年五月二十八日）

大元帅指令第五三六号

　　令大本营参军长张开儒

　　呈请任命严宽为该处少校副官由。

　　呈悉。已明令照准矣。仰即知照。此令。

（中华民国陆海军大元帅之印）

中华民国十三年五月廿八日

据《大本营公报》第十五号《指令》

给程潜的指令

（一九二四年五月二十八日）

大元帅指令第五三七号

　　令大本营军政部长程潜

　　呈请追赠故中央直辖广东讨贼军中校团附尹正揆陆军上校并照例给恤由。

　　呈悉。准如所请。故团附尹正揆着追赠陆军上校并照例给恤。仰即遵照办理。此令。

　　　　　　　　　　　　　　　（中华民国陆海军大元帅之印）

中华民国十三年五月廿八日

据《大本营公报》第十五号《指令》

给李安邦的指令

（一九二四年五月二十八日）

大元帅指令第五三八号

　　令前大本营游击司令李安邦

　　呈报遵令结束及取消名义由。

　　呈悉。此令。

　　　　　　　　　　　　　　　（中华民国陆海军大元帅之印）

中华民国十三年五月廿八日

据《大本营公报》第十五号《指令》

给许崇智的指令

（一九二四年五月二十八日）

大元帅指令第五三九号

　　令粤军总司令许崇智

　　呈报遵令遴员接办西江各属财政情形由。

　　呈悉。仍应随时严饬各该员认真整理。此令。

（中华民国陆海军大元帅之印）

中华民国十三年五月廿八日

据《大本营公报》第十五号《指令》

给伍朝枢的训令

（一九二四年五月二十九日）

大元帅训令第二四五号

　　令大本营外交部长伍朝枢

　　为令饬事：据台山县县长刘裁甫呈称："窃职县盗贼滋多，办团最为急务。现县属横湖乡建筑碉楼，设置团兵，该乡华侨特由外国购买电射灯一盏付回，以为碉楼瞭望之用，尚知爱国爱乡。现据称：经将电射灯一盏分装二箱运到新会北街，由北街转运台城。惟路经关卡，须受查验，即由县长咨会江门税务司查验放行。随准咨复开：查电射灯乃系应税之军用物品，上年五月曾准粤海关监督咨开：奉大元帅训令，无论应税、免税各军用物品，概凭大本营驻江办事处护照放行，相应咨请查照等因。本关经已按照办理，此次横湖乡筹办团防购运电射灯，自应仍以大本营护照为凭等因。该税务司尊重帅令，无可非议。惟念该电射灯系由热心华侨购自外洋，转运既需时日，现又为团务之急需。素仰帅座注重团务，优待华侨，理合沥情上陈，伏乞饬属给发免税护照，以示奖劝"等情。据此，查此项电射灯既系以作办团自卫之用，自应予免税，以示奖劝。据呈前情，合行令仰该部即便饬知该管税务司查验放行可也。此令。

　　　　　　　　　　　　（中华民国陆海军大元帅之印）

中华民国十三年五月二十九日

据《大本营公报》第十五号《训令》

给叶恭绰的指令

（一九二四年五月二十九日）

大元帅指令第五四二号

　　令大本营财政部长叶恭绰

　　呈为发行短期军需库券拟订条例并指定本息基金，乞鉴核令遵由。

　　呈及条例均悉。准如所拟施行。条例存。此令。

　　　　　　　　　　　　（中华民国陆海军大元帅之印）

中华民国十三年五月廿九日

据《大本营公报》第十五号《指令》

应上海《中国晚报》所作的留声演说

（一九二四年五月三十日）

第　一　片

诸君：

　　我们大家是中国的人，我们知道中国几千年来是世界上头一等的强国。我们是文明进步，比各国都是先的。当中国顶强盛的时代，正所谓千邦进贡，万国来朝。那一个时候，是中国的文明在世界上是第一的，中国是世界上头一等的强国。到了现在怎么样呢？现在这个时代，我们中国是世界上顶弱顶贫的国家。现在世界上没有一个能看得起中国人的，所以现在世界的列强对于中国都是有瓜分中国的念头，也是由近来各国共管中国的意思。为什么我们从前是顶强的国家，现在变成这个地步呢？这就是中国我们近来几百年，我们国民睡着了。我们睡了，就不知道世界他国进步的地方。我们睡着的时候，还是以为我们几千年前是这样的富强的。因为睡着了，所以我们这几百年来文明就是退步，政治就是堕落，所以变成现在不得了的局面。我们中国人，在今天应该要知道我们现在这个地步，要赶快想想法子怎么样来挽救，那末我们中国还可以有得了救。不然，中国就是成为一个亡国灭种的地位。大家要醒！醒！醒！醒！

第 二 片

　　今天中国安危存亡,全在我们中国的国民睡还是醒。如果我们还是睡,那末就很危险。如果我们能从今天就醒起来,那末中国前途的运命还是很大的希望。现在世界的潮流都是进到新的文明。我们如果大家能醒起来,向新的文明这条路去走,我们才可以跟得到各国来追向前去。那末要醒起来,中国才能有望。为什么呢? 怎么样说法呢? 就是我们能醒起来,我们大家才有思想,有动作,大家才能立一个志来救这个国家。大家能知道这一件事,中国就是不难来救的。今天我们要来救这个中国,要从那一条路走呢? 我们就是要从革命这条路去走,拿革命的主义来救中国。拿革命的三民主义,就是民族主义,民权主义、民生主义,这个就是所谓三民主义。民权主义,就是拿中国要做到同现在列强达到平等的地位;民族主义,就是从国际上列在平等地位;民权主义,就是要拿本国的政治弄成到大家在政治上有一个平等的地位,以民为主,拿民来治国家;民生主义,就是弄到人民生计上、经济上的平等。那末这个样三民主义,如果我们能实行,中国也可以跟到列强来进步,不久也可以变成一个富强的新中国。

第 三 片

诸君:

　　今天听到我的话,大家想中国再恢复我们从前几千年的强盛不想? 如果大家想的,就是要大家立志。要立志,大家就要研究这个三民主义。三民主义,我近来在广东高师学校每个礼拜讲一次,每次讲到两点多钟。民族主义，我讲了六个礼拜才讲完。民权主义，也讲了六个礼拜才讲完。不久再来开始讲民生主义，大概也要讲六个礼拜，八个礼拜说不定的。三个三民主义讲完之后，我将演词刻了单行本。现在民族主义已经出书了，民权主义，不久也要出书了；将来民生主义讲完，也是一样刻单行本出书，来广传到中国各省。望诸君要留心找这个书三民主义的三个演讲，来详详细细来研究！其中很多新思想，很多新发明，是中国人从前没有听过的。这个演说，我以为是很有趣味的，望诸君要买这个书来看！看过之后，就要留心详详细细来研究。如果能把三民主义来详细来读过，详细来了解，那末，诸君就懂得怎么样来立志救中国。既已懂得之后，把三民主义来宣传到大家都知道，令大家都立志来救中国，那末中国就很快的可以变成一个富强的国家，与列强并驾齐驱。这就是我所望于诸君的。

第 四 片

现在我还要同革命党来讲几句话。大家知道，中华民国是革命党牺牲流血，推翻满洲才来造成的。现在这个革命事业，是把官僚武人破坏了，所以革命建设不能彻底成功，所以我们革命党，在中国还要担负很重的责任。现在头一个地步，就是要把我们革命党的三民主义，来宣传到一般的国民能知道。第二个责任，我们的革命党还要学从前革命先烈这个样，来牺牲性命，要舍身来救国，要为中国前途来奋斗，要把自己的力量，要来努力进行，学从前真革命先烈这个样，不好学革命成功后的这个假革命党，借革命来图一个人的私利，借革命这条路来做终南捷径，来升官发财。自从革命成功后，这个假革命党充满全国，来冒革命之名，所以把革命的成绩都破坏了，往往令国民不知道革命党是做什么事。所以国民看到现在这种假革命党,以为这种就是革命的人才。我们真革命党,现在要担一种很大的责任,就是要彻底,要把这种假革命党来排除。我们对于国民要表示我们的道德,种一种革命的精神,令国民大家知道真革命党是为国牺牲的,是来成仁取义的,是舍性命来救国的。只要把奋斗精神来感动国民,令国民知道是非,知道真假,知道真革命党是真心为国家的,令一般国民跟我们来革命,中国才有救呢。

据上海《中国晚报》留声部制片《总理留声盘国语
演说词》(一九二四年五月三十日受音于广州)

致驻京某粤籍议员电

(一九二四年五月三十日)

敬电悉。微恙已痊。和陈[①]一节,羌无故实。现汝为、展堂业已抵省。余定日内前赴东江督师。沧白赴沪,纯为策应川黔军事。省政暂由树人[②]代行。承注甚感,特此致谢。文。陷。

据北京《晨报》一九二四年六月二日《孙文口中之粤事》

致杨希闵电[*]

(一九二四年五月三十日)

杨团长、段县长[③]艳电悉。臧部[④]过境,应代办粮秣,妥为招

---

① 和陈:指与陈炯明谋和解事。

② 树人:即陈树人。

* 一九二四年五月二十九日,翁源方面传闻臧致平部将由闽退入该县(后未入境,绕道出赣),杨段即电呈滇军总司令杨希闵,询"应否准其入境"。杨将电转呈孙中山,这是孙中山给杨希闵的指示电。

③ 杨团长、段县长:即滇军第一师补充旅第二团团长杨效钧、翁源县县长段克鉴。

④ 臧部:即臧致平部。

待。臧总司令、何总指挥[①]是否同行，应即探询，并将该部官长姓
名详询具报。特此电达，仰即转电该团长、县长遵照办理可也。孙
文。印。陷。

据《广州民国日报》一九二四年六月二日《帅令探询臧何行踪》

给叶恭绰的指令

（一九二四年五月三十日）

大元帅指令第五四四号

　　令大本营财政部长叶恭绰

　　呈请准予免筹大理院每月经费以轻负担由。

　　呈悉。仍应酌核情形筹拨，以维司法。此令。

（中华民国陆海军大元帅之印）

中华民国十三年五月卅日

据《大本营公报》第十五号《指令》

给叶恭绰的指令

（一九二四年五月三十日）

大元帅指令第五四五号

　　令大本营财政部长叶恭绰

　　呈送与东华公司订立承办广东造币厂合同乞备案由。

　　呈及附件均悉。准予备案。附件存。此令。

（中华民国陆海军大元帅之印）

---

　　①　何总指挥：东路讨贼军留闽总指挥何成濬（又作粤军东路总指挥）。

中华民国十三年五月卅日

据《大本营公报》第十五号《指令》

任命潘文治职务令

（一九二四年五月三十一日）

大元帅令

　　任命潘文治为海军练习舰队司令。此令。

（中华民国陆海军大元帅之印）

中华民国十三年五月卅一日

据《大本营公报》第十五号《命令》

委派杨瑞亭李子英职务令

（一九二四年五月三十一日）

大元帅令

　　派杨瑞亭、李子英为大本营出勤委员。此令。

（中华民国陆海军大元帅之印）

中华民国十三年五月卅一日

据《大本营公报》第十五号《命令》

委派胡谦职务令

（一九二四年五月三十一日）

大元帅令

　　派胡谦为财政委员会委员。此令。

（中华民国陆海军大元帅之印）

中华民国十三年五月卅一日

据《大本营公报》第十五号《命令》

给进攻东江各路军官的命令[*]

（一九二四年五月三十一日）

克日督率所部，分途进取。

据《广州民国日报》一九二四年六月一日《联军三路并进之声势》

给徐德的命令^{**}

（一九二四年五月三十一日）

据前敌滇军报告，敌军有利用外轮偷运接济，亟应照约实行监察，杜绝其来往。因特令饬徐司令加派浅水炮舰两艘，克日驶赴东江河面认真监察。如查明系冒外商轮来往，希图侦我军情及接济敌军有据者，应予将轮扣留，人则拿解究办。

据《广州民国日报》一九二四年六月一日《派遣炮舰监察敌轮》

---

* 此令分发谭延闿、杨希闵、刘震寰、刘玉山、范石生、蒋光亮、樊钟秀等各路军官。所标日期系据六月一日《广州民国日报》云"昨已谕知谭、杨、刘、刘、范、蒋、樊各路长官"酌定。

** 此件所标时间系据六月一日《广州民国日报》云"江防司令徐德昨奉帅令"酌定。

给许崇智的训令

（一九二四年五月三十一日）

大元帅训令第二五〇号

令粤军总司令许崇智

为令知事：现将"福安"、"飞鹰"、"广海"三舰编为海军练习舰队，由潘文治统带，着归该总司令节制调遣。仰即知照。此令。

（中华民国陆海军大元帅之印）

中华民国十三年五月卅一日

据《大本营公报》第十五号《训令》

给伍自立的训令

（一九二四年五月三十一日）

大元帅训令第二五一号

令"舞凤"舰舰长伍自立

着"舞凤"舰归大本营差遣。此令。

（中华民国陆海军大元帅之印）

中华民国十三年五月卅一日

据《大本营公报》第十五号《训令》

致安南同志函

（一九二四年六月三日）

安南①同志公鉴：

  兹派刘侯武君到越与同志诸君接洽，共图党务之进行，除中央执行委员会指导各节外，特附数言。敬祝

进步

孙文 十三年六月三日

据《国父全集》第三册（转录史委会抄件）

致何成濬电 *

（一九二四年六月三日）

  翁源县转送何总指挥成濬鉴：所部间关远道，至为劳瘁，着在翁源县属暂事休息待命。此令。大元帅。江。

据《广州民国日报》一九二四年六月四日《帅令何军在翁源待命》

---

  ① 安南：即今越南。

  * 本电及下电均为谭延闿、胡汉民拟就。按何成濬入翁源后，即派所部旅长董福开于六月二日晚由韶关赴省。三日，董谒孙中山，报告由闽及粤情形，并请示进止。孙中山即请谭、胡拟电飞急拍发，又令给何部发军衣三千套，犒赏毫洋五千元、酒肉五十担。

致杨希闵赵成梁电

（一九二四年六月三日）

〈广州杨总司令、韶州赵师长①览：〉②何总指挥③所部现抵翁源，业令即在该地暂事休息待命。仰饬驻在军队一体知照。大元帅。江。

据《广州民国日报》一九二四年六月四日《帅令何军在翁源待命》

给广东省直辖机关的训令[*]

（一九二四年六月三日）

依照民国十年总统府规定官制条例核实员额及支给员司薪俸。新设机关亦应由该长官从细核减，一切冗繁杂费，均须略为减少，以省糜费。

据《广州民国日报》一九二四年六月四日《帅令各机关减政》

给杨庶堪的训令^{**}

（一九二四年六月一至四日间）

查整理财政，当求收支适合。况现在前方作战，需款正殷，罗

---

① 杨总司令、赵师长：即杨希闵、赵成梁。

② 受电者系据一九二四年六月十一日上海《民国日报》《帅令何军在翁源待命》一文查得补上。

③ 何总指挥：即何成濬。

* 此件所标时间系据六月四日《广州民国日报》云"训令昨三日经已缮发"确定。

** 据六月十一日《广州民国日报》称，此令为大元帅训令第二五六号。按大元帅训令第二五〇号和第二六三号发令日期分别为五月三十一日、六月四日。此件时间据此酌定为六月一至四日间。

掘俱穷，尚不足以资供养，自非将各行政机关竭力撙节，以裕度支不可。查自军兴以后，各行政机关一切开支视前不啻倍蓰，其冗员之多，不问可知，仰即克日裁减。其民国十年以前已成立之机关，应参照该年度预算切实减除，不得超过；其成立于十年以后者，亦应力加节省。限本月十日以前将所拟定减省之数呈报核夺，不得玩延。此令。

据《广州民国日报》一九二四年六月十一日《减政裁员之功令》

任命孙统纲职务令
（一九二四年六月四日）

大元帅令

任命孙统纲为广东讨诚〔贼〕军别动队司令。此令。

（中华民国陆海军大元帅之印）

中华民国十三年六月四日

《据大本营公报》第十六号（广州一九二四年六月十日版）《命令》

给各收入机关的命令 *
（一九二四年六月四日）

预日赶筹，源源报解，俾得转发前方，庶使行者居者得各展其能力，迅奏肤功。

据《广州民国日报》一九二四年六月五日《帅令赶筹东江军费》

---

　　* 此件所标时间系据六月五日《广州民国日报》云"帅座……昨经令行收入各机关"酌定。

给许崇智的指令

（一九二四年六月四日）

大元帅指令第五五二号

　　令粤军总司令许崇智

　　呈复遵令派员复核前福莆仙平善后处报销一案情形由。

　　呈悉。此令。

（中华民国陆海军大元帅之印）

中华民国十三年六月四日

据《大本营公报》第十六号《指令》

给鲁涤平的指令

（一九二四年六月四日）

大元帅指令第五五七号

　　令禁烟督办鲁涤平

　　呈请令饬广九铁路护路司令维护协助，共策进行由。

　　呈悉。准如所请办理。候令军政部转饬广九铁路护路司令遵照可也。此令。

（中华民国陆海军大元帅之印）

中华民国十三年六月四日

据《大本营公报》第十六号《指令》

给程潜的训令

（一九二四年六月四日）

大元帅训令第二六一号

令大本营军政部部长程潜

为令饬事：据禁烟督办鲁涤平呈称："窃查广九车站为港粤往来要道，业经设置检查所，派委员兵实力检查，以期杜绝私运，廓清流毒在案。但该处时有商人携带戒烟药原料附车返乡。现广九铁路护路司令周自得已在车站设有稽查处，搜查一切违禁物品，诚恐署部同时检查，发生误会为此，呈请钧座俯赐令行广九铁路护路司令周自得转饬所属知照，如在车站查有戒烟药原料，经粘贴职署检验证或检查所已征收检验费，立即验明放行，毋得留难拦阻，别生缪轕，并令就近维护协助，共策进行，禁烟前途，俾益不鲜"等情，当经指令"呈悉。准如所请办理，候令军政部转饬广九铁路护路司令遵照可也。此令"等语，除指令印发外，合行令仰该部即便转饬遵照。此令。

（中华民国陆海军大元帅之印）

中华民国十三年六月四日

据《大本营公报》第十六号《训令》

给潘文治的训令

（一九二四年六月四日）

大元帅训令第二六三号

令海军练习舰队司令潘文治

　　为令饬事：所有"福安"、"飞鹰"、"舞凤"三舰整理事宜，仍着该司令兼管。此令。

　　　　　　　　　　　　　　（中华民国陆海军大元帅之印）

中华民国十三年六月四日

　　　　　　　　　　　　　　　　据《大本营公报》第十六号《训令》

给许崇智的训令

（一九二四年六月四日）

大元帅训令第二六四号

　　令粤军总司令许崇智

　　前经拨归大本营差遣之"舞凤"舰现尚在整理时期，着仍由潘文治统率，听该总司令节制。仰即知照。此令。

　　　　　　　　　　　　　　（中华民国陆海军大元帅之印）

中华民国十三年六月四日

　　　　　　　　　　　　　　　　据《大本营公报》第十六号《训令》

再申禁编土匪令 *

（一九二四年六月四日）

　　自后一律严禁收编土匪，如被查出，概行解散。倘有组织而未成军者，准先行设立一教练大队于都市外从事训练，以植基础而备

　　＊　此令分发给柏文蔚、胡谦、顾忠琛等。所标时间系据六月五日《广州民国日报》云"孙大元帅……昨日再分令"酌定。

效用。概禁止滥编匪队，贻患闾阎。

据《广州民国日报》一九二四年六月五日《再申禁编土匪之帅令》

给大本营军政部的命令 *

（一九二四年六月五日）

着广九军车管理处撤销。此令。

据《广州民国日报》一九二四年六月九日
《帅令撤销军车管理处》

给刘震寰周自得的训令

（一九二四年六月五日）

大元帅训令第二六五号

令桂军总司令刘震寰、广九铁路护路司令周自得

为令饬事：前据广九铁路总工程师函报：“广九路华段各站有军人勒收附加运费、军费”等情，当经令行该桂军总司令严行制止在案。顷复据军车管理处报告：“各站仍有勒加运费、军费情事，殊属妨碍交通。”合亟令仰该总司令即严饬所属克日将广九路附加运费、军费等名目取消，该司令严查所属有无在各站加收附捐并勒加运费情事。嗣后无论何项军队，均不得擅行加收各费，以利商旅而维路政。除分令外，仰即遵照办理。切切。此令。

（中华民国陆海军大元帅之印）

中华民国十三年六月五日

据《大本营公报》第十六号《训令》

---

* 此件所标时间系据六月九日《广州民国日报》云“昨五日该处忽奉到大元帅命令，将之撤销”确定。

给邹鲁的指令

（一九二四年六月五日）

大元帅指令第五五八号

　　令国立广东大学筹备主任邹鲁

　　呈报高师、法大、农专三校合并改为国立广东大学，及定下学期成立，招收新生等情，并附呈章程、办法乞示遵由。

　　呈及章程、办法均悉。准如所拟办理。仰即知照。各件存。此令。

（中华民国陆海军大元帅之印）

中华民国十三年六月五日

据《大本营公报》第十六号《指令》

给林翔的指令

（一九二四年六月五日）

大元帅指令第五五九号

　　令大本营审计处处长林翔

　　呈为请示核销广东兵工厂十二年五月份支出之无烟药费由。

　　呈悉。应准其核销。候令行军政部转饬该厂长知照可也。此令。

（中华民国陆海军大元帅之印）

中华民国十三年六月五日

据《大本营公报》第十六号《指令》

给程潜的训令

（一九二四年六月五日）

大元帅训令第二六六号

　　令大本营军政部长程潜

　　为令遵事：据大本营审计处处长林翔呈称："呈为呈请示遵事：案奉钧帅发下广东兵工厂十二年五月份收支计算书单据簿到处审核等因。奉此，窃查该厂五月份支出计算书零星材料栏内，购买无烟药二百二十五斤十五两，应价银三千一百六十三元一角二分五厘未缴原铺单据。当经询，据该厂函答开：'查敝厂去年四月规复之初，适经兵燹之后，所有造存枪枝、子弹及已成将成之零件，并一切器具样板、家私等项，均被盗窃捣毁无遗。敝厂附属之无烟药厂，其破坏为尤甚，一时不能制药。当日战事吃紧，各军催造子弹急如星火，不得不设法购〈到〉，以救眉急。当由朱前厂长派员四处访查，不知几费经营，几多转折，始陆续购到无烟药二百二十五斤十五两，价银三千一百六十余元。因此种无烟药系违禁物品，不但卖者不使买者见面，连姓名住址亦不使人知，但凭中人议价交易。时在荒野地方收银交货，既无店铺，又无单据。是以十二年五月份计算书只开报无烟药若干，价银若干，并无单据粘存。敝厂料械处暨弹厂均有收发簿据及领单可查。如果当日非购此帮无烟药，断无子弹解兵站转发各军，事实具在，并无虚伪。相应将当日购买无烟药经过之情形据实函达，请烦查照'等因。准此，查审计以单据为凭，该厂声明各节虽系实情，但与审计手续不甚符合。应否准其核销，职处未便擅拟，理合备文皇请钧帅察核示遵，实为公便"等情前来。

除指令"呈悉。应准其核销,候令行军政部转饬该厂长知照可也。此令"印发外,合行令仰该部长即便遵照转饬知照。切切。此令。

（中华民国陆海军大元帅之印）

中华民国十三年六月五日

据《大本营公报》第十六号《训令》

<h2 style="text-align:center">给程潜的训令</h2>

（一九二四年六月五日）

大元帅训令第二六七号

　　令大本营军政部长程潜

　　为令饬事：查南雄一带接近敌境,防范亟宜严密。查近来每有藉补充新兵之名赴南雄各边界招募者,难保无敌人乘间阑入,土匪藉军滋事,于防务关系极大,亟应严行禁止。着由该部长通令各军,嗣后无论何军,不准在南雄各属招募,以重防务,并令行该地防军知照。此令。

（中华民国陆海军大元帅之印）

中华民国十三年六月五日

据《大本营公报》第十六号《训令》

<h2 style="text-align:center">给许崇智的命令[*]</h2>

（一九二四年六月六日）

　　着许总司令崇智接收西江督办之广东境内一切军政、财政事

　　＊　原令未署日期。按六月十日《广州民国日报》载：大元帅发令后,查李济深"已于六月六日遵将西江督办署完全结束"。据此判断,此令应在六日以前,今暂作六日。

宜,即将财政转交财政厅管理,以归统一。此令。

《李济深电告卸督办职》

任命林直勉职务令

（一九二四年六月七日）

大元帅令

　　任命林直勉为大本营秘书。此令。

　　　　　　　　　　（中华民国陆海军大元帅之印）

中华民国十三年六月七日

据《大本营公报》第十六号《命令》

任命王懋功职务令

（一九二四年六月七日）

大元帅令

　　任命王懋功为大本营参军。此令。

　　　　　　　　　　（中华民国陆海军大元帅之印）

中华民国十三年六月七日

据《大本营公报》第十六号《命令》

给邹鲁的指令

（一九二四年六月七日）

大元帅指令第五六一号

令国立广东大学筹备主任邹鲁

呈请令行广东省长通令各县筹解大学开办经费由。

呈悉。准如所请办理。候令广东省长通令各县按照所派数目，依限筹足解缴，以资开办可也。清折、章程存。此令。

（中华民国陆海军大元帅之印）

中华民国十三年六月七日

据《大本营公报》第十六号《指令》

给杨庶堪的训令

（一九二四年六月七日）

大元帅训令第二七一号

令广东省长杨庶堪

为令行事：据广东国立大学筹备主任邹鲁呈称："窃惟教育之道，非多设小学则智识无由普及，非更设大学则文化无由提高。吾国筹设学校垂三十年，多注力于中小学，始惟北京设有大学一所。近来知大学之必要，于是东南大学、西北大学继续成立。广东中学之上虽设有高等师范及法政、农业专校，然大都设备未完，未足餍学者之心。而广东全省中学统计九十七所，每年毕业者，依九年统计表为九千六百九十四人。此项毕业生学仅半途，固未可中辍；而在富厚之家，尚可赴外省大学或留学外国；若贫寒之士及不愿远离乡土者，只有转入高师、法政、农业。各校限于专门，学额已不甚多，学程尤未能高，则有可造就之材，每无相当之学校，卒至成就不如其量者，何可胜计。广东为西南中枢，广东如此，他省可知。大元帅有见及此，毅然将高师、法大、农专三校合并改为国立广东大学，戎马倥偬之时，犹顾及国家根本之计，鲁承乏筹备，敢不仰体鸿模,奋其弩力！数月以来,凡百均有头绪,决定将原有高师改为文科、理科,原有法大改为法科,原有农专改为农科,并拟加设工科。以目前未有学生程度相当,故下学期只办预科,现并定文、法、理、工、农五科,下学期共招预科生十一班。特是开办经费所差尚远,统计非有四十万元不足以敷开办之用。拟请大元帅令行广东省长分令各县筹解,以各县之大小,定担任之多寡。此次筹设大学,在国家为振兴教育、提高文化起见,而在粤人则子弟得以深造,蔚成人材,是亦应有负担之责。各县绅商均可饬令酌量捐输,如有捐助巨款者,由各该县长随案呈请奖叙,以昭激劝。无论何县并应捐除成见,实力筹解,务于一个月解足。其办理得力依限解足之县,汇案由省长呈请奖励。此项解款除绅商捐款外,准在征收粮税项下拨足,由县径解大学筹备处取具印收,呈请财政厅抵解。设遇交卸,由后任继续承认,庶期迅速集事。谨将摊派各县应解数目开具清折一扣、劝捐章程一份,呈请大元帅鉴核。是否有当,仍候指令祗遵"等情。据此,除指令照准外,合行抄录原折、原章,令仰该省长即便遵照,通令各县按照所派数目,依限筹足解缴,以资开办。切切。此令。

（中华民国陆海军大元帅之印）

中华民国十三年六月七日

附:国立广东大学劝捐章程

第一条　凡捐款本校者,悉照本章程办理。

第二条　凡捐款本校,其奖谢如左:

一、捐十元以上者,登报鸣谢。

二、捐一百元以上者,除登报鸣谢外,并列入校碑永垂纪念。

三、捐赀至五百元以上者,除登报鸣谢、刊碑纪念外,并将捐款人姓名载入校志。

四、捐赀至千元以上者,除依照第三项办理外,并将其十二寸相片悬之礼堂。

五、捐赀至三千元以上者,除依照第四项办理外,并由本校送赠匾额。

六、捐赀至五千元以上者,除照第五项办理外,并将其姓名名一校室。

第三条　私人结合之团体捐赀者,得比照第二条之规定分别办理。

第四条　遗嘱捐赀者,悉照第二条各项之规定。

第五条　按照第二、第三、第四各条捐赀在二千元以上者,除依各本条所定办理外,并由校呈请大元帅给予匾额。

第六条　捐赀至一万元以上者,除依照第二、第三、第四、第五各条办理外,将其姓名名之校中之一堂。捐赀至二万元以上者,除依照前项办理外,并请大元帅褒辞。捐赀至五万元以上者,除依照前项办理外,并由校镌刊石像。捐赀至十万元以上者,除依照本条第一项办理外,并由校镌刊铜像。

第七条　凡独立捐赀建造校内堂舍者,除将其姓名名之所建造之堂舍外,并查照上列各条分别奖谢。

第八条　以动产或不动产捐赀者,准折合银元计算。

第九条　凡劝捐得千元者,比照捐一百元之奖谢,劝捐得一万元比照捐一千元之奖谢,余以例推。

谨将各县应解大学筹备处数目开列呈:

南海二万元　番禺二万元　顺德二万元　东莞二万元　香山二万元　新会二万元　潮安二万元　潮阳二万元　揭阳二万

元　台山一万五千元　三水五千元　清远五千元　高要五千元　鹤山五千元　开平五千元　新兴五千元　南雄五千元　曲江五千元　英德五千元　澄海五千元　普宁五千元　梅县五千元　兴宁五千元　惠阳五千元　海丰五千元　陆丰五千元　琼山五千元　增城四千元　乐昌三千元　饶平三千元　五华三千元　博罗三千元　紫金三千元　茂名三千元　电白三千元　化县三千元　阳江三千元　阳春三千元　澄迈三千元　定安三千元　花县三千元　宝安三千元　四会三千元　恩平三千元　高明三千元　德庆三千元　广宁三千元　罗定三千元　云浮三千元　郁南三千元　合浦二千元　灵山二千元　龙门一千元　从化一千元　始兴一千元　仁化一千元　翁源一千元　连县一千元　大埔一千元　惠来一千元　丰顺一千元　和平一千元　龙川一千元　河源一千元　信宜一千元　吴川一千元　廉江一千元　海康一千元　遂溪一千元　徐闻一千元　钦县一千元　乐会一千元　琼东一千元　临高一千元　儋县一千元　崖县一千元　万宁一千元　文昌一千元　赤溪五百元　佛冈五百元　乳源五百元　阳山五百元　封川五百元　开建五百元　连平五百元　平远五百元　蕉岭五百元　新丰五百元　防城五百元　感恩三百元　陆水三百元　昌江三百元　连山三百元　南澳三百元

据《大本营公报》第十六号《训令》

给程潜的训令

（一九二四年六月七日）

大元帅训令第二七二号

令大本营军政部长程潜

据广东兵工厂厂长马超俊呈称："职厂十二年度岁入、岁出预算当经朱前厂长和中编造书表两份,呈请财政部汇呈钧座察核在案。查朱前厂长系于去年十二月一日卸差,超俊于十二月二日接任后,将职员略为编改,所以月薪与朱前厂长任内亦略有不同。计薪水一项添设洋工程师、制药技师二名,经奉准帅令办理炸药事宜,故每月增多一千八百七十九元,由民国十二年十二月起至十三年六月底止,计七个月,共一万三千一百五十三元,作为追加之数。至于包工、点工、工食、材料、杂支等项,皆未增减,一仍其旧,理合编造追加岁出概算书呈缴察核"等情。据此,合行令交该部长仰即审核呈复。概算书随发。此令。

（中华民国陆海军大元帅之印）

中华民国十三年六月七日

据《大本营公报》第十六号《训令》

致 各 军 电 *

（一九二四年六月八日）

粤军东路总指挥何成濬所部间关来粤,盛暑跋涉,自宜择地休养,已令暂驻江村、新街一带整饬待命。除令发外,仰即饬属一体知照。

据《广州民国日报》一九二四年六月十日《何部暂驻江村之帅令》

---

　　*　此件所标时间系据六月十日《广州民国日报》云"庚（八日）午,大元帅电各军"确定。

致加拉罕函

（一九二四年六月九日）

现派广东大学校长邹鲁任处理俄国部分庚款委员会的成员之一。邹鲁在途期间，由北京国立大学易培基教授代行其职。

孙中山　六月九日

据苏联《国际生活》一九五七年第十一期（莫斯科
一九五七年俄文版）译出（李玉贞译）

任命邹鲁职务令

（一九二四年六月九日）

大元帅令

任命邹鲁为国立广东大学校校长。此令。

（中华民国陆海军大元帅之印）

中华民国十三年六月九日

据《大本营公报》第十六号《命令》

给林森的指令

（一九二四年六月九日）

大元帅指令第五六四号

令大本营建设部长林森

呈请将永济药库废址拨为天葬场所，乞训示祗遵由。

呈悉。照准。候令行军政部、广东省长遵照移拨备案可也。此令。

（中华民国陆海军大元帅之印）

中华民国十三年六月九日

据《大本营公报》第十六号《指令》

给程潜杨庶堪的训令

（一九二四年六月九日）

大元帅训令第二七四号

令大本营军政部长程潜、广东省长杨庶堪

为令遵事：据大本营建设部长林森呈称："呈为请将永济药库废址拨为天葬场所，恭呈仰祈睿鉴事：窃惟吾国葬埋之俗，误解慎终报本之义，于殡饰务求其厚，于坟场务尚其闳，耗有用之财，夺生产之地，合全国积年而计，不知致损国力若干。尤其甚者，惑于风水之说，停棺浅葬，尸骸暴露。风日蒸扬，则秽恶尸气漫于空气之内；雨潦浸润，则腐化尸质混入饮料之泉。小则妨碍健康，大则酿成疫疠，在常人每多不察，而其害实无比伦。从前伍老博士[①]谋救其弊，曾经力倡天葬，即俗所称火葬。查火葬在吾国宋元间本有流行，现在世界各国更成为共同倾向。洵属裨益民生，相当可行。当时明白事理以及注重公共卫生之人，均表赞同，第以场所难觅，未及举行。盖火葬场所，须择深奥无人居住地方。而倡始之际，更须交通稍便，方得人人乐从。而在今日省垣附近，求合此条件之地颇为不易，森窃以为憾。近因往来黄花冈计划烈士坟园，查悉永济药

---

①　伍老博士：即伍廷芳。

库业由军政部呈奉钧准撤废。该库旧址深奥、交通二者俱备，拟请拨为天葬场所之用。如蒙俞允，关于火葬设备以及建筑骨塔、安藏骨灰等项，再由森招集地方热心此事之人提倡经营，务期转移风化，实现良规。所有请将永济药库废址拨为天葬场所缘由，是否有当，理合呈请钧座察核，伏乞训示祗遵"等情前来。除指令"呈悉。照准。候令行军政部、广东省长遵照移拨备案可也。此令"印发外，合行令仰该部长、省长即遵照办理。此令。

（中华民国陆海军大元帅之印）

中华民国十三年六月九日

据《大本营公报》第十六号《训令》

给刘震寰等的命令

（一九二四年六月十日）

大元帅令

　　着刘震寰（新塘厘厂）、卢师谛（新塘）、周之贞（中堂）将留落石龙—省城沿途之部队，限五日悉数调离该处，免滋事端。此令。

孙文　〈民国十三年六月十日〉①

据谭延闿编《总理遗墨》第一辑（出版时间不详，
广东省社会科学院藏）影印原令

给孙统纲的命令*

（一九二四年六月十日）

　　查东江逆军迭经我联军痛剿，其势已穷，该司令所部卒伍均生

---

　①　所据版本原令无日期，今据《国父全集》第四册（转录史委会藏原件影印件）补上。
　*　此令所标时间系《广州民国日报》发表日期。

长惠属,历战经年,地形熟悉,着即统率全部归湘军谭总司令节制调遣,协助我左翼军作战,努力杀贼,以建奇勋。切切。此令。

据《广州民国日报》一九二四年六月十日《孙统纲归湘军节制》

给邹鲁的指令

（一九二四年六月十日）

大元帅指令第五六五号

令国立广东大学筹备主任邹鲁

呈请令行广东省长转饬催收田土业佃保证费等情由。

呈悉。准予令行广东省长查照办理。此令。

（中华民国陆海军大元帅之印）

中华民国十三年六月十日

据《大本营公报》第十六号《指令》

给杨庶堪的训令

（一九二四年六月十日）

大元帅训令第二七六号

令广东省长杨庶堪

为令行事:据国立广东大学筹备主任邹鲁呈称:"窃查前奉钧令,指定广东全省田土业佃保证局收入为国立高等师范学校经费等因,曾经主任呈奉令行军政部、广东省长,通饬各县军警、地方官认真协助,并禁提借在案。现查该局收拨款项为数不多,虽缘青黄不接,暂时愆期,究属催收不力,有误要需。且开办伊始,全赖地方官实心协助。设或意存敷衍,必致滞碍进行。比者高师、法大、农专合并改组大学,成立在即,需款綦殷。适本年早稻收获期近,农有余裕,措缴匪难,亟应及时催收,用资接济。拟恳钧座俯赐令行广东省长转饬该局认真进行,并令各县县长极力协助。如有办理懈弛,协助不力,即予分别撤惩,并由省署布告全省田土业佃一体遵照。务尽早稻登场,扫数缴纳。倘有疲玩仍前观望,应由该管县局从严罚办,以示警戒而维学款。理合具文恭请鉴核施行"等情。据此,应予照准。除指令外,仰该省长即便查照办理。此令。

(中华民国陆海军大元帅之印)

中华民国十三年六月十日

据《大本营公报》第十六号《训令》

给徐绍桢的指令

(一九二四年六月十日)

大元帅指令第五六六号

令大本营内政部部长徐绍桢

呈为科长陈庆森积劳病故请给予恤金四百元由。

如呈给恤。候令财政都照发可也。此令。

(中华民国陆海军大元帅之印)

中华民国十三年六月十日

据《大本营公报》第十六号《指令》

给叶恭绰的训令

(一九二四年六月十日)

大元帅训令第二七五号

令大本营财政部部长叶恭绰

为令饬事：案据大本营内政部部长徐绍桢呈称："窃职部科长陈庆森学识优长，办事勤慎。部长前任广东省长派充秘书之职，旋调充职部科长，随同规画部务，极资得力，昕力从公，积劳成疾，于本年四月二十六日身故。查去年七月财政部书记官谢俊廷在职病故，曾由财政部呈蒙大元帅批准颁发恤金二百四十元。该陈故员现任科长系荐任职，且其身后萧条，情殊可悯。该故员月俸二百元，可否给与一次过两个月俸额恤金四百元，以示体恤之处。理合具文呈请钧座察核，俯赐照准，饬下财政部照发，俾得颁给，早日殡葬，以昭激劝"等情。据此，除指令照准外，合行令仰该部长即便遵照，如数发给可也。此令。

（中华民国陆海军大元帅之印）

中华民国十三年六月十日

据《大本营公报》第十六号《训令》

给杨庶堪的指令

（一九二四年六月十日）

大元帅指令第五六七号

令广东省长杨庶堪

呈复遵办令行财政厅照案筹拨革命纪念会款项情形由。

呈悉。此令。

（中华民国陆海军大元帅之印）

中华民国十三年六月十日

据《大本营公报》第十六号《指令》

给范石生的指令

（一九二四年六月十日）

大元帅指令第五六八号

　　令广东筹饷总局督办范石生

　　呈为修改该局组织大纲暨办事细则，照核定原文缮送备案由。

　　呈〔如〕如〔呈〕备案。大纲暨细则存。此令。

（中华民国陆海军大元帅之印）

中华民国十三年六月十日

据《大本营公报》第十六号《指令》

准黄隆生辞职令

（一九二四年六月十一日）

大元帅令

　　大元帅行营军用票监督黄隆生呈请辞职。黄隆生准即免职。

此令。

（中华民国陆海军大元帅之印）

中华民国十三年六月十一日

据《大本营公报》第十七号（广州一九二四年六月廿日版）《命令》

给黄隆生的指令

（一九二四年六月十一日）

大元帅指令第五六九号

　　令大元帅行营军用票监督黄隆生

　　呈请辞职由。

　　呈悉。已明令准予免职矣。仰即知照。此令。

（中华民国陆海军大元帅之印）

中华民国十三年六月十一日

据《大本营公报》第十七号《指令》

追赠蒋国斌令

（一九二四年六月十一日）

大元帅令

　　大本营军政部长程潜呈议复故东路讨贼军总参议蒋国斌,于北伐援闽诸役迭著战功,积劳病故,拟请追赠陆军中将,仍照积劳病故例给恤等语。蒋国斌着追赠陆军中将,并照中将积劳病故例给予恤金,以彰忠荩。此令。

（中华民国陆海军大元帅之印）

中华民国十三年六月十一日

据《大本营公报》第十七号《命令》

追赠郑咏琛令

（一九二四年六月十一日）

大元帅令

　　大本营军政部长程潜呈议复东路讨贼军故旅长兼前敌总指挥郑咏琛，前于东江之役指挥作战，驰骋疆场，卓著辛勤，积劳病故，拟请追赠陆军中将，并照例给恤。郑咏琛着追赠陆军中将，并照积劳病故例给恤，以酬劳勋而慰英灵。此令。

（中华民国陆海军大元帅之印）

中华民国十三年六月十一日

据《大本营公报》第十七号《命令》

给程潜的指令

（一九二四年六月十一日）

大元帅指令第五七〇号

　　令大本营军政部部长程潜

　　呈请照积劳病故例给予已故东路讨贼军营长李奎仙少校恤金由。

　　如呈给恤。仰即转行知照。此令。

（中华民国陆海军大元帅之印）

中华民国十三年六月十一日

据《大本营公报》第十七号《指令》

致 福 特 函

（一九二四年六月十二日）

亲爱的福特（Ford）先生：

　　持送此函的黄任凯（Ng Jim Kai）①先生通知我说，你很可能于不久的将来访问中国。如果你能成行，我将非常愉快地在华南欢迎你。人们通常说，我国的许多智慧、能量和财富都可见之于华南。

　　我知道你在美国的出色工作并曾读过有关的报道。我认为你在中国可以更广泛更有成效地从事同类工作。你在美国的工作，从某种意义上可说是个人和私家的。反之，在中国这里，你将有机会以新的工业体系的持久方式来表达和体现见解和理想。

　　如果中国仍然在经济上不发达，并由此成为列强剥削和国际纷争的对象的话，我认为中国可能成为另一次世界大战的起因。由此，一俟欧洲签署了停战协定，我就立即制定国际开发中国的计划，希望列强在一九一九年的和会上对此加以考虑。这项计划见于我的《实业计划》一书：该书于一九二一年在上海，一九二二年在纽约由普特曼公司出版。

　　我现在认识到，对列强的现政府期待很多是不大有希望的。依我之见，倒是可以寄更多希望于象你本人这样的有生气有效率的工作者。这也是何以我邀请你到华南来访问我们，以便亲身研

---

　　① 按潮州语音译。

究无疑地是二十世纪最重大之一的问题。

极忠实于您的孙逸仙

一九二四年六月十二日　于广州中华民国政府本部

据美国福特图书馆藏原件译出（吴开斌译，金应熙校）

准杨庶堪辞职令
（一九二四年六月十二日）

大元帅令

　　广东省长杨庶堪呈请辞职，情词恳挚。杨庶堪准免本职。此令。

（中华民国陆海军大元帅之印）

中华民国十三年六月十二日

据《大本营公报》第十七号《命令》

特任廖仲恺职务令
（一九二四年六月十二日）

大元帅令

　　特任廖仲恺为广东省长。此令。

（中华民国陆海军大元帅之印）

中华民国十三年六月十二日

据《大本营公报》第十七号《命令》

给程潜的指令

（一九二四年六月十二日）

大元帅指令第五七一号

　　令大本营军政部部长程潜

　　呈为遵令议复粤军总司令请将黄军长明堂等部伙饷改由该部请领转发，事属可行由。

　　既据议复，事属可行。候令粤军总司令即自奉令日起，将第二军长黄明堂、虎门要塞司令廖湘芸、长洲要塞司令马伯麟、海防司令林若时、东江缉匪司令徐树荣等部应领伙饷，概行改由该部请领转发，以归划一可也。原呈存。此令。

　　　　　　　　　　　　　　（中华民国陆海军大元帅之印）

中华民国十三年六月十二日

　　　　　　　　　　　　　据《大本营公报》第十七号《指令》

给许崇智的训令

（一九二四年六月十二日）

大元帅训令第二七八号

　　令粤军总司令许崇智

　　为令饬事：查前据该总司令呈请自六月一日起，将黄军长明堂等部应领伙饷，改由该部请领转发前来，当交军政部核议去讫。兹据复称查统一饷糈，为整军经武之要图。粤军总司令许崇智呈请将第二军军长黄明堂、虎门要塞司令廖湘芸、长洲要塞司令马伯麟、海防司令林若时、东江缉匪司令徐树荣各部向由大本营所领伙食，概由该部请领转发，自属可行等情。据此，除指令外，合行令仰该总司令即便遵照。自奉令之日起，将黄明堂、廖湘芸、马伯麟、林若时、徐树荣等部应领伙饷，概行改由该总司令请领转发，以归划一可也。此令。

　　　　　　　　　　　　　　（中华民国陆海军大元帅之印）

中华民国十三年六月十二日

据《大本营公报》第十七号《训令》

给程潜的指令

（一九二四年六月十二日）

大元帅指令第五七二号

　　令大本营军政部长程潜

　　呈复议恤东路讨贼军故参谋处长杨子明拟请援照陆军少将例，给予一次恤金由。

　　呈悉。准如所议给恤。仰即由部转行知照。此令。

　　　　　　　　　　　　　　（中华民国陆海军大元帅之印）

中华民国十三年六月十二日

据《大本营公报》第十七号《指令》

给叶恭绰杨庶堪的指令

（一九二四年六月十二日）

大元帅指令第五七三号

　　令财政委员会主席委员叶恭绰、杨庶堪

呈为修正该会章程及拟订干事处组织规程乞鉴核令遵由。

呈及附件均悉。所拟尚属妥协，准予备案。附件存。此令。

（中华民国陆海军大元帅之印）

中华民国十三年六月十二日

据《大本营公报》第十七号《指令》

给叶恭绰的指令

（一九二四年六月十二日）

大元帅指令第五七四号

令大本营财政部长叶恭绰

呈复赵前运使租赁"澄清"轮缉私系据实开支，并无浮滥，应准免予置议，仍候示祗遵由。

呈悉。既据查明并非捏饰，又无浮滥，应准免予置议。此令。

（中华民国陆海军大元帅之印）

中华民国十三年六月十二日

据《大本营公报》第十七号《指令》

给叶恭绰的指令

（一九二四年六月十二日）

大元帅指令第五七五号

令大本营财政部长叶恭绰

呈报造币厂开铸双毫银币日期等情乞鉴核备案由。

呈悉。准予备案。此令。

（中华民国陆海军大元帅之印）

中华民国十三年六月十二日

据《大本营公报》第十七号《指令》

给潘文治的指令

（一九二四年六月十二日）

大元帅指令第五七六号

令海军练习舰队司令潘文治

呈报就职及启用关防日期由。

呈悉。此令。

（中华民国陆海军大元帅之印）

中华民国十三年六月十二日

据《大本营公报》第十七号《指令》

给宋子文的指令

（一九二四年六月十二日）

大元帅指令第五七七号

令两广盐务稽核所经理宋子文

呈送东汇关程船配盐比较表乞鉴核备案由。

呈、表均悉。准予备案。表存。此令。

（中华民国陆海军大元帅之印）

中华民国十三年六月十二日

据《大本营公报》第十七号《指令》

给程潜的指令

（一九二四年六月十二日）

大元帅指令第五七八号

　　令大本营军政部长程潜

　　呈复拟请追赠东路讨贼军故旅长兼前敌总指挥郑咏琛陆军中将并照例给恤由。

　　呈悉。准如所议，郑咏琛已明令追赠矣。仰即遵照办理。此令。

（中华民国陆海军大元帅之印）

中华民国十三年六月十二日

据《大本营公报》第十七号《指令》

给程潜的指令

（一九二四年六月十二日）

大元帅指令第五七九号

　　令大本营军政部长程潜

　　呈复拟请追赠故东路讨贼军总参议蒋国斌以陆军中将仍照积劳病故例给恤由。

　　呈悉。已有明令追赠给恤矣。仰即知照。此令。

（中华民国陆海军大元帅之印）

中华民国十三年六月十二日

据《大本营公报》第十七号《指令》

给程潜的指令

（一九二四年六月十二日）

大元帅指令第五八〇号

令大本营军政部长程潜

呈中央直辖广东讨贼军第四军副官兼少校团附廖有权因公殒命请照例给恤由。

呈悉。准如所请办理。此令。

（中华民国陆海军大元帅之印）

中华民国十三年六月十二日

据《大本营公报》第十七号《指令》

给顾忠琛的指令

（一九二四年六月十二日）

大元帅指令第五八二号

令北讨伐贼军第四军军长顾忠琛

呈报接收任状印章及就职日期由。

呈悉。此令。

（中华民国陆海军大元帅之印）

中华民国十三年六月十二日

据《大本营公报》第十七号《指令》

给鲁涤平的指令

（一九二四年六月十二日）

大元帅指令第五八三号

　　令禁烟督办鲁涤平

　　呈为遵令切实节减开支，缮具四月分预算及另造全年预算，并陈明困难情形，仰祈睿核由。

　　呈暨预算书均悉。既据陈明该署经费除将办公费每月遵令减半一千四百余元外，其余碍难减少，应准照表开支。除将全年预算书及四月分支付预算书各提存一份外，候将其余一份令发审计处备查可也。此令。

（中华民国陆海军大元帅之印）

中华民国十三年六月十二日

据《大本营公报》第十七号《指令》

给林翔的训令

（一九二四年六月十二日）

大元帅训令第二八〇号

　　令大本营审计处处长林翔

　　为令发事：据禁烟督办鲁涤平呈称："呈为遵令切实节减开支，缮具四月份预算及另造全年预算，并陈明困难情形，祈睿核事：窃奉钧府第五二五号指令内开：呈赍本年四月份预算书暨前任本任职员名额薪饷比较表，仰乞鉴核由一案，除原文有案邀免冗录外，尾开：'仰再自行酌减，以薪饷、办公费合计每月不超过一万五千元为度，另造全年预算书呈候核定，按月照支可也。比较表存。此令'等因。奉此，伏维职谬领军符兼管烟禁，自应上体帅座节用爱人之盛意，下解人民水深火热之倒悬。对于用人行政、开源节流，无不审慎周详，考虑至再。所有前呈四月分支付预算数目虽属稍多，实则减无可减。其中困难情形不得不为我帅座陈之。查杨前督办以地方人办地方事，因革损益，无不斟酌至当，署内开支尚复如是之多，且属着手之初，仅及广州一市。现在东、西、北三江均皆逐渐推行，预算又复锐减，若再缩小用度，势所难能。至内、财两部为行政最高机关，每月开支各不过万元者，以其均就各属旧有之机关为之骈枝，兼有省署财厅从中辅助，以总其成。部务仅处最高裁核地位，性质既不相同，情形又复各别，故开支少若。禁烟事属创举，举凡一切署务均须从新规画，不能就已设之机关混合代办，署务因之而繁，开销亦随之而巨。此必然之势也。现当军需孔亟之秋，烟禁厉行之际，尤不能因陋就简，断颈续足，致虞贻误。苟有可以涤除烟毒、扩充饷源之处，即开支略多，亦所不计。若徒事敷衍，因小失大，则非职所敢为，亦非我帅座所乐闻也。兹奉前因，遵于减无可减之中，将办公费酌减一千四百余元。此外，再无撙节之余地。除临时增设局所及特别发生事故等费专案另行呈请核销外，理合检同四月份支出预算书并按照会计年度另造全年支出预算书表，备文恭呈鉴核施行"等情。据此，当经指令"呈暨预算书均悉。既据陈明该署经费除将办公费每月遵令减少一千四百余元外，其余碍难减少，应准照表开支。除将全年预算书及四月份支付预算书各提存一份外，候将其余一份令发审计处备查可也。此令"等语，除指令印发后，合行令仰该处即将发下预算书存案备查。此令。

　　计发禁烟督办署十二年度岁出预算书一份、十三年四月份支付预算书一份。

　　　　　　　　　　　　　　（中华民国陆海军大元帅之印）

中华民国十三年六月十二日

　　　　　　　　　　　　　　　　据《大本营公报》第十七号《训令》

准姚雨平辞职令

（一九二四年六月十三日）

大元帅令

　　广东治河督办姚雨平呈请辞职。姚雨平准免本职。此令。

　　　　　　　　　　　　　　（中华民国陆海军大元帅之印）

中华民国十三年六月十三日

　　　　　　　　　　　　　　　　据《大本营公报》第十七号《命令》

委派林森职务令

（一九二四年六月十三日）

大元帅令

　　派大本营建设部长林森兼理广东治河督办事宜。此令。

　　　　　　　　　　　　　　（中华民国陆海军大元帅之印）

中华民国十三年六月十三日

　　　　　　　　　　　　　　　　据《大本营公报》第十七号《命令》

任命李济深等职务令

（一九二四年六月十三日）

大元帅令

　　任命李济深为陆军军官学校教练部主任，王柏龄为陆军军官学校教授部主任，戴传贤为陆军军官学校政治部主任，何应钦为陆军军官学校总教官。此令。

　　　　　　　　　　　　　　（中华民国陆海军大元帅之印）

中华民国十三年六月十三日

据《大本营公报》第十七号《命令》

任命高杞职务令

（一九二四年六月十三日）

大元帅令

　　任命高杞为大本营谘议。此令。

　　　　　　　　　　　　　　（中华民国陆海军大元帅之印）

中华民国十三年六月十三日

据《大本营公报》第十七号《命令》

任命陈贞瑞职务令

（一九二四年六月十三日）

大元帅令

　　任命陈贞瑞为大本营谘议。此令。

　　　　　　　　　　　　　　（中华民国陆海军大元帅之印）

中华民国十三年六月十三日

据《大本营公报》第十七号《命令》

给各军总司令的命令＊

（一九二四年六月十三日）

前以广州市内劫杀频仍，其中土匪潜藏，乘机骚扰者固多。而军民杂处，间有不肖军人藉端扰累亦所不免。当经饬部通令各军队机关严加取缔，并饬限于文到十日内，一律迁出郊外在案。乃迄今逾月，市内各军虽间有迁移，而玩视法令、横行如故者，仍复不少。似此弁髦法令，何以肃纪纲而保安宁？合亟重申前令，并规定各军迁驻或解散办法随令附达，限于文到十日内，会同军政部、各军总司令、卫戍司令、公安局分别妥慎办理。倘再宕延，即着分别缴械解散，决不再事宽容。各统军将领久服军职，当知整军为民之旨，该总司令有维持治安之责，并宜随时认真查察，期保公局。特再令达，仰即遵照迅速办理具报。此令。孙文。

据《广州民国日报》一九二四年六月十四日《重申军队移郊之帅令》

给张民达的手令＊＊

（一九二四年六月十三日）

饬张民达立遣营队驰赴九江登陆搜查①，务获究办。

据《广州民国日报》一九二四年六月十五日《筹饷讨逆先缉私盐》

　＊　此件所标时间系据六月十四日《广州民国日报》云"昨大元帅令各军总司令云"酌定。

　＊＊　此件所标时间系据六月十五日《广州民国日报》云"十三日下午〈帅〉特下手令"确定。

　①　指搜查悬挂某军旗帜偷运私盐、军火的走私舰。

饬裁撤交通局令[*]

（一九二四年六月十三日）

交通局应即裁撤，所有输送船只交滇军兵站接收。

据《广州民国日报》一九二四年六月十四日

《帅令裁交通局》

给各军总司令的训令^{**}

（一九二四年六月十三日）

着饬诰诚所部一体知照，切勿有此不法行为[②]。否则，一经查出，从严处办。

据《广州民国日报》一九二四年六月十四日《查禁军队包私》

给叶恭绰的指令

（一九二四年六月十三日）

大元帅指令第五八五号

令大本营财政部长叶恭绰

呈报《短期军需库券基金委员会章程》及办事细则表式乞鉴核

---

* 此件所标时间系据六月十四日《广州民国日报》云"昨大元帅令云"酌定。

** 此件所标时间系据六月十四日《广州民国日报》云"大元帅……昨特训令各军总司令"酌定。

② 指包庇贩私情事。

备案由。

呈及章程、办事细则、表均悉。准予备案。此令。

（中华民国陆海军大元帅之印）

中华民国十三年六月十三日

据《大本营公报》第十七号《指令》

给叶恭绰的指令
（一九二四年六月十三日）

大元帅指令第五八六号

令大本营财政部长叶恭绰

呈报拟办糖类销场税等情乞察核备案由。

呈悉。准予备案。此令。

（中华民国陆海军大元帅之印）

中华民国十三年六月十三日

据《大本营公报》第十七号《指令》

追赠李天霖令
（一九二四年六月十四日）

大元帅令

据大本营军政部长程潜呈议复故东路讨贼军总司令部参议兼第四军驻江行营主任李天霖，转战东江，积劳病故，拟请追赠陆军少将，并优予给恤等情。李天霖着追赠陆军少将，并照积劳病故例第四表给恤，以彰忠荩而励来兹。此令。

（中华民国陆海军大元帅之印）

中华民国十三年六月十四日

据《大本营公报》第十七号《命令》

准陈兴汉辞职令

(一九二四年六月十四日)

大元帅令

管理粤汉铁路事务陈兴汉呈请辞职。应照准。此令。

(中华民国陆海军大元帅之印)

中华民国十三年六月十四日

据《大本营公报》第十七号《命令》

委派许崇灏职务令

(一九二四年六月十四日)

大元帅令

派许崇灏管理粤汉铁路事务。此令。

(中华民国陆海军大元帅之印)

中华民国十三年六月十四日

据《大本营公报》第十七号《命令》

任命冯轶裴等职务令

(一九二四年六月十四日)

大元帅令

粤军总司令许崇智呈请任命冯轶裴为粤军总司令部参谋处处

长,冯祝万为粤军总司令部军务处处长,陈可钰为粤军总司令副官长,邵元冲为粤军总司令部秘书长,万黄裳为粤军总司令部军需监,关道代理粤军总司令部军需长,俞飞鹏代理粤军总司令部审计处处长,江维华为西江财政整理处处长。均照准。此令。

（中华民国陆海军大元帅之印）

中华民国十三年六月十四日

据《大本营公报》第十七号《命令》

任命梁鸿楷等职务令

（一九二四年六月十四日）

大元帅令

　　任命梁鸿楷为粤军第一军军长,李福林为粤军第三军军长,李济深为粤军第一师师长,张民达为粤军第二师师长,郑润琦为粤军第三师师长,许济为粤军第七旅旅长,杨锦龙为粤军第八旅旅长。此令。

（中华民国陆海军大元帅之印）

中华民国十三年六月十四日

据《大本营公报》第十七号《命令》

任命卢善矩职务令

（一九二四年六月十四日）

大元帅令

　　广东海防司令林若时呈请任命卢善矩为"江固"舰舰长。应照准。此令。

（中华民国陆海军大元帅之印）

中华民国十三年六月十四日

据《大本营公报》第十七号《命令》

给蒋中正廖仲恺的指令

（一九二四年六月十四日）

大元帅指令第五八九号

　　令陆军军官学校校长蒋中正、党代表廖仲恺

　　呈请任命李济深等为该校各部主任并造送履历由。

　　呈及履历均悉。已有明令任命矣。履历存。此令。

（中华民国陆海军大元帅之印）

中华民国十三年六月十四日

据《大本营公报》第十七号《指令》

给邹鲁的指令

（一九二四年六月十四日）

大元帅指令第五九〇号

　　令国立广东大学筹备主任邹鲁

　　呈请举行高师第十一届各部学生毕业试验由。

　　呈悉。该校高师第十一届各部学生既经修业期满，所有学科均已教授完竣，应准举行毕业试验。仰即知照。名册存。此令。

（中华民国陆海军大元帅之印）

中华民国十三年六月十四日

据《大本营公报》第十七号《指令》

给徐绍桢的指令

（一九二四年六月十四日）

大元帅指令第五九一号

　　令大本营内政部长徐绍桢

　　呈请褒扬琼山县寿妇陈黄氏由。

　　呈悉。准予题颁"共和人瑞"四字，余如所议办理。仰即知照。
此令。

（中华民国陆海军大元帅之印）

中华民国十三年六月十四日

据《大本营公报》第十七号《指令》

给刘震寰的指令

（一九二四年六月十四日）

大元帅指令第五九二号

　　令西路讨贼军总司令刘震寰

　　呈复遵令取销抽收广九路附加军费等情由。

　　呈悉。此令。

（中华民国陆海军大元帅之印）

中华民国十三年六月十四日

据《大本营公报》第十七号《指令》

致张人杰函[*]

（一九二四年六月十五日）

静江兄鉴：

内子回粤，称兄病近来反剧，行动更不自由，殊用为念。兹有医生李其芳，新由德国回来，医学甚深，据称近日德国发明新法，用药注射可愈此病。彼曾亲见一病十二年不能行动者，不过一月便已医愈。今请李君前来诊视兄病，设法医治。如能于一两月内全愈，则请兄与李君一齐来粤为荷。至于医金药费，由此间担任，兄不必再给也。弟与李医生详谈半日，深信其法为合理而妥善，想必能奏奇效，望兄亦深信而一试之幸甚。此致，即候

时祉，并祝速愈速愈

孙　文

据《国父全集》第三册（转录史委会藏原函影印）

给财政委员会的命令[**]

（一九二四年六月十五日）

着即酌议发给何总指挥成濬所部给养费。

据《广州民国日报》一九二四年六月十六日《指拨何成濬部给养费》

---

* 　原函未署日期。今据《国父全集》考据时间标出。

** 　此件所标时间系据六月十六日《广州民国日报》云"大元帅昨令财政委员会"酌定。

在陆军军官学校开学典礼的演说*

（一九二四年六月十六日）

来宾、教员、学生诸君：

今天是本学校开学的日期。我们为什么有了这个学校呢？为什么一定要开这个学校呢？诸君要知道，中国的革命有了十三年，现在得到的结果，只有民国之年号，没有民国之事实。象这样看来，中国革命十三年，一直到今天，只得到一个空名。所以中国十三年的革命完全是失败，就是到今天也还是失败。至于世界上的革命，在我们以后发生的情形是怎么样呢？六年之前，有一个邻国，和中国毗连有一万多里，跨欧亚两洲来立国，比中国还要大，在欧战之前是世界上头一个强国，当欧战期内便发生革命，他们的革命后过我们六年。这个邻国是谁呢？就是俄国。俄国革命虽然是在中国革命的六年之后，但是说到结果，他们彻底成功。我们拿两国历史来比较：就对内一方面说，中国从前革命是对外来的满州人。满清皇帝的威权，到我们革命的时候已经是很薄弱，政治也是很腐败，当那个时候，满清的国势是世界上最衰微的国家，比较俄国对他们皇帝革命时候的情形是怎么样呢？俄皇是本国人，又是俄国的教主，在国内的威权是第一，当没有革命的时候，俄罗斯的国势是世界上最强盛的国家。象这样比较，可说是中国是对权势很薄弱的皇帝来革命，俄国是对权势很强盛的皇帝来革命。所以

---

　　*　陆军军官学校为孙中山所创办，设址于广州南郊的黄埔岛，俗称黄埔军校。六月十六日，孙中山出席开学典礼，并发表演说。

就对内这一方面讲,中国革命是很容易的,俄国革命是很艰难的。就对外一方面说,俄国革命之后,所遇到的障碍是很大的;中国革命之后,毫没有人干涉。在革命之前,外国人虽然有瓜分中国的言论,我们也怕到革命的时候受列强的干涉;但是发生了革命之后,列强毫没有理会。俄国发生了革命之后,遇到外国人的障碍,不只是言论,并且实受兵力的干涉。各国军队侵进俄国境内的,有英国、法国、美国、日本和意大利以及〈其〉他各小国的军队,外国人集合全世界的力量来干涉俄国。象这样看来,我们革命,只在内对付一个很衰弱的政府;俄国革命,在内要对付一个威权很大的政府,在外还要对付全世界的列强。所以更就对外那一方面讲,中国革命也是很容易的,俄国革命也是很艰难的。为什么俄国遭了那样大的艰难,遇了那样多的敌人,还能够在六年之内把所有的障碍都一概打消,革命是彻底的成功;我们革命的时期比较俄国要长一半,所遇的障碍又不及俄国的大,弄到至今革命还是不能成功呢?由中国和俄国革命的结果不同,推求当中原因,便是我们的一个大教训。因谓〔为〕知道了这个教训,所以有今天这个开学的日期。这个教训是什么呢?就是俄国发生革命的时候,虽然恃一般革命党员做先锋,去同俄皇奋斗,但是革命一经成功,便马上组织革命军;后来因为有了革命军做革命党的后援,继续去奋斗,所以就是遇到了好多大碍障,还是能够在短时间之内大告成功。中国当革命之时,在广东奋斗的党员最著名的有七十二烈士,在各省舍身奋斗的党员也是不少。因为有了那些先烈的奋斗,所以武昌一经起义,便有各省响应,推倒满清,成立民国,我们的革命便有一部分的成功。但是后来没有革命军继续革命党的志愿,所以虽然有一部分的成功,到了今天,一般官僚军阀不敢明目彰胆更改中华民国的正朔;至于说到民国的基础,一点都没有。这个原因,简单的说就是由于我们革命只有革命党的奋斗,没有革命军的奋斗,所以一般官僚军阀便把持民国,我们的革命便不能完全成功。我们今天要开这个学校,是有什么希望呢?就是要从今天起,把革命的事业重新来创造,要用这个学校内的学生做根本,成立革命军。诸位学生就是将来革命军的骨干。有了这种好骨干,成了革命军,我们的革命事业便可以成功。如果没有革命军,中国的革命永远还是要失败。所以,今天在这地开这个军官学校,独一无二的希望就是创造革命军,来挽救中国的危亡。

什么东西叫做革命军呢?诸君到这个学校来学,要怎么样立志才可以做革命军呢?要有什么资格才叫做革命军呢?我们要知道怎么样可以做革命军,便要拿先烈做模范;要拿先烈做模范,就是要学革命党,要学革命党的奋斗。有和革命党的奋斗相同的军队,才叫做革命军。中国革命虽然有了十三年,但是所用的军队没有一种是和革命党的奋斗相同的。我敢讲一句话,中国在这十三年之中没有一种军队是革命军。现在在广东同我们革命党奋斗的军队,本来不少,我都不敢说他们是革命军。他们这些军队,既是来同我们革命党共事,为什么我还不叫他做革命军呢?我之所以不敢以革命军的名号加之于这些军队之上的理由,就是因为他们内部的分子过于复杂,没有经过革命的训练,没有革命的基础。什么是叫做革命军呢?就是要有革命先烈那一样的行为。有了那一样的行为,才叫做革命的基础。至于现在广东的这些兵士,对先烈的那些行为还是莫名其妙。而且中国此刻是民穷财尽,一般都是谋生无路,那些人在没有得志之先,因为生计困难,受了家室之累,都是说要来革命;到了后来稍为得志,便将所服从的什么革命主义都置之九霄云外,一概不理了。所以在二年之前,竟有号称"革命同志"的陈炯明军炮攻观音山,拆南方政府的台。从前叫做革命军,同在一个革命政府之下的军队,因为利害不同,竟会倒戈相向,做敌人所做不到的行为。因此知道不明白革命主义的军队,究竟不能除却自私自利的观念,如果和他们本身的利害相反马上便靠不住;所以我们的革命总是失败。我今天到此地来和诸君讲话,是要把以往的成败当作一场大梦,一概不要回顾他,要从今天起重新来创造革命的基础,另外成立一种理想上的革命军。诸君不远千里或者数千里的道路来此校求学,既是已经明白了我们的宗旨要造成一种革命军,一定是富有这种志愿,来做革命的事业。要做革命事业,是从什么地方做起呢? 就是要从自己的方寸地做起,要把自己从前不好的思想、习惯和性质,象兽性、罪恶性和一切不仁不义的性质都一概革除。所以诸君要在政治上革命,便先要从自己的心中革起。自己能够在心理上革命,将来在政治上的革命便有希望可以成功。如果自己不能在心理上革命,就是此刻在这样设备完全的军官学校之内研究军事学,将来还是不能成革命军,做革命军的事业。所以诸君要革命,便先要立革命的志气。此时有了革命的志气,将来便可以当革命军的将领。我们要把革命做成功,便要从今天起立一个志愿,一生一世都不存升官发财的心理,只知道做救国救民的事业,实行三民主义和五权宪法,一心一意的来革命,才可以达到革命的目的。如果不然,就是诸君将来成立军队,打许多胜仗,得许多土地,各人都能够扩充到几万人,还是不能够叫做革命军的。

中国现在不好的军人可以分成两派:一派是在革命党内的军人,这派军人口头赞成革命,行动都是反对革命,所谓口是心非;一派是在革命党外的军人,这派军人完全反对革命,只知道升官发财,时时刻刻都想推翻共和,恢复专制。诸君要将来维持共和,消灭这种军人,现在便要立志,要存心将来成功之后,不做自私自利的师长旅长和一般横暴无道的军阀。诸君有了这种志气，才可以入革命的第二层门径。什么是革命的第二层门径呢？就是要学革命先烈的行为。革命先烈的行为没有别的长处，就是不要身家性命，一心一意为国来奋斗。

从前的奋斗是什么情形呢？大多数都是凭着赤手空拳，有了手枪炸弹的，便以为是很好的武器，每次起义，总用很少的这种武器去和清兵奋斗。当时全国清兵有多少呢？从前有旗下绿营、水师和巡防营，后来又有新兵，总共不下一百多万。譬如辛亥年三月二十九日，在广州城的，便有李准所带的水师、张鸣岐所带的陆师，和燕塘的许多新兵，及满州的驻防军，总计不下五六万人。当时革命党的人数不过是几百人。经过那次革命之后，死了的有七十二人，没有死的当然是很多。当时冲锋队的人有武器的不过三百人，所打的敌人，不止三万人。革命党只用三百人便敢打三万多敌人，这就是革命党的见识。革命党的见识，都是敢用一个人去打一百个人的。此刻在这地听话的，多是军事教员同军官学生，试问诸位教员，研究军事学，在战术中有没有这个道理呢？有没有一个人打一百个人的成例呢？依我看起来，无论古今中外，都没有这种战术。普通的战术用一个人去打一个人，便以为了不得。古时的兵法都说是倍则攻之，十则围之。近时的兵法用一个打一个，非守即退。象这样的兵法，古今才叫做正当的战术。至于广州十三年前的革命，不但是用一个人去打一〈百〉个人，并且坐守广州的敌人都有长枪大炮，进攻广州的革命党只有手枪炸弹。战到结果，革命党死了七十二人，后人以为是失败。但是革命党攻进制台衙门，赶走两广总督，我们以战论战，当日广州城内之战可以说是成功。至于后来失败的原因，完全是由于预约援军不至。就是推到那次冲锋队的三百人，武器还是不精良。如果人人都有精良的武器，那次革命或者可以成功,并不是绝对没有成功的希望。我们事后用敌我的情形过细比较,那次革命之不成功,并不是三万敌人能够打败三百个革命党,实在是由于革命党内部的计划不周全;如果起义之先计划很周全,那次革命也不是绝对没有成功的希望。

辛亥年革命,在广州起义之后又有武昌起义。武昌起义结果是成功。推到当时的情形是怎么样呢? 当时在武昌、汉口的革命党总共还不足三百人,真正革命党不过是几十人。所有的枪都没有子弹,临时到处搜索,只得到两盒子弹,一共不过五十颗。革命党分到了五十颗子弹,便在城内〈工〉程营中发难。城外的炮兵营立时响应,便拉两门炮进城,遥攻总督衙门,赶走瑞澂,占领武昌。至于当时驻在武昌的清兵,有第八镇的新兵,有长江的海军,又有巡防营的旧陆师,总共不下两万多人。革命党只用几十个人去打两万多人,可以说是用一个打五百个人。在广州起义,用一个打一百个人,结果是失败;武昌起义,用一个打五百个人,结果是成功。都是以极少数的人打极多数的人,在广州是失败,在武昌便成功,所以革命的奋斗不能一概而论。这种奋斗是古今中外各国兵法中所没有的,只有革命历史中才有这种创例。我们继续来革命,按步就班,便不能说用少数能胜多数。

诸位教员有从外国来的,有从保定学的。从前各国在陆军学校所教授的学问,那是寻常的军事学。此刻学成的先生,再教授学生,一定也是从前所学的普通军事学。所以诸位学生在这个学校内所学的学问,大概都是极寻常、极有规矩的普通军事学。诸君专拿这种学问,可不可做革命军呢? 做革命军的学问,不是专从学问中求出来的,诸君在求学的时代,当然要听先生的指教,服从长官的命令,先生教了多少,便要明白多少。如果有绝顶聪明的人,或者有青出于蓝而胜于蓝的,就是没有绝顶的聪明,只要把先生所教的学问彻底了解,将来也有大用处。用诸君现在的情形和从前的革命党比较:从前的革命党都没有受过很多的军事教育,诸君现在这个学校之内,至少还有六个月的训练;从前的革命党只有手枪,诸君现在都有很好的长枪;从前革命党发难,集合在一处地方的最多不过是两三百人,现在这个学校已经有了五百人。以诸君这样好的根本,如果是真有革命志气,只用这五百人和五百枝枪,便可以做一件很大的革命事业。

军队之能不能够革命,是在乎各位将士之有没有革命志气,不是在乎武器之精良不精良。如果没有革命志气,不研究革命道理,象满清末年所练的新军,陆军都有很精良的长枪大炮,海军有很坚固的战舰和鱼雷艇,总不能发扬革命事业;到了武昌起义之后,便都归革命党所用。总而言之,革命是非常的事业,非常的事业不可以常理论。从前留学日本和欧美各国的陆海军学生,我们总是设法运动,要他们加入革命党,但是有许多学生总是不肯加入,始终反对革命。他们那些反对革命的有知识军人,是什么心理呢?过细考查,就是他们都有一种成见,自以为是军事专家。在我们革命党,主张用一个人打一百人,用一百人打一万人;在他们受过军事教育的人看起来,以为这是古今中外战术中没有的道理,如何可以成功呢?这个道理我们不必深辩,只要看后来中国革命推翻满清是谁做成呢?成功的时候,固然是有许多军事家赞助,但是穷流溯源,说起原动力,还是由于极少数的革命党所发起的。推到当时一般有知识的军人,以为用极少数打败极多数是战术中决不能成功的定案,因为不赞成这个道理,便不赞成革命。所以从前的革命党,真有军事知识之人还是很少。辛亥年之革命所以大告成功,是由于全国已经发生了革命之后,段祺瑞便结合一般军人联名通电,赞成共和,才能够达到推翻满清的目的;革命党因为降格相从,容纳他们的意见,收买这一般军人,以后才收军事上的顺利。所以辛亥年革命之成功,实在没有真正军事学识的军人。大家总要记得革命是非常事业,不是寻常事业,非常事业决不可以寻常的道理一概而论。现在求学的时代,能够学得多少便是多少,只要另外加以革命精神,便可以利用;如果没有革命精神,就是一生学到老,死记得满腹的学问,总是没有用处。

我们现在才到这地开办这个军〈官〉学校,北方的官僚军阀老早便办得有保定军官学校和北京陆军大学。用我们这个学校和他们的学校比较,他们学校之成立的时间很久,人数很多,器械又完全;我们这个学校所处的种种地位,都是比他们的差得远。如果专就物质一方面来比较,又照常理论,我们怎么能够改造中国呢?不过,北方的将领和兵士集合在一起,成立军队,不是为升官发财,就是为吃饭穿衣,毫没有救国救民的思想和革命的志气。在从前满清的时候,是这一种将士;现在遗留到曹锟、吴佩孚的,也是这一种将士。我们没有军事学识的革命党,从前能够消灭满清,将来富有军事学识的革命军,更是能够消灭曹锟、吴佩孚。不过以我们现在所处的地位,要能够消灭曹锟、吴佩孚,根本上还要有革命的精神。若是没有革命的精神,他们的人多械足,我们不但是不能够消灭他们,恐怕反要被他们消灭。俄国在六年之前,一经发动革命,便同时组织革命军,以后着着进行,所以能够消灭旧党和外来的敌人,大告成功。我们现在开办这个学校,就是仿效俄国。中国革命有了十三年,到今天还要办这种学校,组织革命军,可见大凡建设一个新国家,革命军是万不可少的。

诸君到这个学校内来求学,又聆过了我今天这一番的讲话,自然立志要做革命军。立志做革命军,先要有什么根本呢?要有高深学问做根本。有了高深学问,才有大胆量;有了大胆量,才可以做革命军。所以做革命军的根本,还是在高深学问。要造就高深学问,是用什么方法呢？造就高深学问的方法,不但是每日在讲堂之内,要学先生所教的学问,还要举一隅而三隅反,自己去推广。在讲堂之外,更须注重自修的工夫,把关于军事学和革命通〔道〕理的各种书籍及一切杂志报章,都要参考研究。研究有了心得之后,一旦融会贯通,自然可以发扬革命的精神,继续先烈的志愿,舍身流血,造成中华民国的基础,使三民主义完全实现。革命大告成功,象俄国一样,我们中国才可以同世界各国并驾齐驱,中国的民族才可以永远的生存于人类。假若革命不能成功,中国便要亡,四万万人便要灭种。国亡种灭,都是诸君自身的利害,这是不能不挽救的。要挽救这种危亡,只有革命军。所以我们一定要开这个学校,要做成革命军。

　　革命军是救国救民的军人,诸君都是将来革命军的骨干,都担负得有救国救民的责任。既是有了救国救民的责任,便要从今天起,先在学问上加倍去奋斗。将来毕业之后,组织革命军,对于共和的障碍,更是要同他们拼命,要能够用一个人去打一百个人。这种用一个人去打一百个人的本领,是靠什么为主呢？当革命军的资格,是要用什么人做标准呢？简单的说,就是要用先烈做标准,要学先烈的行为,象他们一样舍身成仁,牺牲一切权利,专心去救国。象这个样子,才能够变成一个不怕死的革命军人。革命党的资格,就是要不怕死。要用什么方法才不怕死呢？这个方法,说来说去,还是要学先烈。我今天在这地同诸君讲话,便是一个后死的革命党。从前每次革命的时候,我常常参加,总没有一次贪生畏死,但是每次流血都没有流到我的身上,所以今天还能够同诸君讲话,把不怕死的道理口传到诸君。我敢说革命党的精神,没有别的秘诀,秘诀就在不怕死。要能够有这种大勇气,在心理中就是视死如归,以人生随时都可以死,要死了之后便能够成仁取义。明白了这种道理,便能够说死是我们所欢迎的;遇到了敌人的枪炮子弹,能够速死更是我们所欢迎的。有了这种大勇气和大决心。我们便能够用一个人去打一百个人。因为敌人的观念,要生才以为是享幸福;我们的观念,要死才以为是享幸福,一死便得其所。生死的观念,在敌我两方面的精神过于悬殊,自然不能对敌,自然是我们有胜无败。

这样以死为幸福、要求速死的道理,并不是凭空的理想,完全是事实。象从前日本有一位中国留学生,叫做陈天华,也发扬了革命的精神,还没有革命的时机,求死不得,便在日本投海而死,以死报中国。英国又有一位留学生,叫做杨笃生,也是因为明白了革命的道理,没有到革命的时机,不能做革命的事业,看到中国太腐败,要以速死为享幸福,便在英国投海而死,以死报中国。象陈天华、杨笃生,他们是什么人呢? 他们就是革命党,就是热心血性的真革命党。他们都是由求死所而不得,所以迫到投海,实在是可惜。但是由陈天华、杨笃生两个人投海的道理,便可以证明一般人只要感受了革命的精神,明白了革命的道理,便可以视死如归,以为革命而死是很高尚、很难得和很快乐的事;如果在战场上遇到了自己主义上的敌人,受敌人枪炮的子弹而死,当然更以为是死得其所了。

从前的真革命党,因为都有这种乐死的性质,所以敢用一个人去打一百个人,所以敢于屡次发难来革命,所以革命能够成功。这种先例,是古今中外兵书中所没有的,只有革命史中才有这种成例。这种成例,是非常的例子。我们要学这种非常的成例,便要有非常的志气,有了非常的志气,便能够看破生死关头,以死为幸福。如果人人都能够以死为幸福,便能够一百人打一万人,用一万人打一百万人。假若我们现在有一万人的革命军,马上便可以定中国,因为此刻反对革命的全国军队,总共不过一百万人。因为此刻我们没有一万人的革命军,所以那般贪暴无道的军阀,便敢于横行全国,无恶不作,事事要害国,天天要推翻共和。我因为要维持共和,消灭这般贪暴无道的军阀,所以要诸君不怕死,步革命先烈的后尘,更要用这五百人做基础,造成我理想上的革命军。有了这种理想上的革命军,我们的革命便可以大告成功,中国便可以挽救,四万万人便不至灭亡。所以革命事业就是救国救民。我一生革命,便是担负这种责任。诸君都到这个学校内来求学,我要求诸君,便从今天起,共同担负这种责任。

据《广州民国日报》一九二四年六月二十日至
二十四日连载《帅座对军校开学演词》

陆军军官学校训词[*]

(一九二四年六月十六日)

三民主义,吾党所宗,以建民国,以进大同。咨尔多士,为民前锋,夙夜匪懈,主义是从。矢勤矢勇,必信必忠,一心一德,贯彻始终。

据《中国国民党周刊》第二十六期(一九二四年六月二十二日版)

任命周自得兼职令[**]

(一九二四年六月十六日)

特着令护路司令周自得兼任管理军车事宜。

据《广州民国日报》一九二四年六月十六日《周自得接军车后情形》

---

[*]　此训词后谱为中国国民党党歌。
[**]　此件所标时间系《广州民国日报》发表日期。

给宋子文的命令[*]

（一九二四年六月十六日）

　　嗣后无论何项军队或何种机关，一概不准迁入驻扎，妨害银行业务。倘敢故违，呈准请令行广州卫戍总司令部及广州市公安局驱逐。

据《广州民国日报》一九二四年六月十六日《中央银行筹备开办》

给廖仲恺的训令[**]

（一九二四年六月十六日）

　　查香山县属护沙事宜，前经该县绅民等星〔呈〕请自筹自卫，此事有关人民自治起点，自应准其试办，以观后效。至东海十六沙地隶香山，亦应准其统筹办理。惟现在用兵之际，军需孔亟，当饬该属业佃依照前案，于民国十三年缴纳特别军费每亩四毫，分上下两造征收。其他有沙田之县分亦照案征缴，以济军需。仰粤军总司令、广东省长分饬广东沙田清理处及该管各县长遵照办理。至香山属沙田，既听人民自筹自卫，其每年应缴之沙捐，即责令该属护沙自卫局，帮同清佃局切实督催，勿令短欠。所有护沙事宜，并责该属县长监督整理，务使农民得所，军需有赖，是为至要。此令。

据《广州民国日报》一九二四年六月十六日《照案征收沙田特别军费》

---

　　[*]　此件所标时间系《广州民国日报》发表日期。

　　[**]　此件所标时间系《广州民国日报》发表日期。

祭夏重民文 *

（一九二四年六月十六日）

中华民国十有三年六月，大元帅孙文遣大本营建设部长林森致祭于烈士夏重民中将之灵前曰：

乌虖！元霜霄物，松筠后凋。旃檀经热，芬烈弥昭。宙合茫茫，材贤埋阆。繄惟英名，千祀不没。觥觥吾粤，革命先河。黄岗先烈，花邑尤多。君生是邦，气同沆瀣。始露凤积，不辞犴狴。十年奔走，党谊宣扬。刲心痎口，正论斯昌。壬岁屯蒙，变生肘液〔腋〕。貄貐纵横，磨人咽血。君播其罪，笔伐口诛。卒撄毒焰，茹愤捐躯。天心助顺，重光日月。存尚有为，亡不可作。乌虖烈士，蕴蓄未施。崧山岳降，倘或助予。岁星再周，追悼兹日。英灵有知，来歆来格。尚飨。

据《中国国民党周刊》第二十六期（一九二四年六月二十二日版）《大元帅祭文》

给陈兴汉的指令

（一九二四年六月十六日）

大元帅指令第五九四号

令管理粤汉铁路事务陈兴汉

---

* 六月十六日，夏重民殉难二周年纪念会在广州召开，孙中山未到会，林森代表孙中山致祭文。

呈请辞职由。

呈悉。已有明令照准矣。仰即知照。此令。

（中华民国陆海军大元帅之印）

中华民国十三年六月十六日

据《大本营公报》第十七号《指令》

给许崇智的指令

（一九二四年六月十六日）

大元帅指令第五九六号

令江海警委员长许崇智

呈报启用关防日期由。

呈悉。此令。

（中华民国陆海军大元帅之印）

中华民国十三年六月十六日

据《大本营公报》第十七号《指令》

给程潜的指令

（一九二四年六月十六日）

大元帅指令第五九七号

令大本营军政部长程潜

呈复拟请准予追赠病故东路讨贼军参谋李天霖陆军少将并照积劳病故例给恤由。

呈悉。已有明令追赠给恤矣。仰即知照。此令。

（中华民国陆海军大元帅之印）

中华民国十三年六月十六日

据《大本营公报》第十七号《指令》

给林若时的指令

（一九二四年六月十六日）

大元帅指令第五九八号

　　令广东海防司令林若时

　　呈请任命卢善矩为"江固"舰舰长由。

　　呈悉。已有明令任命矣。仰即知照。此令。

（中华民国陆海军大元帅之印）

中华民国十三年六月十六日

据《大本营公报》第十七号《指令》

任命古应芬职务令

（一九二四年六月十七日）

大元帅令

　　任命古应芬为经界局督办。此令。

（中华民国陆海军大元帅之印）

中华民国十三年六月十七日

据《大本营公报》第十七号《命令》

委派古应芬职务令

（一九二四年六月十七日）

大元帅令

　　派古应芬兼办广东沙田清理事宜。此令。

（中华民国陆海军大元帅之印）

中华民国十三年六月十七日

据《大本营公报》第十七号《命令》

免刘成禺职务令

（一九二四年六月十七日）

大元帅令

　　大本营宣传委员刘成禺另有任用，应即免职。此令。

（中华民国陆海军大元帅之印）

中华民国十三年六月十七日

《据大本营公报》第十七号《命令》

任命刘成禺职务令

（一九二四年六月十七日）

大元帅令

　　任命刘成禺为大本营参议。此令。

（中华民国陆海军大元帅之印）

中华民国十三年六月十七日

据《大本营公报》第十七号《命令》

任命姚雨平职务令

（一九二四年六月十七日）

大元帅令

　　任命姚雨平为参议①，每月公费三百元。此令。

孙　文

中华民国十三年六月十七日

据谭编《总理遗墨》第三辑影印原令

任命林振雄等职务令

（一九二四年六月十七日）

大元帅令

　　陆军军官学校校长蒋中正呈请任命林振雄为陆军军官学校管理部主任，周骏彦为陆军军官学校军需部主任，宋荣昌为陆军军官学校军医部主任，梁广谦为陆军军官学校上校教官，钱大钧、胡树森、陈继承、顾祝同、文素松、沈应时、严重为陆军军官学校中校教官，邓演达为陆军军官学校总队长，王俊、刘峙为陆军军官学校少校教官，俞飞鹏为陆军军官学校军需部副主任，张崧年为陆军军官学校政治部副主任，张家瑞为陆军军官学校中文秘书。均照准。此令。

---

　　① 参议：即大本营参议。

（中华民国陆海军大元帅之印）

中华民国十三年六月十七日

据《大本营公报》第十七号《命令》

任命吕梦熊等职务令

（一九二四年六月十七日）

大元帅令

　　陆军军官学校校长蒋中正呈请任命吕梦熊为陆军军官学校第一队队长，茅延桢为第二队队长，金佛庄为第三队队长，李伟章为第四队队长。均照准。此令。

（中华民国陆海军大元帅之印）

中华民国十三年六月十七日

据《大本营公报》第十七号《命令》

委派徐谦职务状

（一九二四年六月十七日）

　　派状：派徐谦为特务宣传员。此状。

孙文（印）

中华民国十三年六月十七日

据传记文学编辑委员会编《传记文学》第四十一卷第五期（台北一九八二年十一月版）杨雪峰《国父给徐谦几封未见发表的函电》

给杨庶堪的训令

（一九二四年六月十七日）

大元帅训令第二八八号

令广东省长杨庶堪

为令饬事：查现已设立经界局，掌管厘正全国经界事宜。所有广东沙田清理处，应即归并该局，以一事权而便整顿。除令派经界局督办古应芬兼办广东沙田清理事宜外，合行令仰该省长即便转饬遵照。此令。

（中华民国陆海军大元帅之印）

中华民国十三年六月十七日

据《大本营公报》第十七号《训令》

给许崇智的指令

（一九二四年六月十七日）

大元帅指令第五九九号

令粤军总司令许崇智

呈请任命该军各军长、师长、旅长由。

呈悉。已另有明令任命矣。仰即知照。此令。

（中华民国陆海军大元帅之印）

中华民国十三年六月十七日

据《大本营公报》第十七号《指令》

给许崇智的指令

（一九二四年六月十七日）

大元帅指令第六〇〇号

　　令粤军总司令许崇智

　　呈请任命冯轶裴为该部参谋处长等职由。

　　呈悉。已明令照准矣。此令。

　　　　　　　　　　　　　（中华民国陆海军大元帅之印）

中华民国十三年六月十七日

据《大本营公报》第十七号《指令》

给邓泽如的指令

（一九二四年六月十七日）

大元帅指令第六〇一号

　　令两广盐运使邓泽如

　　呈为请示拨还缉私主任张民达垫款由。

　　呈悉。准如所请，即于盐税项下拨还归垫可也。此令。

　　　　　　　　　　　　　（中华民国陆海军大元帅之印）

中华民国十三年六月十七日

据《大本营公报》第十七号《指令》

给杨希闵的命令 *
（一九二四年六月十八日）

　　迭据兼广东财政厅长郑洪年、两广盐运使邓泽如转据北江坪石盐业公所及旅粤湘闽赣三省商民暨湘省各行商等，联派代表吁恳令饬北江驻军取消增设之水陆各卡，以恤商艰等情。查北江毗连数省，水陆交通，商旅纳捐，自有旧例。若苛细征敛，病商累民，商旅不前，贻误滋大。所有北江方面及乐昌坪石等处新设之水陆各卡，着即一律撤销，以恤民艰而利商旅。特此令达，仰即遵照办理具报为要。此令。

据《广州民国日报》一九二四年六月十八日《北江水陆各卡已一律取消》

给广州市政厅的指令
（一九二四年六月十八日）

　　收到停付支票一张，该毫银六千一百八十元。此据。（民国十一年十月三日）着市政厅长发还。

民国十三年六月十八日

据中华民国史料研究中心编《研究中山先生的史料
与史学》许师慎《国父全集未刊载之重要史料》

---

　　*　此件所标时间系《广州民国日报》发表日期。

委派胡谦郑洪年职务令

（一九二四年六月十九日）

大元帅令

派胡谦、郑洪年经理大本营军需处事宜。此令。

（中华民国陆海军大元帅之印）

中华民国十三年六月十九日

据《大本营公报》第十七号《命令》

任命蒋中正兼职状[*]

（一九二四年六月十九日）

任命蒋中正兼粤军总司令部参谋长。此状。

据《广州民国日报》一九二四年六月二十三日《蒋中正就职呈》

给许崇智的命令[**]

（一九二四年六月十九日）

查办前兵站总监罗翼群有无舞弊。

据《广州民国日报》一九二四年六月十九日《兵站查办后之帅令》

---

[*]　原状未署日期。按六月二十三日《广州民国日报》载"蒋介石自被任粤〈军〉参谋长，经于昨十九日就职"。今据就职日期标出。

[**]　此件所标时间系《广州民国日报》发表日期。

给朱培德的命令 *

（一九二四年六月十九日）

着将乐昌、坪石、田头、虎口湾、九峰等处新设之水陆征收厂卡撤销。

据《广州民国日报》一九二四年六月十九日《乐昌加抽厂卡分别撤留》

给杨希闵等的训令

（一九二四年六月十九日）

大元帅训令第二九二号

令中央直辖滇军总司令杨希闵、湘军总司令谭延闿、豫军讨贼军总司令樊钟秀、桂军总司令刘震寰、粤军总司令许崇智、中央直辖第一军军长朱培德、中央直辖第三军军长卢师谛、中央直辖第七军军长刘玉山、北伐讨贼军第二军军长柏文蔚、北伐讨贼军第三军军长胡谦、山陕讨贼军司令路孝忱

为令遵事：查军兴以来，各军借商人轮渡运输兵械，逼迫之际情非得已，至运输完竣应即将轮渡交还原商，以利交通。嗣闻有少数轮渡为军队霸占久不发还者，殊非大元帅体恤商艰之意。仰该总司令、军长、司令即转饬所属各军知照，如有封借商人轮渡尚未发还者，应即克期发还；如敢抗违，准该原商来府呈控，本大元帅定

饬海防司令将原有轮渡查起发还，以恤商艰。此令。

（中华民国陆海军大元帅之印）

中华民国十三年六月十九日

据《大本营公报》第十七号《训令》

给谭延闿的指令

（一九二四年六月十九日）

大元帅指令第六〇七号

　　令湘军总司令谭延闿

　　呈报十六日出发前方，所有该部一切事宜由参谋长岳森代拆代行由。

　　呈悉。准予备案。此令。

（中华民国陆海军大元帅之印）

中华民国十三年六月十九日

据《大本营公报》第十七号《指令》

给财政部的指令 *

（一九二四年六月二十日）

　　着财政部会同军政部布告禁止私铸银币。

据《广州民国日报》一九二四年六月二十日《严拿私铸之认真》

---

　　*　此件所标时间系据《广州民国日报》载"昨二十日，大本营军政部、财政部衔咨致谭、樊、刘各总司令、各军长、廖省长文……现奉大元帅面谕"酌定。

给罗翼群的指令

（一九二四年六月二十日）

大元帅指令第六〇九号

　　令前兵站总监罗翼群

　　呈为辩明并未舞弊，并遵令呈缴流水帐簿，乞发审计处查算由。

　　呈悉。候将所缴流水帐簿发交审计处彻底查算，则前此兵站有无舞弊情事，自不难剖白矣。仰即知照。此令。

　　　　　　　　　　　　　　　（中华民国陆海军大元帅之印）

中华民国十三年六月二十日

据《大本营公报》第十七号《指令》

给林翔的训令

（一九二四年六月二十日）

大元帅训令第二九四号

　　令大本营审计处处长林翔

　　为令饬事：据前兵站总监罗翼群呈称："呈为呈复事：案奉钧府第二三六号训令开：据许总司令崇智呈称：'除原文有案邀免冗叙外，后开：仰该前总监即便遵照将前经许委员长崇灏派员加盖图记之各项流水簿据，克日检齐呈缴来府，以凭转发审计处彻底查算，俾昭核实，勿得违延。切切，此令'等因。奉此，伏查兵站所属全部各表册经于十二年十一月二日陆续分别函送东路总部及呈缴钧府转发在案。惟该委员会延搁数月，不予查明，迨至许总司令此次回粤始行赶办呈复。兹就其所举兵站舞弊各端略加辩明，以免淆惑钧听。现逐条各举驳如左：一、收据不实。查经理局收发军品，收入有各商号单据，发出有各部队机关人员收据为凭。所称收据不实，不知所指何局、何部及何项物名而言。即有领取军品人员未携正式印据，然因军情紧急一时从权起见，书立临时收据，亦必有经手人员签名负责，似不能遽加以收据不实之断定也。一、伪造铺号。查经理局购买米、煤两项，先向省城原有米、煤各号购买及与米行订约购米。迨至赊欠过多，原日交易各号以兵站不能履行契约，多以本少不能周转为辞，不肯再行赊货。而未经与兵站交易之商号，则更闻风逃避，不肯与兵站交易。事机紧急，惟有由兵站人员向各省港友人店铺请其设法办货接济，故非向日在省设立商号而为临时设肆采办者间亦有之。至现各该号尚有货价未清时来索取，其因公负累，已属可悯可嘉，而反加以伪造铺号之恶名，岂不令急公好义者歔欷叹泣耶。一、羼杂低货。查经理局收货物，派委员数人照办验收，间有商号不依货办，查出立即退回。但因前方催迫接济，以致漏夜赶付多量粮食，商人因以少数次货羼入图利，检验委员限于时间匆促，不及逐件检出，或所未免。然此项发现之事极少，即属有之，亦因一时忙迫之故，非局员有意作弊也。一、短发斤数。查经理局收发粮秣均有监磅，非一二人所得而舞弊。若辗转运至前方间有损耗，在所不免。然亦依解单或收据为准，在本部发出断无短少斤数也。一、伸缩价格。查原文所谓可以随意伸缩价格，极使无从调查，其抬高时价之证据系以伪造铺号为根据，其所谓伪造铺号一项，经于第二条办〔辩〕明，若不穷其原而竟其委，而遽加以臆度之辞，则未免公道不彰矣。总之，兵站报销概以收发单据为准，其有意外损失如被风灾、盗劫及前方军队间有不给收据者,亦事出有因,经加注说明,不能任意伪造。其有任意伪造者,自应严办,翼群绝不为所属曲庇。但只意气用事,不调查事实真相,而遽加以武断诬捏,则翼群为本身名誉计,为所属名誉计,则不可以不辩。至各种流水簿,系据以为造报销之一要件,应妥为保存,报销未办竣以前更不能抽缴。迨去年石牌之役,该委员会尚将已送查之单据交回兵站办事处,虑其有失,故此项流水簿经理局亦恐其散失,不敢率缴,至报销办竣,该委员会对于此事亦搁置不理,并非经理局苟延不缴也。兹谨遵令饬局检缴前经该委员会派员加盖图记之各种流水簿二十本,随文呈缴钧府转发审计处查算,实为公便"等情。据此,当经指令"呈悉。候将所缴流水帐簿发交审计处彻底查算,则前此兵站有无舞弊情事,自不难剖白矣。仰即知照。此令"等语,除指令印发外,合将缴到流水帐簿二十本发该处,仰即遵照先令饬彻底查算呈复,勿稍徇隐。切切。此令。

(中华民国陆海军大元帅之印)

中华民国十三年六月廿日

据《大本营公报》第十七号《训令》

给胡谦郑洪年的训令

(一九二四年六月二十日)

大元帅训令第二九六号

　　令经理大本营军需事宜胡谦、郑洪年

　　为训令事:现当作战时期,军需所关至重,该员等或久历戎行,或才擅度支。仰即随时秉承军政部长、财政部长之命,妥为经理,以利戎机。切切。此令。

(中华民国陆海军大元帅之印)

中华民国十三年六月二十日

据《大本营公报》第十七号《训令》

给陈兴汉的指令

（一九二四年六月二十日）

大元帅指令第六一二号

令卸管理粤汉铁路事务陈兴汉

呈报移交日期由。

呈悉。准予备案。此令。

（中华民国陆海军大元帅之印）

中华民国十三年六月二十日

据《大本营公报》第十七号《指令》

给程潜的指令

（一九二四年六月二十日）

大元帅指令第六一四号

令大本营军政部长程潜

呈复故滇军营长林鼎甲拟请照中校积劳病故例给予恤金由。

呈悉。准如所拟给恤。仰即转行知照。此令。

（中华民国陆海军大元帅之印）

中华民国十三年六月二十日

据《大本营公报》第十七号《指令》

广东大学学生毕业典礼训词[*]

（一九二四年六月二十一日）

民国十三年六月二十一日，广大学校之师范、法学、农学三院合行毕业礼，大元帅派总参议胡汉民代表致训词曰：

学海汪洋，毓仁作圣，大学毕业，此其发轫。植基既固，建业立名，登峰造极，有志竟成。为社会福，为邦家光，勖哉诸君，努力自强。

据《广州民国日报》一九二四年六月二十三日《广大毕业纪盛》

给邹鲁的指令

（一九二四年六月二十一日）

大元帅指令第六一六号

令国立广东大学筹备主任邹鲁

呈请指拨番禺学宫堂屋为大学学生宿舍并令行驻在军队迁出等语由。

呈悉。照准。候令行广东省长转饬广州市政厅、番禺县遵照备案，并令行谭总司令、卢军长即将各该部所驻堂屋让移，以备各生寄宿可也。此令。

---

　*　六月二十一日，广东大学举行校长就职礼暨学生毕业式，这是孙中山写的训词，由胡汉民宣读。

（中华民国陆海军大元帅之印）

中华民国十三年六月廿一日

据《大本营公报》第十八号《指令》

给廖仲恺等的训令

（一九二四年六月二十一日）

大元帅训令第二九八号

令广东省长廖仲恺、湘军总司令谭延闿、中央直辖第三军军长卢师谛

为令遵事：据国立广东大学筹备主任邹鲁呈称："呈为呈请事：窃职校于本年暑假招考预科学生，计文科一百二十名，理、法、农、工四科各一百名，共五百二十名，业经呈报大元帅察核，并奉指令准如所拟办理在案。现因原有宿舍除为原有学生及添聘教员居住外，所有新招学生竟无宿舍可住，若任其在外散居，以目前广州旅舍价值高昂，习染恶劣，防〔妨〕碍学生，实非浅鲜，是非急为筹备不可。但一时建筑财力固有不能，时日亦恐不及。筹觅再四，查校舍后门对面有番禺学宫，尚有宽大堂屋，现为第三军卢军长所部及湘军病院驻扎，除应移驻郊外之军队所腾出堂屋请定为广大宿舍之用外，其有不在移驻郊外之军队，亦请令该军另觅地点移驻，庶几莘莘学子有所托足，而学校管理亦易奏效。谨拟将令第三军卢军长所部及湘军病院驻扎番禺学宫之堂屋腾出，及将其他所部军队移驻郊外所腾出之堂屋，一并拨定为国立广东大学宿舍各缘由，理合备文呈请钧座察核准照办理，仍候指令祗遵"等情前来。除指令"呈悉。照准。候令行广东省长转饬广州市政厅、番禺县分别遵照备案，并令行谭总司令、卢军长即将各该部所驻堂屋让移，以备各

生寄宿可也。此令"印发外,合行令仰该省长、总司令、军长即便分别遵照办理。切切。此令。

(中华民国陆海军大元帅之印)

中华民国十三年六月廿一日

据《大本营公报》第十八号(广州一九二四年六月卅日版)《训令》

给黄昌谷的训令

(一九二四年六月二十一日)

大元帅训令第三○○号

令大本营会计司长黄昌谷

为训令事:据大本营参军长张开儒呈称:"职处录事猝遭父丧,恳给薪水以资营葬,恭呈仰祈睿鉴事:窃据职处录事熊阳钰呈称:'呈为迫切陈词恳请给假奔丧,以全子职事:窃职顷接家慈手谕云:家父于阴历五月初二月卯时身逝,促速归家料理一切等因。捧读之余,寸心惨断,呼天抢地,痛不欲生。只缘既无叔伯,终鲜兄弟,势不能不勉抑哀怀,以襄大事。拟遵慈命,即日束装旋里,为此迫切陈词恳请钧座察核,给予丧假三十天,俾得丧葬之后返处供职。惟思国步艰难,原可夺情任职,然究不足以敦庞国俗,复不足以慰我良知。区区之情,当蒙洞察。再有恳者:职家贫,亲老担石无储,频年万里驰驱,亦谋甘旨之奉。即今惨遭大故,当祭葬之资,且远道奔丧,川资不少,囊空如洗,五内如煎,拟恳我钧座大发慈悲,推情格外,将职所有欠薪函知会计司迅赐,如数发给,则蛇珠环雀图报将来,高厚鸿施殁存均感。苫块余生,语无伦次,伏候示遵'等情,并附呈家属报丧信一件。据此,查该员系出寒儒,奉公勤慎,离乡数千里,猝遭父丧而囊空如洗,情实堪怜。综计该录事自十二年尾至十三年五月份止,共存薪金一百八十四元,拟恳逾格恩施,令行会计司将该录事积薪特予清发,俾得奔丧营葬,以济寒儒而全孝道。所有职处录事恳恩给薪缘由,连同原信粘呈,仰祈睿察,伏候指示祗遵"等情。据此,除指令照准外,合行令仰该司长即便查照发给。此令。

（中华民国陆海军大元帅之印）

中华民国十三年六月廿一日

据《大本营公报》第十八号《训令》

给张开儒的指令

（一九二四年六月二十一日）

大元帅指令第六一九号

　　令大本营参军长张开儒

　　呈为该处录事熊阳钰猝遭丧父,乞令饬会计司清发积薪,俾得奔丧营葬由。

　　呈悉。照准。已令行会计司查照发给矣。此令。

（中华民国陆海军大元帅之印）

中华民国十三年六月二十一日

据《大本营公报》第十八号《指令》

给程潜的指令

（一九二四年六月二十一日）

大元帅指令第六二〇号

令大本营军政部长程潜

呈为遵谕审核《梧州善后处条例》，酌加修正，乞予核准施行由。

呈悉。《梧州善后条例》既经该部审查修正，应准照行。仰即转饬遵照。附件存。此令。

（中华民国陆海军大元帅之印）

中华民国十三年六月廿一日

据《大本营公报》第十八号《指令》

致李济深黄绍竑电[*]

（一九二四年六月二十二日）

万火急。梧州李处长济深、黄副指挥绍雄〔竑〕均览：沈总司令^①呈报围攻桂林，迭告克捷情形，并恳接济饷弹，俾早竟功。当经令饬有司筹拨子弹二十万，饷洋十万元，并着邓代表士瞻先行解运子弹十万发赴桂，以应急需，由军政部给予护照及通行西江军队关卡查验放行各在案。顷据该部驻粤代表陈贞瑞呈称：该项子弹行经梧州，以未接电知致被扣留，请转饬迅速放行等情前来，合亟电达，仰即迅速验放，俾该代表赶运赴桂，以利戎机，勿延为要。大元帅。养午。印。

据《广州民国日报》一九二四年七月五日《帅令验放沈军子弹》

---

　　* 原电未署日期。按一九二四年七月五日《广州民国日报》称为"养"电，据判断应为六月养日。又查六月沈军围攻桂林事实与电文内容相符，故定为一九二四年六月。

　　① 沈总司令：即沈鸿英。

与菲律宾劳动界代表的谈话[*]

（一九二四年六月二十三日）

菲代表：斐列滨人民目前受治于斐列滨总督、斐岛^①审计官及高等法庭法官之下，难望进步。盖此等握权者非由斐人公举，乃美国总统所委任，凡斐议会所立之法，彼等皆得否拒之也。

孙中山：此乃一国被别一国管理之结果，无论斐岛受治于美，抑受治于日本，其结果皆如是耳！

菲代表：阁下对于斐人之自治能力意见如何？假使准斐岛独立之权握于阁下之手者，阁下今日即许吾人独立否？

孙中山：余于斐岛情形不甚明了，但吾意独立必须赖陆海军之实力，斐岛之军队实力若何欤？若徒有自治之智慧，恐不足以救一国家。

菲代表：斐岛并无陆海军，仅有警察队六千人。今之斐岛陆军乃美兵及斐人侦察队所构成，直接归美政府管辖者。阁下之意是否谓斐人若不能自设陆军或海军足以抵御别一国之攻击者，则决不能得独立之给予。换言之，因美国尚怀疑于许斐岛以独立，故斐岛遂不能得独立欤？

孙中山：中国现象君等宁不见之，弱国未有不遭强国侵陵之险者，苟无一强国拥卫君等，则君等必恒在他强国之侵略中。中国将

---

* 六月二十三日，菲律宾劳动界参加广州国际劳动会议代表五人，由廖仲恺陪同至大元帅府谒见孙中山。此谈话原载于马尼拉 *Ang Araw* 杂志。

① 斐列滨、斐岛：今作菲律宾。

来能否达到充分强大地位,足以保护东方诸弱小国,乃一疑问。二千年前,中国甚强,不独雄踞东方,且威震欧洲。然中国既强,即以和平主义教训世界,彼教各国弭战,营和平生活,但当中国宣传此种教训,他国正在准备巨大陆军海军,遂成今日之结果。彼等见中国地大物博,为商业上之大好市场,而武备缺乏,文弱不振,遂划分其土地,各占一势力范围。时势至此,东方各民族非结一坚固同盟不可。最近之欧战当在君等记忆中,然此并非世界最大及最后之战,东方人民多于欧洲,倘吾人能团结一致,则力量亦必更强。中国有不少敌人,今国内不统一,对外对内均无实力,若不能得一相当适合之政府,将不能为谋国家任何幸福,而设立政府必自有实力始。

菲代表:管理贵国之权力本握于阁下之手,但阁下将此权力让诸别一人。吾人以为,让此权力之责任应由阁下负之。

孙中山:诚然。但余让权之理由有历史证明之。吾为此举或系失策,但予信,无论何时吾人愿将恶劣政府推翻,苟其愿力充分强固,则必能达到目的。今之北京政府,与吾人从前经三十年之奋斗而推倒者正复相同。其犹能保其地位者,纯因他国为其后援,给与金钱,军器之故。君等斐岛人民只有美国一个主人,美人且优待君等,而我中国人有十八个主人,其地位之困难实远过于斐列滨。吾人如欲脱离一切羁绊,必须经过许多实力之奋斗,并须同时对付每一国家也。

菲代表:阁下以为日本对于斐岛有无图谋,倘美国许斐岛独立后,日本将起而占据之乎?

孙中山:日本之欲占斐岛以及爪哇、婆罗洲、澳洲及中国,固无疑义,但彼此时有许多困难阻其进行。若美国目下许斐岛独立,日本或未必占领该岛;但若斐岛未得独立之前,日美两国间发生战争，则我敢断言日本必攻击该岛。彼拥有强大海军，大与斐岛接近，尽能惟意所欲，而使君等为最初牺牲者。

菲代表：阁下知否斐岛及美国之政情，阁下信吾人能从美政府取得独立乎？

孙中山：予料美国对于斐岛之目的，与英人对印度、日人对高丽、荷人对爪哇之欲久占不去者相同。总之，能一日保留其殖民地，则将一日不许其独立。君等斐人尤其劳动阶级必须努力工作，以图进步。目下美国武力强盛，斐人不能以力敌，只得以和平方法要求独立耳。

菲代表：愿闻阁下对斐列滨人之赠言。

孙中山：吾顷已言之，君等必须努力研究，增进学问，使国民地位益加进步。全国同心协力，随时准备，一致对外，此吾所望于斐岛人民者也。

据上海《民国日报》一九二四年八月一日《中山先生与斐岛代表之谈话》（译自马尼拉 *Ang Araw* 杂志）

抚恤刘景双令

（一九二四年六月二十三日）

大元帅令

据大本营军政部长程潜呈复已故陆军少将刘景双，矢志杀贼，遇害身亡，情殊可悯，拟请给恤等情。刘景双着照陆军少将因公殒命例第三表给予少将恤金，以彰义烈而励来兹。此令。

（中华民国陆海军大元帅之印）

中华民国十三年六月廿三日

据《大本营公报》第十八号《命令》

给赵士觐的指令

（一九二四年六月二十三日）

大元帅指令第六二一号

　　令卸大本营粮食管理处督办赵士觐

　　呈为遵令依式编造支出计算书乞备案等情由。

　　呈悉。准予备案。此令。

（中华民国陆海军大元帅之印）

中华民国十三年六月廿三日

据《大本营公报》第十八号《指令》

给廖仲恺的指令

（一九二四年六月二十三日）

大元帅指令第六二二号

　　令广东省长廖仲恺

　　呈报就职日期由。

　　呈悉。此令。

（中华民国陆海军大元帅之印）

中华民国十三年六月廿三日

据《大本营公报》第十八号《指令》

给林森的指令

（一九二四年六月二十三日）

大元帅指令第六二三号

　　令广东治河督办林森

　　呈报就职日期由。

　　呈悉。此令。

（中华民国陆海军大元帅之印）

中华民国十三年六月廿三日

据《大本营公报》第十八号《指令》

祭伍廷芳文[*]

（一九二四年六月二十三日）

　　乌虖！南纪奥区，扶舆磅礴。笃生哲人，树立岳岳。艰难国步，天弗慭遗。老成殂谢，日月不居。追念勋贤，岁星再阅。尚有典型，九原可作。乌虖博士，学究人天。昔持旄节，遍历瀛寰。樽俎折冲，中外仰止。笑却熊罴，神完有恃。中原多故，护法南来。崎岖险阨，赞我宏规。落落其神，温温其貌。铁石肺肝，强不可挠。壬岁之变，忧愤填膺。一瞑不视，巷哭相闻。爰整义师，重奠百粤。艰巨纷投，谁与商榷！后死之责，敢告英灵。馨香用荐，祈愒来歆。

* * *

　　* 一九二四年六月二十三日系伍廷芳逝世二周年纪念日。广东善后委员会假高等师范大礼堂公祭，孙中山特派胡汉民代表致祭，并撰写祭文及挽联。

尚飨。

据《中国国民党周刊》第廿七期（一九二四年六月廿九日版）《大元帅祭文》

挽伍廷芳联

（一九二四年六月二十三日）

革命未成功，扶植邦基思硕德；

善邻应有道，绸缪国际赖贤郎。

据《中国国民党周刊》第廿七期《伍博士殉义二周年纪念》

准郑洪年辞职令

（一九二四年六月二十四日）

大元帅令

　　兼广东财政厅长郑洪年呈请辞职。郑洪年准免兼职。此令。

　　　　　　　　　　　　（中华民国陆海军大元帅之印）

中华民国十三年六月廿四日

据《大本营公报》第十八号《命令》

任命陈其瑗职务令

（一九二四年六月二十四日）

大元帅令

　　任令陈其瑗为广东财政厅厅长。此令。

　　　　　　　　　　　　（中华民国陆海军大元帅之印）

中华民国十三年六月廿四日

据《大本营公报》第十八号《命令》

任命萧炳章职务令

（一九二四年六月二十四日）

大元帅令

　　任命萧炳章为大本营参议。此令。

（中华民国陆海军大元帅之印）

中华民国十三年六月廿四日

据《大本营公报》第十八号《命令》

任命林赤民等职务令

（一九二四年六月二十四日）

大元帅令

　　任命林赤民、彭堃、练炳章为大本营谘议。此令。

（中华民国陆海军大元帅之印）

中华民国十三年六月廿四日

据《大本营公报》第十八号《命令》

免廖朗如职务令

（一九二四年六月二十四日）

大元帅令

　　财政委员会主席委员叶恭绰、廖仲恺呈请将秘书长廖朗如免职。应照准。此令。

（中华民国陆海军大元帅之印）

中华民国十三年六月廿四日

据《大本营公报》第十八号《命令》

准委姜和椿等职务令

（一九二四年六月二十四日）

大元帅令

　　财政委员会主席委员叶恭绰、廖仲恺呈请派姜和椿、陆仲履、金轩民、林继昌为财政委员会秘书。均照准。此令。

（中华民国陆海军大元帅之印）

中华民国十三年六月廿四日

据《大本营公报》第十八号《命令》

委派廖朗如李承翼职务令

（一九二四年六月二十四日）

大元帅令

　　派廖朗如为财政委员会总干事,李承翼为财政委员会副干事。此令。

（中华民国陆海军大元帅之印）

中华民国十三年六月廿四日

据《大本营公报》第十八号《命令》

给广东省署的命令[*]

（一九二四年六月二十四日）

注意各县县长考成，而考成中尤应注意各县发生盗案。如各县长有蔑视盗案，放弃职守者，即行撤职查办。

据《广州民国日报》一九二四年六月二十四日《大元帅注意治盗》

给叶恭绰的训令

（一九二四年六月二十四日）

大元帅训令第三〇三号

令盐务督办叶恭绰

为令行事：据两广盐务缉私主任张民达呈称："窃职前奉帅令：'着张民达即将"平南"舰拿获。此令'等因。奉此，当即派遣缉私副主任兼'飞鹏'舰长宋绍殷，于本月十三日赴九江河面截缉。去后顷据该舰长呈称：'窃职舰奉钧令前赴九江河面缉拿"平南"舰，职于十三日率同"安北"、"定海"二舰，十四早驶抵九江，即将"平南"舰拿获。不料该舰胆敢开枪拒抗，相战二十分钟，击伤职舰水兵陈树根一名，职即将该"平南"舰拿获。所有舰上枪枝子弹及勒收行水□据理合开单一并呈解钧处察核办理，实为公便'等情。据此，查平南舰向系盐务缉私巡舰，久未归队。现既因湾泊九江勒收行水，且敢扣留迫勒福海舰护送之盐船，以致获案，应请帅座从严

---

[*] 此件所标时间系《广州民国日报》发表日期。

核究,以儆效尤,并请先将该舰拨还职处,俾得派出各段协同缉私。所有遵令获解'平南'舰各缘由,理合照录清单呈请帅座鉴核"等情。据此,查"平南"舰既据呈称向系盐务缉私巡舰,现经拿获,自应拨交该主任,以供缉私之用,合行照钞清单,令仰该督办即便转饬知照。至案内在逃人犯,应由该督办通行各军及地方官一体严缉,务获究办,以肃法纪。合并饬知。此令。

(中华民国陆海军大元帅之印)

中华民国十三年六月二十四日

　　计缴:"平南"舰一艘,单响快枪共一十八枝(内废坏七枝),子弹三百颗,四生半炮二门,连枝炮二枝,子弹二百三十颗(弹梳四条),七生五炮一门,勒收行水单纸部据一大包,谨呈师长兼缉私处主任张。

舰长宋绍殷呈

据《大本营公报》第十八号《训令》

给郑洪年的指令

(一九二四年六月二十四日)

大元帅指令第六二四号

　　令兼广东财政厅长郑洪年

　　呈请辞去财政厅长兼职由。

　　呈悉。应即照准,已有明令发表矣。此令。

(中华民国陆海军大元帅之印)

中华民国十三年六月廿四日

据《大本营公报》第十八号《指令》

给程潜的指令

（一九二四年六月二十四日）

大元帅指令第六二五号

令大本营军政部长程潜

呈请追赠已故司令孙之虑①陆军上校并照陆军战时恤赏章程第一表给予上校恤金，以彰忠荩而慰英灵由。

呈悉。准如所拟给恤。此令。

（中华民国陆海军大元帅之印）

中华民国十三年六月二十四日

据《大本营公报》第十八号《指令》

给程潜的指令

（一九二四年六月二十四日）

大元帅指令第六二六号

令大本营军政部长程潜

呈复拟请援照陆军少将因公殒命例第三表给恤刘烈士景双由。

呈悉。已有明令给恤矣。仰即知照。此令。

（中华民国陆海军大元帅之印）

中华民国十三年六月二十四日

据《大本营公报》第十八号《指令》

---

① 孙之虑曾任广东讨贼军别动队第一路司令。

给许崇智的指令

（一九二四年六月二十四日）

大元帅指令第六二七号

　　令粤军总司令许崇智

　　呈报《广东海防司令部暂行组织条例》乞鉴核备案由。

　　呈悉。准予备案。此令。

（中华民国陆海军大元帅之印）

中华民国十三年六月二十四日

据《大本营公报》第十八号《指令》

准免陆仲履职务令

（一九二四年六月二十五日）

大元帅令

　　大本营财政部长叶恭绰呈金事陆仲履另有任用，请免本职。
应照准。此令。

（中华民国陆海军大元帅之印）

中华民国十三年六月廿五日

据《大本营公报》第十八号《命令》

追赠夏尔玛令

（一九二四年六月二十五日）

大元帅令

故浙江讨袁军司令夏尔玙勠力国事，迭著勋劳，遇害身亡，良堪惋悼。经交由大本营军政部议复请予赠恤。夏尔玙着追赠陆军中将，并照阵亡例第一表给予中将恤金，以彰义烈。此令。

（中华民国陆海军大元帅之印）

中华民国十三年六月廿五日

据《大本营公报》第十八号《命令》

准陈兴汉辞职令

（一九二四年六月二十五日）

大元帅令

　　财政委员会委员陈兴汉呈请辞职。陈兴汉准免本职。此令。

（中华民国陆海军大元帅之印）

中华民国十三年六月廿五日

据《大本营公报》第十八号《命令》

准邵元冲辞职令

（一九二四年六月二十五日）

大元帅令

　　法制委员会委员邵元冲呈请辞职。邵元冲准免本职。此令。

（中华民国陆海军大元帅之印）

中华民国十三年六月廿五日

据《大本营公报》第十八号《命令》

准林云陔辞职令

（一九二四年六月二十五日）

大元帅令

　　法制委员会委员林云陔呈请辞职。林云陔准免本职。此令。

（中华民国陆海军大元帅之印）

中华民国十三年六月廿五日

据《大本营公报》第十八号《命令》

给徐树荣的指令

（一九二四年六月二十五日）

大元帅指令第六二九号

　　令东江缉匪司令徐树荣

　　呈请枪决犯官陈翕文由。

　　呈悉。陈翕文果有不法，亦应由该司令呈请粤军总司令交军法处，讯明究办，不得越级妄渎。所请着不准行。此令。

（中华民国陆海军大元帅之印）

中华民国十三年六月二十五日

据《大本营公报》第十八号《指令》

给马超俊的指令

（一九二四年六月二十五日）

大元帅指令第六三〇号

　　令广东兵工厂厂长马超俊

　　呈报停发各军枪枝日期乞通饬各军一体遵照由。

　　呈悉。照准。候令行各军事长官一体遵照可也。此令。

　　　　　　　　　　　　　　（中华民国陆海军大元帅之印）

中华民国十三年六月二十五日

据《大本营公报》第十八号《指令》

给杨希闵等的训令

（一九二四年六月二十五日）

大元帅训令第三〇五号

　　令中央直辖滇军总司令杨希闵、湘军总司令谭延闿、粤军总司令许崇智、桂军总司令刘震寰、豫军讨贼军总司令樊钟秀、中央直辖第一军军长朱培德、中央直辖第三军军长卢师谛、中央直辖第七军军长刘玉山、北伐讨贼军第二军军长柏文蔚、北伐讨贼军第三军军长胡谦、山陕讨贼军司令路孝忱、中央直辖赣军司令李明扬

　　为令遵事：据广东兵工厂厂长马超俊呈称：“呈为呈请事：本月十五日奉钧座面谕：‘查兵工厂与罗拔洋行提取机器一案，当经本府一再派专员交涉妥协。惟提取机器之款在一百七十余万之多，

将来增设新厂与及运输机器、购办材料等费又须数十万。虽经各团体担认垫借，而不敷之数尚巨，自非赶紧设法筹措，难收速效。仰该厂长将现在每日所制出枪枝，一律照民团领枪条例，拨归民团出具〈县印〉结，备价清领。所得之枪款，专拨作提取机器及增建工厂之用。至各军日前定造各枪枝，一律暂行停发，已缴过之枪价，由该厂陆续交还。如各军须用枪枝，一俟新厂成立，再行继续发给。此次提回机器，增设新厂，关系西南大局实非浅鲜。仰即妥为办理，勿稍忽玩'等谕。旋奉钧座第一一三号手令开：'着兵工厂长将各军所定各枪枝一律停止发给。此令'各等因。奉此，除遵照办理于本月二十二日一律停止外，用特具呈恳请钧座通饬各军一体遵照，以昭郑重，实为公便"等情前来。除指令"呈悉。照准。候令行各军事长官一体遵照可也。此令"印发外，合行令仰该总司令、军长、司令即便转饬所部遵照。切切。此令。

（中华民国陆海军大元帅之印）

中华民国十三年六月廿五日

给叶恭绰廖仲恺的指令

（一九二四年六月二十五日）

大元帅指令第六三一号

　　令财政委员会主席委员叶恭绰、廖仲恺

　　呈为改订章程请任免各职由。

　　呈悉。廖朗如等已分别任免矣。仰即知照。此令。

（中华民国陆海军大元帅之印）

中华民国十三年六月廿五日

给叶恭绰的指令

（一九二四年六月二十五日）

大元帅指令第六三二号

  令大本营财政部长叶恭绰

  呈为该部金事陆仲履另有任用请免本职由。

  呈悉。已有明令照准矣。仰即知照。此令。

（中华民国陆海军大元帅之印）

中华民国十三年六月廿五日

据《大本营公报》第十八号《指令》

任命古应芬职务状 *

（一九二四年六月二十六日）

  任命古应芬为经界局督办。此状。

  派古应芬兼办广东沙田清理事宜。此状。

据《广州民国日报》一九二四年六月二十七日《古应芬就经界局职》

饬遵守造弹权责令 **

（一九二四年六月二十六日）

大元帅令

---

 * 此件所标时间系古应芬就职日期。

 ** 此件所标时间系《广州民国日报》发表日期。

　　查行军之要，首重军实。刻值联军并力肃清东江之际，前敌各军所需子弹均赖兵工厂制造供给，而雇工购料在在非款莫办。嗣后凡经本大元帅核准发给各军子弹，财政委员会务须迅即筹定的款，拨交兵工厂加工赶制，源源解往前方，以资补充。付款愆期责在筹款之人，出弹短少则责在工厂。此为军事利钝所关，务须特加注意，各负责成，勿稍玩忽干咎。除分令外，合行令仰遵照。切切。此令。

据《广州民国日报》一九二四年六月二十六日《接济各军子弹之权责》

给何成濬的指令

（一九二四年六月二十六日）

大元帅指令第六三三号

　　〈令中央直〉辖福建各军总指挥何成濬

　　呈恳解〈职，谨祈〉鉴情俯准由。

　　呈悉。该总指挥统率所部转战闽南各地，历时年余之久，所遭愈困，励志弥〈坚〉。□□保全余部，间关返粤。遏寇方待剪除，部众尤资统驭。即因跋涉过劳，偶抱微疴，稍事休养，不难就痊。仰仍奋志立功，勉副厚期。所请解职之处，应无庸议。此令。

（中华民国陆海军大元帅之印）

中华民国十三年六月廿六日

据《大本营公报》第十八号《指令》

给许崇智的指令

（一九二四年六月二十六日）

大元帅指令第六三四号

　　令粤军总司令许崇智

　　呈为转报该军参谋长蒋中正就职日期由。

　　呈悉。此令。

（中华民国陆海军大元帅之印）

中华民国十三年六月二十六日

据《大本营公报》第十八号《指令》

给陈兴汉的指令

（一九二四年六月二十六日）

大元帅指令第六三六号

　　令财政委员会委员陈兴汉

　　呈请辞去本职由。

　　呈悉。已有明令照准矣。此令。

（中华民国陆海军大元帅之印）

中华民国十三年六月二十六日

据《大本营公报》第十八号《指令》

给许崇智的指令

（一九二四年六月二十七日）

大元帅指令第六三九号

　　令粤军总司令许崇智

　　呈请分令财政部及财政厅将应发海军舰队及军乐队伙食饷项概交该部转发由。

　　呈悉。照准。候分令概行拨交该部转发可也。此令。

（中华民国陆海军大元帅之印）

中华民国十三年六月廿七日

据《大本营公报》第十八号《指令》

给叶恭绰郑洪年的训令

（一九二四年六月二十七日）

大元帅训令第三〇八号

　　令大本营财政部长叶恭绰、广东财政厅长郑洪年

　　为令行事：据粤军总司令许崇智呈称："窃照职部呈请，自六月一日起将黄军长明堂等部应领伙食饷项改由职部请领转发一案，业奉令复遵照。兹查尚有海军练习舰队司令潘文治所属'福安'、'飞鹰'、'广海'及'舞凤'等舰所有按月伙食向由财政部给领，自七月一日起改归职部。又军乐队长吕定国伙食向由财政厅给领，自六月十六日起改归职部。则前项伙食饷项，应请饬令概发交职部具领，以便分别令饬财政部及广东财政厅，将应发海军舰队及军乐

队伙食饷项照发，以便领给，至明公便。伏候指令祗遵"等情。据此，除指令照准并分令外，合行令仰该部长、厅长即便遵照，将应发该项海军舰队、军乐队伙食饷项概行拨交粤军总司令部转发，以归划一。此令。

（中华民国陆海军大元帅之印）

中华民国十三年六月廿七日

据《大本营公报》第十八号《训令》

给邹鲁的指令

（一九二四年六月二十七日）

大元帅指令第六四〇号

　　令国立广东大学校长邹鲁

　　呈报就职启用关防日期由。

　　呈悉。此令。

（中华民国陆海军大元帅之印）

中华民国十三年六月二十七日

据《大本营公报》第十八号《指令》

给邓泽如的指令

（一九二四年六月二十七日）

大元帅指令第六四四号

　　令两广盐运使邓泽如

　　呈为规复第四号扒船乞鉴核备案由。

　　呈悉。准予备案。此令。

（中华民国陆海军大元帅之印）

中华民国十三年六月廿七日

据《大本营公报》第十八号《指令》

准任王南微郑炳烜职务令

（一九二四年六月二十八日）

大元帅令

　　陆军军官学校校长蒋中正呈请任命王南微为陆军军官学校国文教官，郑炳烜为陆军军官学校技术教官。均照准。此令。

（中华民国陆海军大元帅之印）

中华民国十三年六月廿八日

据《大本营公报》第十八号《命令》

委派廖仲恺等职务令

（一九二四年六月二十八日）

大元帅令

　　派廖仲恺、古应芬、许崇灏为财政委员会委员。此令。

（中华民国陆海军大元帅之印）

中华民国十三年六月廿八日

据《大本营公报》第十八号《命令》

给刘震寰等的指令

（一九二四年六月二十八日）

大元帅指令第六五〇号

令桂军总司令刘震寰、湘军总司令谭延闿、滇军总司令杨希闵呈请组织战时军需筹备处举办劝捐由。

呈悉。战事方殷，饷需困绌，政府朝夕焦劳，百方筹画。关于筹款方法，无不集思广益，竭力进行。该总司令等久历艰辛，共图补救，自具不得已之苦衷。惟举事当期有参考核，不厌求详。核阅来呈及劝捐简章，范围达于内江外海，征取及于航客渔船，事涉烦苛，必多窒碍。且从前沿江军队抽收各项捐费，业经通令一律停止，今复更张，在政府既为反汗，在人民未必乐从。若操切行之，于劝捐本旨已属乖违，于财政前途更滋纷扰，利未著而害已形，此不得不郑重考虑者。该总司令等公忠体国，对于财政统一夙具热忱，宜即取消此议，另策良图，但期事属可行，无不虚衷采纳也。此次所请备案之〈处〉，〈万难〉准行。简章并发。此令。

（中华民国陆海军大元帅之印）

中华民国十三年六月廿八日

据《大本营公报》第十八号《指令》

给叶恭绰的指令

（一九二四年六月二十八日）

大元帅指令第六五一号

令大本营财政部长兼盐务督办叶恭绰

呈为查复盐运署与稽核所争执权限一案情形由。

呈及附件均悉。应准如议办理。附件存。此令。

（中华民国陆海军大元帅之印）

中华民国十三年六月二十八日

据《大本营公报》第十八号《指令》

给叶恭绰的指令

（一九二四年六月二十八日）

大元帅指令第六五三号

令大本营财政部长叶恭绰

呈报处理广州华商银行停业一案情形并附章程二件，乞鉴核备案由。

呈及《章程》均悉。准予备案。《章程》存。此令。

（中华民国陆海军大元帅之印）

中华民国十三年六月廿八日

据《大本营公报》第十八号《指令》

给程潜的指令

（一九二四年六月二十八日）

大元帅指令第六五四号

令大本营军政部长程潜

呈复核议抚恤已故三等军需正欧阳镟等情形乞令遵由。

呈悉。准如所拟办理。此令。

（中华民国陆海军大元帅之印）

中华民国十三年六月廿八日

据《大本营公报》第十九号(广州一九二四年七月十日版)《指令》

给程潜的指令

（一九二四年六月二十八日）

大元帅指令第六五五号

令大本营军政部长程潜

呈为拟具《军人宣誓词》及《宣誓条例》请核定公布施行由。

呈悉。军人以服从命令、捍卫国家为天职，非经宣誓，实不足表示至诚。所拟宣誓条例九条暨宣誓词，均尚妥协，应准如拟施行。仰即由部通行遵照可也。条例及誓词均存。此令。

（中华民国陆海军大元帅之印）

中华民国十三年六月廿八日

附一：军人宣誓词

某誓以至诚实行三民主义，服从长官命令，捍卫国家，爱护人民，克尽军人天职。此誓。

附二：军人宣誓条例

第一条　军人宣誓礼节及方法，依本条例施行。

第二条　军政部、各级司令部及各军事机关由各该长官先行宣誓，然后监督所属各员依次行之。

第三条　各部队每团或每营、连为一组，由团长或营、连长先行宣誓，然后监督各员兵依次行之。

第四条　军人宣誓时，向国旗、军旗脱帽行三鞠躬礼，高声宣读誓词，宣毕行一鞠躬礼退下。

第五条　部队宣誓时，整队向国旗及军旗脱帽行三鞠躬礼，由右翼第一名起依次高声宣读誓词，宣毕行一鞠躬礼退下。

第六条　各部队宣誓后，将宣誓日期并造箕斗名册，报告直属长官。

第七条　各级司令部及各军事机关长官于所属全部宣誓完毕后，将箕斗册汇送军政部存案。

第八条　军政部长于全体宣誓完毕后，将办理情形呈报大元帅。

第九条　本条例自公布日施行。

据《大本营公报》第十九号《指令》

在广州国民党讲习所开学典礼的演说 *

（一九二四年六月二十九日）

同志诸君：

本党自改组后，我们便着手开办一个陆军军官学校。今晚上在此地又开办一个宣传讲习所。这两件事，都是为本党主义来奋斗的事业。军官学校是教学生用枪炮去奋斗，这个讲习所是教学生用语言文字去奋斗。

————

　*　六月二十九日，中国国民党讲习所开学。这是孙中山在开学典礼的演说。

　　这两种奋斗事业,究竟是那一种更为重要呢? 讲到这一层,两种都是很重要的。民国成立以来,我们党人大多数都是用枪炮来奋斗,很少的用宣传来奋斗。所以从前的同志都是人自为战,各人单独想出方法,随时随地自由行动,凭个人去奋斗。至有联络、有系统和有纪律的奋斗,从前革命党实在没有做过的。今晚开办这个宣传讲习所,就是第一次发起用语言文字来奋斗。就用枪炮和用语言文字两种奋斗来讲,从前用枪炮来奋斗的时候最多,用枪炮的力量已经把满清政府铲除了。但是满清政府虽然是已经铲除了十三年,说到革命还没有彻底成功,没有得什么结果。这是因为什么缘故呢? 简单的说,就是因为缺乏宣传奋斗的工夫。从前把枪炮的力量比宣传的力量看得太重,少向宣传那一方面去奋斗,所以用枪炮奋斗虽然是已经成功,论到革命事业还不能得甚么结果。现在我们应该晓得,初期的革命十分重要的是枪炮奋斗;后来的革命,更加重要的还是宣传奋斗。如果我们没有宣传的奋斗,那末,我们用枪炮奋斗得来的结果便不能够保持,这就是十三年来革命失败的重要原因。我们这一次革命,想要补足从前的缺憾和从前的过失,故今晚便开设这个宣传讲习所,想各位同志在这个讲习所学得多少智识,然后更将所学的心得向民众去宣传。讲起效力来,宣传事业同军人事业实在是一样的大,和一样的重要。向民众宣传,就是同向敌人猛烈的进攻一样。古人说:"攻心为上,攻城为下。"攻心,就要用宣传的方法。从前专注意攻城,忽略了攻心,所以我们以后便应该注意攻心,把本党的主义宣传到民众。诸位同志到这个讲习所来学习,讲习所自然要把本党的三民主义教授到各位同志,俾同志知道了以后,用这种道理去宣传。

　　我们宣传的目的是在什么地方呢? 你们将来出去宣传,只要给民众知道三民主义的意思,这就算是宣传有了结果吗? 这可算是宣传的目的吗？专就平常的宣传而论，自然是要令人知、令人晓。但是这不能算是我们的目的，不能算是我们的结果。我们的目的和结果究竟是在那里呢？各位同志在这讲习所内来学习，本是先要求知，我们求知，实在不是我们的目的，这不过是一种方法。至于我们宣传主义，不特是要人知，并且要感化民众，要他们心悦诚服。我们若果能感化民众，民众能够心悦诚服，那才算是我们宣传的结果，那才算是达到了我们宣传的目的。若是徒然知，而毫不被感化，便是毫无结果。没有结果，便不是我们的目的。要感化人，那才算是宣传的目的。诸位同志要知道学到了种种方法之后，还要以感化人做结果和目的。我们既是知道了感化人就是最大的目的，想达到这个最大目的，必要有资料。我们究竟要有什么资料呢？我们如果能够学得许多学问，又能够用口才去做宣传的工夫，就能感化人吗！学问和口才，本来是宣传的方法。如果要能够感动人，究竟以什么为最重要呢？这种重要点，我们今晚便要明白，如果不明白这一点，收效便不容易。这一点究竟是什么东西呢？我们要感化人，最要紧的就是诚。古人说"至诚感神"，有"至诚"，就是学问少、才〔口〕口〔才〕拙也能感动人。所以"至诚"有最大的力量。若是我们在宣传的时候，没有"至诚"的心思，便不能感化民众。有"至诚"的心思，无论什么人都能够感动。所以各位同志在讲习所要学宣传的方法，第一个条件，便要有诚心。要诚心为革命来奋斗，诚心为主义来宣传。要以宣传为终身极大的事业，存"至诚"的心思。要能够牺牲世界一切权利荣华，专心为党来奋斗。如果各位同志能够这样存心，能够这样为党来奋斗，我们的事业便能大告成功。我们中国的革命事业，发起的人数很少，时间不过二三十年，革命风潮能够传播到全国，造成一种极大的力量，究竟是什么缘故呢，这就是先烈有"至诚"之心，能够牺牲身家性命来救国。

因为他们有这种牺牲精神能够感动全国人民，所以便得多数人的同情，都来赞成革命。现在赞成革命的人比较二十年前是进步得多，但是拿全国四万万的人数来比较，革命党人还是居于少数。所以宣传工夫，在今日更加重要，更加急切。我们要赶快宣传革命主义，令所有的民众都知道，令人人都通晓，要全国的人民都来赞成革命，同我们合作，那么我们的革命便可以成功。

诸位同志知道，从前用枪炮奋斗，已经打倒了满清。以后要做建设事业，还要人人都明白革命的道理，都来同我们合作，才可以成功。由此，便可以知道宣传就是建国的后一半工夫。前一半工夫已经由先烈和现在先得革命思想的诸同志做过了，其他一半还要诸君来担任。大家要知道，这一半工夫，如果没有人担任，革命事业便不能彻底成功。本党自改组之后，知道要想革命彻底成功，便要注重宣传。所以本总理今晚来同诸君讲话，便望诸位同志把这个责任担负起来。要担负这个责任，须拿"至诚"做基本，有了"至诚"做基本，便是有了宣传材料，便是得到宣传的能力；假若没有"至诚"，就是有高深的学问，雄辩的口才，永久还是没有成功的希望。诸位同志，今晚来研究本党的主义，预备宣传，本总理希望于诸君的，就是要以"至诚"为重。能有诚心，便容易感人；能感化人，才可以把我们的主义宣传到民众，令民众心悦诚服。民众受了我们的感化，才能够同我们合作；到了民众都同我们合作，革命自然可以成功。所以本总理今晚来同诸君讲话，没有别的贡献，头一无二的贡献，就是要诸位同志以"至诚"立心，来做宣传一方面的革命工夫。

据《中国国民党周刊》第二十九期（一九二四年七月

十三日版）《总理对国民党讲习所开学训词》

广州军警团授旗礼式训词*

（一九二四年六月二十九日）

　　欲保民权，在实民力。民力既充，不为威劫。人心以宁，公理斯真。拨乱反正，此为上策。维军与警，卫民有责。民能自卫，更宜扶植。勖尔有众，自强不息。爰授此旗，焕如天日。军魂所系，守而弗失。捍卫闾阎，绥靖邦国。敬慎始终，无忝厥职。

据《广州民国日报》一九二四年六月三十日

《大元帅检阅军警团并举行授旗礼式》

准任程滨等职务令

（一九二四年六月二十九日）

大元帅令

　　大本营参谋长李烈钧呈请任命程滨为大本营参谋处少校参谋，王景龙为大本营参谋处少校电务员，黄远宾、汪培实为大本营参谋处少校副官。均照准。此令。

（中华民国陆海军大元帅之印）

中华民国十三年六月廿九日

据《大本营公报》第十八号《命令》

---

　　*　六月二十九日，孙中山出席检阅广东警卫军、广州武装警察、粤省商团授旗仪式。训词由参军邓彦华宣读。

给财政委员会的手令 *

（一九二四年六月二十九日）

着财政委员会提前筹款二万元以济军用。

据《广州民国日报》一九二四年七月一日《董福开部领饷二万元》

给蒋中正的指令

（一九二四年六月三十日）

大元帅指令第六六一号

令陆军军官学校校长蒋中正

呈为委任俄人铁里沙夫等为该校顾问，王南微等为教官由。

呈悉。俄顾问四员①仰由该校函聘。王南微等二员已有明令照准矣。此令。

（中华民国陆海军大元帅之印）

中华民国十三年六月卅日

据《大本营公报》第十八号《指令》

裁撤广九铁路护路司令令

（一九二四年七月一日）

大元帅令

---

* 赣军总指挥董福开面谒孙中山要求给养，此为孙亲书的手令。所标时间为赣军领款日期。

① 俄顾问四员：即铁里沙夫、波拉克、赤列巴罗夫、哈罗们（均系当时译名）。

广九铁路护路司令着即裁撤。此令。

（中华民国陆海军大元帅之印）

中华民国十三年七月一日

据《大本营公报》第十九号《命令》

准陈兴汉辞职令

（一九二四年七月一日）

大元帅令

　　兼代广九铁路局局长陈兴汉呈请辞职。陈兴汉准予免职。此令。

（中华民国陆海军大元帅之印）

中华民国十三年七月一日

据《大本营公报》第十九号《命令》

任命周自得职务令

（一九二四年七月一日）

大元帅令

　　任命周自得兼广九铁路局局长。此令。

（中华民国陆海军大元帅之印）

中华民国十三年七月一日

据《大本营公报》第十九号《命令》

给伍朝枢的指令

（一九二四年七月一日）

大元帅指令第六六二号

　　令大本营外交部部长伍朝枢

　　呈复奉命裁减经费并请免裁交涉署员薪由。

　　呈悉。据称该部及所属广东交涉署月支各项经费并未超过预算。应准仍照现在实支数目支给可也。此令。

　　　　　　　　　　　　　　（中华民国陆海军大元帅之印）

中华民国十三年七月一日

据《大本营公报》第十八号《指令》

给程潜的指令

（一九二四年七月一日）

大元帅指令第六六三号

　　令大本营军政部长程潜

　　呈复裁减经费由。

　　呈悉。该部月支经费应准仍照财政委员会减定数目支给可也。此令。

　　　　　　　　　　　　　　（中华民国陆海军大元帅之印）

中华民国十三年七月一日

据《大本营公报》第十八号《指令》

给林森的指令

（一九二四年七月一日）

大元帅指令第六六四号

　　令大本营建设部部长林森

　　呈复裁减经费由。

　　呈悉。该部原定经费及现在实支数目并已裁员薪，未据报明详细数目，无凭备案，应再分别声叙呈候核办。仰即遵照。此令。

（中华民国陆海军大元帅之印）

中华民国十三年七月一日

据《大本营公报》第十八号《指令》

给大本营军政部的指令 *

（一九二四年七月一日）

　　呈悉。查禁止私铸刑律虽有明条，但值此金融紧迫、伪币充斥之际，揆以治乱用重之义，允宜特定专律加重治罪，庶足以示惩创而涤弊风。仰即由部从速妥拟草案，呈候核定颁行可也。仍咨财政部知照。此令。

据《广州民国日报》一九二四年七月八日《特定私铸专律之咨文》

---

　　* 一九二四年七月八日《广州民国日报》称此件为大元帅指令第六六六号。大本营军政部及财政部呈报遵谕禁止私铸银币，请颁专律从严处理。原令未署日期。按大元帅指令第六六四号和第六六八号发令日期均为七月一日，今据此酌定。

给林翔的指令

（一九二四年七月一日）

大元帅指令第六六八号

令大本营审计处处长林翔

呈复裁减经费由。

呈悉。据称该处月支经费三千四百一十七元，现在遵令裁撤协审官、核算各一员，共减薪俸一百六十五元。以后应准按照此次减定数目支给可也。此令。

（中华民国陆海军大元帅之印）

中华民国十三年七月一日

据《大本营公报》第十八号《指令》

任命赵超职务令

（一九二四年七月二日）

大元帅令

任赵超为参军（着当三楼侍卫）。此令。

孙　文

中华民国十三年七月二日

据谭编《总理遗墨》第三辑影印原令

准任徐坚等职务令

（一九二四年七月二日）

大元帅令

　　陆军军官学校校长蒋中正呈请任命徐坚、吴崌、季方、黄为材为陆军军官学校特别官佐。均照准。此令。

（中华民国陆海军大元帅之印）

中华民国十三年七月二日

据《大本营公报》第十九号《命令》

准免杨子毅李景纲职务令

（一九二四年七月二日）

大元帅令

　　大本营财政部长叶恭绰呈请将参事杨子毅、赋税局长李景纲免去本职。杨子毅、李景纲均准免本职。此令。

（中华民国陆海军大元帅之印）

中华民国十三年七月二日

据《大本营公报》第十九号《命令》

任命李景纲杨子毅职务令

（一九二四年七月二日）

大元帅令

任命李景纲为大本营财政部参事,杨子毅为大本营财政部赋税局局长。此令。

（中华民国陆海军大元帅之印）

中华民国十三年七月二日

准任金汉生职务令

（一九二四年七月二日）

大元帅令

大本营财政部长叶恭绰呈请任命金汉生为佥事。应照准。此令。

（中华民国陆海军大元帅之印）

中华民国十三年七月二日

给程潜的指令

（一九二四年七月二日）

呈请恢复粤汉铁路警备司令一职,久经虚悬,仓猝召募,难收实效。现财政奇绌,经费尤不易筹,所请应从缓议。此令。

七月二日

给冯伟的指令

（一九二四年七月二日）

大元帅指令第六七二号

　　令广东无线电报局局长冯伟

　　呈丁母忧，请给假守制，局务委报务总管司徒莹代拆代行由。

　　呈悉。照准。此令。

（中华民国陆海军大元帅之印）

中华民国十三年七月二日

据《大本营公报》第十九号《指令》

给古应芬的指令 *

（一九二四年七月二日）

　　呈悉①。候令行广东省长转饬广东财政厅遵照裁撤可也。此令。

据《广州民国日报》一九二四年七月三日《裁撤财厅所属经界局》

准任林君复职务令

（一九二四年七月三日）

大元帅令

---

　　*　　此件所标时间系据七月三日《广州民国日报》云"昨大元帅指令云"酌定。

　　①　　经界局督办古应芬呈请令行广东省长转令财政厅，裁撤所属经界局及经界分局，俾权限划一。

大本营财政部长兼盐务督办叶恭绰呈请任命林君复为盐务署秘书。应照准。此令。

（中华民国陆海军大元帅之印）

中华民国十三年七月三日

据《大本营公报》第十九号《命令》

准任黄元彬等职务令

（一九二四年七月三日）

大元帅令

大本营财政部长兼盐务督办叶恭绰呈请任命黄元彬、黄苹、叶次周为盐务署秘书。均照准。此令。

（中华民国陆海军大元帅之印）

中华民国十三年七月三日

据《大本营公报》第十九号《命令》

给卢师谛的命令 *

（一九二四年七月三日）

担任东江中、右两路后方警戒，俾前方部队向前进攻时，免得后顾之患。

据《广州民国日报》一九二四年七月三日《卢师谛部出发东江》

---

* 此件所标时间系《广州民国日报》发表日期。

给孙科的指令

（一九二四年七月三日）

大元帅指令第六七四号

　　令广州市市长孙科

　　呈请令行朱军长勿再截收筵席捐等情由。

　　呈悉。准如所请。候令行朱军长勿再截收该项筵席捐可也。此令。

（中华民国陆海军大元帅之印）

中华民国十三年七月三日

据《大本营公报》第十九号《指令》

给朱培德的训令

（一九二四年七月三日）

大元帅训令第三一六号

　　令中央直辖第一军军长朱培德

　　为令行事：据广州市市长孙科呈称："窃查省河筵席捐前由财政委员会议决，呈奉钧令照准由职厅办理。经将核准永春公司商人张希明认饷承办及将该公司饷项划拨朱军长积欠军费暨省、市教育经费各情形呈报鉴核在案。查永春公司原认年饷九十万元，内以三十万元拨给中央直辖第一军朱军长培德积欠军费，其余六十万元，分拨省市教育经费各占半数。嗣据该公司以办理困难，呈请核减饷项，当经职厅函请财政委员会提议见复。旋准函复：经于第三十五次常会决议,减定年饷为六十万元,计照原认饷额减去三十万元,应由省市教育经费各减支十一万元,朱军长摊还所欠军费减支八万元,均经分函朱军长、教育厅、七校经费委员会暨令行教育局查照办理各在案。此永春公司承办省河筵席捐原认饷额暨核减饷项之经过情形也。计该公司自起饷承办迄今,将及四阅月,只缴过一次饷项三万八千三百三十三元四毫,又抵缴朱军长印收十一万一千六百六十六元六毫,共计十五万元。其时系以年饷九十万元计算作为解缴,按预饷各一月恰以上数,此后分文未缴。职厅迭次严令催促,均置弗恤。当经令行公安局将该公司总理张希明拘案押追。又准朱军长来函,以该公司亏累极多,迭呈退办,请将该总理先行释出等由。职厅以该公司所欠饷项亟应扫数清理收缴,姑准该总理备具保结先行省释,限五日内将欠饷清缴,逾限仍拘押严追,令局遵照办理在案。是该公司只缴过饷项十五万元,照章未经核减以前,饷项应照原额九十万元计算。又承捐通例所缴按饷一月,须办至尾月始准扣除。若半途退办,该按饷应没收充公。现在永春公司办理筵席捐,中途退办,自当照章办理。惟查朱军长迭次来函,代述该公司亏累情形,不为无因,姑准通融办理,概以年饷六十万伸算,复准将缴过按饷一月扣作月饷,使所缴过十五万元足抵三个月月饷之数。但核算尚欠饷项三万余元,业经函请朱军长饬令如数清缴,并令局严缉该总理押追。此永春公司积欠饷项之实在情形也。职厅以该公司既积欠饷项,自本月十二日起乃派催饷委员前往监收捐项。旋据委员张孝植复称:到该公司待至夜候,始由各征收员收齐,汇计共收得九百余元。但每日朱军长须提缴军费八百元。又以二成为公司办公费用。昨日所收尚未足数,只将印收抵解前来,并无现款解缴。嗣经职厅根据原案函请朱军长勿再任意截提,务请将该公司每日收入扫数解厅,以便按照原额将军费、教育费分配匀拨。旋准朱军长函复：以前抵印收十一万元，该款实未收到，不得不按日提取等由。又据委员呈复：自本月十八日起，朱军长每日提收四百元，因之职厅于数日内仅收过该项约一千元。讵昨两日朱军长又复每日提收五百元。似此任意先提，诚恐省、市教育经费终归无着。此又派员监收筵席捐项之实在情形也。综核永春公司承办省河筵席捐务，朱军长以划拨积欠军饷关系，介绍该公司商人张希明认饷承办，以第一军军部印收抵缴该公司应缴按预饷十一万余元。查抵缴军费议决原案，系按月指拨朱军长。一次过先提缴十一万余元，已与原案歧异。至来函所云该款实未收到，更与发出印收及职厅抵销饷额手续不符。职厅惟有根据印收划抵，计第一军积欠军费，前经财政委员会议决定拨二十二万元，除收过十一万余元外，只欠十万余元。照案似应由职厅在该捐项下月拨一万元，其余悉数分拨省、市教育经费，以免摧残教育，而符原案。除一面另行招商承办，并函请财政委员会切实维持外，谨将办理此案情形备文呈请鉴核，俯赐令行中央直辖第一军朱军长。勿再截收，以维教育。是否有当，伏候指令祗遵，实为公便"等情。据此，除指令"呈悉。准如所请。候令行朱军长勿再截收该项筵席捐可也。此令"印发外，合行令仰该军长即便遵照办理。此令。

　　　　　　　　　　　　　　（中华民国陆海军大元帅之印）

中华民国十三年七月三日

据《大本营公报》第十九号《训令》

给蒋中正廖仲恺的指令

（一九二四年七月三日）

大元帅指令第六七八号

　　令陆军军官学校校长蒋中正、驻校党代表廖仲恺

　　呈为该校第一队队长吕梦熊违犯纪律，乞通饬军、政各机关不准录用由。

　　呈悉。照准。候令行军、政各机关一体知照可也。此令。

（中华民国陆海军大元帅之印）

中华民国十三年七月三日

据《大本营公报》第十九号《指令》

给廖仲恺等的训令

（一九二四年七月三日）

大元帅训令第三一八号

　　令广东省长廖仲恺、中央直辖滇军总司令杨希闵、湘军总司令谭延闿、粤军总司令许崇智、桂军总司令刘震寰、豫军讨贼军总司令樊钟秀、中央直辖第一军军长朱培德、中央直辖第三军军长卢师谛、中央直辖第七军军长刘玉山、北伐讨贼军第二军军长柏文蔚、北伐讨贼军第三军军长胡谦、山陕讨贼军司令路孝忱、赣军司令李明扬

　　为令行事：据陆军军官学校校长蒋中正、驻校党代表廖仲恺呈称："窃职校学生队各队长前经呈请加委以资鼓励，业蒙照准在案。

兹有第一队队长吕梦熊,不知奋勉,反敢私开会议,要求加薪,并欲联名要胁,引起同盟罢职之举动,实属不遵命令,违犯纪律。且查吕梦熊学术平庸,性情跋扈,如再姑容,难免滋生事端。现在已将该队长吕梦熊看守,拟即免其职务,永除党籍,并请大元帅通饬军、政各机关不准录用,驱逐出境,以儆效尤而肃军纪。是否有当,伏乞指令祗遵"等情。据此,除指令照准并分令外,合行令仰该总司令、省长、军长、司令遵照并转饬所属一体遵照,嗣后勿得录用吕梦熊,以肃纪纲而昭儆戒。此令。

（中华民国陆海军大元帅之印）

中华民国十三年七月三日

据《大本营公报》第十九号《训令》

任命谢英伯等职务令
（一九二四年七月四日）

大元帅令

　　任命谢英伯、丁象谦、叶农生为大本营参议。此令。

（中华民国陆海军大元帅之印）

中华民国十三年七月四日

据《大本营公报》第十九号《命令》

任命丁超五等职务令
（一九二四年七月四日）

大元帅令

　　任命丁超五、鲁鱼、杲海澜、林骨为大本营谘议。此令。

（中华民国陆海军大元帅之印）

中华民国十三年七月四日

据《大本营公报》第十九号《命令》

给李福林的命令[*]

（一九二四年七月四日）

兹令李军长福林清剿顺德、香山、南海属内之海盗，着即负完全责任，速即督队前往。所到地方，无论防军、乡团，不得有阻抗行为，违者以通匪论，准其严行剿办。此令。

据《广州民国日报》一九二四年七月五日《令李福林剿南顺香土匪》

给卢师谛的命令^{**}

（一九二四年七月四日）

进驻鸭仔垱、黎村一带，保护惠石①交通，绥靖地方，严防匪徒滋扰。

据《广州民国日报》一九二四年七月四日《卢师谛防守鸭仔垱》

给朱培德的命令^{***}

（一九二四年七月四日）

饬令遵照停收，并将实行停抽日期具报查考。

据《广州民国日报》一九二四年七月四日《帅令朱培德停抽各捐》

---

　　* 此件所标时间据七月五日《广州民国日报》云"孙大元帅昨令第三军长李福林"酌定。

　　** 此件所标时间系《广州民国日报》发表日期。

　　① 惠石：指惠州—石龙路段。

　　*** 乐昌及坪石两地盐业公所、茶叶帮、麻行、蛋行等联名呈孙中山，请速令朱军长转饬所部，将各种苛捐一律取消，以苏民困。这是孙中山悉呈后给朱培德的命令。所标时间系《广州民国日报》发表日期。

给林翔的指令

（一九二四年七月四日）

大元帅指令第六八○号

　　令大本营审计处处长林翔

　　呈报核销庶务科十二年十月份经办各项数目册、单据簿等件一案情形由。

　　呈悉。准予核销矣。此令。

　　　　　　　　　　　　　　　（中华民国陆海军大元帅之印）

中华民国十三年七月四日

　　　　　　　　　　　　　　据《大本营公报》第十九号《指令》

给邹鲁的指令

（一九二四年七月四日）

大元帅指令第六八一号

　　令国立广东大学校长邹鲁

　　呈请举行广东农业专门农学科四年级生毕业试验，乞核准令遵由。

　　呈、表均悉。准予举行毕业试验。表存。此令。

　　　　　　　　　　　　　　　（中华民国陆海军大元帅之印）

中华民国十三年七月四日

　　　　　　　　　　　　　　据《大本营公报》第十九号《指令》

给叶恭绰的指令

（一九二四年七月四日）

大元帅指令第六八二号

令大本营财政部长叶恭绰

呈请任命杨子毅等为该部赋税局局长等职由。

呈悉。已有明令分别任命矣。仰即知照。此令。

（中华民国陆海军大元帅之印）

中华民国十三年七月四日

据《大本营公报》第十九号《指令》

给古应芬的指令

（一九二四年七月四日）

大元帅指令第六八三号

令大本营经界局督办兼办广东沙田清理事宜古应芬

呈报就职及接收日期乞备案由。

呈悉。准予备案。此令。

（中华民国陆海军大元帅之印）

中华民国十三年七月四日

据《大本营公报》第十九号《指令》

给郑洪年的指令

（一九二四年七月四日）

大元帅指令第六八五号

令广东财政厅长郑洪年

呈报《包征收钱粮简章》乞核准备案由。

呈悉。准予备案。简章存。此令。

（中华民国陆海军大元帅之印）

中华民国十三年七月四日

据《大本营公报》第十九号《指令》

给许崇灏的指令

（一九二四年七月五日）

大元帅指令第六八六号

令管理粤汉铁路事务许崇灏

呈为沥陈财力枯竭情形，请免再派各机关、各军队款项由。

呈及清折均悉。据称财力枯竭，自属实情。除仍遵前令担任西路每日五百元外，仰候再令财政委员会嗣后无论何项机关、何项军队，均不得再向该路派担款项可也。清折存。此令。

（中华民国陆海军大元帅之印）

中华民国十三年七月五日

据《大本营公报》第十九号《指令》

给财政委员会的训令

（一九二四年七月五日）

大元帅训令第三二〇号

　　令财政委员会

　　为令遵事：据管理粤汉铁路事务许崇灏呈称："窃职路为省会咽喉，关系北伐大计及北路防务最为重要。现查最近五月内之收入只得二十二万四千零一十余元，而合计每月本路应支薪工、警饷、煤炭、物料、息项及各杂费，共银一十七万八千五百余元。军兴以来，各机关提借每月八万四千元，又湘军、滇军每月提附加军费，以最近五月所提计算四万二千六百元，合计月支三十万零伍百余元。出入比较，每月不敷八万一千余元。加以路轨、枕木、机车、物件两年失修，大半废坏，非亟行修理，全路将成废弃，于兵事运输，必蒙影响。此崇灏接事以来所朝夕徬徨既忧无已者也。伏查本年四月间，由前任陈总理呈明粤路困乏情形，奉钧座令开：'呈悉。候令行财政委员会遵照，嗣后无论何项机关、何项军队，暂均不得再向该路派担款项可也。此令'等因。是职路竭蹶情形，早邀洞鉴。现值淡月，收入愈微，财力愈窘，积欠员司薪水数月未清。崇灏对于职员及用料稍涉冗滥者，已即裁撤。对于营业收入，亦厘剔整顿，不遗余力。惟是节省无多，不敷甚巨，奉〔车〕薪杯水，补救维艰。目前最要者为修理机车、换装枕木，而款项尚无所出，又难坐视倾危，致防大计之进行，生运输之阻碍，迫得将现在职路收支及负担款项各数目，据实沥陈，并开具清折，除函送财政委员会查照外，理合备文连同清折一份呈报钧座核鉴。伏乞仍照前案，令行各机关、各军队一体知照，嗣后勿再向职路派担款项，庶使暂得维持，徐图整理。是否有当，伏候指令祗遵"等情。据此，除指令"呈及清折均悉。据称财力枯竭，目〔自〕属实情。除仍遵前令担任西路①每日五百元外，仰候再令财政委员会嗣后无论何项机关、何项军队，均不得再向该路派担款项可也。清折存。此令"即发外，合行令仰该委员会即便遵照办理并分行各机关、各军队一体知照。此令。

（中华民国陆海军大元帅之印）

中华民国十三年七月五日

据《大本营公报》第十九号《训令》

给鲁涤平等的训令

（一九二四年七月五日）

大元帅训令第三二一号

　　令禁烟督办鲁涤平、广东省长廖仲恺、桂军总司令刘震寰、滇军总司令杨希闵、湘军总司令谭延闿、粤军总司令许崇智、豫军总司令樊钟秀、广东财政厅长陈其瑷、两广盐运使邓泽如、广州市政厅市长孙科、公安局长吴铁城、大本营军政部长程潜、财政委员会

　　为令行事：现在大本营军需处定于七月七日成立，所有前令各机关直接支付之款，著各机关按照前令指拨数目解交军需经理处，按数支配给领。至以前所欠各军给养等款，责成军需处另行设法清理，呈候核办。除分行外，仰即遵照。此令。

---

　　①　西路：指西路讨贼军。

（中华民国陆海军大元帅之印）

中华民国十三年七月五日

据《大本营公报》第十九号《训令》

给陈融林云陔的指令

（一九二四年七月五日）

大元帅指令第六八七号

　　令广东高等审判厅厅长陈融、广东高等检察厅检察长林云陔

　　呈报会同筹拟设立法官学校并附呈规程、课程、预算各表册，请指令祗遵由。

　　呈及规程、预算表均悉。所拟尚属可行，应予照准。此令。

（中华民国陆海军大元帅之印）

中华民国十三年七月五日

据《大本营公报》第十九号《指令》

给张开儒的指令

（一九二四年七月五日）

大元帅指令第六九一号

　　令大本营参军长张开儒

　　呈为拟具发给特别出入证手折办法乞令遵由。

　　呈及手折均悉。准如所拟办理。折存。此令。

（中华民国陆海军大元帅之印）

中华民国十三年七月五日

据《大本营公报》第十九号《指令》

委派林森职务令

（一九二四年七月七日）

大元帅令

　　派林森为太平洋粮食保存会委员。此令。

（中华民国陆海军大元帅之印）

中华民国十三年七月七日

据《大本营公报》第十九号《命令》

准马伯麟辞职令

（一九二四年七月七日）

大元帅令

　　长洲要塞司令马伯麟呈请辞职。马伯麟准免本职。此令。

（中华民国陆海军大元帅之印）

中华民国十三年七月七日

据《大本营公报》第十九号《命令》

任命蒋中正职务令

（一九二四年七月七日）

大元帅令

　　任命蒋中正兼长洲要塞司令。此令。

（中华民国陆海军大元帅之印）

中华民国十三年七月七日

据《大本营公报》第十九号《命令》

给郑洪年的指令

（一九二四年七月七日）

大元帅指令第六九五号

令广东财政厅厅长郑洪年

呈为派员办理各属繁盛乡镇契税分局，谨拟简章，呈请察核令遵由。

呈及简章均悉。准如所拟办理。简章存。此令。

（中华民国陆海军大元帅之印）

中华民国十三年七月七日

据《大本营公报》第十九号《指令》

给郑洪年的指令

（一九二四年七月七日）

大元帅指令第六九六号

令广东财政厅厅长郑洪年

呈拟发行地方短期抵纳券乞鉴核示遵由。

呈及章程均悉。准如所拟施行。章程存。此令。

（中华民国陆海军大元帅之印）

中华民国十三年七月七日

据《大本营公报》第十九号《指令》

给陈兴汉的指令

（一九二四年七月七日）

大元帅指令第六九七号

　　令兼代广九铁路局局长陈兴汉

　　呈请准免广九铁路局局长兼职由。

　　呈悉。已有明令照准矣。仰即知照。此令。

（中华民国陆海军大元帅之印）

中华民国十三年七月七日

据《大本营公报》第十九号《指令》

给林云陔的指令

（一九二四年七月七日）

大元帅指令第六九八号

　　令广东高等检察厅检察长林云陔

　　呈请饬令广东财政厅提前拨支该厅经费由。

　　呈悉。候令行广东省长转饬广东财政厅遵照筹拨可也。此令。

（中华民国陆海军大元帅之印）

中华民国十三年七月七日

据《大本营公报》第十九号《指令》

给廖仲恺的训令

（一九二四年七月七日）

大元帅训令第三二六号

　　令广东省长廖仲恺

　　为令行事：据广东高等检察厅检察长林云陔呈称："为经费无着，据实陈明，仰祈睿鉴，乞饬广东财政厅长提前拨支，以维司法而恤狱囚事：窃查职厅暨所辖广州地检厅及广州监狱、广州分监、广州看守所等每月额支经费共毫银一万一千五百四十二元六毫，内由广东财政厅拨支九千六百八十七元六毫，由职厅司法收入坐支毫银一千八百五十五元。自军兴以来，职厅司法收入如状纸已划归总检察厅办理。此外如烟赌罚金亦毫无收入。此项坐支之款既属无着，而财政厅拨支之款积欠甚巨，在邹、梅两厅长①任内尚有半数支给，迨郑厅长②继任，月仅支职厅三二千元或千余元甚至数百元不等。微特职厅员役俸薪工食无可给发，即监所囚徒亦几绝食。迫得据实上陈，恳请饬令新任广东财政厅长陈其瑗，务将职厅与广州地检厅及两监一所经费每月额支毫银九千六百八十七元六毫提前拨支，俾得经费有着，以资维持，实为德便"等情前来。除指令"呈悉。候令行广东省长转饬广东财政厅遵照筹拨可也。此令"印发外，合行令仰该省长即便遵照办理。此令。

（中华民国陆海军大元帅之印）

---

　　①　邹、梅两厅长：即邹鲁、梅光培。

　　②　郑厅长：即郑洪年。

中华民国十三年七月七日

据《大本营公报》第十九号《训令》

饬九江不准驻兵令[*]

（一九二四年七月七日）

令饬滇军退出九江。以后无论何项军队，均不得在九江驻扎。

据《广州民国日报》一九二四年七月七日《九江军团风潮近讯》

给财政委员会的指令

（一九二四年七月七日）

大元帅指令第七〇一号

　　令财政委员会

　　呈报分配军费乞核令饬遵由。

　　呈悉。据称军需收支每日相差过巨，拟自本月七日起，除有防地各军队令其自行维持给养外，其无防地各军队，一律按照现在收入数目假如支配，暂期收支适合，以便徐图整理。自系为救济财政、平均军需起见，应准照办。仰即径行分咨各军队知照可也。此令。

（中华民国陆海军大元帅之印）

中华民国十三年七月七日

据《大本营公报》第十九号《指令》

————————

　　* 南海九江旅省公会李卓峰等呈：滇军保荣光旅驻扎九江，违法苛抽，扰商病民，导致全镇罢业，请孙中山令饬该军全数撤防。这是孙中山处理善后的命令。所标时间系《广州民国日报》发表日期。

致李福林电

（一九二四年七月八日）

　　广州李军长福林览：昨于漾〔阳〕日曾电令师长周之贞，于未率队开赴前方应战时，克日将该部驻扎容桂及马宁之军队先行集中大良或陈村，听候许总司令命令。如该第二师未奉令离防以前，着该军长所部暂勿进驻大良、陈村，毋违。切切。大元帅。庚电。

　　　　　　　　据《广州民国日报》一九二四年七月十日《关于李周换防之帅令》

准何家猷辞职令

（一九二四年七月八日）

大元帅令

　　广东电政监督兼广州电报局局长何家猷呈请辞职。何家猷准免本兼各职。此令。

　　　　　　　　　　　　　（中华民国陆海军大元帅之印）

中华民国十三年七月八日

　　　　　　　　　　　　据《大本营公报》第十九号《命令》

免黄桓职务令

（一九二四年七月八日）

大元帅令

广东电话总局局长黄垣〔桓〕另有任用，应免本职。此令。

（中华民国陆海军大元帅之印）

中华民国十三年七月八日

据《大本营公报》第十九号《命令》

任命黄桓职务令

（一九二四年七月八日）

大元帅令

任命黄垣〔桓〕为广东电政监督兼广州电报局局长。此令。

（中华民国陆海军大元帅之印）

中华民国十三年七月八日

据《大本营公报》第十九号《命令》

委任陆志云职务令

（一九二四年七月八日）

大元帅令

委任陆志云为广东电话总局局长。此令。

（中华民国陆海军大元帅之印）

中华民国十三年七月八日

据《大本营公报》第十九号《命令》

委派谢瀛洲职务令

（一九二四年七月八日）

大元帅令

　　派谢瀛洲为法制委员会委员。此令。

　　　　　　　　　　　　（中华民国陆海军大元帅之印）

中华民国十三年七月八日

　　　　　　　　　　　　　据《大本营公报》第十九号《命令》

给马超俊的指令

（一九二四年七月八日）

大元帅指令第七〇三号

　　令广东兵工厂厂长马超俊

　　呈为民团、商团备价请领枪弹，拟暂由该厂长呈请省长填发护照，乞察核令遵由。

　　呈悉。照准。候令行广东省长查照办理可也。此令。

　　　　　　　　　　　　（中华民国陆海军大元帅之印）

中华民国十三年七月八日

　　　　　　　　　　　　　据《大本营公报》第十九号《指令》

给廖仲恺的训令

（一九二四年七月八日）

大元帅训令第三三一号

　　令广东省长廖仲恺

　　为令行事：据广东兵工厂厂长马超俊呈称："呈为呈请事：窃查职厂与罗拔洋行因机器穋辖一案，经奉钧座派委专员交涉妥协，并着将现在每日所制出枪枝，一律依照《民团、商团备价请领枪弹暂行章程暨暂行细则》，拨归民团、商团，由县出具印结，备价请领，所得价格以作提取机器及建筑新厂之用等因，业经遵照办理，并呈请通令在案。惟查民团、商团备价请领枪弹细则第一条有'凡民团、商团在本厂具领枪弹，须由该民团、商团长呈请该管县长转呈省署发给护照'之规定，际此需款提取机器万分紧急之时，倘仍依照该细则规定办理，展转需时，诚恐有缓不济急之虞。厂长为筹款迅速起见，现拟变通办法，在筹款赎机委员会未确定办法以前，如各县民团、商团有备价请领枪弹直接由厂长呈奉钧座核准者，暂由厂长呈请省长填发护照，连同请领枪弹，径发交各该县长转发领用，以期敏捷而省手续。其余一切办法，仍按照章程及细则办理。所有民团、商团备价请领枪弹，拟暂由厂长呈请省长填发护照缘由，理合具文呈请察核。是否可行，伏候指令祗遵，实为公便"等情前来。除指令"呈悉。照准。候令行广东省长查照办理可也。此令"印发外，合行令仰该省长即便遵照。此令。

（中华民国陆海军大元帅之印）

中华民国十三年七月八日

据《大本营公报》第十九号《训令》

给孙科的指令

（一九二四年七月八日）

大元帅指令第七〇五号

　　令广州市长孙科

　　呈为拟委总办一员经理征收省河水陆酒菜筵席捐，乞令朱军长勿再截留捐款等情由。

　　呈悉。照准。候令行朱军长勿再截留此项捐款可也。此令。

　　　　　　　　　　　　（中华民国陆海军大元帅之印）

中华民国十三年七月八日

据《大本营公报》第十九号《指令》

给朱培德的训令

（一九二四年七月八日）

大元帅训令第三三二号

　　令中央直辖第一军军长朱培德

　　为令遵事：据广州市市长孙科呈称："窃职厅办理省河水陆酒菜筵席捐，核准永春公司商人认饷承办。嗣因该公司积欠饷项，派员监收，前经将朱军长培德截留军费情形，呈请鉴核在案。现查该永春公司因积欠饷项，送呈退办，经由我厅招商接办，亦无商人认饷包承，自应派员经理征收，以维教育经费。兹拟由职厅派委征收省河水陆酒菜筵席捐总办一员经理其事，嗣后如未有商人认饷包承以前，应责成该总办遵照征收筵席捐原定章程代收、代缴，准在收入项下提二成为办公经费。除遴委暨分别咨行查照并呈报备案外,理合备文呈请鉴核,俯赐令行中央直辖第一军朱军长查照。嗣后积欠该军军费,应依照原案,按月匀摊收缴赴厅领收,勿再截留,以维教育经费。是否有当,伏候指令祗遵,实为公便"等情。据此,除指令照准外,合行令仰该军长即便遵照,嗣后毋得截留此此项捐款,所有积欠该军军费,仍照原案按月匀摊收缴赴厅领取可也。此令。

(中华民国陆海军大元帅之印)

中华民国十三年七月八日

据《大本营公报》第十九号《训令》

给程潜的指令

(一九二四年七月八日)

大元帅指令第七〇六号

令大本营军政部长程潜

呈请准予查照《陆军战时恤赏章程》第二表,给予阵伤排长陈荣光恤金四百元,并令行广东财政厅提前发给,以示矜恤由。

呈悉。准如所请给恤。候令行广东财政厅提前筹拨可也。此令。

(中华民国陆海军大元帅之印)

中华民国十三年七月八日

据《大本营公报》第十九号《指令》

给陈其瑗的训令 *

（一九二四年七月八日）

大元帅训令第三三三号

　　令广东财政厅长陈其瑗

　　为令饬事：据大本营军政部长程潜呈称："为呈请事：案奉钧座发下中央直辖第一军军长朱培德呈一件，以所部第三混成旅第六团第三营第十连上尉排长陈荣光前于赣州之役在狮子岭地方枪伤右足，腿骨伤断，已成残废，并赍呈负伤调查表一纸，请提前酌予抚恤等情。查上尉排长陈荣光临阵受伤，已成残废，核与《陆军战时恤赏章程》第四章第八条事实相符，拟请钧座准予查照第二表给予上尉一等伤恤金，以示务恤。至该废员恤金四百元并乞令饬广东财政厅提前拨给，以清手续。是否有当，理合具文呈请鉴核指令祗遵"等情前来。除指令"呈悉。准如所请给恤。候令行广东财政厅提前筹拨可也。此令"印发外，合行令仰该厅长即便遵照。切切。此令。

　　　　　　　　　　　　　　　　（中华民国陆海军大元帅之印）

中华民国十三年七月　　日

　　　　　　　　　　　　　　　据《大本营公报》第十九号《训令》

　　＊　原令未署日期。按大元帅训令第三三二号和第三三五号，发令日期均为七月八日，今据此酌定。

给徐绍桢的指令

（一九二四年七月八日）

大元帅指令第七〇八号

　　令大本营内政部长徐绍桢

　　呈复裁减经费由。

　　呈悉。该部当此财政艰绌之时，自应力求撙节，以符通令。仰仍设法裁减，呈候核定。据称前情，候予令行财政部知照可也。此令。

（中华民国陆海军大元帅之印）

中华民国十三年七月八日

据《大本营公报》第十九号《指令》

给叶恭绰的训令

（一九二四年七月八日）

大元帅训令第三三五号

　　令大本营财政部长叶恭绰

　　为令行事：据内政部长呈称："为呈复事：本年六月四日案奉第二五六号训令开：'查整理财政，当求收支适合。况现在前方作战，需款正殷，罗掘俱穷，尚不足以资供养，自非将各行政机关竭力撙节，以裕度支不可。查自军兴以后，各行政机关一切开支，视前倍蓰，其冗员之多，不问可知。仰即克日裁减，其民国十年已成立之机关，应参照该年度预算切实减除，不得超过；其成立于十年以后者,亦应力加节省,限本月十日以前,将所拟定减省之数呈报核夺,不得玩延,此令'等因。奉此,查职部经费,前经额定每月九千六百三十八元,编造预算表呈奉指令准予备案,一切开支,已极撙节,即各职员薪奉,较之各部亦从未减,而每月均无的款指拨,无时不在困难之中。本年一月,虽奉令由财政部照拨,惟财政部收入有限,军饷为先,实际仍未能按月支付。现各员薪俸仅发至十二年年底,积欠至今已将六个月,无米为炊,正拟百计维持。查职部全部人员,除办事员、书记外,分设一厅二局,不过二十余人,科长每员月薪不过二百元,科员每员月薪由一百元至一百六十元,办事员月薪则仅五十元,书记月薪只三十五元耳。此外并无特别闲员。各员司以职务上之繁简,薪水虽稍有厚薄之分,然处兹生活程度日高、百物腾贵之时,即每月清发,亦恐不敷,况积欠之巨,为各机关所无,以致各员甚至典当俱穷,无以为生者。职部为全国内政最高机关兼司教育行政,百端待理,以少数员司分职任事,仅足支配。部长明知现值军事时期,库储支绌,未尝不欲略为裁汰,从事撙节。惟已积欠各员司薪俸为数甚巨,事实上已成不减之减。如须裁汰之员,此项欠薪自不能不为清发。况员司中薪水微薄者占大多数,即略为裁汰,为数亦属有限。凡此种种困难,实属减无可减。奉令前因,惟有仰恳钧座令行财政部每月按照本部额支经费如数支拨,俾维现状而资办公。是否有当,理合备文呈请察核,伏候指令祗遵,实为公便"等情,除指令"呈悉。该部当此财政艰绌之时,自应力求撙节,以符通令。仰仍设法裁减,呈候核定。据称前情,候予令行财政部知照可也。此令"印发外,仰即知照。此令。

（中华民国陆海军大元帅之印）

中华民国十三年七月八日

致蒋光亮电

（一九二四年七月九日）

蒋军长光亮鉴：虞电慷慨陈词，洞明症结，目光如炬，正气干云，览竟殊深嘉慰。比年财政紊乱达于极点，第丁兹多事之秋，自容有难言之苦。执事手提劲旅，讨贼卫民，血战频年，勋劳懋著。独能提倡说论，纳还财政之权，政府固嘉乃勋，地方亦钦明德。所冀武成大告，大局危赖其麻祥。慰此财政修明，袍泽咸引为圭臬。前途万里，有厚望焉。文。佳。印。

据《广州民国日报》一九二四年七月十二日《大元帅嘉勉蒋光亮》

追赠冯肇宪令

（一九二四年七月九日）

大元帅令

故"永丰"舰舰长冯肇宪，宣力海军，颇著勋绩。上年陈逆叛变，本大元帅避居兵舰，该舰长督属防护，备极勤劳。白鹅潭之役，力战拒敌，卒至疮发殒命，殊堪矜恻。据前广东海防司令陈策呈请给恤，当经交部核议。兹据军政部长程潜呈请追赠陆军少将并照少将积劳病故例给恤前来。冯肇宪着追赠陆军少将并准照少将积劳病故例给予恤金，以彰忠勤。此令。

（中华民国陆海军大元帅之印）

中华民国十三年七月九日

据《大本营公报》第二十号（广州一九二四年七月廿日版）《命令》

给杨希闵的命令[*]

（一九二四年七月九日）

特令滇军总司令转饬第三军长，将谢愤生及于案有关人员解交军部，组织临时高等军法处会审裁判，以明是非而肃军纪。

据《广州民国日报》一九二四年七月九日《审讯谢旅长案之慎重》

给廖仲恺的训令

（一九二四年七月九日）

大元帅训令第三三七号

令广东省长廖仲恺

为令遵事：据南越公司呈称："呈为官市产审查委员会决议，维持双山寺僧敬慈挽领旧案，勒销市厅正式给领新案，绝无理由，谨陈原委，请令省署立将该会决案撤销，以卫业权而维政府威信事：缘广州市北区郊外有租人停棺之僧寺，名双山寺。该寺内容向分四部：一曰东庄，系僧鉴明主持；二曰西庄，系僧存善主持；三曰北庄，系僧敬慈主持；四曰大殿，系全寺僧人共同供奉。此该寺内部原日分房主管之大略情形也。嗣政府收变寺产，十二年五月间，敬慈以个人名义缴价银六千元统承全寺，经市财政局给照管业至八月间，西庄主持存善、经理人吴文川，东庄主持经理人吕守慈等谓：

敬慈不应以北庄主持一部分之资格揽领全寺,呈局请予划分承领。相持数月,由财局呈奉市厅核销敬慈全领原案,另行竞投。经一再定期招投,均无人投票,乃于十三年一月间,先核准鉴明经理人吕守慈、存善经理人吴文川分领东、西两庄,其北庄仍准敬慈照东、西庄底价优先承领,经由财局一再布告催缴,惟敬慈迄未遵办。乃准由敝公司缴价承领北庄,随复核准敝公司缴价承领大殿部分,财局同时布令敬慈将前发执照缴销,听候发还缴过产价,敬慈亦未遵办。此敝公司等先后分承东、西、北三庄及大殿经过之事实也。敝公司以敬慈统承之案经鉴明、存善等呈控揽承,胜诉取消。复经财局一再招投,又经吕、吴等先领东、西两庄,复经财局一再布催,敬慈价领不遵,然后缴领北庄及大殿等,似此案情磊落,手续完全,窃谓无可疵议。不料十三年六月二十日《广东公报》附录官、市产审查委员会第七次会议报告书内载第二十八号:僧人敬慈,因双山寺产,呈为产价确缴,乞提案执行发还原契管业由。其议决内开:'照吕守慈等三起承价加五补缴,先准敬慈承领,如敬慈不愿补价,即准吕守慈、吴文川南越公司照加五数目补缴到局,发还敬慈具领'等语,竟将市厅财局办结各案悉予推翻。谨按审查会如此议决,简言之,即维持敬慈统领全寺之原案而已。该会所以维持敬慈统领全寺原案之故,就其报告书内载理由全文观之,不外两节:一则谓敬慈统承原案本无不合,至八月吴文川等始以揽领为词,此一节也;再则谓敬慈以寺僧资格,且核准承领在前,此又一节也。词虽两橛,事实一串。所以维持敬慈全领原案之原因在此,所以取消敝公司等分承各在案之原因亦在此。此审查会议决本案之主文及理由也。今欲评判该会议决本案是否公平,须考核该会决案所依据之两节,理由是否充分。关于前一节,敬慈以北庄主持之资格而统承全寺,对于东、西两庄明明揽领亦谓其本无不合,则天壤间可以不必复有公理。至谓吴文川等至八月始以挽领为词，呈局分承，遂认为已逾时效，亦殊无根据，敬慈五月缴价领照，官厅并未规定时效，通告鉴明、存善知照。吴文川等于八月呈控请予分承，何谓逾时敝〔效〕，公司等系一月缴价领照，敬慈至六月乃向该会呈控，该会何不以逾时却之？前一节之所谓理由者如此。关于后一节，敬慈之寺僧资格，视鉴明、存善何异。该会何独认之而取消鉴明、存善之承案，至核准承领，在前一语更无聊赖。统承一案，虽经市厅核准，嗣经挽承控诉，即奉市厅核销，此曾奉原官厅复核注销之准案，亦可引为优先之一种资格，恐古今中外无此先例。后一节之所谓理由者又如此。该会据此两节理由，即为如上之议决，是否公平，有目者当共见之，此辨正审查会所据理由之理由也。抑该会议决之办法尤有不可解者，夫维持统承原案，取消分承各案，非理之理，犹有所依据。至若加五补价，实不知其何所根据而定此数，若谓原价过低，则该会理由栏内明明有较敬慈所缴加高两倍有奇之语，若谓虽已加多仍未核实，该会究竟以何地比较为标准，而且已经承领之官市产，该会是否有改价勒补之权？又如敝公司等补价，主文内有发还敬慈具领之规定矣。惟敬慈补价，应否发还敝公司等具领，何以绝无明文。而且发还敬慈是否限于六千之数，抑尽发加五全数？凡此无根挂漏之议决，竟出自高级终决之审查会，人民之从官市产取得业权者，岂不各怀危惧？敝公司为自保业权计，固不甘认此决案。政府为保存威信计，亦不宜准此决案。用特钞粘案据，附呈察核，本案是非均可从书面判决，伏乞明令广东省长立将审查会第七次会议第二十八号决案全案撤销，仍照市厅财局原案办理，实叨恩便"等情，并抄粘该案卷宗各件前来。查核卷宗，该南越公司所称各节均属实情，合行令仰该省长即将该官市产审查委员会第七次第二十八号决案全案撤销，仍照广州市政厅财政局原案办理,以保私人业权而存政府威信。切切。此令。

（中华民国陆海军大元帅之印）

中华民国十三年七月九日

据《大本营公报》第十九号《训令》

给叶恭绰的指令

（一九二四年七月九日）

大元帅指令第七〇九号

　　令大本营财政部长兼盐务督办叶恭绰

　　呈请任命林君复为盐务署秘书由。

　　呈悉。已有明令任命矣。此令。

（中华民国陆海军大元帅之印）

中华民国十三年七月九日

据《大本营公报》第十九号《指令》

给叶恭绰的指令

（一九二四年七月九日）

大元帅指令第七一〇号

　　令大本营财政部长兼盐务督办叶恭绰

　　呈请任命黄元彬等为盐务署秘书由。

　　呈悉。已有明令任命矣。此令。

（中华民国陆海军大元帅之印）

中华民国十三年七月九日

据《大本营公报》第十九号《指令》

给程潜的指令

（一九二四年七月九日）

大元帅指令第七一一号

令大本营军政部长程潜

呈为军械收发停止，请暂免造日报表由。

呈悉。应照准。此令。

（中华民国陆海军大元帅之印）

中华民国十三年七月九日

据《大本营公报》第十九号《指令》

任命蒋作宾等职务令

（一九二四年七月十日）

大元帅令

任命蒋作宾、李根沄、何天烱为大本营参议。此令。

（中华民国陆海军大元帅之印）

中华民国十三年七月十日

据《大本营公报》第十九号《命令》

任命张拱辰陈保群职务令

（一九二四年七月十日）

大元帅令

任命张拱辰、陈保群为大本营谘议。此令。

（中华民国陆海军大元帅之印）

中华民国十三年七月十日

据《大本营公报》第十九号《命令》

委派朱道南职务令

（一九二四年七月十日）

大元帅令

　　派朱道南为大本营出勤委员。此令。

（中华民国陆海军大元帅之印）

中华民国十三年七月十日

据《大本营公报》第十九号《命令》

任命张鉴藻等职务令

（一九二四年七月十日）

大元帅令

　　任命张鉴藻为中央直辖滇军军需监，易应乾、李希舜为军需副监。此令。

（中华民国陆海军大元帅之印）

中华民国十三年七月十日

据《大本营公报》第二十号《命令》

给程潜的指令

（一九二四年七月十日）

大元帅指令第七一二号

　　令大本营军政部长程潜

　　呈拟《军队点验令》，请察核公布施行由。

　　呈及点验令均悉。所拟尚属妥协。仰即由该部通行各军遵照可也。此令。

　　　　　　　　　　（中华民国陆海军大元帅之印）

中华民国十三年七月十日

据《大本营公报》第十九号《指令》

给徐绍桢的指令

（一九二四年七月十日）

大元帅指令第七一三号

　　令大本营内政部长徐绍桢

　　呈为会同军政部遵批查明测量局局长吴宗民请予保留局校一案情形，拟议办法，呈乞核示由。

　　呈悉。应将测量局地址保留，广东财政厅另择相当地段拨给林成德堂抵偿借款，以期兼顾。仰即分别转饬遵照可也，仍咨军政部知照。此令。

　　　　　　　　　　（中华民国陆海军大元帅之印）

中华民国十三年七月十日

据《大本营公报》第十九号《指令》

给林森的指令

（一九二四年七月十日）

大元帅指令第七一四号

　　令大本营建设部长林森

　　呈为呈明秘书俸给系据成案办理,拟请仍准照给由。

　　呈悉。既据声明该部秘书俸给系依据历任成案办理,应准暂行照旧开支,仰即知照。此令。

　　　　　　　　　　　　　　（中华民国陆海军大元帅之印）

中华民国十三年七月十日

据《大本营公报》第十九号《指令》

给廖仲恺的指令

（一九二四年七月十日）

大元帅指令第七一六号

　　令广东省长廖仲恺

　　呈报台山田土业佃保证局不能交县接管情形,乞鉴核示遵由。

　　呈悉。照准。此令。

　　　　　　　　　　　　　　（中华民国陆海军大元帅之印）

中华民国十三年七月十日

据《大本营公报》第十九号《指令》

给马伯麟的指令

（一九二四年七月十日）

大元帅指令第七一七号

令长洲要塞司令马伯麟

呈请辞职由。

呈悉。已有明令准免本职矣。仰即知照。此令。

（中华民国陆海军大元帅之印）

中华民国十三年七月十日

据《大本营公报》第二十号《指令》

准免陈敬汉职务令

（一九二四年七月十一日）

大元帅令

大本营财政部长兼盐务督办叶恭绰呈请免去盐务署秘书陈敬汉兼职。应照准。此令。

（中华民国陆海军大元帅之印）

中华民国十三年七月十一日

据《大本营公报》第二十号《命令》

给顾忠琛的命令 *
（一九二四年七月十一日）

令饬北伐讨贼军第四军顾军长忠琛从速赶办该军部教导团大队，以养下级干部基础。

据《广州民国日报》一九二四年七月十二日《北伐第四军拟办讲武学校》

给程潜等的训令
（一九二四年七月十一日）

大元帅训令第三三八号

令大本营军政部长程潜，大本营建设部长林森，大本营内政部长徐绍桢，大本营外交部长伍朝枢，大本营财政部长叶恭绰，大本营参谋长李烈钧，大本营参军长张开儒，大本营秘书长谭延闿，大元帅行营秘书长古应芬，大本营审计处长林翔，禁烟督办鲁涤平，国立广东大学校长邹鲁，陆军军官学校〈校〉长蒋中正，中央执行委员会，广东省长廖仲恺，大理院长兼管司法行政事务吕志伊，广东电政监督黄桓，盐务督办叶恭绰，广东治河督办林森，大本营航空局长陈友仁，经界局督办古应芬，大本营会计司长黄昌谷，管理粤汉铁路事务许崇灏，经理大本营军需处事宜胡谦、郑洪年，广东兵工厂长马超俊，财政委员会，法制委员会

---

* 　此件所标时间系据七月十二日《广州民国日报》云"昨日大元帅令饬"酌定。

为令遵事：查兼差不兼薪向有规定，即必不得已而为事择人。凡兼差人员亦只酌给津贴，或只领兼差薪水之若干成。所以重公帑，节糜费，用意至善。诚恐日久玩生，用特重申诰令，限文到之日起，所有大本营直辖各部、处、署、局、司、会，应即查明该部、处、署、局、司、会有无在大本营及在大本营直辖各部、处、署、局、司、会兼职人员。如有上项兼职人员，除原职仍照现支额数支薪外，其所兼职之薪水，应即以二成发给，庶于为事择人之中，仍寓节省公帑之意。除分令外，合行令仰该部长、参谋长、参军长、秘书长、处长、督办、省长、院长、监督、局长、司长、管理、经理即便遵照办理，仍将遵办情形报核。切切。此令。

（中华民国陆海军大元帅之印）

中华民国十三年七月十一日

据《大本营公报》第二十号《训令》

禁止兼职兼薪令 *
（一九二四年七月十一日）

令禁止兼职兼薪。

据罗家伦主编、黄季陆增订《国父年谱》（台北一九六九年版）下册（转录史委会藏手令原件）

给程潜的指令
（一九二四年七月十一日）

大元帅指令第七一八号

---

* 此件所标日期系据《国父年谱》增订本。

令大本营军政部长程潜

呈复拟请照海军上校积劳病［病］故例给恤已故"永丰"军舰副舰长梁文松，以示矜恤而慰幽魂由。

呈悉。准如所请给恤。此令。

（中华民国陆海军大元帅之印）

中华民国十三年七月十一日

据《大本营公报》第二十号《指令》

与吴铁城的谈话 *

（一九二四年七月十二日）

聘定德人穆赖尔为教官，月薪毫银八百元；翻译官范望，一百七十元。由十三年二月一日起，至七月卅一日止，双方签订合同，暂以六个月为限。期满复看察情形，仍得赓续订约。

据《广州民国日报》一九二四年七月十二日《增加训练武警预算呈文》

任命李其芳职务令

（一九二四年七月十二日）

大元帅令

任李其芳为大本营医官，月俸叁百元。此令。

孙　文

中华民国十三年七月十二日

据谭编《总理遗墨》第三辑影印原令

---

* 此件所标时间系《广州民国日报》发表日期。

准任陆福廷甘乃光职务令

（一九二四年七月十二日）

大元帅令

　　陆军军官学校校长蒋中正呈请任命陆福廷为军事学教官，甘乃光为英文秘书。均照准。此令。

　　　　　　　　　　　　（中华民国陆海军大元帅之印）

中华民国十三年七月十二日

　　　　　　　　　　　　据《大本营公报》第二十号《命令》

准任郭敏卿职务令

（一九二四年七月十二日）

大元帅令

　　大本营参军长张开儒呈请任命郭敏卿为少校副官。应照准。此令。

　　　　　　　　　　　　（中华民国陆海军大元帅之印）

中华民国十三年七月十二日

　　　　　　　　　　　　据《大本营公报》第二十号《命令》

准任李之腴职务令

（一九二四年七月十二日）

大元帅令

　　大本营财政部长兼盐务督办叶恭绰呈请任命李之腴为盐务署秘书。应照准。此令。

（中华民国陆海军大元帅之印）

中华民国十三年七月十二日

据《大本营公报》第二十号《命令》

委派曾镛职务令

（一九二四年七月十二日）

大元帅令

　　经理大本营军需处事宜胡谦、郑洪年呈请派曾镛为参事。应照准。此令。

（中华民国陆海军大元帅之印）

中华民国十三年七月十二日

据《大本营公报》第二十号《命令》

准委黄启元等职务令

（一九二四年七月十二日）

大元帅令

　　经理大本营军需处事宜胡谦、郑洪年呈请派黄启元、宋梁为副官，黄伯诚为会计科科长，欧阳濂为会计科副科长，余辉照为出纳科科长。均照准。此令。

（中华民国陆海军大元帅之印）

中华民国十三年七月十二日

据《大本营公报》第二十号《命令》

给程潜的指令

（一九二四年七月十二日）

大元帅指令第七二二号

　　令大本营军政部部长程潜

　　呈为湘军于河源、新丰两役夺获敌人械弹，拟请犒赏毫洋贰千元，以示鼓励由。

　　呈悉。准予犒赏毫洋二千元，以示鼓励。仰即由部提出，财政会议迅即筹款，拨交湘军总司令转给承领可也。仍先录令咨知湘军总司令。此令。

（中华民国陆海军大元帅之印）

中华民国十三年七月十二日

据《大本营公报》第二十号《指令》

给程潜的指令

（一九二四年七月十二日）

大元帅指令第七二三号

　　令大本营军政部长程潜

　　呈请追赠故"永丰"舰长冯肇宪海军少将并照少将积劳病故例给恤由。

　　呈悉。冯肇宪已明令追赠海军少将，并准照少将积劳病故例给予恤金，以彰忠勤矣。仰即转行知照。此令。

（中华民国陆海军大元帅之印）

中华民国十三年七月十二日

给鲁涤平的指令
（一九二四年七月十二日）

大元帅指令第七二五号

令禁烟督办鲁涤平

呈为侦缉员毛协丞因缉拿私烟，被匪枪击毙命，及侦缉员谈锡达同时被匪枪伤，乞分别照章给以恤金及医药费由。

呈悉。准如所请，分别给以恤金及医药费，以昭激劝而示体恤。此令。

（中华民国陆海军大元帅之印）

中华民国十三年七月十二日

给杨希闵的指令
（一九二四年七月十二日）

大元帅指令第七二六号

令中央直辖滇军总司令杨希闵

呈报设立军需总局请任命职员并颁关防由。

呈悉。已任命张鉴藻为该军军需监，易应乾、李希舜为副监，并颁发关防，以专责成而昭信守矣。仰即知照。此令。

（中华民国陆海军大元帅之印）

中华民国十三年七月十二日

给财政委员会的指令

（一九二四年七月十二日）

大元帅指令第七二八号

令财政委员会

呈请令饬朱军长撤销乐昌坪石重抽百货捐等款由。

呈悉。查此案昨据两广盐运使暨广东商会联合会据乐昌坪石各行商皓电转呈前来，当经令饬驻防该处部队，立将重抽之百货捐及盐捐取消，以纾商困而维正税。至警署抽收猪牛捐，事属地方行政范围，已饬商联会呈请广东省长查明核办矣。仰即知照。抄件存。此令。

（中华民国陆海军大元帅之印）

中华民国十三年七月十二日

据《大本营公报》第二十号《指令》

给叶恭绰的指令

（一九二四年七月十二日）

大元帅指令第七二九号

令大本营财政部长叶恭绰

呈报裕广银号已免其代理金库等情，乞察核备案由。

呈悉。准予备案。此令。

（中华民国陆海军大元帅之印）

中华民国十三年七月十二日

据《大本营公报》第二十号《指令》

给杨希闵的指令

（一九二四年七月十二日）

大元帅指令第七三四号

　　令中央直辖滇军总司令杨希闵

　　呈报该军第二师惩办滋事官兵蒋复生等及赔偿中国国民党中央执行委员会屏门等物情形，乞令遵由。

　　呈悉。准如所请办理。此令。

（中华民国陆海军大元帅之印）

中华民国十三年七月十二日

据《大本营公报》第二十号《指令》

给徐绍桢的指令

（一九二四年七月十二日）

大元帅指令第七三五号

　　令大本营内政部长徐绍桢

　　呈请褒扬贤妇徐李氏由。

　　呈悉。准予题颁"懿行可风"四字，余着照所议办理可也。此令。

（中华民国陆海军大元帅之印）

中华民国十三年七月十二日

据《大本营公报》第二十号《指令》

给叶恭绰的指令

（一九二四年七月十四日）

大元帅指令第七三七号

令大本营财政部长叶恭绰

呈为查明广东储蓄银行停业情形，先行调查该行所负债务及查封其财产，以凭照章清理，乞备案由。

呈悉。准予备案。此令。

（中华民国陆海军大元帅之印）

中华民国十三年七月十四日

据《大本营公报》第二十号《指令》

任命庄庶管职务令

（一九二四年七月十五日）

大元帅令

任命庄庶管为大本营谘议。此令。

（中华民国陆海军大元帅之印）

中华民国十三年七月十五日

据《大本营公报》第二十号《命令》

委派陈玉麟职务令

（一九二四年七月十五日）

大元帅令

　　派陈玉麟为大本营出勤委员。此令。

（中华民国陆海军大元帅之印）

中华民国十三年七月十五日

据《大本营公报》第二十号《命令》

给廖仲恺的指令

（一九二四年七月十五日）

大元帅指令第七三九号

　　令广东省长廖仲恺

　　呈复所属教育厅等机关核减经费由。

　　呈暨另表均悉。准予备案。此令。

（中华民国陆海军大元帅之印）

中华民国十三年七月十五日

据《大本营公报》第二十号《指令》

给财政委员会的指令

（一九二四年七月十五日）

大元帅指令第七四〇号

令财政委员会

呈请令行湘军总司令转饬该军总指挥部将拟在增城县发行抵借证二十万一案即行撤销等情由。

呈悉。候令行湘军谭总司令转饬遵照，即行取消可也。此令。

（中华民国陆海军大元帅之印）

中华民国十三年七月十五日

据《大本营公报》第二十号《指令》

给谭延闿的训令

（一九二四年七月十五日）

大元帅训令第三四六号

令湘军总司令谭延闿

为令遵事：据财政委员会主席委员叶恭绰、廖仲恺呈称："呈为呈请事：案据增城县公会长刘巨良来电：'请迅赐转咨湘军总指挥部，将在该县发行之抵借证二十万元准免发行'等情到会。查湘军总指挥部所拟发行抵借证一案，前经职会于六月二十四日第四十五次常会议决，以该总指挥部所拟发行之抵借证与广东财政厅已发者性质相同，应由财政厅办理，以一事权，业经呈请鉴核在案。现据该会长电呈：'当由职会于七月四日第四十八次特别会提出，会议签以事同一律，应由职会录案呈请钧座令行湘军总司令部转饬该总指挥部照案取消'等因。除函复该会长刘巨良外，理合备文呈请钧座鉴核，俯赐令行湘军总司令转饬该部，拟在增城县发行抵借证二十万元一案即行取消，以恤民艰，并乞指令祗遵"等情前来。当经指令"呈悉。候令行湘军谭总司令转饬遵照即行取消可也。此令"等语，除指令印发外，合行令仰该总司令即便转饬遵照，将取消情形具报为要。切切。此令。

（中华民国陆海军大元帅之印）

中华民国十三年七月十五日

据《大本营公报》第二十号《训令》

给谭延闿的训令

（一九二四年七月十五日）

大元帅训令第三四七号

令湘军总司令谭延闿

为令饬事：据从化县议会议长谢杜衡等呈请令饬湘军迅将抵借证及各种苛捐撤销等情到府。查湘军前拟在增城发行抵借证，业经交由财政委员会议复湘军拟发行之抵借证，与广东财政厅已发行之抵借证性质相同，应改归财政厅办理。所有湘军饷项，统由委员会担任筹给，以一事权，令饬照议取消在案。兹复据呈称："湘军总指挥派员到从化设立临时筹饷处，发行抵借证，事同一律，自应一并撤销。至各军自由抽取杂捐，迭经明令禁止，尤不应违令擅抽，致紊财政。"据呈前情，令行检同原呈，令仰该总司令即便转饬概行撤销。如该军在别县尚有此种行动，并应由该总司令查明一律禁止。切切。此令。

计发谢杜衡等原呈一件。

（中华民国陆海军大元帅之印）

中华民国十三年七月十五日

据《大本营公报》第二十号《训令》

给程潜等的训令

（一九二四年七月十五日）

大元帅训令第三五〇号

　　令大本营军政部长程潜、大本营建设部长林森、大本营内政部长徐绍桢、大本营外交部长伍朝枢、大本营财政部长叶恭绰、大本营参谋长李烈钧、大本营秘书长谭延闿、大本营参军长张开儒、经理大本营军需事宜胡谦、郑洪年、大本营审计处长林翔、禁烟督办鲁涤平、大本营航空局长陈友仁、大本营会计司长黄昌谷、财政委员会、法制委员会、大理院长兼管司法行政事务吕志伊、兼盐务督办叶恭绰、经界局督办古应芬

　　为令遵事：照得大本营成立有年，非亟制定官制、官规，无以修明法治，综核名实。限文到十日内，所有大本营直辖各部、处、署、局、司、会，应即将该部、处、署、局、司、会职员等级、额数、俸给，备文分别列具详表呈送，以凭制定官制、官规公布施行，藉以厘定法规，整齐划一。本大元帅有厚望焉。除分令外，合行令仰该部长、秘书长、参谋长、参军长、经理、处长、督办、监督、局长，司长、委员会、院长即便遵照办理。切切。此令。

　　　　　　　　　　　　　　（中华民国陆海军大元帅之印）

中华民国十三年七月十五日

据《大本营公报》第二十号《训令》

给广东地方善后委员会的指令 [*]

（一九二四年七月十五日）

呈悉^①。候令行广东省长转饬民产保证局、公安局照数清给可也。此令。

据《广州民国日报》一九二四年七月十六日《帅令拨给输送团经费》

给陈其瑗的指令

（一九二四年七月十五日）

大元帅指令第七四四号

　　令广东财政厅厅长陈其瑗

　　呈将军乐队火食由粤军总司令部核给由。

　　呈悉。候令行粤军总司令知照。此令。

（中华民国陆海军大元帅之印）

中华民国十三年七月十五日

据《大本营公报》第二十号《指令》

给胡谦郑洪年的指令

（一九二四年七月十五日）

大元帅指令第七四七号

---

　　* 此件所标时间系据七月十六日《广州民国日报》云"昨经奉到大元帅指令"酌定。

　　① 广东地方善后委员会因输送团饷项无着,被迫停办,故呈请大元帅令行民产保证局、公安局照数拨款,以资维持。

令经理大本营军需处事宜胡谦、郑洪年

呈请派曾镛为该处参事由。

呈悉。该处参事应照荐任待遇,所请派曾镛为参事,已另有明令照准矣。仰即知照。此令。

（中华民国陆海军大元帅之印）

中华民国十三年七月十五日

据《大本营公报》第二十号《指令》

给胡谦郑洪年的指令

（一九二四年七月十五日）

大元帅指令第七四八号

令经理大本营军需处事宜胡谦、郑洪年

呈请荐派黄启元等为该处副官、科长等职由。

呈悉。已有明令发表矣。仰即知照。此令。

（中华民国陆海军大元帅之印）

中华民国十三年七月十五日

据《大本营公报》第二十号《指令》

给张开儒的指令

（一九二四年七月十五日）

大元帅指令第七四九号

令大本营参军长张开儒

呈请任命郭敏卿为少校副官由。

呈悉。已另有明令照准矣。仰即知照。此令。

　　　　　　　　　　　　（中华民国陆海军大元帅之印）

中华民国十三年七月十五日

据《大本营公报》第二十号《指令》

给大本营军需处的指令 *

（一九二四年七月十五日）

　　呈为拟定该处章程乞核准施行由。

　　呈及章程均悉。所拟尚属妥协，惟参事、科长、副科长、副官均应改为荐派，科员、书记官改为委派，仰即照此修正，呈候核准施行可也。章程发还。此令。

　　计发还章程一份。

据《大本营公报》第廿一号（广州一九二四年七月卅日版）《指令》

给蒋中正的指令

（一九二四年七月十五日）

大元帅指令第七五二号

　　令陆军军官学校校长蒋中正

　　呈请任命陆福廷为军事学教官、甘乃光为英文秘书由。

　　呈悉。已有明令任命矣。仰即知照。此令。

　　　　　　　　　　　（中华民国陆海军大元帅之印）

中华民国十三年七月十五日

据《大本营公报》第二十号《指令》

　　＊　据大元帅指令第八一〇号原呈载，此件为大元帅指令第七五〇号，七月十六日已发至大本营军需处。按大元帅指令第七五二号发令日期是七月十五日，今据此酌定时间。

给罗俊邹炳煌的命令*

（一九二四年七月十六日）

出发东江，安抚民众，俾军民绥洽，以助联军之进行。

据《广州民国日报》一九二四年七月十六日《东江之安抚情形》

给顾忠琛的指令

（一九二四年七月十六日）

大元帅指令第七五三号

　　令北伐讨贼军第四军军长顾忠琛

　　呈为拟请将教导大队更名为讲武学校乞示遵由。

　　呈悉。所请应予照准。仰即将该校编制及办理程序详细条呈核夺可也。此令。

（中华民国陆海军大元帅之印）

中华民国十三年七月十六日

据《大本营公报》第二十号《指令》

给徐绍桢的指令

（一九二四年七月十六日）

大元帅指令第七五四号

----

*　　罗俊、邹炳煌时任大本营特派东江安抚委员。此件所标时间系据《广州民国日报》发表日期。

令大本营内政部长徐绍桢

呈请将广东治河事宜处收归该部管辖等情乞察核令遵由。

呈悉。广东治河事宜处业明令派大本营建设部长林森兼理在案，所请收归该部管辖应从缓议。此令。

（中华民国陆海军大元帅之印）

中华民国十三年七月十六日

据《大本营公报》第二十号《指令》

给程潜的指令

（一九二四年七月十六日）

大元帅指令第七五五号

令大本营军政部长程潜

呈为议复故湘军第九师第一旅旅部少校副官陈焕冕应得恤典由。

呈悉。陈焕冕准予追赠陆军中校，仍照少校积劳病故例给予恤金，以彰忠勤。仰即转行知照。此令。

（中华民国陆海军大元帅之印）

中华民国十三年七月十六日

据《大本营公报》第二十号《指令》

给徐绍桢的指令

（一九二四年七月十六日）

大元帅指令第七五六号

令内政部长徐绍桢

呈复办理陈耀垣等函称有人到李玉渠家勒索屋税及黄滋等控告黄友笙两案情形由。

呈悉。此令。

（中华民国陆海军大元帅之印）

中华民国十三年七月十六日

据《大本营公报》第二十号《指令》

给何家猷的指令

（一九二四年七月十六日）

大元帅指令第七五七号

令卸广东电政监督兼广州电报局长何家猷

呈报卸事日期由。

呈悉。此令。

（中华民国陆海军大元帅之印）

中华民国十三年七月十六日

据《大本营公报》第二十号《指令》

给邹鲁的指令

（一九二四年七月十六日）

大元帅指令第七五八号

令国立广东大学校长邹鲁

呈请令行财政部、广东省长将士敏土厂收归省署管理，即以所得余利连同前拨之北江各处石矿收入，全数拨充大学经费由。

呈悉。准如所请。仰候令行财政部、广东省长遵照办理可也。

此令。

（中华民国陆海军大元帅之印）

中华民国十三年七月十六日

据《大本营公报》第二十号《指令》

给叶恭绰廖仲恺的训令

（一九二四年七月十六日）

大元帅训令第三五七号

令大本营财政部长叶恭绰、广东省长廖仲恺

为令遵事：据国立广东大学校长邹鲁呈称："查士敏土厂系岑春煊在两广总督任内奉办，并声明所有收入余利指拨办学。故该厂初办时，以提学使兼任总办。光复后隶属省署，至民国三年始改隶财政部，不隶教育部，非设厂本旨也。校长前以国立广东大学开办经费无着，请为指拨专款，当由郑前厅长①陈述北江矿石可以指拨，即蒙面准。惟矿石与士敏土厂有密切关系，其时该厂由范军长②在厂开工，包办矿石一时未能觅得承商，故先函经省署批准，将原属该厂之北江花县、英德各县石矿照费拨回。现范军长已将该厂交出，自应查照设厂原案及钧座面准之件，恳请帅座俯赐令行财政部长、广东省长即将该厂所得余利连同前据之北江各处石矿收入，全数拨充大学经费，俾裕基金而宏造就。理合呈请察核照准令遵，实为公便"等情。据此，除指令照准并令行广东省长、财政部遵照外，合行令仰该部长、省长即便遵照办理，将士敏土厂拨收归

---

① 郑前厅长：即财政厅厅长郑洪年。
② 范军长：即中央直辖滇军第二军军长范石生。

省署管理，以所得余利连同前拨北江石矿收入，悉数拨充大学经费，以宏教育。切切。此令。

（中华民国陆海军大元帅之印）

中华民国十三年七月十六日

据《大本营公报》第二十号《训令》

给许崇智的训令

（一九二四年七月十六日）

大元帅训令第三五八号

令粤军总司令许崇智

为令饬事：据海军练习舰队司令兼管海军三舰整理事宜潘文治呈报："现丁父忧，恳予给假，俾得在家守制，其职务暂由参谋长田炳章代拆代行"等情。据此，查该司令猝遭父丧，自属哀痛逾恒。惟现值大敌当前之际，正所谓金革毋避之时。据呈前情，应准给假二十日，俾得回籍治丧，假满仍即回部供职。勉抑孝思，为国宣力，是所厚望。为此，令仰该总司令即便转饬知照。此令。

（中华民国陆海军大元帅之印）

中华民国十三年七月十六日

据《大本营公报》第二十号《训令》

给程潜的训令

（一九二四年七月十六日）

据广东全省商团军联防总部总团长陈廉伯等代电称："此次东、西、北三江同时水涨，哀鸿遍野，待哺嗷嗷，灾情极惨。敝部拟先行前往西江各乡散赈,定期七月十三日出发,每帮派团军十八名,配备全副武装随船保护。用特具函肃请钧座伏乞分别转饬沿途各部军队知照,勿得误会,以维善举,实为公便"等情。据此,除批候令行军政部转行西江一带驻军知照外,合行令仰该部长即便遵照办理。此令。

七月十六日

据《广州民国日报》一九二四年七月十八日《帅令军队保护散赈员》

给胡谦郑洪年的指令

(一九二四年七月十六日)

大元帅指令第七六〇号

　　令经理大本营军需处事宜胡谦、郑洪年

　　呈送《职务规则》乞备案由。

　　呈及规则均悉。准予备案。规则存。此令。

(中华民国陆海军大元帅之印)

中华民国十三年七月十六日

据《大本营公报》第二十号《指令》

给湘军总司令部的指令 *

(一九二四年七月十六日)

　　呈及章程、简章均悉①。所拟办法,果确无妨碍纷扰等情,应

---

　　*　据七月十九日《广州民国日报》载,此令为大元帅指令第七六一号,七月十六日发出。

　　①　湘军总司令部呈报筹办战时军需筹备处,并呈具该处章程、简章,呈请大元帅察核。

准予试办。仰仍将办理情形随时布告财政委员会稽核,并咨行杨、刘两总司令①查照可也。章程、简章存。此令。

据《广州民国日报》一九二四年七月十九日《战时军需筹备处准开办》

给谭延闿的指令

（一九二四年七月十七日）

大元帅指令第七六二号

令湘军总司令谭延闿

呈报前该军第二师呈报于金竹坝战役阵亡官兵人员表内,有二营七连正兵陈楚俊一名,奋勇杀贼,能于中弹时凫水护枪,后实遇救未死,请准予更正由。

呈悉。候令行军政部检查原表更正备案可也。此令。

（中华民国陆海军大元帅之印）

中华民国十三年七月十七日

据《大本营公报》第二十号《指令》

给程潜的训令

（一九二四年七月十七日）

大元帅训令第三六○号

令大本营军政部长程潜

为令遵事:据湘军总司令谭延闿呈称:"呈为呈请更正事:案据职部第三军军长谢国光转据该军第三师长谭道源转据该师五旅旅

---

① 杨、刘两总司令:即杨希闵、刘震寰。

长易绍英呈称:'为呈报受伤得救恳请核正事:案据团长陈积庆报称:前次呈报金竹坝战役阵亡官兵人员表内有二营七连正兵陈楚俊一名。该正兵被敌击伤落水,顺水浮流至五军防地得救,并承送广州医院疗治。昨该兵由院函告,始知幸未殒命。其枪枝、子弹、皮带等缴存五军三十二团二营营部,恳钧座函请将枪弹发还'等情前来。窃该兵奋勇杀贼,中弹溺水,虽邀天幸,死中得活,然能于随波浮流之际拼命护枪,实为人所难能。除由职将该兵所寄存五军枪枝函请发还外,理合将该兵幸而生还情形呈报钧座俯赐鉴核,发给慰劳奖金,藉以激劝而资调养,并恳转呈核正,至为公便等情。据此,理合据情转呈钧座察核发给奖金,藉以激劝而资调养,并恳核正,至为公便等情。据此,经职查核属实,除由职酌给慰劳奖金,以示激励,俾资调养。理合备文呈请察核更正,至为公便等情。据此,除指令准予更正,并转呈备案更正外,理合备文呈请钧座察核更正,实为公便等情。据此,理合呈请帅座准予更正,实为公便"等情前来。除指令"呈悉。令行军政部检查原表更正备案可也。此令"印发外,合行令仰该部长即便遵照。此令。

(中华民国陆海军大元帅之印)

中华民国十三年七月十七日

据《大本营公报》第二十号《训令》

给谭延闿的指令

(一九二四年七月十八日)

大元帅指令第七六六号

　　令湘军总司令谭延闿

　　呈报办理增城县公会会长刘巨良等电呈各节一案情形由。

呈悉。此令。

（中华民国陆海军大元帅之印）

中华民国十三年七月十八日

据《大本营公报》第二十号《指令》

给廖仲恺的指令

（一九二四年七月十八日）

大元帅指令第七六七号

令广东省长廖仲恺

呈复遵将官市产审查委员会七次会议二十八号决案撤销由。

呈悉。此令。

（中华民国陆海军大元帅之印）

中华民国十三年七月十八日

据《大本营公报》第二十号《指令》

与英国驻广州领事的谈话*

（一九二四年七月十九日）

领事：得先生一言片言九鼎，一语解纷，受赐实多。

孙：华人此次因争人格发生合理循轨的罢工，政府实不能加以取缔，苟或有之，即为剥夺人民自由之违法行为，革命政府决不敢出此。且贵领此次毅然颁布此苛例，其中侮辱国体、人民之处实

---

　　* 七月十五日，广州沙面工人为反对英帝国主义颁行的新警律，举行大罢工。英领事为解窘境，谒见了孙中山。谈话时间系据七月二十六日上海《民国日报》云"沙面华人罢工之第五日"推算，定为十九日。

多。沙面为中国领土之一,外人以居留资格,实无取缔华人权。今幸苛例尚未实行,解铃系铃,还须贵领觉悟。至于调停一节,政府自应赞助,但不能接受贵领意思。

据上海《民国日报》一九二四年七月二十六日《沙面华人罢工之第五日》

<h1 align="center">准廖湘芸辞职令</h1>

(一九二四年七月十九日)

大元帅令

　　虎门要塞司令廖湘芸呈请辞职。廖湘芸准免本职。此令。

(中华民国陆海军大元帅之印)

中华民国十三年七月十九日

据《大本营公报》第二十号《命令》

<h1 align="center">任命陈肇英职务令</h1>

(一九二四年七月十九日)

大元帅令

　　任命陈肇英为虎门要塞司令。此令。

(中华民国陆海军大元帅之印)

中华民国十三年七月十九日

据《大本营公报》第二十号《命令》

给廖仲恺的训令[*]

（一九二四年七月十九日）

据广东地方善后委员会呈称："呈为输送伕役饿毙堪虞,吁请帅座迅令各机关如数给饷或另行指拨的款,以重民命而维威信事（上略）:前于五月下旬核计积欠薪饷已达五千余元,今已历月余,统计前后积欠共一万六千余元。窃思本会并非收入机关,所有该团经费全赖各处补助,今一旦概行截止,本会名誉在所不计,其如数百之生命何? 迫将目下窘迫情形缮具呈词,联谒帅座,吁请迅令上列各机关,即日如数发给,并不停得〔止〕止〔得〕拨付,或另行指拨的款,俾饷项不至无着,庶有以维政府之信用而济前敌之急需,实为德便"等情前来。除指令"呈悉。候令行广东省长转饬广东民产保证处、广州市公安局遵照如数发给可也。此令"印发外,合行令仰该省长即便遵照办理。切切。此令。

据《广州民国日报》一九二四年七月十九日《帅令拨款供给输送团》

给廖仲恺的训令^{**}

（一九二四年七月十九日）

据经界局督办兼办广东沙田清理事宜古应芬呈称："呈为呈请事:窃督办奉帅座任命办理经界局事宜,遵经就职任事,并呈报在

---

　*　此件所标时间系《广州民国日报》发表日期。

　**　此件所标时间系《广州民国日报》发表日期。

案。自应积极进行，以资整理。惟查广东财政厅内设有经界局，开办未久，名称既属相同，察阅该局暂行条例职权亦无差异。虽广东省分亦应设经界分局，但职局开办伊始，所有广东经界事宜暂由职局直接办理，至财政厅所设之经界局自应裁撤，该局所设之各县分局亦宜一并裁撤，庶以一事权而免窒碍。理合呈请帅座察核，令行广东省长转令裁撤，仍候指令祗遵"等情前来。除指令"呈悉。候行广东省长转饬广东财政厅遵照裁撤可也。此令"印发外，合行令仰该省长即便遵照，饬令广东财政厅将所设经界局、经界分局一律裁撤，其有未完事件，统交由经界局督办继续办理，仍将裁撤情形具报。此令。

据《广州民国日报》一九二四年七月十九日《帅令统一经界事权》

给张开儒的指令
（一九二四年七月十九日）

大元帅指令第七六八号

　　令大本营参军长张开儒

　　呈复遵令派员点查"江固"官兵、公物情形，缴还原呈及清册由。

　　呈悉。"江固"舰所有人员、军械、服装、器物，既据派员分别点验清楚，官兵均无缺顿额。候将所造薪饷清册令发财政委员会照数筹拨的款，由大本营军需处提前发给可也。其余各册及原呈分别归档。此令。

（中华民国陆海军大元帅之印）

中华民国十三年七月十九日

据《大本营公报》第二十号《指令》

给谭延闿的指令

（一九二四年七月十九日）

大元帅指令第七七〇号

　　令湘军总司令谭延闿

　　呈请迅令电政监督设法接济石龙电报局经费、材料等情由。

　　呈悉。照准。候令行广东电政监督遵照办理可也。此令。

（中华民国陆海军大元帅之印）

中华民国十三年七月十九日

据《大本营公报》第二十号《指令》

给黄桓的训令

（一九二四年七月十九日）

大元帅训令第三六七号

　　令广东电政监督黄桓

　　为训令事：据湘军总司令谭延闿呈称：“案据石龙电报局长卢崇章电称：‘职局自崇章接理八月于兹，何监督[①]任内积欠公费及员役、工役等薪水共一千七百余元。函电催发，均无接济，尤以五、六两月为甚，所领仅小洋百四十元，支出火食及公费、修线费已不敷支。崇章迫于六月十三日躬自赴省请示电政处，只以无款可拨一语了之。当时各员司听闻之下，以希望已绝，全体呈请辞职，何

————————

　　①　何监督：即广东电政监督何家猷。

监督阅电亦置不答复。崇章以石龙电局为前方军事传达之中枢，劝谕各员司顾全大局，听候解决。又于六月十九日赴省为最后之请示，亦如前拒绝，即请领二十元以维持火食亦不发给。尤可异者，电报材料为办公之要素，迭电请领扎线修理石龙至广州湘军专线及飞鹅岭之线路，亦延不发给，迫于就近向滇军行营及西路行营暂借得电线十余斤，先行饬工修理飞鹅岭线路。前方电局关系军事进行，崇章既负有此重责，不能不□□陈词，若因上项非人力所能补救之原因贻误事机，实难甘受其咎。目下工丁已星散一半，各员司亦暂自筹火食，迫得电呈钧处。伏乞垂念下艰，俯赐据呈大元帅令行监督对于职局经费、薪水、材料各项，源源接济，以资办公而利戎行'等情。据此，查战时电报，至关重要。石龙地属要冲，尤宜维持电局，方资军讯敏捷，无虞致误。兹据代电，理合具文转请钧座迅令电政监督，对于该局所请必要费料，应予设法接济，以维电务而利军戎"等情。据此，除指令照准外，合行令仰该监督即便遵照，迅予设法接济为要。此令。

（中华民国陆海军大元帅之印）

中华民国十三年七月十九日

据《大本营公报》第二十号《训令》

给林森的指令

（一九二四年七月十九日）

大元帅指令第七七一号

令大本营建设部长林森

呈请令饬广东省长转饬财厅照案拨助电政经费，并请任命陈润棠为广东电政监督兼广州电报局长由。

呈悉。据称刻因商报减少,广州电报局所收电费不敷开支,自属实情。仰候令行广东省长转饬财政厅,以后务将补助费五千元按月拨足,以维电政。至何家猷辞职,所遗广东电政监督兼广州电报局长一缺,已另简黄桓继任矣。代呈以陈润棠接替之处,应无庸议。履历存。此令。

（中华民国陆海军大元帅之印）

中华民国十三年七月十九日

据《大本营公报》第二十号《指令》

给廖仲恺的训令

（一九二四年七月十九日）

大元帅训令第三六八号

令广东省长廖仲恺

为令行事:据大本营建设部长林森呈称:"呈为据情转呈仰祈鉴核示遵事;现据广东电政监督兼广州电报局局长何家猷呈称:"现据广局暨各行营电务处全体员生卢菊墀等呈称:窃员生等洁己奉公,风雨无间,昼不敢以时食,夜不敢以时寝,频年鞅掌,不遑他顾,在平昔依期发薪,亦不过仅以供菽水,本非充裕。况近来百物昂贵,倍蓰于前,生活艰难,匪可言喻。自欠薪以来,倏经四月,家无斗米之蓄,亲有冻馁之虞,腹可枵以从公,家待炊而仰屋。室人交谪,譬慰无词。稚子牵衣,索饴有泪。况债主之环迫,国税之负担,此岂员生等裁衣缩食可能应付者。目下水尽山穷,势难持久。伏查大元帅饬令财厅按月拨助五千元,足见关怀我劳工者艰苦,不可谓不至矣。无如屡次到领,未蒙照给。似此有名无实,等若具文,画饼未可疗饥,话梅空言止渴,敢恳转呈大元帅令行省长转饬照案拨给五千元,俾得接济以解倒悬。员生等幸甚,电政幸甚等情。据此,查核该员生等现陈困难各节,确系实在情形,所请照案饬拨清发欠薪。家猷主持电政,自应负责赴厅具领核发,以免积欠薪水,令各员生感受艰苦,无如力与心违。前项补助费一款,财厅久未照案拨给,以致上下交困,日甚一日。而所以累积欠发员生薪水至四个月者,不得不将家猷在任七个月经过情形为钧部缕晰陈之:窃查上年十二月五日,家猷接理电政之始,范前监督其务欠发员生薪水数千元,并值省港线路不通,收入短绌,年关逼近,电政前途,危机四伏。经家猷竭力设法筹借,于年内酌量发给,以挽危局。复以省港线路一日不通,即电费收入一日短少。筹划至再,不得不张罗挪垫,修理香前线路改由澳门接转省港报务,以期补救。嗣以前方克复,广九路线又经一番修理,省港电报方能直达。现在线路尚属完好通畅,惟是家猷经先后三次筹挪之后,统计赔累不下六七千。至财厅按月应拨职署补助费五千元一案,在军事停顿之时,尚有些少陆续接济;然月中拨给者亦不及原案十分之二,迨至今年三月间,东江战事重开以来,不但拨款逐渐减少,甚至分文无领。盖前方军需紧要,财厅纵有收入,早经移缓就急,悉数供给前方,岂复顾及电政机关。故职署虽有补助经费之名,饩羊告朔久已,夫无补助经费之实矣。电报本为国家营业机关,惟以粤中连年傱扰,工商交困,货物停滞。日中商报,收入寥寥。其余概属官军电报,不给现费,平均全月收入报费只多不过三千余元。此项收入,家猷早经公开摊分,其中以五成拨给广局员生,二成拨各行营报生,二成拨给工巡各员役,一成拨充购材料,十分摊匀。分派之后,不仅涓滴无余,而区区之数尚不足给发各方面薪额之半。他如临时附加电费,因时局不靖,兼之各行商发生罢工风潮,遂致商报日少,收入亦无起色。此项收入分作三分支销:一解均部,一发驻局滇军及守卫警士伙食暨补助各外局经费，一发职署员役各薪工，计算亦属不敷甚巨。值兹军事方殷，收入固属锐减，支出迭有增加。缘各军分设行营及各机关设置电务处以来，频请添派报生暨给领材料者，日凡多起，殊不知添多一人、增发一料，即属职署多一负担。若不承认行营增加报生薪伙及不给发各机关请领材料，则一纸公文，责备用至，几乎'万一贻误，咎在家猷'之语气。此外，尤其甚者，各局请求接济，如果依照请求，则有不胜负担之难。倘或酌予补助未能全满意者，不曰拒绝接济，即云置之不问，毫不谅公家之困难、办事之艰辛，抑若家猷尸位素餐，不足以尽瘁国事者也。现在该员生卢菊墀等呈请清发欠薪，在财厅一日不依原案拨给补助经费，家猷自问罗掘俱尽，智能已竭，难应各生之请。展转思维，迫得将该员生等原呈及家猷任内经过情形据实呈请钧部设法维持，迅赐转呈大元帅令行广东饬下财政厅，按月照案拨足补助费五千元，并将从前历欠未发之款概予清给，以便具领，核发清理积欠员生等薪水，而资维持。如果财厅仍无实济上之补助，各员生等既不明了公帑支绌，反以家猷为请领不力，丛脞积嫌。在家猷因公负咎，原不足惜，但此后对于整顿电政上更难着手，所以不避晓渎，呈请钧部拨款接济，以维电政。否则，家猷虽欲为国效力，终属于事无补。而家猷在任七个月，苦心孤诣，尤不获电界同人所谅，才智之伦，尚思引退，况以驽骀，敢不让贤。倘复老马恋栈，不独无裨时艰，益恐增滋咎戾。再四思量，惟有呈请钧部准予家猷辞去广东电政监督及广州电报局兼职，迅赐另简贤能接替，以免贻误。所有员生等请发欠薪及家猷任内经过情形暨恳准辞职各缘由，理合备文呈请钧部察核，转呈大元帅俯准，一面仍请明令财厅照案拨给，以免员生解体。电政幸甚！如何之处，伏乞指令祗遵，实为德便。又据该监督兼局长呈称，窃家猷奉职电政七月于兹，自维樗材，无补时艰。查自财厅无款拨给补助经费以来,加之报费收款寥寥,入不敷支,先后积欠各员生薪水至三个月以上。昨据员生卢菊墀等具陈困难、请发欠薪前来,当经转请钧部设法维持,转呈大元帅令饬财厅照案拨给补助经费,以资清理。一面恳准另简贤能接替各在案,伏念现在电政情形已陷于危机四伏、千钧一发之际。推求其故,盖由平时无一定之预算,不能量入为出。又复漫无限制率行,添派冗员愈多,经费愈难,致主持电政者纵有才能,亦苦无从着手。家猷在职七阅月,考察所得,知非撙节财力、淘汰人员不为功。故接任之始,本此宗旨,嗣经阻力横梗,未能实现,觉此时欲言整理,仍须根本解决。仿照财厅破除情面,严行裁汰在职员生,方能支持而维现状。即以广州一局而论,往时统计约需四十人,已足办事而有余。现查自民国十一年起多至六十余人,且其中滥竽充数及办事不力约计可裁减者总在二十人以上。值兹军事方殷,饷需浩繁,苟能裁减一人,即为公家撙节一分财力。以收入之多寡为支出之匀配,在职办事者,亦可希望得足一份薪水,免致僧多粥薄,当必欣然乐从,踊跃办事。弟此项治法,必先贵有治人,否则仍恐未能整理妥善。兹特举贤自代,查有前充汕头电报局长、现充钧部交通局长陈润棠,留学奥国,实习电报电话,并历充交通司司长、汕头潮州电报局长,学问优长,经验宏富。又现充沙面局长李锡祥老成练达,办事公忠,且办理沙面局务一年有余,情形熟悉。二员均为电界前辈,拟请钧部择一,转请大元帅任命,则电政前途实利赖之。所有家猷再请辞职暨保举贤能及条陈管见各缘由,理合备文呈请钧部察核。是否有当,伏乞指令祗遵,无任待命之至'等情,先后到部。据此,查该监督兼局长呈称各节均系实情,既为经济所困,又受群众攻击(如近日电报工会以及广局暨各行营电务处全体员生、石龙电报局局长卢崇章等迭电控告),已近于才力竭蹶,舆望损失,与其责令支持终致偾事,不如另简干员整理较有裨益,至其所首荐之陈润棠,职将其资格、经验、学识暨平素在部之勤务详为稽考,尚堪任用。据呈前情,除指令外,理合缮折转呈帅座鉴核,并准予所请。一面令广东省长转饬广东财政厅遵照接济;一面将该监督底缺及兼职一并开去,另简陈润棠速即前往接代视事,切实整顿,借维电政,实为德便。是否有当,俯祈鉴核示遵"等情。据此,当经指令"呈悉。据称刻因商报减少,广州电报局所收电费不敷开支,自属实情。仰候令行广东省长转饬财政厅,以后务将补助费五千元按月拨足,以维电政。至何家猷辞职,所遗广东电政监督兼广州电报局长一缺,已另简黄桓继任矣,代呈以陈润棠接替之处,应无庸议。履历存。此令"等语,除指令印发外,合行令仰该省长即便转饬财政厅遵照筹拨,以重电政。切切。此令。

（中华民国陆海军大元帅之印）

中华民国十三年七月十九日

据《大本营公报》第二十号《训令》

给谭延闿的指令

（一九二四年七月十九日）

大元帅指令第七七二号

令湘军总司令谭延闿

呈报已令增城知事暨筹饷分处释放林朗臣由。

呈悉。此令。

（中华民国陆海军大元帅之印）

中华民国十三年七月十九日

据《大本营公报》第二十号《指令》

任命黄实职务令

（一九二四年七月二十一日）

大元帅令

　　任命黄实为中央直辖第一军参谋长。此令。

（中华民国陆海军大元帅之印）

中华民国十三年七月廿一日

据《大本营公报》第廿一号（广州一九二四年七月卅日版）《命令》

给杨希闵的指令

（一九二四年七月二十一日）

大元帅指令第七七七号

　　令中央直辖滇军总司令杨希闵

　　呈请令饬九江商团撤退并派员查办，以明曲直由。

　　呈悉。查此案自发生之初，即经谕交廖省长、该总司令及蒋军长秉公查办。昨据蒋军长报称："已饬胡师长体察情形，妥为处理。先将所抽鱼、茧、丝捐暨水陆保护等费概行取消，以顺舆情。并饬保旅静候解决，不得妄启衅端。"处理甚合机宜。兹复据呈各情，候再令行广东省长转饬商团务须严守自卫范围，不得稍有越轨之举，尤不得援助土匪以抗军队，致干究办。一面仍应由该总司令转饬蒋军长严约部队，不得扰害地方，将所抽一切苛捐实行停收，屏绝谣言，勿生疑虑，则舆情既相安洽，奸人无所藉口，自不致酿成变故。想该总司令等深识大体,必能办理得宜,消患无形也。此令。

(中华民国陆海军大元帅之印)

中华民国十三年七月廿一日

据《大本营公报》第廿一号《指令》

给廖仲恺的训令

(一九二四年七月二十一日)

大元帅训令第三六九号

令广东省长廖仲恺

为令饬事:据滇军总司令杨希闵呈称:"案据滇军第三军总指挥胡思舜电称:'近日九江匪首吴三镜等利用商团抵抗防军,相持多日,迄未解决。窃查保旅长荣光在九江防地以内一切处置,间有不合舆情之处,地方人士尽可诉诸本军高级长官,则军法具在,决无偏徇。乃昧于大义,藉土匪以抗军队,假使地方糜烂,谁尸其咎。拟恳帅座迅赐令饬商团立时撤退,恢复秩序,并请派员查办。如敢再违钧令,恃强顽抗,即请下令剿办。此事关系军队威严及地方治安,不容漠视。用敢电呈,伏维察夺。滇军第三军总指挥胡思舜叩。佳。印'等情。据此,理合据情转呈帅座,迅赐令饬商团立即撤退,并请派员查办,以明曲直,而保治安"等情。据此,当经指令"呈悉。查此案自发生之初,即经谕交廖省长、该总司令及蒋军长秉公查办。昨据蒋军长报称:'已饬胡师长体察情形妥为处理,先将所抽鱼、茧、丝捐暨水陆保护等费概行取消,以顺舆情。并饬保旅静候解决,不得妄启衅端。'处理甚合机宜。兹复据呈各情,候再令行广东省长转饬商团务须严守自卫范围,不得稍有越轨之举,尤不得援助土匪以抗军队,致干究办。一面仍应由该总司令转饬蒋军长、胡师长,严约所部队,不得扰害地方,将所抽一切苛捐实行停收,屏绝谣言,勿生疑虑,则舆情既相安洽,奸人无所藉口,自不致酿成变故。想该总司令等深识大体,必能办理得宜,消患无形也。此令"等语,除指令印发外,合行令仰该省长即便转饬商团遵照,仍一面开导该地绅民:驻军果有骚扰,只宜诉诸军民长官,听候解决,不宜受人煽惑,妄思利用团军、土匪,以图一逞,致酿变故,自取损害,是为至要。切切。此令。

(中华民国陆海军大元帅之印)

中华民国十三年七月廿一日

据《大本营公报》第廿一号《训令》

给蒋光亮的训令

(一九二四年七月二十一日)

大元帅训令第三七〇号

令中央直辖滇军第三军军长蒋光亮

为令遵事:据财政委员会呈称:"呈为呈请事:窃于本月九日准大本营财政部公函,据粤海关监督呈以税务司函称:'九江滇军第三军第六师第十二旅旅长保荣光饬抽土丝捐、茧捐,呈请取消'等因,函请提出会议撤销一案。经于本月十一日第五十次特别会议议决,由职会录案呈请帅座令饬该旅长将抽收出口丝捐、茧捐一案取消等因在案。除汇案呈报外,理合具呈,仰恳钧座迅赐明令该旅长将抽收九江出口土丝捐、茧捐撤销,以维统一而恤丝商,实为公便"等情前来,除指令"呈悉。此案前据蒋军长报称已饬撤销,兹复据呈各情,候令行蒋军长迅予转饬实行,遵令撤销,以顺舆情可也。此令"印发外,合行令仰该军长即便遵照。切切。此令。

（中华民国陆海军大元帅之印）

中华民国十三年七月廿一日

据《大本营公报》第廿一号《训令》

通缉王得庆令

（一九二四年七月二十二日）

大元帅令

　　据湘军总司令谭延闿呈"湘军第六师师长王得庆率部降敌，请缉拿究办"等语。王得庆甘心背叛，罪无可逭。着各军民长官饬属一体严缉，务获解办，以伸国法，而儆叛逆。此令。

（中华民国陆海军大元帅之印）

中华民国十三年七月廿二日

据《大本营公报》第廿一号《命令》

给伍朝枢的训令

（一九二四年七月二十二日）

大元帅训令第三七一号

　　令大本营外交部长伍朝枢

　　为令遵事：据梧州善后处长李济深电称："前以梧州关监督兼外交部特派交涉员戴恩赛久未回署办公，对外事件无人负责，曾于六月俭日电陈外交部伍部长、财政部叶部长文曰：'广州外交部伍部长、财政部叶部长勋鉴：府密。查梧州一埠为广西通商口岸，对外事件备极烦多。梧州关监督兼外交部特派交涉员一职责任至重，戴监督恩赛自就任以后即离职守，迄今数月仍未回署办公，所称代拆代行之科长华承沄又复一事不办，甚至署内员司无一人能当通译者，遇有应与领署或税司接洽之事，辄以受雇洋行之商人左右其间，否则不知所措。似此荒职，实属形同虚设，贻笑邦交。济深为尊重国体起见，拟请大部转饬戴监督恩赛克日回梧整理署务，否则应请大部转呈帅座，将该监督兼交涉员戴恩赛即行更换，另简干员接任该缺，以重要公。外交幸甚，关务幸甚！临电不胜屏营待命之至。李济深叩。俭。印'等语。现已多日，戴监督仍未回梧；倘遇要件发生，处理无人，殊于国体邦交均有关碍。用再电呈钧座察核，伏乞迅赐令部查明戴恩赛能否即回梧署办公，抑请钧座另简干员接任，以重关务而顾邦交之处，统候核夺施行"等情前来。查梧州地当要冲，华洋交涉事件时有发生，该监督兼交涉员久不到署，殊属不合。合行令仰该部长即便转饬该员克日回署，毋荒职守、贻误外交为要。切切。此令。

（中华民国陆海军大元帅之印）

中华民国十三年·七月廿二日

据《大本营公报》第廿一号《训令》

给财政委员会的指令

（一九二四年七月二十二日）

大元帅指令第七七九号

　　令财政委员会

　　呈请迅令滇军保旅长撤销抽收九江出口土丝捐、茧捐等情由。

　　呈悉。此案前据蒋军长报称已饬撤销，兹复据呈各情，候令行蒋军长迅予转饬实行，遵令撤销，以顺舆情可也。此令。

（中华民国陆海军大元帅之印）

中华民国十三年七月廿二日

据《大本营公报》第廿一号《指令》

给古应芬的指令

（一九二四年七月二十二日）

大元帅指令第七八〇号

　　令经界局督办兼办广东沙田清理事宜古应芬

　　呈复办理陈金人等呈称五邑业佃公会有带征沙田费存放港号，请提充军用一案情形由。

　　呈悉。此令。

　　　　　　　　　　（中华民国陆海军大元帅之印）

中华民国十三年七月廿二日

据《大本营公报》第廿一号《指令》

给许崇智的指令

（一九二四年七月二十二日）

大元帅指令第七八一号

　　令粤军总司令许崇智

　　呈前浙军师长陈肇英堪膺重寄，请任命为虎门要塞司令由。

　　呈悉。虎门要塞司令廖湘芸已准予辞职，并明令任命陈肇英矣。此令。

　　　　　　　　　　（中华民国陆海军大元帅之印）

中华民国十三年七月廿二日

据《大本营公报》第廿一号《指令》

给朱培德的指令

（一九二四年七月二十二日）

大元帅指令第七八二号

令中央直辖第一军军长朱培德

呈请任命黄实为该军参谋长由。

呈悉。已有明令任命矣。仰即知照。此令。

（中华民国陆海军大元帅之印）

中华民国十三年七月廿二日

据《大本营公报》第廿一号《指令》

给李福林的指令

（一九二四年七月二十二日）

大元帅指令第七八三号

令粤军第三军军长李福林

呈报枪决匪犯吴锐日期乞备案由。

呈悉。准予备案。此令。

（中华民国陆海军大元帅之印）

中华民国十三年七月廿二日

据《大本营公报》第廿一号《指令》

巴富罗夫追悼会讣告[*]

（一九二四年七月二十二日）

俄国军团司令巴富罗夫将军[①]（一名高和罗夫），自志愿退伍后，即就大本营高等军事顾问之职，不幸于本月十八日因往石龙查勘事项失足落水身故，深堪惋惜。兹于本月廿三日上午十时在东较场开追悼会，同日出殡。着即通谕各军各机关一体知照。

据《广州民国日报》一九二四年七月二十三日《追悼俄军官之大会》

祭巴富罗夫文[**]

（一九二四年七月二十三日）

维中华民国十三年七月二十三日，中华民国陆海军大元帅孙文致祭于高等顾问高和罗夫将军之灵前曰：

维天生材，辅佐斯民。郁郁高君，百战奇英。来佐我华，羽扇纶巾。运谋设策，颇见经纶。方冀辅弼，克缵乃勋。何期无命，中途殂殒。渺渺水天，绵绵长恨。英灵不昧，默启后人。呜呼！哀

---

[*]　此件所标时间系据七月二十三日《广州民国日报》云"本月二十二日，公安局奉大本营通告内开：本日奉大元帅谕"确定。

[①]　巴富罗夫：即帕维尔·安德列耶维奇·巴富罗夫（Павлов），又名高和罗夫（Говоров），一八九二年生于沙皇军官家庭，曾任苏俄第十三集团军军长。一九二四年四月来华，被孙中山聘为大元帅府总军事顾问。同年七月十八日，在石龙视察战场时失足溺毙，遗骸二十一日送省垣成殓。

[**]　追悼会在广州东较场举行，祭文由伍朝枢宣读。

哉！尚飨。

致续西峰函

（一九二四年七月二十三日）

西峰吾兄惠鉴：

　　觉民刘君南来，藉审近况，至慰眷眷。

　　吾兄好义，努力不怠，尤佩忠诚。今吾国祸乱至矣，人民之受苦深矣。奋不顾身出而救民救国者，能有几人？

　　伪廷群寇，窃踞北方，只图一己之私，不顾天下之大。妖氛弥漫，久而未靖，良用痛心！振臂高呼，协力讨贼，吾兄其图之。

　　宝珊邓君、虎臣李君勇于赴义，策画一切，当能为兄助。与邓、李二君相晤，幸望为致意。

　　北望无任驰系。惟勇猛前进，以副厚期。敬颂

道祉

孙　文

中华民国十三年七月二十三日

给刘芦隐的指令

（一九二四年七月二十三日）

大元帅指令第七八五号

　　令代理法制委员会会长刘芦隐

呈报修正处务及会议规则乞察核备案由。

呈悉。如呈备案。规则存。此令。

（中华民国陆海军大元帅之印）

中华民国十三年七月廿三日

据《大本营公报》第廿一号《指令》

给邹鲁的指令

（一九二四年七月二十三日）

大元帅指令第七八六号

　　令国立广东大学校长邹鲁

　　呈报该校法科学院法律本科十六班暨政治经济各科丁班各学生修业期满，请准举行毕业试验，并造具学生一览表，呈请鉴核令遵由。

　　呈悉。准予举行毕业试验。表存。此令。

（中华民国陆海军大元帅之印）

中华民国十三年七月廿三日

据《大本营公报》第廿一号《指令》

给黄桓的指令

（一九二四年七月二十三日）

大元帅指令第七八七号

　　令广东电政监督兼广州电报局局长黄桓

　　呈复奉令办理接济石龙电局情形由。

　　呈悉。石龙电局通报各军讯息，关系极为重要。仰仍遵照前令将该局经费先行筹拨，以利戎机可也。此令。

（中华民国陆海军大元帅之印）

中华民国十三年七月廿三日

据《大本营公报》第廿一号《指令》

给廖仲恺的指令

（一九二四年七月二十三日）

大元帅指令第七八八号

令广东省长廖仲恺

呈为遵令饬行广东财政厅再行减定经费，乞鉴核示遵由。

呈悉。照准。此令。

（中华民国陆海军大元帅之印）

中华民国十三年七月廿三日

据《大本营公报》第廿一号《指令》

给叶恭绰的指令

（一九二四年七月二十三日）

大元帅指令第七八九号

令大本营财政部长兼盐务督办叶恭绰

呈报办理"平南"舰一案情形乞察核备案由。

呈悉①。准予备案。此令。

---

① 七月十九日，署长郑洪年代兼盐务督办叶恭绰呈报办理"平南"舰一案情形：一、通行各军政机关严缉该舰在逃人员；二、点收该舰公物及枪弹列单存案；三、委新舰长以专责成，该舰以后用于缉私。

（中华民国陆海军大元帅之印）

中华民国十三年七月廿三日

据《大本营公报》第廿一号《指令》

给许崇智的指令

（一九二四年七月二十三日）

大元帅指令第七九三号

令粤军总司令许崇智

呈报兼长洲要塞司令蒋中正视事及启用印信日期乞备案由。

呈悉。此令。

（中华民国陆海军大元帅之印）

中华民国十三年七月廿三日

据《大本营公报》第廿一号《指令》

给朱培德的指令

（一九二四年七月二十三日）

大元帅指令第七九四号

令中央直辖第一军军长朱培德

呈据情转请取消连县县议会议长叶其森等通缉原案由。

呈悉。叶其森等准予取消通缉。候令行广东省长通行知照可也。此令。

（中华民国陆海军大元帅之印）

中华民国十三年七月廿三日

据《大本营公报》第廿一号《指令》

追赠夏尔玙令

（一九二四年七月二十四日）

大元帅令

　　故中华革命军浙江司令长官夏尔玙勠力国事，迭著勋劳，遇害身亡，良堪惋悼。经交由大本营军政部议复请予赠恤，夏尔玙着追赠陆军上将，并照阵亡例第一表给予上将恤金，以彰义烈。此令。

（中华民国陆海军大元帅之印）

中华民国十三年七月廿四日

据《大本营公报》第廿一号《命令》

追赠吴斌令

（一九二四年七月二十四日）

大元帅令

　　大本营军政部长程潜呈"议复故前福建讨贼军总司令部参谋长吴斌，此次在大田遇难身亡，情极可悯。查核事实相符，拟请追赠给恤"等语。吴斌着追赠陆军少将，并照少将阵亡例给予恤金，以彰忠烈。此令。

（中华民国陆海军大元帅之印）

中华民国十三年七月廿四日

据《大本营公报》第廿一号《命令》

给廖仲恺的训令

（一九二四年七月二十四日）

大元帅训令第三七九号

　　令广东省长廖仲恺

　　为令遵事：据中央直辖第一军军长朱培德呈："据情转请取消通缉原案仰祈睿鉴事：顷据职军第一师师长王均呈称：'案据连县绅耆冯祖尧、龙裔亨、沈昌枏、商会长、董莫宗照、李厚乾、邹中杰、谢惠初、王受高，县议会议员黄题榜、何仲章、王连贤、潘必先、黄世萱、张积梧、孔宪章、何秀峰、丘佐熙、熊有光、黄元香、陈清溪、林树藩、莫仕、张宇明、叶其芬、成肇修、赵惟清、何明生、成冀孟、黄庭经、欧阳昊、王景炘、邓应勖、黄汉波、林椿荣、张德徽、黄泰猷、黎民仰、黄汉昌、彭徽儒、邓铨，中小学校长教员刘家宾、陈广材、邓鸣、莫安枢、王翠山、欧阳钦、罗彰善，保卫团总谭镇基、成续孟、张鹿鸣等呈称：为因公受累，联请察核转呈取消通缉，以免冤抑事：窃去岁六月间，沈军旅长黄公汉、叶青钱等入踞连县前，滇军中路第一独立旅长何克夫率部反攻，经旬未下，城中居民因粮食已尽，危在旦夕，公举前县议会议长叶其森代表缒城往见何旅长，请其顾全城中生灵，俾免玉石俱焚。当时纯出自人民自动，与敌军本无关系。不意甫出城外，何旅长疑为受敌主使，立率队逮捕，留押讯办。追敌军退走，经全城各界证明联请昭雪，当蒙核准，由连县商会会长刘剑虹具保省释。旋于八月间，该前议长与商会长因事远出，何旅长复疑为串通逃匿，呈请一并通缉，经奉核准通行在案。伏念该前议长与该商会会长秉性公正，夙负声望，向未投身军界，其无通敌行为，全县人士可保可结。年来连阳迭遭兵燹，该前议长等尤能不辞劳瘁，维持秩序，地方实受其赐。此次因公受累，实非其罪，邑人莫不冤之。现在事隔日久，案情早经大白。且查沈军近以输诚，所受嫌疑亦已消灭。公道所在，不敢壅于上闻。用敢披沥联陈，伏乞俯赐察核，转请大元帅暨省长核准将该前议长叶其森、商会会长刘剑虹通缉一案通令取消，俾冤抑得伸，不胜屏营待命之至等情。据此，查县议会为一县之代表民意机关，议长叶其森当时受合城人民之请托，缒城往说，自属不得不然。若以为通敌，似乎太冤。且既经该县商会长刘剑虹保释之后，又请一律通缉，此中周折不得而知。惟沈军早经输诚政府，奉命率师回桂，已无通敌之可言。而现在连城正绅因此之故，至今尚多远避未归，庶政俱废，即欲稍加整顿，亦往往扞格而难通。兹据前情，若不代为请命，则以后连城状况，必不堪设想。所有该公民冯祖尧等呈请转乞取消通缉叶其森、刘剑虹等前令各缘由，理合备文呈请俯赐察核，转呈大元帅即予明令取消通缉前案，实为公便'等情前来。理合据情备文呈请帅座俯赐衡核施行"等情。据此，当经指令"呈悉。叶其森等准予取消通缉。候令行广东省长通行知照可也。此令"印发外，合行令仰该省长即便查照办理。此令。

（中华民国陆海军大元帅之印）

中华民国十三年七月廿四日

据《大本营公报》第廿一号《训令》

给叶恭绰的指令

（一九二四年七月二十四日）

大元帅指令第七九八号

令大本营财政部长兼盐务督办著〔叶〕恭绰

呈为盐务署事务日繁，拟请酌增员司，指拨经费等情由。

呈悉。现正厉行减政，盐务署事务应仍由该部派员兼办，以资撙节。所请酌增员司、指拨经费之处，着无庸议。此令。

（中华民国陆海军大元帅之印）

中华民国十三年七月廿四日

据《大本营公报》第廿一号《指令》

给徐绍桢的指令

（一九二四年七月二十四日）

大元帅指令第七九九号

令大本营内政部长徐绍桢

呈请褒扬节妇李沈氏由。

呈悉。准予题颁"节励松筠"四字匾额，并给予银质褒章，以示褒扬。仰即转给承领可也。此令。

（中华民国陆海军大元帅之印）

中华民国十三年七月廿四日

据《大本营公报》第廿一号《指令》

追赠张荣光令

（一九二四年七月二十五日）

大元帅令

据大本营军政部长程潜呈"请将已故滇军第二军参谋张荣光追赠陆军少将，并照例给恤"等语。张荣光准予追赠陆军少将，并照少将积劳病故例给恤，以慰英灵。此令。

（中华民国陆海军大元帅之印）

中华民国十三年七月廿五日

据《大本营公报》第廿一号《命令》

<h2 align="center">追赠缪培堃令</h2>

（一九二四年七月二十五日）

大元帅令

　　据大本营军政部长程潜呈复"请将已故粤军团长缪培堃追加陆军少将衔，仍照上校例给恤"等语。缪培堃准予追加陆军少将衔，仍照上校积劳病故例给恤，以慰英灵。此令。

（中华民国陆海军大元帅之印）

中华民国十三年七月廿五日

据《大本营公报》第廿一号《指令》

<h2 align="center">饬保留安徽义地令 *</h2>

（一九二四年七月二十五日）

　　饬将美侨公司抵领原案撤销，依照徽地契管十亩零五如数保留。随由市厅指令财局办理。

据《广州民国日报》一九二四年七月二十五日《安徽义地准予保留》

---

　　*　此件所标时间系《广州民国日报》发表日期。

给叶恭绰黄昌谷的训令

（一九二四年七月二十五日）

大元帅训令第三八一号

令大本营财政部长叶恭绰、大本营会计司司长黄昌谷

为令遵事：查以军饷浩繁，度支奇绌，曾经分令大本营直辖各机关以及各民政、财政机关所有职员俸薪，从八月一日起，除已经减成发给者仍照旧支给外，此外职员俸薪凡在五百元以上者概以七成发给，在三百元以上者以八成发给，在二百元以上者以九成发给各在案。亟应令知大本营财政部及会计司，从八月一日起，凡发给各机关职员俸薪，概照上项规定减成发给，以昭核实，而归划一。除分令外，合行令仰该部、司长即便遵照办理，仍将遵办情形具报查核。切切。此令。

（中华民国陆海军大元帅之印）

中华民国十三年七月廿五日

据《大本营公报》第廿一号《训令》

给程潜等的训令

（一九二四年七月二十五日）

大元帅训令第三八二号

令大本营军政部长程潜、大本营财政部长叶恭绰、大本营建设部长林森、大本营内政部长徐绍桢、大本营外交部长伍朝枢、大本营秘书长谭延闿、大本营参谋长李烈钧、大本营参军长张

开儒、大本营审计处处长林翔、大元帅行营秘书长古应芬、广东省长廖仲恺、禁烟督办鲁涤平、经界局督办古应芬、盐务督办叶恭绰、广东治河督办林森、广东电政监督黄桓、大本营航空局长陈友仁、大本营会计司司长黄昌谷、中央执行委员会、法制委员会、财政委员会、陆军军官学校校长蒋中正、国立广东大学校长邹鲁、大理院长兼司法行政事务吕志伊、广东兵工厂厂长马超俊、广州市市长孙科、管理粤汉铁路事务许崇灏、两广盐运使邓泽如、两广盐务稽核所经理宋子文、经理大本营军需处事宜胡谦、郑洪年

为令遵事：查以军饷浩繁，度支奇绌，曾经令行大本营会计司，将大本营参议、谘议、委员及秘书处、会计司人员等所有俸薪，从八月一日起，概行减成发给在案。惟查各机关人员薪俸，其已经减成发给者固多，其未经减成发给者亦复不少，亟应统筹办法，以归划一。限从八月一日起，所有大本营直辖各机关以及各民政、财政机关，除职员俸薪已经减成发给者，仍照旧支给外，此外各职员凡俸薪在五百元以上者概以七成发给，在三百元以上者以八成发给，在二百元以上者以九成发给，俾昭公允而免偏畸。除分令外，合行令仰该部长、秘书长、参谋长、参军长、处长、省长、督办、监督、局长、司长、委员会、校长、院长、厂长、市长、运使、管理、经理即便遵照办理，并转行所属一体遵照办理，仍将遵办情形具报查核。切切。此令。

（中华民国陆海军大元帅之印）

中华民国十三年七月廿五日

据《大本营公报》第廿一号《训令》

给廖仲恺的指令

（一九二四年七月二十五日）

大元帅指令第八〇三号

　　令广东省长廖仲恺

　　呈复所属广东图书馆等机关核减经费情形由。

　　呈、表均悉。所有广东图书馆暨东兴洋务局经费，均准照所拟减定数开支。仰即分别转饬知照。表存。此令。

（中华民国陆海军大元帅之印）

中华民国十三年七月廿五日

据《大本营公报》第廿一号《指令》

给程潜的指令

（一九二四年七月二十五日）

大元帅指令第八〇四号

　　令大本营军政部长程潜

　　呈复拟请赠恤故中华革命军浙江司令长官夏尔玙由。

　　呈悉。已有明令追赠给恤矣。仰即知照。此令。

（中华民国陆海军大元帅之印）

中华民国十三年七月廿五日

据《大本营公报》第廿一号《指令》

给李济深的指令

（一九二四年七月二十五日）

大元帅指令第八〇五号

　　令梧州善后处长李济深

　　呈报广西抚河招抚使署取消日期由。

　　呈悉。此令。

（中华民国陆海军大元帅之印）

中华民国十三年七月廿五日

据《大本营公报》第廿一号《指令》

给程潜的指令

（一九二四年七月二十五日）

大元帅指令第八〇六号

　　令大本营军政部长程潜

　　呈请追赠故前福建讨贼军总司令部参谋长吴斌以陆军少将并照少将阵亡例给恤由。

　　呈悉。已有明令追赠给恤矣。仰即知照。此令。

（中华民国陆海军大元帅之印）

中华民国十三年七月廿五日

据《大本营公报》第廿一号《指令》

给林翔的指令

（一九二四年七月二十五日）

大元帅指令第八〇七号

　　令大本营审计处处长林翔

　　呈缴该处十三年度岁出经常费预算书由。

　　呈悉。候将预算书发交一份与财政部汇编十三年度总预算，呈候核定施行可也。其余一份存。此令。

（中华民国陆海军大元帅之印）

中华民国十三年七月廿五日

据《大本营公报》第廿一号《指令》

给叶恭绰的训令

（一九二四年七月二十五日）

大元帅训令第三八三号

　　令大本营财政部长叶恭绰

　　为令行事：据审计处长林翔呈称："为编造十三年度总预算仰祈鉴核备案事：窃查年度终结，应编造下年度岁出岁入总预算，呈请核定，以便照案支付。现在十二年度业已终结，谨将职处十三年度岁出经常费编造全年度预算书缮呈钧座，伏乞俯准备案。再职处规编预算，遵照本年七月一日奉钧师第六六八号指令核准呈减经费办理，比较十二年计减一千九百八十元。至临时费预算，十二年度虽经前局长刘纪文编呈有案，但目下尚无临时支出，应俟将来有此项支出时再行编列呈核,合并呈明。是否有当,仍乞指令祗遵"等情。据此,除指令"呈悉。候将预算书发下一份与财政部汇编十三年总预算,呈候核定施行可也。其余一份存。此令"印发外,合行令仰该部遵照。此令。

(中华民国陆海军大元帅之印)

中华民国十三年七月廿五日

据《大本营公报》第廿一号《训令》

给程潜的指令

(一九二四年七月二十五日)

大元帅指令第八〇八号

　　令大本营军政部长程潜

　　呈复遵批核议中央直辖福建总指挥处暨所辖部队官兵薪饷、公费、马乾预算由。

　　呈悉。查此案昨已谕令粤军总司令转饬何总指挥,将现在实有兵额暨必需火食数目报由该总司令复核转报,以凭饬财政委员会筹拨的款。兹复据呈各情,何总指挥应准照上将支薪,余仍遵前谕办理。候令行粤军总司令转饬知照可也。原呈及预算书均存。此令。

(中华民国陆海军大元帅之印)

中华民国十三年七月廿五日

据《大本营公报》第廿一号《指令》

给许崇智的训令

（一九二四年七月二十五日）

大元帅训令第三八四号

　　令粤军总司令许崇智

　　为令行事：据大本营军政部长程潜呈称："奉钧座发下粤军总司令许崇智呈报中央直辖福建各军总指挥处按月预算书，请察核训示呈一件，并奉批交军政部核定等因。附预算书一本。奉此，查表列各编制核与新定甲种军司令部编制大致相符，饷额亦系遵照现行饷章填报，该总指挥应照上将支薪每月六百四十元。惟该处各师、旅、团、营、连，实有官兵现员若干，枪炮若干，未据造具官兵花名、枪炮种类清册。所报预算书是否相符，职部无案可稽，应由粤军总司令部先行点验酌量发给，庶库帑不至虚糜，饷糈无虞缺乏"等情。据此，当经指令"呈悉。查此案昨已谕令粤军总司令转饬何总指挥，将现在实有兵额暨必需火食数目报由该总司令复核转报，以凭饬财政委员会筹拨的款。兹复据呈各情，何总指挥应准照上将支薪，余仍遵前谕办理。候令行粤军总司令转饬知照可也。原呈及预算书均存。此令"等语，除指令印发外，合行令仰该总司令即便遵照先令令饬切实办理，并转饬知照。此令。

　　　　　　　　　　（中华民国陆海军大元帅之印）

中华民国十三年七月廿五日

据《大本营公报》第廿一号《训令》

给胡谦郑洪年的指令

（一九二四年七月二十六日）

大元帅指令第八一○号

　　令经理大本营军需处事宜胡谦、郑洪年

　　呈为遵令修正章程请鉴核备案由。

　　呈及章程①均悉。准予备案。章程存。此令。

（中华民国陆海军大元帅之印）

中华民国十三年七月廿六日

据《大本营公报》第廿一号《指令》

给程潜的指令

（一九二四年七月二十六日）

大元帅指令第八一一号

　　令军政部长程潜

　　呈复湘军正兵陈楚俊一名遵令更正由。

　　呈悉②。此令。

（中华民国陆海军大元帅之印）

中华民国十三年七月廿六日

据《大本营公报》第廿一号《指令》

---

　　①　章程：指《大本营军需处章程》，共十一条。

　　②　程潜呈称，已遵令将被敌击伤落水得救的陈楚俊从"金竹坝战役阵亡官兵人员表"内抽出，核正备案。

给程潜的指令

（一九二四年七月二十六日）

大元帅指令第八一二号

　　令大本营军政部长程潜

　　呈复拟请追加粤军积劳病故团长缪培堃陆军少将衔仍照上校例给恤由。

　　呈悉。已明令照准。仰即遵照办理并转令知照可也。此令。

　　　　　　　　　　　　　　（中华民国陆海军大元帅之印）

中华民国十三年七月廿六日

　　　　　　　　　　　据《大本营公报》第廿一号《指令》

给程潜的指令

（一九二四年七月二十六日）

大元帅指令第八一三号

　　令大本营军政部长程潜

　　呈复拟请追赠已故滇军第二军参谋张荣光陆军少将并照少将积劳病故例给恤由。

　　呈悉。张荣光已明令准予追赠给恤矣。仰即遵照办理并转令知照可也。此令。

　　　　　　　　　　　　　　（中华民国陆海军大元帅之印）

中华民国十三年七月廿六日

　　　　　　　　　　　据《大本营公报》第廿一号《指令》

给古应芬的指令

（一九二四年七月二十六日）

大元帅指令第八一四号

　　令经界局督办兼办广东沙田清理事宜古应芬

　　呈拟《经界局组织条例》乞核准施行由。

　　呈及条例均悉。准如所拟施行。条例存。此令。

（中华民国陆海军大元帅之印）

中华民国十三年七月廿六日

据《大本营公报》第廿一号《指令》

给许崇灏的命令*

（一九二四年七月二十七日）

　　令粤路总理许崇灏赶紧筹筑由小坪至兵工厂之铁路一段，长约一咪里余，定期告竣，以利运输。

据《广州民国日报》一九二四年七月二十八日《拟筑直通兵工厂铁路》

在广州农民联欢会的演说**

（一九二四年七月二十八日）

诸君：

---

　　*　此件所标时间系据七月二十八日《广州民国日报》云"大元帅……昨特谕"酌定。

　　**　七月二十八日，国民党中央执行委员会农民部召集广州近郊农民（千余人）及军界代表共二千余人，在广东大学礼堂举行农民联欢会，邀请孙中山出席演说。

今日是开农民联欢会。大家知道为什么要开这个会呢？开这个会之后要做什么事呢？要知道这个原委，便先要知道今日在中国是一个什么日子。今年叫做民国十三年。为什么有了民国十三年呢？因为在十三年前，革命党的同志才起革命军，推翻满清，恢复汉人国家，创成民国。在民国没有创成之先，中国的皇帝是满洲人。满洲人是外国来的，是一种异族，不是汉人。他们在二百六十多年之前，用兵力来侵占中国，征服汉人，灭了明朝，统一中国的江山，才把国号改做清朝。所以满清统治中国，压迫汉人，有了二百六十多年。到了十三年之前，汉人才发生革命，赶走满洲人，恢复汉室的山河，一直到现在，中国的事情都是汉人自己管理。

大家如果不知道清朝与民国的分别，可以就广东从前和现在想一想，便可明白。广东十三年之前，是什么情形呢？大家知道广州是两广最大的城市，在广州最大的官有两广总督，他的权力可以管理广东和广西两省。总督之下有将军，将军之下又有旗防。旗防是满清派到广州来驻防和监视汉人的。汉人官吏做事都要听满洲人将军的话。所以满洲人是主人，汉人是奴隶。这些情形，你们做小孩子的当然不知道，做大人的应该记得很清楚。在当时，汉人并且不敢到旗下街去行走，如果自己不谨慎，要是被旗下人打死了，去打官司，旗下人不抵命。这就是因为满洲人是主人，我们的官吏都是被他们监督，所以不敢理这些事。至于汉人生了子孙，有没有教养，官吏总是不管。满人的小孩子一出世之后便有长粮吃。那些汉满不平等的事是非常之多。到后来一般革命先烈，知道我们是做奴隶，看见那些不平的事是很无道理的，所以提倡民族主义，推翻满清政府，创成民国来行民权。这种民权主义，是以人民为主人的，以官吏为奴仆的。所以十三年前的革命是一件很奇怪的事，是中国几千年来破天荒的第一件事。在那次革命以前，人民都是做皇帝的奴隶,无论什么事都要听皇帝的话;到了民国成立,便是以民为主的世界,人民便变成了主人,皇帝变成了奴仆。在这个民国时代,本来没有皇帝,最大的官是大总统和国务总理,以下就是各部总长、各省省长以及各县县长。这些官吏从前都是在人民之上,今日便在人民之下。大家知道现在民国没有皇帝,究竟是什么人做皇帝呢?从前是一人做皇帝,现在是四万万人作主,就是四万万人做皇帝。换一句话说,就是在帝国时代只有一个人做皇帝,到民国时代这四万万人都是皇帝。这就叫做以民为主,这就是实行民权。这些事实,中国几千年来虽然没有见过,但是老早便有了这种理想。譬如孔子说:"天下为公。"又有人说:"天下者,是天下人之天下也。"就是这种理想。我们革命党要实行三民主义,也就是这个意思。

　　三民主义是什么呢?就是民族主义、民权主义和民生主义。民族主义是对外国人用的,不许外国人来治中国,做中国的皇帝;要我们中国人来治中国,自己管理自己。革命党从前推翻满清,就是实行民族主义。但是满清推翻之后,还是要受外国人的欺负。我们实行民族主义,推翻满清,虽然脱离了满清的奴隶,但是还要做外国人的奴隶,所以民族主义还没有完全成功。推翻满清只可算作一半的成功;其余一半就是受列强的压迫。列强到现在还要压迫中国的原因,就是由于从前满清和他们立了条约,那些条约放在外国,就是把我们的身契押去外国,把我们的权利都送过外国人去了一样。那些条约就是通商条约,所以满清与外国的通商条约就可以说是我们的卖身契,所以我们到了今日还要受外国的压迫。我们实行民族主义,已经推翻满清,虽然是一半成功,以后还要废除我们的卖身契,不做各国人的奴隶,那才算民族主义是完全成功。

讲到民权主义,我们推翻满清之后,创成民国,虽然是以民为主,但是不久又生出许多督军、省长。那些督军、省长都是满清留下来的旧官僚,他们的思想只知道有皇帝,所以他们做事的专制,还是要实行皇帝的职权。因为这个原因,所以民国到今日虽然有了十三年,民权还是不能够实行。我们要把民权主义完全达到目的,所以还要希望大家同心协力来奋斗。民族主义是用来对国外列强来奋斗的,民权主义是用来对国内强权来奋斗的。

至于第三个,民生主义是对谁来奋斗的呢?是要各人自己发奋,自己谋生活,自己来造成自己的世界。革命党为民族、民权两个主义奋斗了十三年,民生主义十三年总没有理过。说到结果,民族主义只有一半成功,民权主义到今日还觉得是失败;因为民权、民族两个主义还没有成功,民生主义还更是没有工夫去做。

今日开这个农民联欢大会,这是革命党和农民的第一次见面。我们大家见面之后,要做些什么事呢?就是从今日起,要实行民生主义。民生主义如果能够实行,人民才能够享幸福,才是真正以民为主;民生主义若是不能实行,民权主义不过是一句空话。民生主义能否实行,责任就是在大家农民的身上。所以今日开这个农民联欢会,革命党与农民第一次见面来讲话,就要大家来实行民生主义。什么是民生主义呢?民生主义就是要人人有平等的地位去谋生活;人人有了平等的地位去谋生活,然后中国四万万人才可以享幸福。所以今日的这个大会要大家合力来实行民生主义,就是要大家合力来谋幸福。

大家知到〔道〕,中国是以民为主的,我们要为人民谋幸福,便要为大多数人谋幸福。中国的人民是以那种人为最多呢?刚才主席讲,农民的总数在人民里头占有百分之八九十,是占极大多数。就是一百个人里头,就有八九十个人是农民。中国几千年来立国,大多数的人都是农民。现在的农民是怎么样呢？一般农民所处的境遇，都是最艰难和最痛苦的，没有幸福之可言。如果现在还没有觉悟，还不与政府联络来实行民生主义，就永远没有幸福。现在农民何以最艰难和最痛苦呢？因为在满清的时候，政府不准农民有团结，如果结成团体，便有抄家灭族的危险，所以农民向来没有联络，象一片散沙一样；就是到今日，还是不知道联络，还是没有团体。现在政府帮助农民，提倡农民结团体，农民如果利用政府的帮助去实行结团体，就可以恢复自己的地位，谋自己的幸福。

你们农民所受的艰难痛苦是什么情形呢？大家想想，一年辛苦到晚，该是担了多少水旱天灾的忧，受了多少风雨寒热，费了多少的血汗劳动，才收获若干谷米。或者在谷米没有收成之先，当青黄不接的时候，急于要借钱度日；或者是已经已收成之后，急于要钱完粮纳租，都不能不把谷米用极平的价出卖。商人用极平的价买得谷米之后，一转手之劳，便用极高的价再行发卖；中间一买一卖，赚很多的钱，都不关你们农民的事。而且你们所耕种的田，大多数都是租来的，租钱又贵。所以你们辛辛苦苦得来的钱，都是为商人和田主空劳动的。至于你们所用的衣服器具，更要用很高的价，花很多的钱，才能够买到手。你们这种生活，凡是买进的衣服器具，都要用很高的价，花很多的钱；卖出的谷米，只照很低的价，得很少的钱。这就是受经济的压迫。因为受了很大的经济压迫，所以你们农民是很穷，所处的地位亦是很低。本来全国人民都是靠农民来吃饭的，农民一日不卖谷米，全国人便一日没有吃饭，所以你们的地位实在是很重要的。不过因为大家没有团体，自己固有的利益都没力量保守，在无形之中都是被人抢去了，所以自己便吃亏，要受种种痛苦。

我们革命党是建立民国的人，实行三民主义，今日第一件事便留心到农民，便是要救济这种农民痛苦，要把农民的地位抬高，并且要把农民在从前所受官吏和商人的痛苦，都要消除。我们要做成这件事，根本上还要农民自己先有觉悟，自己知道自己的地位是重要的，要有这个思想，然后大家才能够联络起来。

联络的方法，先要一村与别村联络，一乡与别乡联络，一物〔县〕与别物〔县〕联络，以至于一省的农民都能够联络起来。广东全省的人民有三千万，如果说八成是农民，就有二千四百万人是农民，只有六百万人是别种人。中国现在是民国，要成真民国，是要多数人能够讲话的。多数农民如果能够结成大团体，就有力量可以讲话。不过在这十三年以来多数农民都是自己放弃这种权利，不知道争回自己的地位，不知道自己是主人翁，还以为象从前满清一样，自己还是奴隶。今日开这个会，就要大家醒起来，知道这十三年以来自己不是奴隶，是主人翁。要能够做主人翁，便要大家联络起来。大家联络之后，有了大团体，便能够讲话。

你们知道，现在学生有学生会，商人有商会，工人有工团，只有你们农民没有团体，所以你们这类的人数虽然是很多，反要受少数人的压制。少数人之所以能够压制多数人，就是因为他们的团体很坚固，武器很精良。譬如广州市的商团，人数虽然不大多，但是有好枪，所以能够压制人。农民既然是大多数，自己又是主人，便不应该受人压制。因为多数农民都不明白这个道理，所以要做人的奴隶，正所谓是自寻烦恼。本党今日开这个农民联欢会的目的，就是在提醒你们农民，要你们回乡之后更提醒大众，大众都联络起来，结成团体，便可以不致做人的奴隶。农民如果能够做这件事，政府一定帮助进行，先从此村与彼村联络，再推到此乡与彼乡联络、此县与彼县联络。不到一年，就可以推广到全省的农民都联络起来，成一个二千四百万人的大团体。有了这样大的团体，那么从前被人抢去了的利益,便可以争回来;若争不回来,或者被人压迫,便可以设法来自卫,或者是抵制。好象现在广州的商人便有商会,组织商团军,有很精利的枪支可以自卫;工人便有工会,如果受人家的压迫,便全体罢工去抵制。这次沙面的工人罢工,是什么原因呢? 沙面本来是中国的土地,是满清送到外国人的,外国人设立种种苛例来压迫中国的工人,工人便全体罢工去抵制。你们大家都知道,中国向来是怕外国人的,凡是中外发生了交涉,中国人总不敢讲话;但是这次沙面的工人抵制他们,因为有很坚固的团体,所以遇到外国人发生苛例,便全体罢工要求列强来取消。列强因为看见工人是很坚固的团体,所以不敢再压迫,便要同工人来讲和。由此可见工人要有团体,才可以保护自己。你们各乡农民,向来不知结团体、练农团军来自卫,所以总是被人欺负。如果要以后不被人欺负,便要从今日起结成团体,挑选各家的壮丁来练农民团军。你们能够这样进行,政府还可以从中帮助,用极低的价卖枪给你们。你们有了枪,练成了很好的农民团军,便是中国第一等的主人翁,讲很有力的话。人民在国家里头要想讲话,先就要负一种责任;要尽国家的责任,就要和政府联络;和政府联络之后,就不致被商人和工人欺负。从前因为不知道和政府联络,所以被商人和工人欺负。今日本党开这个会,就是提醒你们,想用政府帮助你们大联络起来,占一个头等地位,做一个说话有力的主人翁。如果你们在各村、各乡、各县都联络了之后,政府还有新方法来指导,要你们每年收获的谷米不致被人侵夺,不致受商人、工人的欺负,有种种大利益。要达这种大目的,就要农民同政府合作。农民同政府合作之后,便可以一致实行民生主义,为大众谋幸福。

大家知道,民国是要人人得安乐的,中国的农民向来都是痛苦。今日开这个农民联欢会,是中国政府同农民见面〈的〉第一次,是政府为农民谋幸福的第一日,为农民争利益的第一日。你们到这个会的人,知道了办法,回去乡村之后,第一步奋斗的工夫是要大家联络,结成真团体。大家做到第一步的工夫,有了好团体之后,才可以做第二步的工夫。第二步工夫是什么呢？就是为农民争利益。但是第一步工夫如果没有做好,决不能够乱说就要做第二步工夫。先要把第一步工夫谨慎去做,做好了之后,然后举代表来报告政府,再来开大会,政府便教你们做第二步工夫。倘若你们不谨慎,在第一步工夫没有做好之先,便说商人赚你们的钱,去抵制商人,商人决不准你们去联合。或者你们以为田主收你们的租钱太贵,便要抵制田主,或是抢田主的钱,田主也是不准你们联合的。所以你们要先组织团体,以后才可以争利益。若是真有二千四百万人的一个大团体,不待你们来争,无论什么人都要给你们以大利益。如果先不联络团体便要去争利益,就象俗话说："未学行,先学走。"一定是有祸害的,以后田主、商人等更要压制你们。所以今日这个联欢会,关系你们的身家性命,关系你们的祸福。你们做得成功,就要受很大的福;做不成功,就要受很大的祸。这是你们农民不可不谨慎的。

今日这个农民联欢会,在中国是破天荒的第一件事。我们做这个第一件事,便要得一个很好的结果;要得一个很好的结果,就要大家去奋斗。大家能够奋斗,就可以成大功!

据《广州民国日报》一九二四年八月一日至五日
《总理对农民联欢会之训词》

任命余和鸿职务令

（一九二四年七月二十八日）

大元帅令

　　任命余和鸿为大本营谘议。此令。

　　　　　　　　　　　　　　（中华民国陆海军大元帅之印）

中华民国十三年七月廿八日

　　　　　　　　　　　　　据《大本营公报》第廿一号《命令》

委派汪啸涯职务令

（一九二四年七月二十八日）

大元帅令

　　派汪啸涯为大本营出勤委员。此令。

　　　　　　　　　　　　　　（中华民国陆海军大元帅之印）

中华民国十三年七月廿八日

　　　　　　　　　　　　　据《大本营公报》第廿一号《命令》

给黄昌谷的训令

（一九二四年七月二十八日）

大元帅训令第三八九号

　　令大本营会计司长黄昌谷

　　为令知事：前据该司长转呈行营庶务科长十二年九月份起至

十二月底止支出计算书连同单据呈请核销前来。经发交审计处审查，据复收支各数尚属相符，惟杂支栏内凉茶三元，未便以公款开支。又十月份蔬菜一单，浮支五毫，应即核减。其余一万二千七百五十三元五毫零五厘，请准如数核销等情。据此，应予照准。除指令外，合行令仰该司长查照转饬知照可也。此令。

（中华民国陆海军大元帅之印）

中华民国十三年七月廿八日

据《大本营公报》第廿一号《训令》

给林翔的指令

（一九二四年七月二十八日）

大元帅指令第八二〇号

　　令大本营审计处处长林翔

　　呈复审核会计司转呈行营庶务科十二年九月份至十二月份支出计算书等，尚属相符，请准核销由。

　　呈悉。应照准。已令行会计司查照转知矣。此令。

（中华民国陆海军大元帅之印）

中华民国十三年七月廿八日

据《大本营公报》第廿一号《指令》

给韦荣熙的指令

（一九二四年七月二十八日）

大元帅指令第八一五号

　　令北江商运局局长韦荣熙

呈缴关防小章，乞核销由。

呈悉。关防小章均存销。此令。

（中华民国陆海军大元帅之印）

中华民国十三年七月廿八日

据《大本营公报》第廿一号《指令》

给程潜的指令

（一九二四年七月二十八日）

大元帅指令第八一九号

令大本营军政部长程潜

呈复拟请从优给予粤军故营长李时钦恤金由。

呈悉。准如所拟。即由该部行知大本营军需处查照办理，并咨行粤军总司令转知可也。此令。

（中华民国陆海军大元帅之印）

中华民国十三年七月廿八日

据《大本营公报》第廿一号《指令》

着审查李根生死因令

（一九二四年七月二十九日）

大元帅令

密。着总参议、参军长、李医官、卫士队长、庶务科长会同审判李根生致死之由。此令。

孙文（不用印）

中华民国十三年七月廿九日

据谭编《总理遗墨》第三辑影印原令

给程潜等的训令

（一九二四年七月二十九日）

大元帅训令第三九一号

令大本营军政部长程潜、大本营内政部长徐绍桢、大本营财政部长叶恭绰、大本营建设部长林森、大本营外交部长伍朝枢、大本营秘书长谭延闿、大本营参谋长李烈钧、大本营参军长张开儒、大元帅行营秘书长古应芬、大本营审计处处长林翔、经理大本营军需处事宜胡谦、郑洪年、禁烟督办鲁涤平、盐务督办叶恭绰、经界局督办兼沙田清理处事宜古应芬、广东治河督办林森、广东电政监督黄桓、大本营会计司司长黄昌谷、大本营航空局局长陈友仁、广东省长廖仲恺、中央执行委员会、法制委员会、财政委员会、陆军军官学校校长蒋中正、国立广东大学校长邹鲁、大理院长兼管司法行政事务吕志伊、广东兵工厂厂长马超俊

为令遵事：查大本营前为节省公帑起见，曾经分令大本营直辖各部、处、署、局、司、会、校查明，如有在大本营及在大本营直辖各部、处、署、局、司、会、校兼职人员，除原职仍照现支额数支薪外，其所兼职之薪水，应即以二成发给各在案。乃各部、处、署、局、司、会、校认真查明办理者固多，其未认真查明办理者亦复不少。其有延不呈报，视等具文者，非再剀切诰令，无以重功令而昭核实。所有大本营直辖各部、处、署、局、司、会、校，应再饬知各人员，自行声报现任职务系属原职抑系兼职，除原职仍照现支额数支薪外，其兼职薪水概以二成发给。倘有隐匿不报，一经查觉，即将各该员分别

加以惩戒，并限于文到十日内，将各人员现任职务、分别系属原职抑系兼职、现支薪俸若干列具详表，呈报查核。除分令外，合行令仰该部长、秘书长、参谋长、参军长、处长、经理、督办、监督、司长、局长、省长、委员会、校长、院长、厂长即便知照办理。此令。

（中华民国陆海军大元帅之印）

中华民国十三年七月廿九日

据《大本营公报》第廿一号《训令》

给叶恭绰廖仲恺的指令

（一九二四年七月二十九日）

大元帅指令第八二二号

　　令大本营财政部长叶恭绰、广东省长廖仲恺

　　呈会同规定《征收机关收解新币章程》请备案由。

　　呈悉。准予备案。章程存。此令。

（中华民国陆海军大元帅之印）

中华民国十三年七月廿九日

据《大本营公报》第廿一号《指令》

给程潜的训令

（一九二四年七月三十日）

大元帅训令第三九二号

　　令大本营军政部长程潜

　　为令遵事：查广九路站时有军队往来，关于军车调用事宜，自应有管理机关以专责成。着由军政部遴派部员兼管军车事宜，并由该管理员遴委该铁路人员数员兼军车委员，以重职责，而维路政。仰即遵照办理。此令。

（中华民国陆海军大元帅之印）

中华民国十三年七月卅日

据《大本营公报》第廿一号《训令》

给林森的指令

（一九二四年七月三十日）

大元帅指令第八二五号

　　令大本营建设部长林森

　　呈复遵办兼职人员减薪情形由。

　　呈悉。应再遵照第三九一号训令办理呈核。此令。

（中华民国陆海军大元帅之印）

中华民国十三年七月卅日

据《大本营公报》第廿一号《指令》

给鲁涤平的指令

（一九二四年七月三十日）

大元帅指令第八二六号

　　令禁烟督办鲁涤平

　　呈复遵办兼差人员减薪情形由。

　　呈悉。应再遵照第三九一号训令办理呈核。此令。

（中华民国陆海军大元帅之印）

中华民国十三年七月卅日

据《大本营公报》第廿一号《指令》

给程潜的指令

（一九二四年七月三十日）

大元帅指令第八二七号

令大本营军政部长程潜

呈复办理兼职人员减薪情形由。

呈悉。应再遵照第三九一号训令办理呈核。此令。

（中华民国陆海军大元帅之印）

中华民国十三年七月卅日

据《大本营公报》第廿一号《指令》

给林翔的指令

（一九二四年七月三十日）

大元帅指令第八二八号

令大本营审计处处长林翔

呈复遵办兼职人员减薪情形由。

呈悉。应再遵照第三九一号训令办理呈核。此令。

（中华民国陆海军大元帅之印）

中华民国十三年七月卅日

据《大本营公报》第廿一号《指令》

给财政委员会的指令

（一九二四年七月三十日）

大元帅指令第八二九号

　　令财政委员会

　　呈报该会兼职人员向不支领兼薪由。

　　呈悉。此令。

（中华民国陆海军大元帅之印）

中华民国十三年七月卅日

据《大本营公报》第廿一号《指令》

给胡谦郑洪年的指令

（一九二四年七月三十日）

大元帅指令第八三〇号

　　令经理大本营军需处事宜胡谦、郑洪年

　　呈报遵办兼职人员减薪情形并造送职员名额俸薪表，乞察核由。

　　呈、表均悉。表存。此令。

（中华民国陆海军大元帅之印）

中华民国十三年七月卅日

据《大本营公报》第廿一号《指令》

给叶恭绰的指令

（一九二四年七月三十日）

大元帅指令第八三一号

　　令大本营财政部长兼盐务督办叶恭绰

　　呈复遵办兼差人员减薪情形由。

　　呈悉。应再遵照第三九一号训令办理呈核。此令。

（中华民国陆海军大元帅之印）

中华民国十三年七月卅日

据《大本营公报》第廿一号《指令》

给黄桓的指令

（一九二四年七月三十一日）

大元帅指令第八三三号

　　令广东电政监督兼广州电报局局长黄桓

　　呈复该署所属职员并无兼职由。

　　呈悉。所请免支大本营技师薪水一节，候令会计司知照可也。此令。

（中华民国陆海军大元帅之印）

中华民国十三年七月卅一日

据《大本营公报》第廿一号《指令》

给黄昌谷的训令

（一九二四年七月三十一日）

大元帅训令第三九四号

　　令大本营会计司司长黄昌谷

　　为令遵事：据广东电政监督兼广州电报局局长黄桓呈称："窃桓于十三年三月间奉帅令任为大本营技师，曾支过薪水一个月，至四月十九日复奉帅令收管广东电话局，其后技师薪水即不再向会计司支领分文。现奉简任为广东电政监督兼广州电报局长，向章监督只支局长薪水，大本营技师原职薪水请仍免支"等情。据此，除指令"呈悉。所请免支大本营技师薪水一节，候令行会计司知照可也。此令"印发外，合行令仰该司长即便遵照办理。此令。

（中华民国陆海军大元帅之印）

中华民国十三年七月卅一日

据《大本营公报》第廿一号《训令》

给廖仲恺的指令

（一九二四年七月三十一日）

大元帅指令第八三四号

　　令广东省长廖仲恺

　　呈报核准《广东维持纸币联合会章程及办法》请鉴核备案并通令知照由。

　　呈悉。准予备案。即由该省长通行知照可也。此令。

（中华民国陆海军大元帅之印）

中华民国十三年七月卅一日

据《大本营公报》第廿一号《指令》

给叶恭绰的指令

（一九二四年七月三十一日）

大元帅指令第八三五号

令大本营财政部长叶恭绰

呈报指拨印花税充军需库券本息基金情形乞备案由。

呈悉。准予备案。此令。

（中华民国陆海军大元帅之印）

中华民国十三年七月卅一日

据《大本营公报》第廿一号《指令》

给林森的指令

（一九二四年七月三十一日）

大元帅指令第八三七号

令广东治河督办林森

呈复遵办兼差人员减薪情形由。

呈悉。应再遵照第三九一号训令办理呈核。此令。

（中华民国陆海军大元帅之印）

中华民国十三年七月卅一日

据《大本营公报》第廿一号《指令》

给法制委员会的指令

（一九二四年七月三十一日）

大元帅指令第八三八号

　　令法制委员会

　　呈复遵办兼差职员减薪情形由。

　　呈悉。应再遵照第三九一号训令办理呈核。此令。

　　　　　　　　　　　　　　（中华民国陆海军大元帅之印）

中华民国十三年七月卅一日

据《大本营公报》第廿一号《指令》

给廖仲恺的指令

（一九二四年七月三十一日）

大元帅指令第八三九号

　　令广东省长廖仲恺

　　呈复遵办兼差人员减薪情形由。

　　呈悉。应再遵照第三九一号训令办理呈核。此令。

　　　　　　　　　　　　　　（中华民国陆海军大元帅之印）

中华民国十三年七月卅一日

据《大本营公报》第廿一号《指令》

给古应芬的指令

（一九二四年七月三十一日）

大元帅指令第八四○号

　　令经界局督办兼办广东沙田清理事宜古应芬

　　呈报遵办职员减成发薪情形乞备案由。

　　呈悉。准予备案。此令。

（中华民国陆海军大元帅之印）

中华民国十三年七月卅一日

据《大本营公报》第廿一号《指令》

致苏联政府唁电 *

（一九二四年七月）

　　沉痛悼念巴富罗夫将军逝世。他是俄国为着中国自由而战的第一位捐躯者。我国近邻——贵国的这位勇敢崇高的儿子并没有白白地牺牲。他的牺牲密切了俄中两国的关系，使国民党更加坚定地把为争取民族自决的斗争进行到最后胜利。

据贝科夫《军团长巴罗夫》（一九六五年莫斯科版）
转录自中国社会科学院近代史研究所翻译室编《中
国国民革命军的北伐》（北京一九八一年五月版）

---

　　*　原电未署日期。今据巴富罗夫逝世年月酌定。

为伍廷芳纪念会劝捐引

（一九二四年夏）

　　士有特立独行，砥砺名节，举世非之而不顾，威武临之而不屈，生作霖雨，死重泰山，起后人无限之景仰，历千百世而不没者。嗟夫！嗟夫！若伍秩庸博士当之无愧已。博士吾国耆硕，留学先觉。其道德志节，勋业文章，灿然烂然。国人之类能道之，不俟余一二谈也。顾余独有感焉：民六之夏，武人乱政，迫散国会，博士时应总揆，拒绝副署以争；争之不得，襆被出都门，间关南下，思所以维大法而存正气。余亦躬率舰队来粤，博士昕夕与共，主持军国大计，兴师义举，老而弥笃。中经蹉跌，曾不少衰，如是者亘五年。会十一年六月七六之变，余仅以身免。博士时兼领粤省长，春秋高，不胜忧愤，遂归道山。今粤局再宁，弹指周岁，追念老成，典型犹在，不有纪念，奚供凭吊。爰进国人而告之曰：博士名满天下，功在人间，今殉国二载矣。表彰先达，责在后死，宜为之建铜像、立图书馆、编历史，以信今而传后。矧兹广州，市政刷薪，将辟粤秀山为公园，盍树博士铜像于此，使名山名人，互相辉映，而与天地同寿耶！立图书馆、编历史诸举，亦当以次经营，用资钦式，以示来兹，匪第崇报，亦博士之志也。众金曰善。然需费孔多，匪募不成。用集始倡者若而人，发各处以募，而为之序其首。邦人君子，有崇敬博士者，将不爱其金，如其量以输将。

民国十三年夏　发起人　孙文

据《传记文学》第十九卷第一期（台北一九七一年七月版）罗香林《傅秉常所受伍廷芳的影响》（转引自《天字第一号捐册》）

任命陶澄孝余鹤松职务令

（一九二四年八月一日）

大元帅令

　　任命陶澄孝、余鹤松为大本营谘议。此令。

（中华民国陆海军大元帅之印）

中华民国十三年八月一日

据《大本营公报》第廿二号（广州一九二四年八月十日版）《命令》

准免宋荣昌职务令

（一九二四年八月一日）

大元帅令

　　陆军军官学校校长蒋中正呈该校军医部主任宋荣昌另有任用，请免本职。应照准。此令。

（中华民国陆海军大元帅之印）

中华民国十三年八月一日

据《大本营公报》第廿二号《命令》

准任李其芳职务令

（一九二四年八月一日）

大元帅令

　　陆军军官学校校长蒋中正呈请任命李其芳为陆军军官学校军医部主任。应照准。此令。

　　　　　　　　　　　　　　　　（中华民国陆海军大元帅之印）

中华民国十三年八月一日

　　　　　　　　　　　　　　　据《大本营公报》第廿二号《命令》

准任李思辕职务令
（一九二四年八月一日）

大元帅令

　　经界局督办古应芬呈请任命李思辕为经界局总务处处长。应照准。此令。

　　　　　　　　　　　　　　　　（中华民国陆海军大元帅之印）

中华民国十三年八月一日

　　　　　　　　　　　　　　　据《大本营公报》第廿二号《命令》

对《广州民国日报》的批示*
（一九二四年八月一日）

　　编辑与记者之无常识一至于此，殊属可叹！汝下段明明大登特登我之"民权主义"，而上面乃有此"响影录"①，其意何居？且引胡适之之言，岂不知胡即为辩护陈炯明之人耶？胡谓陈之变乱为革命。着中央执行委员会将此记者革出，以为改良本报之一事。

---

　*　原批示未署日期。所标时间据《国父全集》。
　①　指八月一日《广州民国日报》"响影录"栏刊载的《少谈主义》一文。

文批。

据《国父全集》第四册（转录史委会藏原件）

给廖仲恺的指令

（一九二四年八月一日）

大元帅指令第八四三号

　　令广东省长廖仲恺

　　呈复遵办职员减成发薪情形由。

　　呈悉。此令。

（中华民国陆海军大元帅之印）

中华民国十三年八月一日

据《大本营公报》第廿二号《指令》

给程潜的指令

（一九二四年八月一日）

大元帅指令第八四四号

　　令大本营军政部长程潜

　　呈复拟请将湘军阵亡副官漆兆追赠陆军少校并照例给恤乞训示祗遵由。

　　呈悉。准如所拟办理。此令。

（中华民国陆海军大元帅之印）

中华民国十三年八月一日

据《大本营公报》第廿二号《指令》

任命宋子文黄隆生职务令

（一九二四年八月二日）

大元帅令

　　任命宋子文为中央银行行长，黄隆生为中央银行副行长。此令。

（中华民国陆海军大元帅之印）

中华民国十三年八月二日

据《大本营公报》第廿二号《命令》

给蒋中正的指令

（一九二四年八月二日）

大元帅指令第八四七号

　　令陆军军官学校校长蒋中正

　　呈该校军医部主任宋荣昌另有任用，请免本职，并荐李其芳充补由。

　　呈悉。已明令照准矣。此令。

（中华民国陆海军大元帅之印）

中华民国十三年八月二日

据《大本营公报》第廿二号《指令》

给许崇智的指令

（一九二四年八月二日）

大元帅指令第八四九号

　　令粤军总司令许崇智

　　呈请通缉〔令〕取消徐汉臣通缉一案由。

　　呈悉。徐汉臣准予取消通缉。候令行各军民长官饬属一体知
照可也。此令。

　　　　　　　　　　　　　　　　（中华民国陆海军大元帅之印）

中华民国十三年八月二日

据《大本营公报》第廿二号《指令》

给程潜等的训令

（一九二四年八月二日）

大元帅训令第三九八号

　　令大本营军政部长程潜、广东省长廖仲恺、湘军总司令谭延
闿、湘军总司令杨希闵、豫军总司令樊钟秀、桂军总司令刘震
寰、中央直辖第一军军长朱培德、中央直辖第三军军长卢师
谛、中央直辖第七军军长刘玉山、中央直辖赣军司令李明扬、
北伐第二军军长柏文蔚、北伐第三军军长胡谦、山陕讨贼军司
令路孝忱

　　为训令事：据粤军总司令许崇智呈称："现据职部第一军军长
梁鸿楷快邮代电称：'顷据徐汉臣向隶旄麾，久从患难。前年粤局

改革,汉臣在三水首义,率队开赴江门,胁迫陈德春独立。由是,罗阳五邑,咸应义师。汉臣不敢言劳,自问可告无罪。不谓当钧座未至江门之际,忽为宵小播弄,至汉臣不能自存。其时蜚语流传,未蒙当路明察,迫得暂时出走,待明衷曲。夫伯奇掇螫,慈父犹且见疑;曾参杀人,贤母尚难自信。吴起望西河而泣下,屈原怀楚国而伤心。是以久切怀归,无由自达。此次汉臣旧部追从汉臣于患难之中,而不忘钧座须臾之顷,以故不避艰险,相率归来。此中孤诣苦心,无非表明心迹,誓戴旧主,生死不移。如何改编,悉惟钧命。现在候命有日,明令未颁,队号未定,所有关防旗帜服装等件,均未奉发。外间不明真相,将不知为何项军队,恐复因此飞短流长,其关系殊非细故。至于汉臣顶踵及部属官兵梦魂,皆惟钧座是依,以绝对服从总司令之命,此可指天而誓。用敢沥胆以陈,伏候示遵,不胜感激'等情。查徐汉臣在前日恩平战争正激之时,潜为内应,率部归来,实于此次战争关系最重。察其来意,实出至诚,当经鸿楷允将该部队编为一旅,仍任徐汉臣为该旅旅长,以劝来者。据称各节,亦系实情,应请钧座照准编为一旅,并任徐汉臣为该旅旅长,以昭激劝。仍请先予电委,俾专责成,无任翘企。再查徐汉臣上年曾奉大本营以嫌疑通缉有案,现已归义,乞并转呈请将通缉一案取消。合并附陈,是否有当,统候令遵等情。并据徐汉臣效日快邮代电略同前情,查徐汉臣前事虽有可议,今既已去逆效顺,而于恩平一役率先输诚,遂致逆众惶怖,仓皇遁走,既足将功折罪,自当略迹原情,应将通缉一案取消,以示我政府宽仁之德意。兹准前情,除另文呈请任用外,理合据情转呈钧座鉴核,伏乞宥其既往,责其将来,予以自新之机,以为补过之地,准将徐汉臣通缉一案通令取消,不胜感激待命之至"等情。据此,除指令"呈悉。徐汉臣准予取消通缉。候令行各军民长官饬属一体知照可也。此令"印发外,合行令仰该部长、省长、总司令、军长、司令即便遵照办理，并转饬所属一体邀照办理。此令。

（中华民国陆海军大元帅之印）

中华民国十三年八月二日

据《大本营公报》第廿二号《训令》

给李其芳的训令

（一九二四年八月二日）

着李医官其芳往驻黄埔军官学校，训练救护队。此令。

孙　文

中华民国十三年八月二日

据《国父全集》第四册（转录史委会藏原件影印）

给古应芬的指令

（一九二四年八月四日）

大元帅指令第八五三号

令行营秘书长古应芬

呈报遵办兼职减薪情形由。

呈悉。据称各节甚属核实。候令行会计司知照。此令。

（中华民国陆海军大元帅之印）

中华民国十三年八月四日

据《大本营公报》第廿二号《指令》

给黄昌谷的训令

（一九二四年八月四日）

大元帅训令第三九九号

令大本营会计司司长黄昌谷

为训令事：据大本营行营秘书长古应芬呈称："案奉钧令第三八二号令开：'为令遵事：查以军饷浩繁，度支奇绌，虽经令行大本营会计司将大本营参议、谘议、委员及秘书处、会计司人员所有俸薪，从八月一日起概行减成发给，除原文有案邀免冗叙外，后开：合行令仰该秘书长即便遵照办理，并转行所属一体遵照办理，仍将遵办情形具报查核。切切。此令。'复奉钧令第一二九号令开：'为令遵事：查大本营前为节省公帑起见，除原文有案邀免冗叙外，后开：合行令仰该秘书长即便遵照办理。此令'各等因。奉此，自应遵照办理。查行营秘书长所辖者仅秘书一员，余均由大本营秘书厅调用。自帅座由东江返省后，秘书长所辖秘书李蟠，经委香山县县长，其余各员均回大本营秘书厅供差。是秘书长久无直辖，员司不生兼差问题。自秘书长兼就经界局督办兼办广东沙田清理事宜，职当经面陈帅座不领秘书长薪俸，至兼沙田清理事宜，其处长原薪亦不兼领，以省公帑。奉令前因，所有遵办兼职减薪情形，理合备文呈报鉴核，实为公便"等情。据此，除指令外，合行令仰该司长即便知照。此令。

（中华民国陆海军大元帅之印）

中华民国十三年八月四日

据《大本营公报》第廿二号《训令》

给陈友仁的指令

（一九二四年八月四日）

大元帅指令第八五一号

　　令航空局局长陈友仁

　　呈复该局办理减成支薪情形由。

　　呈悉。此令。

（中华民国陆海军大元帅之印）

中华民国十三年八月四日

据《大本营公报》第廿二号《指令》

给程潜的指令

（一九二四年八月四日）

大元帅指令第八五二号

　　令大本营军政部长程潜

　　呈复该部减成发薪情形由。

　　呈悉。此令。

（中华民国陆海军大元帅之印）

中华民国十三年八月四日

据《大本营公报》第廿二号《指令》

给邓泽如的指令

（一九二四年八月四日）

大元帅指令第八五四号

　　令两广盐运使邓泽如

　　呈报遵令减薪情形由。

　　呈悉。此令。

（中华民国陆海军大元帅之印）

中华民国十三年八月四日

据《大本营公报》第廿二号《指令》

给财政委员会的指令

（一九二四年八月四日）

大元帅指令第八五五号

　　令财政委员会

　　呈复遵令减薪情形由。

　　呈悉。此令。

（中华民国陆海军大元帅之印）

中华民国十三年八月四日

据《大本营公报》第廿二号《指令》

给马超俊的指令

（一九二四年八月四日）

大元帅指令第八五六号

　　令广东兵工厂厂长马超俊

　　呈复遵令减薪情形由。

　　呈悉。此令。

（中华民国陆海军大元帅之印）

中华民国十三年八月四日

据《大本营公报》第廿二号《指令》

给林翔的指令

（一九二四年八月四日）

大元帅指令第八五七号

　　令大本营审计处处长林翔

　　呈复遵办减薪情形由。

　　呈悉。此令。

（中华民国陆海军大元帅之印）

中华民国十三年八月四日

据《大本营公报》第廿二号《指令》

给古应芬的指令

（一九二四年八月四日）

大元帅指令第八五八号

　　令经界局督办古应芬

　　呈请任命李思辕为经界局总务处处长由。

　　呈悉。已另有明令照准矣。此令。

（中华民国陆海军大元帅之印）

中华民国十三年八月四日

据《大本营公报》第廿二号《指令》

给林森的指令

（一九二四年八月四日）

大元帅指令第八五九号

　　令大本营建设部长林森

　　呈报办理邮信减资经过情形由。

　　呈悉。此令。

（中华民国陆海军大元帅之印）

中华民国十三年八月四日

据《大本营公报》第廿二号《指令》

委派陆嗣曾职务令

（一九二四年八月五日）

大元帅令

　　派陆嗣曾为法制委员会委员。此令。

（中华民国陆海军大元帅之印）

中华民国十三年八月五日

据《大本营公报》第廿二号《命令》

给林森的指令 *

（一九二四年八月四至六日间）

大元帅指令第八六〇号

　　令大本营建设部长林森

　　呈报遵办广州市新范围内及省佛间等地来往邮件减费情形，乞察核示遵由。

　　呈悉。既据转呈来往佛山及省佛间各处邮费减收办法，窒碍难行，应准免予减收。余如所拟办理。此令。

（中华民国陆海军大元帅之印）

中华民国十三年八月　　日

据《大本营公报》第廿二号《指令》

---

　　* 原令未署日期。按大元帅指令第八五九号和第八六二号，发令日期分别为八月四日、八月六日。今据此酌定本件时间。

给许崇智的指令

（一九二四年八月六日）

大元帅指令第八六二号

　　令粤军总司令许崇智

　　呈为转呈兼长洲要塞司令蒋中正详陈长洲应兴革时宜，乞核夺饬遵由。

　　呈悉。该司令所陈各节均中肯要，仰即由该总司令妥订办法，分别各有关系机关办理可也。此令。

（中华民国陆海军大元帅之印）

中华民国十三年八月六日

据《大本营公报》第廿二号《指令》

给马超俊的指令

（一九二四年八月六日）

大元帅指令第八六三号

　　令广东兵工厂厂长马超俊

　　呈报恩、开、台①长塘峒联团总局局长司徒概照章请领七九步枪三百杆，请指令遵照由。

　　呈悉。该联团总局长请领步枪既与《民团请领枪弹暂行章程》相符，应予照准。仰即转饬知照可也。此令。

---

　　①　恩、开、台：即广东恩平、开平、台山三县。

（中华民国陆海军大元帅之印）

中华民国十三年八月六日

给林森的指令

（一九二四年八月六日）

大元帅指令第八六五号

　　令大本营建设部长林森

　　呈复遵办减成发薪情形由。

　　呈悉。此令。

（中华民国陆海军大元帅之印）

中华民国十三年八月六日

给法制委员会的指令

（一九二四年八月六日）

大元帅指令第八六六号

　　令法制委员会

　　呈报遵办职员减薪情形由。

　　呈悉。此令。

（中华民国陆海军大元帅之印）

中华民国十三年八月六日

给廖仲恺的指令

（一九二四年八月六日）

大元帅指令第八七〇号

令广东省长廖仲恺

呈请通令各军严饬所部，不得截收财厅新增商捐加二捐款由。

呈悉。准予通令各军长官严饬一体遵照，仰即转令知照可也。此令。

（中华民国陆海军大元帅之印）

中华民国十三年八月六日

据《大本营公报》第廿二号《指令》

给程潜等的训令

（一九二四年八月六日）

大元帅训令第四〇四号

令大本营军政部长程潜、湘军总司令谭延闿、滇军总司令杨希闵、桂军总司令刘震寰、豫军总司令樊钟秀、粤军总司令许崇智、中央直辖第一军军长朱培德、中央直辖第三军军长卢师谛、中央直辖第七军军长刘玉山、北伐军第二军军长柏文蔚、北伐军第三军军长胡谦、中央直辖赣军司令李明扬、山陕讨贼军司令路孝忱

为令遵事：据广东省长廖仲恺呈称："案据广东财政厅呈称：'窃为粤省财政历年收支相较，本属入不敷出。迨军兴以还，支出

益增，不敷更巨。所有各属正杂税捐，复为驻防各军就近截留几尽，批解寥寥，遂致库空如洗，罗掘俱穷。职厅抵任后，察看情形，殊深焦灼。用是多方筹措，竭力支持，并分途设法疏通各军队，以冀统一财权。现虽逐渐进行，略有端绪，然旷日持久，争回之款，恐亦无多。所有军、学各费与夫应支各项，刻不容缓，仍须另筹专款，俾济急需。查厘税加二、加五增收专款，均经办理有案，而各行商捐尚付阙如，自应援照，一律增收加二专款，以应饷糈；且省河猪捐商人业经遵照办理，呈奉钧署核准令行批解在案；其余承办各捐商人，亦经分令遵办，第此项新增商捐加二专款，系属特别另筹，应由各该商人直接解厅核收，各处军队不得借口稍有截留，致误要需。所有职厅另筹商捐加二专款充饷缘由，理合呈请钧署察核，俯赐转呈大元帅令行各军总司令及军长转饬各路军队嗣后对于职厅新增征收前项加二专款，均应由各商人直接解缴赴厅核收，不得稍有截留，及以印收抵解，以顾饷源。仍请指令祗遵，实为公便'等情。据此，查财政厅征收钱粮厘税饷捐，多由各军各就防地拨留充饷，以致省库收入日形短绌，即争回之款，亦属无多。该厅所陈，尚属实情。现拟援案就各行商捐增收加二、加五，以期拨支要需，对于各军划定充饷各款并无影响，而该厅得此新增收入，对于应支各费，自足应付而资挹注。理合据情转呈钧座鉴核，恳准分行各总司令、各军长严饬各路军队，嗣后不得截收，并乞指令祗遵"等情。据此，应予照准。除指令外，合行令仰该部长、总司令、军长、司令查照，严饬所部一体遵照。切切。此令。

　　　　　　　　　　　　（中华民国陆海军大元帅之印）

中华民国十三年八月六日

据《大本营公报》第廿二号《训令》

给邓泽如林直勉的指令

（一九二四年八月六日）

大元帅指令第八七一号

令中央筹饷会干事邓泽如、林直勉

呈请颁发筹饷得力人员嘉禾章暨金银各等奖章由。

呈悉。自中央筹饷会开办以来，裨益国计，实属不少。该干事等急公好义，办事得力，深堪嘉许。所列捐输各人员，自应照章分别优奖，以资鼓励。各等奖章，仰该会按照名册具领转发可也。此令。

（中华民国陆海军大元帅之印）

中华民国十三年八月六日

据《大本营公报》第廿二号《指令》

给古应芬的指令

（一九二四年八月六日）

大元帅指令第八七二号

令经界局督办兼办理广东沙田清理事宜古应芬

呈复李蟠等呈请饬令经界局撤销加抽护沙费一案请毋庸置议由。

呈悉。该李蟠等所称各节既与事实不符，所请撤销征收护沙费，应毋庸议。仰即由该督办转饬知照可也。此令。

（中华民国陆海军大元帅之印）

中华民国十三年八月六日

据《大本营公报》第廿二号《指令》

给林翔的指令

（一九二四年八月六日）

大元帅指令第八七三号

　　令大本营审计处处长林翔

　　呈报该处职员兼差人数由。

　　呈、表均悉。表存。此令。

（中华民国陆海军大元帅之印）

中华民国十三年八月六日

据《大本营公报》第廿二号《指令》

准赵士养辞职令

（一九二四年八月七日）

大元帅令

　　大本营会计司司长黄昌谷呈统计科主任赵士养恳请辞职。应照准。此令。

（中华民国陆海军大元帅之印）

中华民国十三年八月七日

据《大本营公报》第廿三号（广州一九二四年八月廿日版）《命令》

准任张子丹职务令

（一九二四年八月七日）

大元帅令

　　大本营会计司司长黄昌谷呈请任命张子丹为统计科主任。应照准。此令。

（中华民国陆海军大元帅之印）

中华民国十三年八月七日

据《大本营公报》第廿三号《命令》

准任邓士章等职务令

（一九二四年八月七日）

大元帅令

　　大本营军政部长程潜呈请调任广东兵工厂工程师邓士章为广东兵工厂工务处处长，广东兵工厂审验处处长陈荣贵为广东兵工厂工程师，广东兵工厂工务处处长汤熙为广东兵工厂审验处处长。均照准。此令。

（中华民国陆海军大元帅之印）

中华民国十三年八月七日

据《大本营公报》第廿三号《命令》

给宋子文的指令

（一九二四年八月七日）

大元帅指令第八七四号

　　令中央银行行长宋子文

　　呈送《中央银行条例》清折请鉴核公布施行由。

　　呈、折均悉。所拟《中央银行条例》尚属可行，应准予公布。折
存。此令。

（中华民国陆海军大元帅之印）

中华民国十三年八月七日

据《大本营公报》第廿二号《指令》

给韦荣熙的训令

（一九二四年八月七日）

大元帅训令第四〇五号

　　令前北江商运局长韦荣熙

　　为令知事：前据该前局长呈送任内开办费及收支计算书请予
核销，经发交审计处审核，呈复尚属相符等情，自应准予核销。除
指令备案外，合行令仰该前局长知照。至经垫各款，俟政府财政充
裕再行发给，仰并遵照可也。此令。

（中华民国陆海军大元帅之印）

中华民国十三年八月七日

据《大本营公报》第廿二号《训令》

给林翔的指令

（一九二四年八月七日）

大元帅指令第八七七号

　　令大本营审计处长林翔

　　呈复审核前北江商运局长韦荣熙呈送该局开办费及支付各计算书等，尚属相符，请准予核销由。

　　呈悉。已如呈令饬知照矣。此令。

（中华民国陆海军大元帅之印）

中华民国十三年八月七日

据《大本营公报》第廿二号《指令》

准林若时辞职令

（一九二四年八月七日）

大元帅令

　　广东海防司令林若时呈请辞职。林若时准免本职。此令。

（中华民国陆海军大元帅之印）

中华民国十三年八月七日

据《大本营公报》第廿二号《命令》

给林若时的指令

（一九二四年八月七日）

大元帅指令第八七八号

　　令广东海防司令林若时

　　呈请辞职由。

　　呈悉。已有明令准免本职矣。仰即知照。此令。

（中华民国陆海军大元帅之印）

中华民国十三年八月七日

据《大本营公报》第廿二号《指令》

给林森的指令

（一九二四年八月七日）

大元帅指令第八七九号

　　令广东治河督办林森

　　呈送兼职人员减薪表乞鉴核由。

　　呈、表均悉。表存。此令。

（中华民国陆海军大元帅之印）

中华民国十三年八月七日

据《大本营公报》第廿二号《指令》

准任招桂章职务令

（一九二四年八月七日）

大元帅令

　　粤军总司令许崇智呈请任命招桂章为粤军总司令部舰务处处长。应照准。此令。

　　　　　　　　　　　　　（中华民国陆海军大元帅之印）

中华民国十三年八月七日

　　　　　　　　　　据《大本营公报》第廿二号《命令》

给许崇智的指令

（一九二四年八月七日）

大元帅指令第八八一号

　　令粤军总司令许崇智

　　呈请裁撤广东海防司令部，将该部所辖各舰归粤军总司令部直接管辖，并请任命招桂章为该部舰务处处长由。

　　呈悉。招桂章已有明令准予任命矣。余均如拟办理。仰即分行知照可也。此令。

　　　　　　　　　　　　　（中华民国陆海军大元帅之印）

中华民国十三年八月七日

　　　　　　　　　　据《大本营公报》第廿二号《指令》

委派胡汉民等职务令

（一九二四年八月八日）

大元帅令

　　派胡汉民、叶恭绰、廖仲恺、邓泽如、林云陔、孙科、宋子文为中央银行董事。此令。

（中华民国陆海军大元帅之印）

中华民国十三年八月八日

据《大本营公报》第廿三号《命令》

准任陆耀文林凤生职务令

（一九二四年八月八日）

大元帅令

　　经界局督办古应芬呈请任命陆耀文为经界局调查处处长，林凤生为经界局测丈处处长。均照准。此令。

（中华民国陆海军大元帅之印）

中华民国十三年八月八日

据《大本营公报》第廿三号《命令》

给许崇智的指令

（一九二四年八月八日）

大元帅指令第八八二号

令粤军总司令许崇智

呈请将广东陆军测量局准由该部统属管理，该局经费亦由该部领取转发由。

呈悉。准如所拟办理。除令行参谋处遵照外，仰仍由该总司令分行知照可也。此令。

（中华民国陆海军大元帅之印）

中华民国十三年八月八日

据《大本营公报》第廿三号《指令》

给李烈钧的训令

（一九二四年八月八日）

大元帅训令第四○七号

令大本营参谋长李烈钧

为令遵事：据粤军总司令许崇智呈称："呈为呈请事：窃查广东陆军测量局以军事上联带之关系，向归粤军总司令部统属管理，自上年军事骤变，始从权暂归省公署统辖，旋复改隶大本营参谋处。现粤军总司令部既已成立，为统一事权起见，似应仍由职部统属，以符原案，较为妥善。而该局原奉钧令核准拨发之经费每日一百四十元，亦拟改由职部军需处代向各该拨款机关领取转发，以明统系。所有拟恳仍将广东陆军测量局准由职部统属管理，该局经费亦由职部领取转发各缘由，是否有当，理合具呈恭呈，仰祈睿鉴核准，明令饬遵，至为公便"等情前来。除指令"呈悉。准如所拟办理。除令行参谋处遵照外，仰仍由该总司令分行知照可也。此令"印发外，合行令仰该参谋长即便遵照。此令。

（中华民国陆海军大元帅之印）

中华民国十三年八月八日

据《大本营公报》第廿三号《训令》

给黄昌谷的指令

（一九二四年八月八日）

大元帅指令第八八三号

　　令大本营会计司司长黄昌谷

　　呈为该司统计科主任赵士养呈请辞职，请任张子丹接充由。

　　呈悉。已有明令分别任命、准辞矣。仰即知照。此令。

（中华民国陆海军大元帅之印）

中华民国十三年八月八日

据《大本营公报》第廿三号《指令》

给程潜的指令

（一九二四年八月八日）

大元帅指令第八八四号

　　令大本营军政部长程潜

　　呈请调任邓士章等为广东兵工厂工务处处长等职由。

　　呈悉。已明令照准矣。此令。

（中华民国陆海军大元帅之印）

中华民国十三年八月八日

据《大本营公报》第廿三号《指令》

致廖仲恺函[*]

（一九二四年八月九日）

仲恺兄鉴：

截缉那威商船^①私运军械事，今晚着邓彦华率同"江固"舰来长洲之后，更约英国兵船来黄埔协助。如遇有事，可协商共同一致行动可也。

文白（印）　八月九晚

据广东省社会科学院藏原函影印件

致汪精卫胡汉民函

（一九二四年八月九日）

精卫、汉民两兄鉴：

截缉那威商船私运军械，今晚着邓彦华率同"江固"舰来长洲之后，更约英国兵船来黄埔协助。如遇有事，可协商共同一致行动可也。

文白（印）　八月九晚

据广东省社会科学院藏原件影印件

---

* 此函及下二函（致汪精卫胡汉民、致蒋介石）均未署年份。按：挪威商船私运枪械事发生在一九二四年。今据此确定此三件时间为一九二四年。

① 那威商船：即丹麦"哈佛号"商船。该船替广州商团私运枪械，为避广州政府缉查，而悬挂挪威旗。

致蒋中正函

（一九二四年八月九日）

介石兄鉴：

　　截缉那威商船私运军械事，今晚着邓彦华率同"江固"舰来长洲之后，更约英国兵船来黄埔协助。如遇有事，可协商共同一致行动可也。

文白　八月九晚

据谭编《总理遗墨》第二辑影印原函

给宋子文的指令

（一九二四年八月九日）

大元帅指令第八八五号

　　令中央银行行长宋子文

　　呈拟订公债条例，呈请鉴核，饬部制交该行转发，以符原案由。

　　呈及附件均悉。所拟《中央银行基金公债条例》尚属妥洽，应准照办。候令行财政部照制发给可也。附件存。此令。

（中华民国陆海军大元帅之印）

中华民国十三年八月九日

据《大本营公报》第廿三号《指令》

给叶恭绰的训令

（一九二四年八月九日）

大元帅训令第四○九号

　　令大本营财政部长叶恭绰

　　为令遵事：据中央银行行长宋子文呈："为拟订公债条例，呈请
饬部制交职行转发，以符原案，仰祈鉴核施行事：窃职行资本奉准
由政府担任，并以借款拨充，业经订入条例，并遵钧命与洋商商定
借款合同条件，随时请示办理。依该项合同条件之规定，计借款额
毫银一千万元，完全为拨充职行资本之用，应由政府发给债票与债
权人，并订明十足交款，并无折扣，年息六厘，每年于六月一日付息
一次。自债款交付后，前五年只付利息，第六年起开始还本，每年
摊还十分之二，至第十年本息还讫。即以银行为债款抵押品，并准
由债权者推举一人为职行监事，已密呈钧座核准在案。查职行资
本既由条例规定，由政府担任筹拨，则此项债票自应由政府印发，
将来债款本息亦应由政府筹还，方与原案相符。现合同条件已奉
钧座核准签定，所有债票亟应按照合同印发，以便一方面得发交债
权者收执，一方面即可如约交款，俾职行积集资金，从速开业，用固
基础。兹特根据合同条件拟具债票条例草案，即定名为'中央银行
基金公债'，余即按照合同条例分别规定。是否有当，理合抄录清
折，呈请钧座俯赐鉴核，训示祇遵。如荷核准，并祈饬下主管机关
分别照制，交由职行转发，实为公便"等情。据此，除指令"呈及附
件均悉。所拟《中央银行基金公债条例》尚属妥洽，应准照办。候
令行财政部照制发给可也"印发外，合行将该条例随令抄发，仰该

部长即便查照办理。此令。

（中华民国陆海军大元帅之印）

中华民国十三年八月九日

据《大本营公报》第廿三号《训令》

给古应芬的指令

（一九二四年八月九日）

大元帅指令第八八六号

　　令经界局督办古应芬

　　呈请任命陆耀文为该局调查处处长，林凤生为测丈处处长由。

　　呈悉。已有明令照准矣。仰即知照。此令。

（中华民国陆海军大元帅之印）

中华民国十三年八月九日

据《大本营公报》第廿三号《指令》

给程潜的指令

（一九二四年八月九日）

大元帅指令第八八七号

　　令军政部长程潜

　　呈复拟请给予湘军制弹厂积劳病故之会计主任周道恤金由。

　　呈悉。准如所拟给恤。此令。

（中华民国陆海军大元帅之印）

中华民国十三年八月九日

据《大本营公报》第廿三号《指令》

给程潜的指令

（一九二四年八月九日）

大元帅指令第八八八号

　　令大本营军政部长程潜

　　呈复拟请赠恤湘军已故上尉连长刘慎等情形由。

　　呈悉。准如所拟给恤。此令。

　　　　　　　　　　　　（中华民国陆海军大元帅之印）

中华民国十三年八月九日

据《大本营公报》第廿三号《指令》

给程潜的指令

（一九二四年八月九日）

大元帅指令第八八九号

　　令大本营军政部长程潜

　　呈经费困难，拟裁撤邮电、报纸检查委员，乞鉴核施行由。

　　呈悉。照准。所有邮电等检查事宜，候令行广东省长派员接办可也。此令。

　　　　　　　　　　　　（中华民国陆海军大元帅之印）

中华民国十三年八月九日

据《大本营公报》第廿三号《指令》

给廖仲恺的训令

（一九二四年八月九日）

大元帅训令第四一二号

　　令广东省长廖仲恺

　　为令遵事：据大本营军政部长程潜呈称："职部自去岁四月战事发生后，为防止军机泄漏及间谍通信起见，而有邮电、报纸检查委员之设立。其经费概列入临时预算内，由部长设法挪垫。本年三月，因经费支绌，无术筹措，曾呈请裁撤或另饬他机关接管。当奉指令：以战事未停，仍应继续办理。每月所需经费及以前垫款，蒙令财政委员会筹拨。复经财政委员会议决照付。乃中央军需处忽然停办，此款未付分文，财政部经理军需后，竟将此案推翻，置之不理，迁延及今，犹未解决。新旧垫款，难期偿还，此后经费尤无着落，部长挪借已穷，无力维持。再四思维，惟有将此项人员裁撤，以轻负担。此后邮电、报纸，或停止检查，或饬广东省长派员继续办理，出自钧裁。所有因经费困难裁撤邮电、报纸检查委员各缘由，理合呈报"等情。据此，除指令"照准。所有邮电等检查事宜，候令行广东省长派员接办可也。此令"印发外，合行令仰该省长查照办理。此令。

（中华民国陆海军大元帅之印）

中华民国十三年八月九日

据《大本营公报》第廿三号《训令》

给林翔的指令*

（一九二四年八月九日）

大元帅指令第八九一号

　　令大本营审计处处长林翔

　　呈报审核广东船民自治联防督办公署暨所属省河分局开办经常费支出计算书等件一案，种种不合情形，乞令发该署，切实另行编造等情由。

　　呈悉。据呈所报审核广东船民自治联防督办公署暨所属省河分局一案，既有种种不合情形，仰候令饬该卸任督办伍学煜严饬该署人员及所属分局，认真清理，另行编造，具报再核，以清手续可也。此令。

　　　　　　　　　　　　　（中华民国陆海军大元帅之印）

中华民国十三年八月　　日

　　　　　　　　　　　　据《大本营公报》第廿三号《指令》

给伍学煜的训令

（一九二四年八月九日）

大元帅训令第四○一号

　　令卸任广东船民自治联防督办伍学煜

　　为令饬事：据大本营审计处处长林翔呈称："呈为呈报事：案奉

---

　　*　原令未署具体日期。按大元帅指令第八八九号和第八九二号，发令日期均为八月九日，今据此标出。

钧座发交审计广东全省船民自治联防督办公署暨所属省河分局开办经常费支出计算书附属表册一案,遵查该署暨属局以前曾否编有预算呈请核准,职处无案可稽。现据造送该署支出计算书内,开办费备置船旗项下,料布余存六百匹变卖银三百八十六元四角九分,未于料价内扣除;又册列旗字、旗筒、布料三柱共银一百五十八元五角,未缴有单据;经常费内十二月份消耗一单银六元五角五分、粉牌等一单银一元一角、一月份邮费银八角、刻图章银六角、二月份刻木章三单共银二元二角五分、裱图等一单银二元零五分、四月份搬运费银二十六元,均未缴有商铺盖印单据。此外,各单据未贴印花者不少。又一、二、三等月津贴岭峤社稿费共银四十元,似不应在公费内开支。又三月特支按业息金佣耗等共银四百四十三元一角,不能列入经常费内,应行另案报销。至省河分局计算附属表册内,开办费与经常费并未分别编列,单据复强半不完。如薪俸、饷工等项有不盖名章者,不贴印花者,有全无领收字据者。杂费项下,不但多无单据,甚有如何支用并不开报者。种种未合,不胜枚举,实属无从核计。拟请令发该署切实另行编造,以符手续。除就表册逐项标签说明外,理合将奉发审计情形具文连同原表册据,呈请钧座察核施行"等情。据此,除指令"呈悉。据所报审核广东船民自治联防督办公署暨所属省河分局一案,既有种种不合情形,仰候令饬该卸任督办伍学煜严饬该署人员及所属分局认真清理,另行编造,具报再核,以清手续可也。此令"外,合行令仰该卸任督办伍学煜即便遵照,务须督饬该署及所属分局人员切实认真清理,另行具报再核,以清手续。切切。此令。

（中华民国陆海军大元帅之印）

中华民国十三年八月九日

据《大本营公报》第廿三号《训令》

给叶恭绰的指令

（一九二四年八月九日）

大元帅指令第八九二号

　　令大本营财政部长兼盐务督办叶恭绰

　　呈复盐运署暨稽核所裁减经费情形由。

　　呈、表均悉。据陈各节尚属核实，应准照办。表存。此令。

（中华民国陆海军大元帅之印）

中华民国十三年八月九日

据《大本营公报》第廿三号《指令》

给许崇灏的指令 *

（一九二四年八月九日）

　　令管理粤汉铁路事务许崇灏

　　呈复粤汉路伕力工人经已批准和济公司续办，乞鉴核由。

　　呈悉。既据陈明该路伕力工人经已批准和济公司续办，应予
照准备案，并候令行广东地方善后委员会知照可也。此令。

据《广州民国日报》一九二四年八月九日《粤路伕力核准续办》

---

　*　此件所标时间系《广州民国日报》发表日期。

着取消护照手令 *

（一九二四年八月十日）

着取消前项护照，当即遵令通知海关，并批令该商团知照。

据《广州民国日报》一九二四年八月二十一日《扣留私运军火案九志》

委派杜墨林职务令

（一九二四年八月十一日）

大元帅令

派杜墨林为大本营出勤委员。此令。

（中华民国陆海军大元帅之印）

中华民国十三年八月十一日

据《大本营公报》第廿三号《命令》

追赠王维汉令

（一九二四年八月十一日）

大元帅令

大本营军政部长程潜呈"议复豫军故团长王维汉于龙冈之役杀贼捐躯，拟请追赠陆军少将，仍照上校阵亡例给恤"等语。王维

---

　　* 此件所标时间系据八月二十一日《广州民国日报》云军政部"于本月十日奉大元帅手令"确定。

汉着追赠陆军少将，仍照上校阵亡例给恤，以彰忠烈。此令。

（中华民国陆海军大元帅之印）

中华民国十三年八月十一日

据《大本营公报》第廿三号《命令》

给叶恭绰的训令

（一九二四年八月十一日）

大元帅训令第四一三号

　　令大本营财政部长叶恭绰

　　为令遵事：查以制定官制、官规，曾经令行该部，限文到十日内，将该部职员等级、额数、俸给分别列具详表呈送在案。殊迄今日久，并未据该部具报到府。合亟令仰该部长即便遵照，限于文到三日内，将该部职员等级、额数、俸给分别编造详表呈报，以凭汇发制定官制、官规，勿稍延误。切切。此令。

（中华民国陆海军大元帅之印）

中华民国十三年八月十一日

据《大本营公报》第廿三号《训令》

给程潜的训令

（一九二四年八月十一日）

大元帅训令第四一五号

　　令大本营军政部长程潜

　　为令行事：据广东兵工厂厂长马超俊呈称："窃维枪枝子弹，乃系杀人利器，私卖私铸，律有明条。查本有省除兵工厂之外，并无政府许可制造军实之特别机关。乃近有不法之徒,胆敢假借军队名义,私制七九步枪,并冒刊广东兵工厂制造字样,四出发售,以图厚利。或卖与民间,或接济匪徒,殊属胆大妄为,愍不畏法。若不严行禁止,为害地方,实非浅鲜。厂长有所听闻,不敢缄默,理合备文呈请察核,伏乞明令禁止,并通饬各军严拿究办,以儆效尤而维地方"等情。据此,应予照准。合行令仰该部长通行各军遵照办理,并令饬该厂长知照可也。此令。

(中华民国陆海军大元帅之印)

中华民国十三年八月十一日

据《大本营公报》第廿三号《训令》

给程潜的指令

(一九二四年八月十一日)

大元帅指令第八九四号

　　令大本营军政部长程潜

　　呈复拟请准给故少校飞行员陆露斯恤金由。

　　呈悉。准如所拟办理。此令。

(中华民国陆海军大元帅之印)

中华民国十三年八月十一日

据《大本营公报》第廿三号《指令》

给许崇清的指令

(一九二四年八月十一日)

大元帅指令第八九六号

令广东教育厅厅长许崇清

呈报该厅职员遵令减薪情形由。

呈、表均悉。表存。此令。

（中华民国陆海军大元帅之印）

中华民国十三年八月十一日

据《大本营公报》第廿三号《指令》

给叶恭绰的指令

（一九二四年八月十一日）

大元帅指令第八九七号

令兼盐务督办叶恭绰

呈报遵办减成发薪情形由。

呈悉。此令。

（中华民国陆海军大元帅之印）

中华民国十三年八月十一日

据《大本营公报》第廿三号《指令》

给法制委员会的指令

（一九二四年八月十一日）

大元帅指令第八九八号

令法制委员会

呈送该会兼职人员遵令减成支薪表乞察核由。

呈、表均悉。表存。此令。

（中华民国陆海军大元帅之印）

中华民国十三年八月十一日

据《大本营公报》第廿三号《指令》

给张开儒的指令

（一九二四年八月十一日）

大元帅指令第八九九号

　　令大本营参军长张开儒

　　呈送该处参军、副官曾否兼职表乞察核由。

　　呈、表均悉。表存。此令。

（中华民国陆海军大元帅之印）

中华民国十三年八月十一日

据《大本营公报》第廿三号《指令》

给黄昌谷的指令

（一九二四年八月十一日）

大元帅指令第九〇〇号

　　令大本营会计司司长黄昌谷

　　呈复该司职员并无兼差由。

　　呈悉。此令。

（中华民国陆海军大元帅之印）

中华民国十三年八月十一日

据《大本营公报》第廿三号《指令》

对广州商团代表的演说*

（一九二四年八月十二日）

诸君：

你们今天来请愿的意思，我刚才和各位代表讲话已经很明白了。你们想得回这些枪枝是很心急的，但是这件事你们不必担忧，政府一定是给还你们的。

刚才我和各位代表商量，要你们与政府定一个办法，要甚么时候可以给还，要经过甚么手续才能给还，这都是要大家商量的。以后你们的代表和我派的代表商量一次，或者二次，商量妥当之后，对于这个问题解决了，那便可以把这些枪支给还你们。

现在，你们要知道为甚么原因政府要扣留你们的枪支呢？你们现在很心急，以为很艰难辛苦、费许多钱财才得这些枪支，闻得被政府扣留，得不到手，便慌得不了，要明日罢市，交涉这批枪支，这便是你们不讲道理，这不是正当办法。罢市这件事，是你们商人很吃亏的，是不得已之后才可以做的举动。今日你们来请愿，我亲自出来见你们，和你们商量办法，你们又何必要心急呢？又何须乎罢市呢？这件事本来应该要你们团长来讲话才可以明白了的。但是，你们团长不到。所以你们要明白为甚么政府要扣留你们枪支的道理，你们听了我的话，明白这件事的道理之后，回去讲过大家

＊ 孙中山下令扣留商团枪械以后，该团副团长邓介石于八月十二日中午组织商团及商团军代表数百人到大元帅府请愿。这是孙中山在大本营操场接见商团代表时发表的演说。

知道,都要心平气和来互相考究这个问题,决不可感情用事,从中鼓噪,扰乱大家的治安。

政府对于这批枪支的疑点,第一是你们团长前几日到军政部领一张发〔护〕照,声明这帮枪支最快也要四十日之后才可以到广州。所以,那张护照的用场,当然要四十日才发生效力。现在,这些枪支忽然在四十日之内便到了。领护照的时候,你们团长并且声明装枪的船才在外国动身,现在只有四日便到了。枪到的时候,又鬼鬼祟祟,私下和李福林交涉,许他二百枝驳壳枪做酬劳,叫他替你们起枪。李福林不肯私相授受,没有答应。你们又私向江防司令部交涉,拜托滇军,要滇军用"宝璧"兵舰去替你们起枪。政府事前毫不知道,所以便制止"宝璧"的行动。依我来办,你们既然领了军政部的护照,是很正式的,为甚么要暗中到处拜托人,给人家枪支,想私自起卸呢?这件事不能不令政府怀疑。我想你们团长当时的用心,一定是以为这些枪支如果这次能够私自起卸,便不用军政部的护照,而且对你们也要蒙骗,说那些枪支还没有到广州,等到四十天之后,第二批枪到了,然后才用军政部的护照,才对你们说枪支到了。他们这次所运到的枪就是顶包,现在顶包已经是穿了。因为这个原故,政府便要查究。

第二,是你们所买的枪之外,更有其他许多枪,究竟是甚么人的呢?故政府现在扣留那只船,是要查明甚么人来偷运这么多的枪支,这样多的枪支究竟是甚么来历。

还有第三个疑点,就是你们现在要领枪支的商团军亦〔只〕有一千多人,这次所买的枪却有八九千支。这样多的枪,又有甚么用处呢?还要交到什么人呢?现在你们急于要枪,如果枪不能要到手,便想罢市,来要挟政府。若是真做这件事,便是你们上了当,便是你们不明白道理[①]。

你们大家知道，要这批枪支是顶包偷运，现在被政府查出扣留，你们应该要责问这件事的经手人。枪支的护照，既然声明四十日后方能够到广州，现在只有四日便到了。你们代表说是不知道运船开行的时期，但是一百多万元的枪支，不是小事。那有事前不知道到广州时期的道理呢？其中显然是另外有人借你们商团的招牌来偷运枪支了。现在偷运不成，枪支已经是被政府扣留，他们又想借你们商团来恐吓政府。你们知道，人民里头有士、农、工、商，都是拥戴政府。现在你们商人不许政府有一点机会来查究，便要罢市，这便是野蛮不讲道理。政府对于这种偷运枪支，一定是要查究的。将来查明之后，水落石出，如果真是你们的，便交还你们；如果外国另外再有一帮枪支运来，那批枪支才真正是你们的，那么，现在不是你们的枪支，政府自然要没收。刚才你们代表对于护照上时间的解释说："船行的快慢，没有一定，所以到广州的日期，便不能一定。"但是相差太远了，恐怕说不过去。况且对于第二层，在你们所定的枪支之外，还有什么人的枪支，便不能不查究。究竟这些多出来的枪支，是不是吴佩孚私运的？或者是陈炯明私运的呢？抑或是土匪私运的呢？所以对于第一层，护照的时期和枪支到岸的时期，不相符合的疑案。第二层你们商团所买的枪支之外，另有许多枪支的疑案，政府都是非查明不可。要查究这件事，不是一天可以得结果的。将来查明妥当之后，便把你们的枪支交还。不是一定要没收的，你们大家要安心等候。

总而言之，这件疑案，经政府查明之后，如果知道你们不是要

———————

① 　演说从开头至此，所据版本为《广州民国日报》，以下所据版本为《孙中山先生演说集》（该版本把此演讲日期作八月十四日，误）。

利用这些枪来打政府,政府一定把枪交还你们。如果知道你们利用这些枪支来打政府,那么,政府为自卫计,便不能把枪支交还你们,只有和你们决一场胜负了。本大元帅很想和你们商团联络的,很想要你们做手足的。今日你们大家来请愿,我非常的欢迎,而且得到这个机会来与你们大家讲话,我更加欢喜。如果你们的首领没有野心,不来和政府作对,你们便要和政府合作,一致行动,来维持广州的治安。但是你们领袖是很有野心的,恐怕你们和政府合作,总是从中作祟。这些种种黑幕我都知道了,所以今日运枪的黑幕我更要查究。你们不要以为今日不得枪,明日就要罢市。总之,政府查究这件疑案,或者是要三日,或者是五日,或者是一两个礼拜,都不一定。必要等到查明之后,才能够把这些枪支交还你们。你们和各位商人总要安静等候,不必忧政府把你们的枪支拿去了。不必庸人自扰,鼓噪暴动。你们要明白经手买枪人鬼祟,他总是想拿你们商团来利用,政府将来一定有很详细的宣言,把这件事的来历说得很明白,让你们都知道他的鬼祟。现在正当查究的时候,对于这次运枪的疑案,如果查明之后,真是没有别的奸情,有道理来宣布,让大家都知道这件事的原委。但是没有交还枪支以前,你们总要给政府以时间的机会,让政府来调查。

你们购运这批大宗军火,事前毫不报告政府,这就是你们商人在手续上已经错了。你们知道办军火是政府的特权,如果商人可以随便办军火,工人可以随便办军火,农人可以随便办军火,土匪也可以随便办军火。广东不但是现在要乱,将来更要大乱不止。你们能够和政府同力合作,一致进行,广东的乱事便很快可以解决。如果你们商团还要再来生乱,广东的乱事是没有止境的。从前因为陈炯明造反作乱,便有客军到广东来专横。如果商人另外作乱,就是商人变成客军。所以你们回去,还是要安心乐业,等政府把这件事调查清楚,到那个时候,政府或者准你们罢市,你们才可以罢市。如果不等政府查明,现在便去罢市,那便是居心要反对政府,政府便不能随便了事。你们听了我这番话之后,决不可心急,一定要安份等候。如果有不明白的事情,很可以派代表来讲,最好是派团长来讲。你们团长现在忽然辞职,这是很可疑的。本来团长替你们买枪,在手续上不合,被政府扣留,照俗话说"搵猪要问猪脚"。你们应该追问团长。现在团长忽然辞职,这是显然心虚。如果不是心虚,又何以不亲自来和政府商量呢?

现在的政府,是讲道理的政府,是文明的政府,不是野蛮的政府,象李准、张鸣岐、龙济光、莫荣新、陈炯明一样。平心而论,你们是不是还要欢迎龙济光、莫荣新、陈炯明的政府呢?试问龙济光、莫荣新、陈炯明的时候,你们去请愿,他们出来见你们不见你们呢?就这一件事说,你们便应该信仰这个政府,便知道这个政府是很讲道理的。这些枪将来查明之后,如无别情,定是要交还你们的。但是你们现在决不可心急,不要鲁莽灭烈来害自己。大家知道,罢市之后,你们便不能做生意,这是于你们自己有损,于政府没有关系的。你们应该要责成团长:为什么办事这样糊涂?追究他的心事,究竟是甚么用意。如果团长有黑幕,你们便不可听他的话。现在的政府是随时见你们的,有什么事都可以商量。政府很希望你们商团能够发达,想培植你们做民治的中坚。今日所扣留的不是枪,是那条船,是扣留丹麦国私运军火的船,要等到这条船的问题解决了,枪的问题才可以解决。只要查明这些枪没有别的黑幕,一定是照数交还你们。此时不必忧心这几千枪就要被政府抢去。此时政府不但不想抢你们的枪,如果你们有几万商团,政府还可以给你们几万枪。象现在广东兵工厂,天天造枪,政府已经下得有命令,教他定价卖过〔给〕民团。可见现在政府的用意是保卫人民的。但是你们如果听一两个野心家来利用，来反抗政府，政府当然有政府的办法，你们当谨慎，不可受人煽动，上人家的大当。

据《广州民国日报》一九二四年八月十四日《大元帅对商团代表演说词》及黄昌谷编《孙中山先生演说集》（一九二六年八月再版）《政府所扣留的不是枪械是私运军火的丹麦船》互校

致蒋中正电
（一九二四年八月十二日）

黄埔蒋介石司令鉴：△密。械船昨日因潮水不合，今日可来。由"永丰"、"江固"押送，到后即促"永丰"回省，勿延留。"江固"监视可也。孙文。侵。（中华民国十三年八月十二日晨八点四十分）

据谭编《总理遗墨》第三辑影印原稿

致蒋中正电*
（一九二四年八月十二日）

黄埔蒋校长鉴：筹密。起货之外，另要细密检查其他货物有无违禁品，并将所载各货详为报告。孙文。八月十二日晚九点三十五分。

据谭编《总理遗墨》第三辑影印原稿

---

* 原电未署年份。据内容判断系指起运商团枪械事，此事发生在一九二四年。

给廖仲恺的训令 *

（一九二四年八月十二日）

为令遵事：查南海县属九江地方自治素称完善，其地亦非防守
地点。前因该处西北两乡械斗，西乡为求外援，遂招致滇军保旅[①]
前往驻扎。此次军团互战，焚杀死伤，军民哀号相告，实非本大元
帅所忍闻。仰杨总司令希闿克日将现驻九江军队悉行撤退，无庸
派兵再往接防。并分行各军，嗣后无论何项军队，非奉本大元帅命
令，不得擅往九江驻扎。并仰廖省长仲恺，立饬南海县转饬该乡，
迅即整理民团，以维治安。此次开衅，保旅系以剿捕匪首吴三镜为
名，致令地方蹂躏。吴三镜应由该县长严缉归案究办。除分令外，
合行令仰该省长即便遵照。切切。此令。

据《广州民国日报》一九二四年八月十二日《九江不得驻兵之帅令》

给马超俊的指令

（一九二四年八月十二日）

大元帅指令第九〇一号

令广东兵工厂厂长马超俊

呈复该厂兼职人员减薪情形由。

呈、表均悉。应准备案。表存。此令。

　＊　此件所标时间系《广州民国日报》发表日期。

　①　保旅：即保荣光旅。

　　　　　　　　　　（中华民国陆海军大元帅之印）

中华民国十三年八月十二日

据《大本营公报》第廿三号《指令》

给林森的指令

（一九二四年八月十二日）

大元帅指令第九○二号

　　令大本营建设部长林森

　　呈复遵办该部兼职人员减薪情形由。

　　呈、表均悉。查阅表件，除该部在商标注册所暨权度检定所兼职人员曾经说明均未支给薪俸外，其余兼职人员并未声列在各兼职机关，薪俸是否以二成支领，应再明白列表呈核。原表发还。此令。

　　计发还原表一件。

　　　　　　　　　　（中华民国陆海军大元帅之印）

中华民国十三年八月十二日

据《大本营公报》第廿三号《指令》

给林森的指令

（一九二四年八月十二日）

大元帅指令第九○三号

　　令广东治河督办林森

　　呈为陈明该处特种情形乞准予照旧支薪由。

　　呈悉。该督办所聘外国工程师，经订有合同者，薪俸应毋庸照减。其他人员之薪水仍当遵照前令，以昭一律可也。此令。

　　　　　　　　　　（中华民国陆海军大元帅之印）

中华民国十三年八月十二日

据《大本营公报》第廿三号《指令》

给伍朝枢的指令

（一九二四年八月十二日）

大元帅指令第九〇四号

　　令大本营外交部长伍朝枢

　　呈送该部兼职人员减薪表乞鉴核由。

　　呈、表均悉。查阅表件，兼职减薪既甚核实，编列亦甚详明，足见该部长办事认真仰即知照。表存。此令。

　　　　　　　　　　（中华民国陆海军大元帅之印）

中华民国十三年八月十二日

据《大本营公报》第廿三号《指令》

撤销统一训练处案谕[*]

（一九二四年八月十三日）

　　八月六日，政治委员会决议设立统一训练处案撤销，仍以蒋中正办理军事训练，汪兆铭办理政治训练，俱以鲍罗庭为顾问，其军需供给则另设供给部。

据《国父年谱》增订本下册（转录民国十三年八月十三日《中央政治委员会第四次会议纪录》）

――――――――――

　　[*]　这是孙中山于八月十三日在中国国民党中央政治委员会第四次会议上所作的指示。

公布《大学条例》令

（一九二四年八月十三日）

大元帅令

　　兹制定《大学条例》公布之。此令。

（中华民国陆海军大元帅之印）

中华民国十三年八月十三日

附：大学条例

　　第一条　大学之旨趣，以灌输及讨究世界日新之学理、技术为主，而因应国情，力图推广其应用，以促社会道义之长进，物力之发展副之。

　　第二条　大学之规模、实质须相称。其只适于设一单科者，得以一单科为大学；其适于并设数分科者，得合数分科为一大学。

　　第三条　大学得设研究院。

　　第四条　大学除国立外，并许公立及私立。

　　第五条　私立大学须设定财团，有大学相当之设备，及足以维持该大学岁出之基金。

　　第六条　公立及私立大学之设置及废止，须经政府认可。分科之增设或废止亦同。

　　第七条　公立及私立大学均受政府监督。

　　第八条　大学得授各级学位。

据《大本营公报》第廿三号《命令》

公布《中央督察军组织条例》令

（一九二四年八月十三日）

大元帅令

　　兹制定《中央督察军组织条例》公布之。此令。

（中华民国陆海军大元帅之印）

中华民国十三年八月十三日

附:中央督察军组织条例

　　第一条　本军定名为中央督察军,以巩固中央威信为主旨。

　　第二条　本军由滇、湘、粤、桂、豫五军各派兵一团(每团计枪一千杆)编成之。

　　第三条　本军直隶于军事委员会。

　　第四条　大元帅所有命令,本军负监督各机关及各军队严切奉行之责。

　　第五条　本军择定广州市附近为驻扎地点。

　　第六条　本军给养即就各军指派各团之原有给养费给与之。

　　第七条　本军识别,除各军指派各团原有识别外,加一识别证(用蓝色布制成四生的径长之圆形青天白日章,于白日上缀一红色字,佩于右臂)。

　　第八条　各军所指派之团,其管理、教育、勤务各事,仍由各该团各级官长负责。

　　第九条　各军所派出之团,各级官长应绝对服从军事委员会之节制调遣。

据《大本营公报》第廿三号《命令》

给邹鲁的训令

（一九二四年八月十三日）

大元帅训令第四二〇号

　　令国立广东大学校长邹鲁

　　为令遵事:查《大学条例》业经制定公布,合行令仰该校长查照遵行可也。条例抄发。此令。

　　　　　　　　　　　　　　（中华民国陆海军大元帅之印）

中华民国十三年八月十三日

据《大本营公报》第廿三号《训令》

给李烈钧的指令

（一九二四年八月十三日）

大元帅指令第九〇八号

　　令大本营参谋长李烈钧

　　呈为饬查职员兼差,以各员多奉派出勤,应俟声复到齐汇案呈复,以昭核实由。

　　呈悉。照准。此令。

　　　　　　　　　　　　　　（中华民国陆海军大元帅之印）

中华民国十三年八月十三日

据《大本营公报》第廿三号《指令》

给廖仲恺的指令 *

（一九二四年八月十三日）

大元帅指令第九〇九号

令广东省长廖仲恺

呈复该署人员兼职情形由。

呈、表均悉。查阅表册，尚属核实，惟查技士周少游名下并未列明有无兼差，亦未列现支薪水若干；秘书黄季陆名下亦未列明有无兼差，应再明白声叙呈核。原表发还。此令。

计发还原表册一本。

（中华民国陆海军大元帅之印）

中华民国十三年八月　　日

据《大本营公报》第廿三号《指令》

给程潜的指令

（一九二四年八月十三日）

大元帅指令第九一〇号

令军政部长程潜

呈复拟请赠恤豫军阵亡将官、兵士，乞鉴核示遵由。

---

* 原令未署具体日期。按：大元帅指令第九〇八号和第九一〇号发令日期均为八月十三日，今据此酌定本件时间。

呈悉①。王维汉已有明令追赠给恤矣。余如所拟办理。仰即知照。此令。

（中华民国陆海军大元帅之印）

中华民国十三年八月十三日

据《大本营公报》第廿三号《指令》

给马超俊的指令

（一九二四年八月十三日）

大元帅指令第九一一号

令广东兵工厂厂长马超俊

呈报香山黄梁镇田心、沙田、新村三乡保卫团局长林善承等照章请领七九步枪卅枝，乞察核令遵由。

呈悉。该保卫团局长林善承等请领枪支，既与《民团请领枪弹暂行章程》相符，应予照准。仰即转饬知照可也。此令。

（中华民国陆海军大元帅之印）

中华民国十三年八月十三日

据《大本营公报》第廿三号《指令》

给徐绍桢的指令

（一九二四年八月十三日）

大元帅指令第九一二号

---

① 八月六日，程潜呈报：龙冈一役，豫军团长王维汉及连长马占标等一百四十九员阵亡，一百三十六员受伤，请按章程恤赏。

令大本营内政部长徐绍桢

呈请褒扬贤母刘王氏由。

呈悉。准予题颁"懿行可风"四字，仰即转给承领可也。此令。

（中华民国陆海军大元帅之印）

中华民国十三年八月十三日

据《大本营公报》第廿三号《指令》

给程潜的指令

（一九二四年八月十三日）

大元帅指令第九一三号

令大本营军政部长程潜

呈复拟请将湘军遇害团长刘志等照因公殒命例分别抚恤由。

呈悉①。准如所拟办理。此令。

（中华民国陆海军大元帅之印）

中华民国十三年八月十三日

据《大本营公报》第廿三号《指令》

给吕志伊的指令

（一九二四年八月十三日）

大元帅指令第九一四号

令大理院长兼管司法行政事务吕志伊

---

①　程潜呈称：湘军第五军团长刘志住宅遭突来兵士袭击，刘与在场之三等军需正陈魁同时殒命，请抚恤。

呈报该院职员减成发薪情形由。

呈悉。此令。

（中华民国陆海军大元帅之印）

中华民国十三年八月十三日

据《大本营公报》第廿三号《指令》

给宋子文的指令

（一九二四年八月十三日）

大元帅指令第九一五号

令中央银行行长宋子文

呈为该行定期发行货币，乞令行财政部、广东省长通饬各征收机关，并布告商民一律通用等情由。

呈悉。候令行财政部及广东省长遵照办理可也。此令。

（中华民国陆海军大元帅之印）

中华民国十三年八月十三日

据《大本营公报》第廿三号《指令》

给叶恭绰廖仲恺的训令

（一九二四年八月十三日）

大元帅训令第四一九号

令大本营财政部长叶恭绰、广东省长廖仲恺

为令遵事：据中央银行行长宋子文呈称："呈为职行定期发行货币，应请通令各征收机关及商民，交易一律通用，仰祈鉴核事：窃职行奉政府特准发行货币，现拟自八月十五日职行开幕日起开始发行，计分为壹圆、伍圆、拾圆、伍拾圆四种。由子文与副行长兼领发行科长黄隆生会同签名。所有公私款项出纳，自应一律通用。在公家征收机关，尤应专收职行货币，以示提倡。事关提倡职行货币信用，应请钧座明令各征收机关，所有征收田赋、厘捐、租税及其他公款，均一律收受职行货币。其报解公款者，非职行货币，概不收受。至商民交易，应准其照额通用，视与现金相等。并请令行财政部暨广东省长通饬各征收机关，并布告商民一律遵照。是否有当，理合呈请睿鉴训示祗遵"等情前来。当经指令"呈悉。候令行财政部及广东省长遵照办理可也。此令"等语，除指令印发外，合行令仰该部长、省长即便遵照。切切。此令。

（中华民国陆海军大元帅之印）

中华民国十三年八月十三日

据《大本营公报》第廿三号《训令》

给财政委员会的指令

（一九二四年八月十三日）

大元帅指令第九一六号

　　令财政委员会

　　呈报该会兼职人员向未支领兼薪由。

　　呈、表均悉。表存。此令。

（中华民国陆海军大元帅之印）

中华民国十三年八月十三日

据《大本营公报》第廿三号《指令》

给吕志伊的指令

（一九二四年八月十三日）

大元帅指令第九一七号

令大理院长兼管司法行政事务吕志伊

呈报该院职员原兼各职薪额及实支数目简表乞鉴核由。

呈、表均悉。表存。此令。

（中华民国陆海军大元帅之印）

中华民国十三年八月十三日

据《大本营公报》第廿三号《指令》

任命梁龙职务令

（一九二四年八月十四日）

大元帅令

任命梁龙为大理院庭长。此令。

（中华民国陆海军大元帅之印）

中华民国十三年八月十四日

据《大本营公报》第廿三号《命令》

饬褒抚彭素民谕*

（一九二四年八月十四日）

彭素民生平事迹应准由《周刊》登载，仰即转行知照。所请给予恤金一次暨设法维持彭素民家族给养经常费，均着由该会议定数目及办法呈候核夺。

据《广州民国日报》一九二四年八月十四日《抚恤与褒扬之帅令》

在广州中央银行成立典礼的演说**

（一九二四年八月十五日）

诸君：

今日是中央银行成立的第一日，中央银行又是革命政府第一次开办的第一个银行，所以今日是革命政府第一次开办银行的第一日。今日政府要开办这个银行，就是政府要经营商业，所以今日又是政府第一次经营商业的第一日。

大家知道，这个政府在广东，现在有许多军队，军饷都是不足，政府因为担负这样多的军饷，财政是很困难的。在这样财政困难情形的时候，政府怎么样还能够发起开办这个银行呢？这个银行之所以能够开办，就是因为借了外国资本一千万。因为有了一千

---

　*　中国国民党中央执行委员会呈请准将彭素民事迹在《中国国民党周刊》登载，并乞拟准恤金一次。原谕未署日期，现标时间为《广州民国日报》发表日期。

　**　一九二四年八月十五日，中央银行在广州开幕，孙中山亲临演说。

万的外国资本,这个银行才能够成立。我在这个银行成立的日子,对于军界和政界有一种训词。今日的军界和政界都是很穷。譬如就军界而言,在前方的许多兵士都是没有衣穿,没有饭吃。就是有了疾病死亡,一切医药、埋葬等费,都是很艰难的。再就政界而言,如果筹到一宗款项,便挪作军饷。不但是一切未来的行政事业因为经费无着不能够发展,就是政府的现状,尚不容易维持。在这个军、政两费极拮据的时候,政府还有办法借得外资一千万,开办这个银行,一般军官和行政官吏,对于这件事有什么感想呢? 在一般军官想起来,以为前方的兵士没有衣穿,没有饭吃,政府还有一千万来开办这个银行,何以不拿这宗款项来支军饷,救眼前之急呢?在一般行政官吏想起来,以为现在行政经费无着,职员不能枵腹从公,何以不通挪这宗款项来维持政府的现状呢? 这两种感想,都是不能够有的。今天开办这个银行,本大元帅在这个开办的日子,对于这两种感想,有一种训词来解释。这个解释是怎么样说法呢? 比方前方的兵士没有钱发饷,想拿这批钱去发军饷,要说明这种感想,我便有两个比喻,可以引用来对大家讲一讲。

当几百年前新大陆发明之后,美国有几位教士到南美洲去传教,在一处地方发现一种野蛮人。那种野蛮人还是在渔猎时代,谋生活的方法,没有到游牧时代,不知道怎么样从事畜牧;也没有到耕种时代,不知道怎么样树艺五谷;更是没有到工商业时代,象我们现在的从事制造,用金钱来换货物。他们独一无二的生活只是打鱼猎兽,用鱼肉做食料。但是他们的性质很驯良,很讲礼貌,一见了那些教士,便优礼相待,非常的亲热。至于那些教士,是怎么样待遇那种野蛮人呢? 那种野蛮人是很穷的,又都是很饿的,那些教士没有别项的好方法去待遇他们,只有请他们吃饭。那种野蛮人一尝到饭的味道,便觉得比鱼肉好吃得多,更觉得很高兴,就有许多野蛮人都想要吃饭,问那些教士要饭吃,于是那些教士便把船上带去的米都运上岸,送到〔给〕那种野蛮人。他们得到了米之后,自己都不知道怎么样煮,也不知道怎么样单独去吃,那些教士又教他们怎么样烧火煮饭,于是他们便把生米煮成熟饭的办法都学到了,吃得也是很有味道了。那些教士又问他们说:"究竟鱼肉和米饭,到底是那一种好吃些呢?"他们都答应说:"米饭是好吃得多,专吃鱼肉是没有味道的。"那些教士说:"米是由谷分出来的,你们既是爱吃米饭,便应该知道耕田,怎么样去种谷。"于是更教他们怎么样下种,怎么样耕田,怎么样栽秧,怎么样生禾结谷和收成的方法。并说:"我们现在给你们几包谷种,你们照这种方法去耕种,现在用这几包谷,在几个月收成之后,便可以得几千包谷,便有很多的饭吃。"教士给了那几包谷种之后,便开船他去。那种野蛮人得了那包谷种之后,以为先要耕田播种,然后才能生禾结谷,要等到谷成熟了之后,再然后才能收谷制成白米,再然后才可以煮成饭吃,像这个样子,非几个月不成功。要有几个月,怎么可以等得到呢?于是他们不用那包谷做种子,再去耕田,生出很多的谷,便直接把那几包谷种制米,煮成饭吃了。那些教士在几个月之后回来,以为原来给那种野蛮人的谷种,此时可以长成几千包谷,有很多的饭吃了。那里晓得一回到原地方,到处都是荒野之地,并没有耕种过。便问那种野蛮人说:"谷种到甚么地方去了?"他们答应说:"我们老早把他吃完了。"我们中国也有句俗话说:"吃鸡蛋不吃鸡乸。"这句话的意思就是说鸡乸还可以生很多蛋,要是一次把他吃完了,以后便没有很多的蛋吃。这个中央银行一千万的资本就是谷种,也就是一个鸡乸,如果把这个鸡乸一次吃完了,以后便没有很多的蛋吃;把这包谷种一次吃尽了,以后便没有很多的谷米吃。我们都是聪明人,我们的聪明,无论如何总要高过南美洲的野蛮人,一定明白吃谷种和吃鸡㜭的害处。如果不吃谷种和鸡㜭,不只用这一千万,以后便可以赚几千万,或者一万万,所谓"一本万利"。能够保全这包谷种和这个鸡㜭,以后的利息是无穷的。大家都是军界、政界有力量的分子,能够保护这个中央银行,就是保全种子。此时能够保全这一千万的种子,将来的发达便未可限量。用这两件比喻,便是我今日对军界和政界的训词。诸位军官和一切行政官吏,都是很文明的人,切不可学南美洲的野蛮人。要培植谷种长成许多米,要保护鸡㜭生出许多蛋,我们以后便一生吃不尽。如果军官总是想〈提〉这个银行的资本去发饷,民政官吏总想提这个银行的资本去做行政经费,那便是一次吃完,以后便再没有希望。

本来银行事业对于社会上的经济关系是很大的,此时中国的银行事业对于中外经济上的关系尤其是很大。现在一般中国人所办的银行事业,都是开小钱店。如果在中国各省,或者是中国对于各国,一次有十万元的款项,便汇兑不通。好像广州西关的银号,本来是很多,假若有钱汇到香港、上海、天津或者是伦敦、纽约,试问有那一家能够接收一张单,一次能够汇通十万元呢? 现在市面上凡是关于大宗款项的汇兑,都是靠外国银行。外国银行要许多的汇水和折扣,我们中国人去汇兑是很吃亏的。我们所办的这个中央银行便与普通的银号不同,这个银行在今日虽然是开始营业,但是已经办好了一种债票,财政部还没有印成,等到财政部把那种债票印成了之后寄到伦敦,这个银行和伦敦汇兑,每次不但是可以汇十万,并且可汇几十万或者是几百万。有了这个汇兑机关,便是中国的银业界别开生面。有了这个银行来做汇兑机关,凡是我们在广东的钱,无论是有多少,要汇到上海、天津、汉口,或者外国的各大商埠,都可以不必经外国银行的手,便可以不吃外国银行所定的高汇水和大折扣的亏。并且中国人同中国人交易,利权不致外溢,事事都要方便。这是我们军界、政界和一切农、工、商界,都是不可不知道的。

我还有第三层意思,就是这个银行的资本固然是不小,至于办理和营业,尤其是很谨慎,都是照极好的银行规则来进行。并且这个银行受了政府一种特权,可以发行纸币,这种纸币的基本金有一千万,和从前政府银行所发行的纸币不同。外国银行在中国发行纸币,有的固然也是有基本金,但是他们所发行的纸币之数目,至少也是四倍于基本金。我们这个银行所发行的纸币,定章不是四倍于基本金,是照基本金的数目去发行。至于银〔发〕行的方法,不是直接支军饷、作行政费,先拿纸币到市面使用。那么,我们的纸币究竟怎么样发行呢? 大家知道外国银行的纸币之所以有信用,就是因为兑现。普通发行纸币的方法,就是银行先拿纸币到市面使用,然后人民拿一百元纸币到银行兑一百元现钱,毫不折扣。这种办法,就叫做兑现。纸币因为兑现,所以才有信用。我们这个银行所发行纸币的信用,还要高过兑现,这是甚么说法呢? 因为我们发行纸币的方法,不是"兑现",是"现兑"。外面普通银行的办法,是人民先有一百元纸币,才到银行兑回一百元现钱。这个银行的办法,是人民要用一百元现钱,必须先买一百元纸币。所以这种纸币,只要是在外面通行的,有纸币便有现钱的抵押,便随时可以兑现;故这个银行发行纸币的方法,是先有现然后才兑,所以说是"现兑"。因为是"现兑",并且又有大宗基本金,所以这种纸币的信用一定是很高的,一定没有从前省立广东银行纸币的毛病。

要维持这种纸币的信用,便要商界、工界、农界、和政界、军界同力来合作,来培植这种鸡雏和谷种的发达,便可以生出许多鸡蛋和新谷。这种鸡蛋和新谷,又再可以做种子,再生出鸡雏来生蛋,再长成新谷来做米。这种丛生不绝的生长,是毫无止境的,是毫无限量的。到了那个时候,军界和政界便不怕穷,工商界和一切人民,便不怕没有资本,这个银行更是利益无穷。

　　社会上既是知道这个银行发行纸币办法是"现兑",政府又极力保护这个银行,和提倡这个银行,大家便应该同心协力来维持这个银行。如果大家都来维持这个银行,这个银行的经济力便可以大发展,中国商场上的经济力便不致为外国银行所操纵。所以这个银行之成立,关系中外经济权力的成败。大家既是明白了政府开办这个银行的意思,便应该维持这个银行去进行;维持这个银行去进行,就是维持政府去进行;维持政府去进行,就是维持革命来功〔成〕成〔功〕;维持革命来成功,就是令贫弱之中国变成富强。

据《中国国民党周刊》第三十五期(一九二四年八月
二十日版)《大元帅对中央银行开幕训词》

给广东省署的命令 *

(一九二四年八月十五日)

　　中央银行定于本月十五日始业,所有发行纸币,应饬征收各机关及布告各商民一体通用。

据《广州民国日报》一九二四年八月十八日《流通中央银行纸币之省令》

---

　　* 原令未署日期。据该令内容判断,时间当在八月十五日前,今所标时间系该行开业日期。

饬纯用中央银行纸币令

（一九二四年八月十五日）

中央银行今日开始营业，所有省署辖属各机关之出纳，应严令纯用中央银行纸币。收支一切存款，应转存中央银行。倘有不遵，以违令论。

据《广州民国日报》一九二四年八月十八日《流通中央银行纸币之省令》

给宋子文的指令

（一九二四年八月十五日）

大元帅指令第九一八号

令中央银行行长宋子文

呈拟定《中央银行章程》暨组织大纲请鉴核公布由。

呈及附件均悉。《中央银行组织大纲》应改为《中央银行组织规程》，至该件及章程各条间有未妥之处，亦经更正。原件发还，仰即遵照另缮，呈候公布可也。此令。

（中华民国陆海军大元帅之印）

中华民国十三年八月十五日

据《大本营公报》第廿三号《指令》

给邓泽如林直勉的指令

（一九二四年八月十五日）

大元帅指令第九一九号

　　令中央筹饷会干事邓泽如、林直勉

　　呈请所给奖章应否按章分别更正查核，名册中有与筹奖章程之规定相差过远者四十二员，应否免奖由。

　　呈悉。据呈所称既经该会再三查核，意基忌分部聚义堂梁品三、梁士让等之奖章，着照所拟分别更正。其有与筹奖章程之规定不符者四十二员，自应一律免予给奖。此令。

　　　　　　　　　　　　（中华民国陆海军大元帅之印）

中华民国十三年八月十五日

　　　　　　　　　　　　　　据《大本营公报》第廿三号《指令》

给宋子文的指令

（一九二四年八月十五日）

大元帅指令第九二〇号

　　令中央银行行长宋子文

　　呈报就职及该行开幕日期由。

　　呈悉。此令。

　　　　　　　　　　　　（中华民国陆海军大元帅之印）

中华民国十三年八月十五日

　　　　　　　　　　　　　　据《大本营公报》第廿三号《指令》

给鲁涤平的指令

（一九二四年八月十五日）

大元帅指令第九二二号

　　令禁烟督办鲁涤平

　　呈请辞职由。

　　呈悉。该督办任事以来，撙节縻费，力策进行，具有成绩。兹据称军事方殷，势难兼顾，自系实情。现在禁烟事宜，政府正筹统一办法，俟确定后，再行饬遵。著仍勉为其难，毋庸遽请辞职也。仰即知照。此令。

（中华民国陆海军大元帅之印）

中华民国十三年八月十五日

据《大本营公报》第廿三号《指令》

给宋子文的指令

（一九二四年八月十五日）

大元帅指令第九二四号

　　令中央银行行长宋子文

　　呈报暂行启用自刊木质印章日期，附缴印章模型，请予备案由。

　　呈悉。准予备案。此令。

（中华民国陆海军大元帅之印）

中华民国十三年八月十五日

据《大本营公报》第廿三号《指令》

给徐绍桢的指令

（一九二四年八月十五日）

大元帅指令第九二五号

　　令大本营内政部长徐绍桢

　　呈报核准发行《赈灾慈善奖券章程》及细则请察备案由。

　　呈悉。准予备案。此令。

（中华民国陆海军大元帅之印）

中华民国十三年八月十五日

据《大本营公报》第廿三号《指令》

委派胡汉民等任务令

（一九二四年八月十六日）

　　派胡汉民、伍朝枢、廖仲恺、卢兴、傅秉常审查哪威运载军火船案。此令。

孙文　中华民国十三年八月十六日

据澳门国父纪念馆影印件

给叶恭绰的训令

（一九二四年八月十六日）

大元帅训令第四二二号

　　令大本营财政部长叶恭绰

为令遵事：据中央银行行长宋子文呈："为借款利息应由政府指定，谨拟办法，仰祈鉴核事：窃职行资本，依条例规定由政府担任，并由政府订借国外债款毫银一千万元拨充，则借款本息自应由政府筹还。按照合同条件，前五年应由政府每年付息一次，须指拨的款六十万元，方足应付；自第六年起，除前项年息外，每年须筹还债本十分之二，计二百万元，亦应预备的款，以维国债信用。查国家收入，现只有造币厂余利一项尚未指拨用途，现以西纸价高，每月余利无多，按该厂预算，闻每月尚有余利六七万元可望。此后西纸价格渐落，余利必渐有把握。拟请明令指拨该项造币余利为职行借款还本付息之基金，由该厂按月拨交职行列收政府存款，以备届期付息还本之用。如荷核准，即乞令下财政部遵照办理，伏候训示祗遵"等情。据此，除指令"〔呈悉。〕准予先行立案，候造币厂收获余利即可照办。已令行财政部知照矣。此外〔令〕"印发外，合行令仰该部长知照。此令。

（中华民国陆海军大元帅之印）

中华民国十三年八月十六日

据《大本营公报》第廿四号（广州一九二四年八月卅日版）《训令》

给宋子文的指令

（一九二四年八月十六日）

大元帅指令第九二六号

令中央银行行长宋子文

呈拟请明令指拨造币厂余利为该行借款还本付息基金由。

呈悉。准予先行立案，俟造币厂收获余利即可照办。已令行财政部知照矣。此令。

（中华民国陆海军大元帅之印）

中华民国十三年八月十六日

据《大本营公报》第廿四号《指令》

给吕志伊的指令

（一九二四年八月十六日）

大元帅指令第九二七号

　　令大理院长兼管司法行政事务吕志伊

　　呈报潮汕非法设立高等审检分厅及经布告无效由。

　　呈悉。仰该院长通令各司法机关并再布告人民周知可也。此令。

（中华民国陆海军大元帅之印）

中华民国十三年八月十六日

据《大本营公报》第廿四号《指令》

告广州商团书 *

（一九二四年八月十九日）

商团诸君公鉴：

　　陈廉伯所私运之军火，其一部分为诸君集资而购者，政府已可承认，行当令省长按照民团条例，交给诸君。故对于诸君之枪枝问题，已可作为解决矣。此外，尚有二事，必须诸君协助政府以解决之。近日由商团本体及各方面发现出陈廉伯有极大阴谋，欲藉商

---

　　* 原函未署年份，据函内有关处理商团枪械等内容判断，应在一九二四年。

团之力,以倾覆政府,而步意国墨素连呢①之后尘。此事前一两月香港、上海、天津各西报已有访闻,登诸报章,言之凿凿。昨日陈廉伯托香港某西报著一论说攻击政府颂扬商团者,犹声声称广州商团为"化思时地"党②,即意大利之资本家顽锢党也。而沙面领事团亦有证明陈廉伯确有谋为不轨之事。闻其中策画者有外国人,定期八月十四日推翻政府,取而代之,以陈廉伯为广东督军,取消独立,投降北方。近日陈廉伯派代表往洛阳勾结吴佩孚,乃用商团名义,此等事实彰彰,中外人民皆知,则证以此次君等庆祝牌楼各对联之口气,亦与此事吻合,实已不打自招。此等谋为不轨之事,竟公然明目张胆而为之,陈廉伯等之视政府为无物,于斯可见矣,商团中人当不能委〔诿〕为不知也。政府宽大为怀,不忍株连,故除廉伯一人外,分作两层办法:其一,其知情而悔悟者,能自行检举,政府当宥其既往,不事深究;其二,尚有执迷不悟,仍欲图谋不轨者,则责成诸君自行指出,送交政府惩办。吾信诸君中大多数为深明大义,拥护共和之人,必不容有败类混迹商团中,假借名义而危害政府也。此事关于民国存亡、革命成败,而本大元帅必当彻底查究者。望诸君切实协助政府,淘汰商团内奸,使商团与政府能联成一气,捍卫乡邦,剪除残暴。倘能如此,则本大元帅必倚商团为手足,视诸君为心腹,此不独商团之幸,亦广东之福也,政府实有厚望焉。

兹派秘书林直勉、连声海,副官邓彦华三人为政府代表,来与诸君接洽,以解决以上两问题。并派邓彦华为常驻商团总所委员,协助诸君整顿商团内部。倘商团果能从此消除反对政府之嫌疑,

---

① 墨素连呢:今译墨索里尼。
② 化思时地:今译法西斯蒂或法西斯。

则省、佛二地市内,不需驻扎军队以防不测;而商民更可安居乐业,共享太平。此实人民莫大之利也。惟商团诸君图之。

孙文　八月十九日

据国父遗墨筹印委员会编《国父墨宝》(北方杂志社北平一九四八年三月版)影印原稿

给徐绍桢的指令
(一九二四年八月十九日)

大元帅指令第九三〇号

　　令大本营内政部长徐绍桢

　　呈为该部总务厅科员谢揩积劳身故请准给予一次恤金三百元由。

　　呈悉。准如所请给恤。候令行财政部查照发给可也。此令。

(中华民国陆海军大元帅之印)

中华民国十三年八月十九日

据《大本营公报》第廿四号《指令》

给叶恭绰的训令
(一九二四年八月十九日)

大元帅训令第四二六号

　　令大本营财政部长叶恭绰

　　为令遵事:据大本营内政部长徐绍桢呈称:"窃职部总务厅科员谢揩才识谙练,供职慎勤。本年因办理省外医生领照,特派该科员兼充佛山镇办理医生执照专员,时当盛暑,往来于省佛之间,昕夕从公,积劳成疾,于七月十七日身故。查去年七月财政部书记官谢俊廷在职病故,曾由该部请准颁发恤金二百四十元;本年四月职部科长陈庆森病故,曾由部长呈准颁给恤金四百元各在案。兹查该故员谢揩,原系留粤任用县知事,曾任钦县、灵山、徐闻知事,操守清廉,政绩卓著。现以部员在职病故,身萧条情殊可悯,拟恳比照前案给与一次过恤金三百元,理合具文呈请钧座察核,俯赐准饬下财政部照发,俾得早日殡葬,以昭激劝,实为公便"等情。据此,除指令"呈悉。准如所请给恤。候令财政部查照发给可也。此令"印发外,合行令仰该部长遵照即予发给为要。此令。

(中华民国陆海军大元帅之印)

中华民国十三年八月十九日

据《大本营公报》第廿四号《训令》

给叶恭绰等的训令

(一九二四年八月二十日)

大元帅训令第四二七号

令大本营财政部长叶恭绰、大本营建设部长林森、兼盐务督办叶恭绰、广东省长廖仲恺、两广盐运使邓泽如

为令遵事:照得中央银行成立,所以整理国家经济,调剂社会金融,用意周详,立法美备。嗣后所有各财政机关收入,应解由该银行存储,随时提用。除分令外,合亟令仰该部长、督办、省长、运使即便遵照办理,并转饬所属一体遵照办理。切切。此令。

(中华民国陆海军大元帅之印)

中华民国十三年八月廿日

据《大本营公报》第廿四号《训令》

给叶恭绰的指令

（一九二四年八月二十日）

大元帅指令第九三二号

　　令大本营财政部长兼盐务督办叶恭绰

　　呈报遵办前两广盐运使伍汝康办理补恤各程船损失一案情形，乞核示由。

　　呈悉。缴款准先列收，仍饬由伍前运使迅将办理情形咨由盐运使详查转呈核办。此令。

（中华民国陆海军大元帅之印）

中华民国十三年八月二十日

据《大本营公报》第廿四号《指令》

给刘震寰的指令

（一九二四年八月二十日）

大元帅指令第九三三号

　　令西路讨贼军总司令刘震寰

　　呈请严令禁烟督办仍照拨给养费由。

　　呈悉。准予令行禁烟督办查照办理可也。此令。

（中华民国陆海军大元帅之印）

中华民国十三年八月二十日

据《大本营公报》第廿四号《指令》

在广州农民运动讲习所
第一届毕业礼的演说*

（一九二四年八月二十一日）

学生诸君：

你们这次毕业，到各乡村去联络农民，这是我们国民党做农民运动所办的第一件事。我们从前做革命事业，农民参加进来的很少，就是因谓他们知识程度太低，不知道有国家大事，所以对于国家很冷淡，不来管国事。你们毕业之后，到各乡村去联络农民，首先便要一般农民知道对于国家有什么责任，农民所仰望于国家的有什么利益。这个革命政府是想要做成一个人民为主体的国家。农民是我们中国人民之中的最大多数，如果农民不参加革命，就是我们革命没有基础。国民党这次改组，要加入农民运动，就是要用农民来做基础。要农民来做本党革命的基础，就是大家的责任。大家能够担负这个责任，联络一般农民都是同政府一致行动，不顾成败利钝来做国家的大事业，这便是我们的基础可以巩固，我们的革命便可以成功。如果这种基础不能巩固，我们的革命便要失败。

诸君在这地学了几个月，知道我们革命是要根据三民主义，大家到各乡村去宣传，便要把三民主义传到一般农民都觉悟。农民在中国是占人民的最大多数，所以农民就是中国的一个极大阶级。要这个极大阶级都能够觉悟，都能明白三民主义、实行三民主义，

---

　　* 由国民党中央执行委员会举办的广州农民运动讲习所，第一届于七月三日开学。八月廿一日，举行第一届学生毕业礼暨第二届新生开学礼，孙中山到会发表演说。

我们的革命才是彻底。如果这个极大阶级不能觉悟，未实行三民主义，就是我们的革命在一时成了功，还不能说是彻底。

大家到乡村去宣传，有什么方法可以讲明白三民主义，令一般农民都觉悟呢？要一般农民都容易觉悟，便先要讲农民本体的利益。讲农民本体的利益，农民才注意。如果开口就讲国家大事，无知识的农民怎么能够起感觉呢？先要讲农民本体有什么利益，国家有什么利益，农民负起责任来把国家整顿好了，国家对于农民又有什么利益，然后农民才容易感觉，才有兴味来管国事。

大家都知道，中国把社会上的人分成为士农工商四种。这四种人比较起来，最辛苦的是农民，享利益最少的是农民，担负国家义务最重的也是农民。在农民自己想起来，以为受这种辛苦、尽这种义务，这是份内应该有的事；这种应该有的事，是天经地义、子子孙孙不能改变的；祖宗农业受了这种辛苦，子孙也应该承继来受这种辛苦，要世世代代都是一样。这种思想，是从前的旧思想。我们现在用政治力量来提倡农民，就是要用国家的力量来打破这种思想，就是要一般农民不要从前的旧思想，要有国家的新思想；有了国家的新思想，才可以脱离旧痛苦。要一般农民都有新思想，都能够自己来救自己的痛苦，还是要农民自己先有觉悟。

现在许多人都说：中国的农业社会和俄国不同，从前俄国有大地主和农奴，地主和农奴的财产过于不平的；现在中国没有大地主，只有小地主和一般农民，这般小地主和农民的财产同俄国地主和农奴的情形比较起来，还算是很平均的。就片面的情形讲，这是讲得过去的。但是切实调查起来，用中国现在的情形和俄国从前的情形比较来说，是中国的农民享幸福些呀，还是俄国的农奴享幸福些呢？是中国的小地主专制些呀，还是俄国的大地主专制些呢？依我看起来，从前俄国大地主所有的土地，都是几百万里甚至于几千万里,那些大地主对于许多农奴自然不能精神贯注,因为精神贯注不到,待遇农奴自然是很宽大。我们这些小地主,总是孳孳为利,收起租来,一升一勺、一文一毫都是要计算,随时随地都是要刻薄农民。这些情形到底是不是的确,还要等你们再去调查。就我个人心理上的比较,从前俄国农奴所受的痛苦要少,现在中国农民所受的痛苦要厉害得多。

现在俄国改良农业政治之后,便推翻一般大地主,把全国的田土都分到一般农民,让耕者有其田。耕者有了田,只对于国家纳税,另外便没有地主来收租钱,这是一种最公平的办法。我们现在革命,要仿效俄国这种公平办法,也要耕者有其田,才算是彻底的革命;如果耕者没有田地,每年还是要纳田租,那还是不彻底的革命。中国的人民本来是分作士农工商四种,这四种人中,除农民以外,都是小地主。如果我们没有预备,就仿效俄国的急进办法,把所有的田地马上拿来充公,分给农民,那些小地主一定是起来反抗的。就是我们革命一时成功,将来那些小地主还〈免〉不了再来革命。我们此时实行民生主义,如果马上就要耕者有其田,把地主的田都拿来交到农民,受地的农民固然是可以得利益,失地的田主便要受损失。但是受损失的地主,现在都是稍为明白事体的人,对于国家大事都很有觉悟,而一般农民全无觉悟,如果地主和农民发生冲突,农民便不抵抗。我们要免去现在的冲突,要农民将来能够抵抗,大家此时便要对农民去宣传,把农民的痛苦讲得很清楚,让一般农民都知道。农民只要知道了痛苦,便一定有觉悟。农民有了觉悟,自然要来向政府求救,解除他们的痛苦。好象近来我们在香山举行农民运动,要解除农民的痛苦,便有许多农民向政府说:"政府既是要解除我们的痛苦,为什么政府反向我们加抽沙田捐呢?这岂不是加重我们的痛苦吗? 象这个样子,我们农民的痛苦究竟是怎么样才可以救呢？"如果遇到了这种问话，一时便不容易答复。再者，现在这个革命政府有很多军队，我们要维持目前这样多的军饷，便不能不多抽税。这种税源都是从穷人来的，富人所受的负担很少。如果不讲明白，农民还不知道。若是现在讲明白了，农民都知道很痛苦，他们一定是要求免去这种痛苦。所以你们在宣传的时候，一定生出许多情形是自相矛盾。对于这种矛盾，要用什么方法去解决呢？就是要农民全体都有觉悟，如果全体农民都能够觉悟，便有方法可以解决。譬如广州一府的农民能够全体觉悟起来，便可以联络成一个团体。广州府的农民都可以联络起来，便可以解除广州府农民的痛苦。推到广东全省农民的情形，也是一样。所以当宣传的时候，有了以前所讲的茅〔矛〕盾，发生了那种冲突，独一无二的解决方法，便是劝农民结团体。农民是多数，地主是少数，实在的权力还是在农民手内。如果由政〔一〕府一省的农民推到全国的农民都能够联络起来，有很好的团体，农民要解除痛苦便有好办法，政府便可以靠农民做基础。对于地主，要解决农民问题，便可以照地价去抽重税；如果地主不纳税，便可以把他的田地拿来充公，令耕者有其田，不至纳租到私人，要纳税到公家。象这样的办法，马上就拿来实行，一定要生出大反动力。所以大家此时去宣传，一定要很谨慎，只能够说农民的痛苦，教他们联络的方法。先自一乡一县联络起，然后再到一府一省，以至于全国。当联络的时候，还是要农民自己去出力，不过要怎么样出力的方法，就要你们指导。你们更要联络全体的农民来同政府合作，慢慢商量来解决农民同地主的办法。让农民可以得利益，地主不受损失，这种方法可以说是和平解决。我们要能够这样和平解决，根本上还是要全体的农民来同政府合作。

　　我们解决农民的痛苦，归结是要耕者有其田。这个意思，就是要农民得到自己劳苦的结果,要这种劳苦的结果不令别人夺去了。现在农民的劳动结果,在农民自己只能分四成,地主得了六成。政府所抽的捐,都是由农民出的,不是由地主出的。象这种情形,是很不公平的。我们从前没有工夫做发现这种不公平的宣传,这回的宣传是第一次。诸君去实行宣传的人,居心要诚恳,服务要勤劳,要真是为农民谋幸福。要在最快的时间之内,用极好的联络方法,先把广东全省的农民都联络起来,同政府合作,才有办法。此时农民没有联络之先,便要暂时忍耐,将来才可以享幸福。要农民将来可以享幸福,便要诸君赶快去宣传联络。农民都联络了之后,我们的革命才可以成功。

据《广州民国日报》一九二四年八月二十三日至
二十八日《帅座对农民运动讲习所训词》

准免沈欣吾徐承燠职务令
（一九二四年八月二十一日）

大元帅令

　　大本营财政部长叶恭绰呈请将该部秘书沈欣吾、佥事徐承燠免去本职。沈欣吾、徐承燠均准免本职。此令。

（中华民国陆海军大元帅之印）

中华民国十三年八月廿一日

据《大本营公报》第廿四号《命令》

准任胡叀职务令
（一九二四年八月二十一日）

大元帅令

　　大本营财政部长叶恭绰呈请任命胡奂为该部秘书。应照准。此令。

（中华民国陆海军大元帅之印）

中华民国十三年八月廿一日

据《大本营公报》第廿四号《命令》

准任周骏声职务令

（一九二四年八月二十一日）

大元帅令

　　大本营财政部长叶恭绰呈请任命周骏声为金事。应照准。此令。

（中华民国陆海军大元帅之印）

中华民国十三年八月廿一日

据《大本营公报》第廿四号《命令》

给叶恭绰廖仲恺的训令

（一九二四年八月二十一日）

大元帅训令第四三〇号

　　令大本营财政部长叶恭绰、广东省长廖仲恺

　　为令行事：案查前此政务会议提议：一切税捐仍交地方主管官厅直接办理，除印花税应归财政部经理外，其余糖捐、桑田、酒精、火柴各捐，均应由广东财政厅征收。业经议决，应即实行。除分令广东省长转饬财政厅，财政部照办外，仰该部长、省长即便遵照，转饬广东财政厅遵照，仍各将交收日期分报查核。此令。

（中华民国陆海军大元帅之印）

中华民国十三年八月廿一日

据《大本营公报》第廿四号《训令》

给程潜的指令

（一九二四年八月二十一日）

大元帅指令第九三五号

　　令大本营军政部长程潜

　　呈复遵办该部兼职人员减薪情形由。

　　呈、表均悉。表存。此令。

（中华民国陆海军大元帅之印）

中华民国十三年八月廿一日

据《大本营公报》第廿四号《指令》

给叶恭绰的指令

（一九二四年八月二十一日）

大元帅指令第九三六号

　　令大本营财政部长叶恭绰

　　呈报遵办职员减薪情形由。

　　呈悉。此令。

（中华民国陆海军大元帅之印）

中华民国十三年八月廿一日

据《大本营公报》第廿四号《指令》

给廖仲恺的指令

（一九二四年八月二十一日）

大元帅指令第九三七号

令广东省长廖仲恺

呈复遵令补列各员兼职情形请予鉴核由。

呈、表均悉。表存。此令。

（中华民国陆海军大元帅之印）

中华民国十三年八月廿一日

据《大本营公报》第廿四号《指令》

给林森的指令

（一九二四年八月二十一日）

大元帅指令第九三八号

令大本营建设部长林森

呈复广东电政、电话各机关遵令减薪情形由。

呈悉。此令。

（中华民国陆海军大元帅之印）

中华民国十三年八月廿一日

据《大本营公报》第廿四号《指令》

给林森的指令

（一九二四年八月二十一日）

大元帅指令第九三九号

　　令大本营建设部长林森

　　呈复遵令补叙兼职人员减薪情形由。

　　呈、表均悉。表存。此令。

（中华民国陆海军大元帅之印）

中华民国十三年八月廿一日

据《大本营公报》第廿四号《指令》

给林翔的指令

（一九二四年八月二十一日）

大元帅第九四〇号

　　令大本营审计处处长林翔

　　呈请令行各机关依式编造十三年度预算书，送部汇呈，候核发备查，以便审计由。

　　呈悉。准如所请。候令行各机关查照办理可也。此令。

（中华民国陆海军大元帅之印）

中华民国十三年八月廿一日

据《大本营公报》第廿四号《指令》

给谭延闿等的训令

（一九二四年八月二十一日）

大元帅训令第四三二号

　　令湘军总司令谭延闿、粤军总司令许崇智、滇军总司令杨希闵、桂军总司令刘震寰、豫军总司令樊钟秀、大本营军政部长程潜、大本营财政部长叶恭绰、大本营建设部长林森、大本营内政部长徐绍桢、大本营外交部长伍朝枢、大本营秘书长谭延闿、大本营参谋长李烈钧、大本营参军长张开儒、大本营审计处处长林翔、广东省长廖仲恺、禁烟督办鲁涤平、经界局督办古应芬、盐务督办叶恭绰、广东治河督办林森、广东电政监督黄桓、大本营航空局长陈友仁、大本营会计司司长黄昌谷、法制委员会、财政委员会、陆军军官学校校长蒋中正、大理院长兼司法行政事务吕志伊、经理大本营军需处事宜胡谦、郑洪年、中央银行行长宋子文

　　为令行事：据大本营审计处处长林翔呈称："案查十二年度岁入岁出预算书，前经财政部厘定书式分行各机关依照编造，送部汇呈钧座核定，交处备查在案。十三年度预算自应于会计年度开始以前查照前案办理。兹查新会计年度业已开始，所有岁入岁出预算书，除兵工厂曾经造送钧座核发下处外，其余各机关均付缺如，殊非慎重公帑之道。拟请令行各机关克日查照前定书式编造，仍送财政部汇呈核定交存职处，以重度支而便审计。所请是否有当之处，理合呈恳鉴核施行"等情。据此，应予照准。除指令并分令外，合行令仰该□查照，并转饬所属迅行依式编造十三年度预算书

送财政部汇呈候核。此令。

（中华民国陆海军大元帅之印）

中华民国十三年八月廿一日

据《大本营公报》第廿四号《训令》

复廖百芳函

（一九二四年八月二十二日）

函悉[1]。所称各节，惩前毖后，切中肯綮，实为先得我心。可知该谘议关怀党国，无微不至，诚属难得。除已将该项军械在黄埔全数起卸外，应采取所拟办法酌量施行可也。此致
廖谘议百芳

孙文　八月廿二日

据黄季陆主编《革命文献》第五十二辑（台北一九七〇
年版）《重建广州革命基地史料》廖百芳《濠江余影》

给蒋中正的命令[*]

（一九二四年八月二十二日）

转令军官学校校长蒋介石招募精壮之兵士三千名实施训练，俾成为模范军，以为将来效力国家。

据《广州民国日报》一九二四年八月二十三日《蒋介石招募模范军》

---

[1]　大本营谘议廖百芳八月十八日函请孙中山从速练就一支军队。主张该军必须是"为特别的、为有主义的、为救国救民的、为革命党指挥之以贯彻三民五宪的"军队。如此，"大本营之命令，不虑其不行；财政不虑其不统一……东江、南路，不难指日肃清矣！"

[*]　此件所标时间系根据八月二十三日《广州民国日报》云"大元帅……昨特转令"酌定。

给宋子文的指令

（一九二四年八月二十二日）

大元帅指令第九四一号

　　令中央银行行长宋子文

　　呈缮具该行章程暨组织规程清折请公布由。

　　呈及《中央银行章程》暨《组织规程》均悉。应准予公布。折存。此令。

　　　　　　　　　　　　　　　　（中华民国陆海军大元帅之印）

中华民国十三年八月廿二日

　　　　　　　　　　　　　　据《大本营公报》第廿四号《指令》

给叶恭绰的指令

（一九二四年八月二十二日）

大元帅指令第九四二号

　　令大本营财政部长叶恭绰

　　呈请任免该部秘书、佥事已〔乞〕照准由。

　　呈悉。已有明令分别任命矣。仰即知照。此令。

　　　　　　　　　　　　　　　　（中华民国陆海军大元帅之印）

中华民国十三年八月廿二日

　　　　　　　　　　　　　　据《大本营公报》第廿四号《指令》

免卢振柳职务令

（一九二四年八月二十三日）

大元帅令

　　兼大本营卫士队长卢振柳另有任用，应免兼职。此令。

　　　　　　　　　　　　（中华民国陆海军大元帅之印）

中华民国十三年八月廿三日

　　　　　　　　　　据《大本营公报》第廿四号《命令》

任命邓彦华职务令

（一九二四年八月二十三日）

大元帅令

　　任命邓彦华为大本营卫士队队长。此令。

　　　　　　　　　　　　（中华民国陆海军大元帅之印）

中华民国十三年八月廿三日

　　　　　　　　　　据《大本营公报》第廿四号《命令》

追赠杨朝元令

（一九二四年八月二十三日）

大元帅令

　　大本营军政部长程潜呈复请准将已故中央直辖滇军第二军上校参军杨朝元追赠陆军少将，仍照上校例给恤等语。杨朝元准予追赠陆军少将，仍照上校阵亡例给恤，以慰忠魂。此令。

（中华民国陆海军大元帅之印）

中华民国十三年八月廿三日

据《大本营公报》第廿四号《命令》

给程潜的训令

（一九二四年八月二十三日）

大元帅训令第四三三号

令大本营军政部长程潜

为令行事：据军政部次长胡谦呈："为呈请事：现据广九铁路总工程师蒲素柏函称：'敝路由大沙头至石龙、由石龙至深圳两段，现下行车营业状况收入不敷开支，若无政府补助，对于运军费每日拨给三百万，则不能维持现状。刻闻政府不欲继续给款，现蒙贵次长对于规复直通客、货车一事，允于切实赞助。查现下所以不能规复直通客、货车者，因有障碍之事实数端，至上年因军事运输，各项车辆被军队毁坏，以至不堪言状，倘不得英段之赞助拨借大帮车辆与敝路，则决不能筹议规复直通快车。又香港政府不准英段车辆开致〔至〕华界，恐该段车辆被扣留及发生骚扰车辆事项，若省政府能担保无上项事发生，则可通行。现下军政长官不准大沙头—石龙及石龙—深圳两段内之各车辆自由互驶过段，行车时刻亦由该军政长官等指定，且西路讨贼军在樟木头—深圳一段内对于客货均征收附加费。除是将往来英段之直通客、货车一概保护，免受此种苛待，否则虽规复直通客货，所得亦属有限也。现拟请英段准敝路每日开直通列车来往一次，全用华段之车辆凑成，只于深圳—九龙之间方用英段机车。现拟于本月二十六日起，按照时间表开行（附时间表一纸），希望试办若干时期后，倘能照常开行，并无军队之骚扰，即可恢复行旅与英段信仰敝路之心，英段当即拨借车辆以应需用。敝路请求政府赞助，俾直通列车得以开行，并恳担保沿路各军队对于列车之车辆不加以何种之骚扰，或延误列车时间，因列车按照时刻开行也。拟请一并严禁沿途军队征收附加费，及留难客、货等情事。敝路亟须设法整顿车务，以裕收入。除函商英段外，用特函请贵次长将上列各节呈明政府，并早日示复为感'等情。据此，所称担保沿途各军队不骚扰或扣留车辆，及延误行车时间等事，自应由职商妥各军切实整理。至该总工程师蒲素柏所请规复通车直达九龙之处，应否照准，理合呈请察核，伏乞令遵"等情。据此，查该次长转呈广九铁路总工程师蒲素柏所请规复来往广九通车一节，应予照准。仰即转令该次长遵照并转饬沿路各防军一体知照可也。此令。

（中华民国陆海军大元帅之印）

中华民国十三年八月廿三日

据《大本营公报》第廿四号《训令》

给叶恭绰等的训令

（一九二四年八月二十三日）

大元帅训令第四三四号

　　令大本营财政部长叶恭绰、中央直辖滇军总司令杨希闵、湘军总司令谭延闿、粤军总司令许崇智、桂军总司令刘震寰、豫军讨贼军总司令樊钟秀、禁烟督办鲁涤平、广东省长廖仲恺、筹饷总局督办范石生、两广盐运使邓泽如、经界局督办兼广东沙田清理事宜古应芬、中央直辖第一军军长朱培德、中央直辖第

三军军长卢师谛、中央直辖第七军军长刘玉山、北伐讨贼军第二军军长柏文蔚、北伐讨贼军第三军军长胡谦、山陕讨贼军司令路孝忱

为令遵事：查中央银行现已开始营业，所有政府收入机关应限于收中央银行纸币，不准收各银号凭单及各种银毫。但各机关所收得之中央银行纸币，亦不得直接支用，务即将该项纸币交还中央银行兑换现洋，然后支给军饷及各种政费，使收入必收纸币，而支出则必支现洋，庶人民不致藉口政府滥发纸币而有所怀疑。仰该部长、总司令、军长、省长、运使、督办、司令转饬所属一体遵照毋违。切切。此令。

（中华民国陆海军大元帅之印）

中华民国十三年八月廿三日

据《大本营公报》第廿四号《训令》

给蒋中正的训令

（一九二四年八月二十三日）

着蒋校长将扣留之械内，交李靡将军驳壳枪一百七十五支、手机关枪十八支及两项足用之子弹，为甲车队之用。此令。

孙文（大元帅章）

中华民国十三年八月廿三日

据谭编《总理遗墨》第二辑（出版时间不详，广东省社会科学院藏）影印原稿

给叶恭绰的指令

（一九二四年八月二十三日）

大元帅指令第九四五号

　　令大本营财政部长叶恭绰

　　呈报库券付息事宜改归中央银行办理乞鉴核备案由。

　　呈悉。准予备案。此令。

　　　　　　　　　　　　　　（中华民国陆海军大元帅之印）

中华民国十三年八月廿三日

　　　　　　　　　　　　　据《大本营公报》第廿四号《指令》

给蒋中正的指令

（一九二四年八月二十三日）

大元帅指令第九四七号

　　令陆军军官学校校长蒋中正

　　呈报办理减薪情形由。

　　呈悉。此令。

　　　　　　　　　　　　　　（中华民国陆海军大元帅之印）

中华民国十三年八月廿三日

　　　　　　　　　　　　　据《大本营公报》第廿四号《指令》

给蒋中正的指令

（一九二四年八月二十三日）

大元帅指令第九四八号

　　令陆军军官学校校长蒋中正

　　呈报该校人员兼职情形由。

　　呈悉。此令。

（中华民国陆海军大元帅之印）

中华民国十三年八月廿三日

据《大本营公报》第廿四号《指令》

查办许崇灏令

（一九二四年八月二十五日）

大元帅令

　　管理粤汉铁路事务许崇灏有牵涉此次陈廉伯私运军械案嫌疑，着即停职，听候查办。此令。

（中华民国陆海军大元帅之印）

中华民国十三年八月廿五日

据《大本营公报》第廿四号《命令》

委派陈兴汉职务令

（一九二四年八月二十五日）

大元帅令

　　派陈兴汉管理粤汉铁路事务。此令。

（中华民国陆海军大元帅之印）

中华民国十三年八月廿五日

据《大本营公报》第廿四号《命令》

给廖仲恺的指令 *

（一九二四年八月二十五日）

　　令广东省长廖仲恺

　　呈据台山县长转据□坑堡叶族乡长叶鸣君等呈请价购密底五排枪五十支等情，乞示遵由。

　　呈悉。该乡长叶鸣君等请领枪枝，既与《民团备价请领新枪暂行章程》相符，应予照准。除令行兵工厂照章给领外，仰即转饬台山县长饬行该乡长等知照可也。此令。

据《广州民国日报》一九二四年八月二十五日《帅令准台山属民团领枪》

---

　　* 此件所标时间系《广州民国日报》发表日期。

给李福林的指令

（一九二四年八月二十五日）

大元帅指令第九五〇号

令粤军第三军军长李福林

呈报枪毙著匪黎乃钧及交保省释黎桥伯等嫌疑犯，请发交军政部备案由。

呈悉。准予交部备案。此令。

（中华民国陆海军大元帅之印）

中华民国十三年八月廿五日

据《大本营公报》第廿四号《指令》

给鲁涤平的指令

（一九二四年八月二十五日）

大元帅指令第九五一号

令禁烟督办鲁涤平

呈为派兵驻所，协助烟禁，乞令李军长福林知照，随时协助等情由。

呈悉。候令行李军长转饬所属一体遵照，随时协助进行可也。此令。

（中华民国陆海军大元帅之印）

中华民国十三年八月廿五日

据《大本营公报》第廿四号《指令》

给林翔的指令

（一九二四年八月二十五日）

大元帅指令第九五二号

　　令大本营审计处处长林翔

　　呈复审查会计司长黄昌谷呈送该司庶务科十三年一、二两月份收支各项数目清册等件一案情形，请准予核销，并附会计司原呈二件由。

　　呈悉。既据审查各数目均属相符，又无浮滥，应准予核销。候令行会计司知照可也。此令。

（中华民国陆海军大元帅之印）

中华民国十三年八月廿五日

据《大本营公报》第廿四号《指令》

给黄昌谷的训令

（一九二四年八月二十五日）

大元帅训令第四三八号

　　令大本营会计司司长黄昌谷

　　为令知事：据大本营审计处处长林翔呈称："呈为呈复事：案奉钧帅先后发下大本营会计司司长黄昌谷呈送该司庶务科十三年一月份暨二月份收支各项数目清册对照表及收据粘存簿到处，饬令审计等因。奉此，经查该司长所送庶务科册列各数尚无浮滥，计十三年一月份共支出毫洋一万六千九百二十八元八毫八分七厘，二月份共支出毫洋一万五千五百八十元零二毫四分七厘。以上各数核与单据，均属相符，拟请准予如数核销。除将表册及单据簿留处备案外，理合具文连同原呈二件，呈请钧帅察核示遵，实为公便"等情前来。除指令"呈悉。既据审查各数目均属相符，又无浮滥，应准予核销。候令行会计司知照可也。此令"印发外，合行令仰该司长即便知照。此令。

（中华民国陆海军大元帅之印）

中华民国十三年八月廿五日

据《大本营公报》第廿四号《训令》

给刘震寰的指令

（一九二四年八月二十五日）

大元帅指令第九五三号

　　令西路总司令刘震寰

　　呈购办枪枝，分期运省，请饬部照给护照由。

　　呈悉。准予饬部照给护照，所有该项枪枝于每期运到时，仰仍先行呈报备查。此令。

（中华民国陆海军大元帅之印）

中华民国十三年八月廿五日

据《大本营公报》第廿四号《指令》

给程潜的训令

（一九二四年八月二十五日）

大元帅训令第四〇号

令大本营军政部长程潜

为令行事:据西路讨贼军总司令刘震寰呈称:"呈为呈请事:窃职部补充军实,特由上海购办驳壳枪八百枝,分四期运省,每期计运二百枝。查军火入口关系重要,理合备文呈请钧座,伏乞批饬军政部照给护照四张,以利戎机,实为公便"等情。据此,除指令"准予饬部照给护照,所有该项枪枝于每期运到时,仰仍先行呈报备查。此令"印发外,合行令仰该部长查照发给可也。此令。

(中华民国陆海军大元帅之印)

中华民国十三年八月廿五日

据《大本营公报》第廿四号《训令》

给卢善矩的指令

(一九二四年八月二十五日)

大元帅指令第九五四号

令"江固"舰舰长卢善矩

呈请将该舰薪饷、煤炭归粤军总司令部拨交由。

呈悉。照准。候令行粤军总司令查照可也。此令。

(中华民国陆海军大元帅之印)

中华民国十三年八月廿五日

据《大本营公报》第廿四号《指令》

给许崇智的训令

(一九二四年八月二十五日)

大元帅训令第四四一号

令粤军总司令许崇智

为令遵事：据"江固"舰舰长卢善矩呈称："窃舰长自接事以来，迄今两月，职舰薪饷尚无着落，经将困苦情形呈报在案，曾奉帅令着财政委员会照册列数目指拨的款、由大本营军需处提前发给，惟至今日尚无切实办法。若长此以往，职舰伙食亦虞难继。舰长再四思维，苦无善法，拟请将职舰所有薪饷、煤炭，以后归由粤军总司令部拨交，庶将来薪饷有着。是否有当，伏乞令遵"等情。据此，除指令照准外，合行令仰该总司令查照办理。此令。

　　　　　　　　　　　　（中华民国陆海军大元帅之印）

中华民国十三年八月廿五日

　　　　　　　　　　　据《大本营公报》第廿四号《训令》

给程潜的指令

（一九二四年八月二十五日）

大元帅指令第九五五号

　　令大本营军政部长程潜

　　呈复请准将已故滇军参军杨朝元追赠陆军少将等情由。

　　呈悉。已有明令追赠给恤矣。仰即遵照办理并转令知照可也。此令。

　　　　　　　　　　　　（中华民国陆海军大元帅之印）

中华民国十三年八月廿五日

　　　　　　　　　　　据《大本营公报》第廿四号《指令》

与广州各社团代表的谈话[*]

（一九二四年八月二十六日）

当日商团来请愿时，我已对商团说清楚，若罢市一日，则一支都不发给。乃政府宣布办法后，许久不见答复，罢市之事突然发生，经再三劝告亦不复业，是明明与政府对抗。目下枪械一支亦难先发还，须明日开市始有商量之余地。倘仍恃顽弗恤，我当遣派大队军队拆毁西关街闸，强制商店开市。如有一泥一石伤及军队，我即开炮轰击西关，立使之变成墨粉。我言出必行，勿谓言之不预也。

据北京《晨报》一九二四年九月十一日广州特约

通信员今生《粤商团军械案调停经过》

公布《考试院组织条例》令

（一九二四年八月二十六日）

大元帅令

兹制定《考试院组织条例》公布之。此令。

（中华民国陆海军大元帅之印）

中华民国十三年八月廿六日

＊　八月二十五日，广州商团实行大罢市。次日，广州各社团代表七人赴大本营请愿调停，这是孙中山对调停代表的谈话。

附：考试院组织条例

第一条　考试院直隶于大元帅，管理全国考试及考试行政事务。

按五权宪法精神，考试权系与行政权分离独立，宜特设机关掌理该项事务。

第二条　考试院置左列各员：

一、院长一人，特任；

二、副院长一人，简任；

三、参事六人至十人，简任；

四、秘书长一人，荐任；

五、秘书三人，荐任；

六、事务员若干人，委任。

按考试院系掌理考试之机关，且系直隶于大元帅，故院长宜由大元帅特任；副院长以下各员，系辅佐院长办理试政之人，亦应分别设置。

第三条　院长综理考试行政事务，并监督指挥所属各职员。

按：院长所掌者，限于考试行政事务。至考试事务，则由考试委员会掌理；监试事务，则由监试委员会掌理。故特设本条，以明其权限。

第四条　副院长辅助院长办理院务，院长因故不能执行职务时，副院长代理之。

按：副院长为院长之佐，应受院长之指挥监督，赞襄试政，故特设本条，以明其旨。

第五条　参事计画考试科目,审议考试程序及考试标准。

参事组织参事会,处理其职务。

按:计画考试科目、审议考试程序及考试标准,均属重要事务,故特设参事会掌理之。

第六条　秘书长承院长之命,掌理秘书厅事务。

秘书厅置左列各科:

第一科掌文牍、印信,及职员任免考成事项;

第二科掌试卷制作、资格审查、统计、保管事项;

第三科掌会计、庶务、考册及其他不属各科事项。

第七条　秘书承长官之命,分掌秘书厅各科事务,每科以秘书一人为主任。

第八条　事务员承长官之命,佐理秘书厅各科事务。

第九条　考试院于举行考试时,分别设置左列考试委员会,掌理考试事务,考试完竣,即行裁撤。

一、荐任文官考试委员会;

二、委任文官考试委员会;

三、外交官及领事官考试委员会;

四、司法官考试委员会;

五、律师考试委员会;

六、法院书记官考试委员会;

七、荐任警官考试委员会;

八、委任警官考试委员会;

九、监狱官考试委员会;

十、中等学校教员考试委员会;

十一、小学校教员考试委员会;

十二、医生考试委员会;

十三、其他特种考试委员会。

按：考试委员会所掌者为考试事务，于举行考试时始有设立之必要，故特设本条以明其旨。

第十条　前条各种考试委员会置左列各员：

一、委员长一人，特任；

二、委员若干人，简任。

按：考试委员会应设委员长一人，以总其成。委员额数则视考试事务之繁简定之。

第十一条　考试院于举行考试时，置监试委员会，掌理监试事务，考试完竣后即行裁撤。

按：考试关防宜严，故特设监试委员会，掌理监试事务。

第十二条　监试委员会置左列各员：

一、委员长一人，特任；

二、委员若干人，简任。

第十三条　各省区置考试分院，管理各该省区之考试及考试行政事务。

按：我国地方辽阔，交通不便。若各种考试均在中央举行，窒碍殊多。故在各省区设置考试分院，掌理各种考试及考试行政事务。

第十四条　考试分院得就各该省区酌划区域，组织各委员会巡回考试。

巡回考试章程由各分院拟订，呈请考试院核定。

按：各省区管辖区域亦甚辽阔，如中小学校教员考试等均在省会举行，窒碍仍多，故特设本条以资救济。

第十五条　考试分院关于考试行政，受考试院之监督指挥。

按：考试分院关于考试行政，宜受考试院之监督指挥，期收统一之效,故特设本条以明其旨。

第十六条　考试分院置左列各员:

一、分院院长一人,简任;

二、参事若干人,简任;

三、秘书长一人,荐任;

四、秘书三人,荐任;

五、事务员若干人,委任。

第十七条　考试分院院长掌理各该省区之考试行政事务,并监督指挥所属各职员。

考试分院院长委任事务员时,应呈报考试院备案。

第十八条　考试分院参事,适用本条例第五条之规定。

第十九条　考试分院秘书厅,适用本条例第六条至第八条之规定。

第二十条　考试分院于举行考试时,分别设置本条例第九条第二款、第六款及第八款至第十三款之考试委员会,掌理其考试事务,考试完竣后即行裁撤。

第二十一条　前条各种考试委员会置左列各员:

一、委员长一人,简任;

二、委员若干人,荐任。

第二十二条　考试分院于举行考试时,置监试委员会,掌理监试事务,考试完竣后即行裁撤。

第二十三条　考试分院监试委员会,置左列各员:

一、委员长一人,简任;

二、委员若干人,荐任。

第二十四条　考试院、考试分院为缮写文件及办理庶务,得酌用雇员。

第二十五条　考试院、考试分院办事细则，由考试院、考试分院自定之。

第二十六条　本条例自公布日施行。

　　　　　　　　　　　　据《大本营公报》第廿四号《命令》

公布《考试条例》及
《考试条例施行细则》令
（一九二四年八月二十六日）

大元帅令

　　兹制定《考试条例》及《考试条例施行细则》公布之。此令。

　　　　　　　　　　　（中华民国陆海军大元帅之印）

中华民国十三年八月廿六日

附一：考试条例

第一章　总　纲

第一条　凡考试除法令有特别规定外，依本条例之规定。按《考试条例》系规定考试之种种法则，各种考试除其他法令有特别规定外，应适用本条例之规定。

第二条　考试分类如左：

一、荐任文官考试；

二、委任文官考试；

三、外交官及领事官考试；

四、司法官考试；

五、律师考试；

六、法院书记官考试；

七、荐任警官考试；

八、委任警官考试；

九、监狱官考试；

十、中等学校教员考试；

十一、小学校教员考试；

十二、医生考试；

十三、其他特种考试。

按：考试分类宜有一定，庶办理试政人员事前易于筹划；而人民应试，亦得依类研求，本条之设以此。

第三条　前条第一款、第三款至第五款及第七款考试，每三年举行一次；第二款、第六款、第八款及第九款考试，每二年举行一次；第十款至第十二款考试，每一年举行一次。

前条第二款、第六款及第八款至第十二款考试，得在考试分院举行。

前条第十三款考试，其举行时期及地点，由考试院酌定，或由考试分院呈请考试院核定。

第四条　考试日期在中央举行者，应于四个月前由考试院公布。在各省区举行者，应于三个月前由考试分院公布。

按：我国地方辽阔，考试事务甚繁，考试日期应预先公布，俾应试人易于齐集，而办理试政之人亦得为种种筹备，本条之设以此。

第五条　凡中华民国人民具有本条例所定各种考试资格者，得与各种考试。

第六条　有左列各款情形之一者，不得与各种考试：

一、褫夺公权尚未复权者；

二、有精神病者；

三、亏欠公款尚未清结者；

四、吸食鸦片者；

五、为宗教之宣教师者。

第七条　应试人违背考试规则者，不得与试。

考试及格后于六个月内发现有前项情弊经证明者，其及格无效，并追缴证书。如有贿托嫌疑，移送法院审理。

第八条　考试委员与应试人有亲属关系者，于口试时应声明回避，违者其口试无效。

第二章　考试办法

第九条　考试分第一试、第二试、第三试。

按：考试科目种类纷繁，性质亦异，故有第一试、第二试、第三试之区分。

第十条　第一试之科目为国文、三民主义、五权宪法。

第十一条　应试人非经第一试及格后，不得与第二试及第三试。

按：第一试系甄别试性质，非经及格，不得应第二试、第三试，以省劳费。故特设本条，以示制限。

第十二条　第一试、第二试以笔试行之，第三试以口试行之。

第十三条　笔试、口试应用中国文字、言语作答。但关于特种考试或专门科学，得以外国文字、言语作答。

第十四条　本条例规定各种考试之第二试科目，应由考试院或考试分院选定六科以上考试，于考试日期前两个月公布之。

考试院或考试分院认为必要时，得于本条例规定之外增加其他科目，与前项选定之科目同时公布。

第十五条　各科试题应由考试委员拟订，于考试日期前一日召集委员会议决定之。

前项会议应严守秘密，除列席委员外，无论何人不得参与。

第三章　成绩评定

第十六条　考试成绩应由考试委员评定，无论何人不得干涉。

按：本条规定，所以明考试权独立之精神。

第十七条　第一试以考试各科目平均满六十分者为及格。

第二试、第三试之考试，各科目合计平均满六十分者为及格。但第二试有一科不满五十分者不录。

第四章　及格待遇

第十八条　考试及格人员，由考试院或考试分院给与及格证书。

第十九条　考试及格人员由考试院呈报大元帅，发交各主管官署分别任用或注册。

第五章　荐任文官

第二十条　凡年满二十二岁以上有左列各款资格之一者，得与荐任文官考试。但应考医科者，依本条例第五十九条之规定。

一、本国国立大学或高等专门学校习各专门学科三年以上毕业者；

二、经政府认可之外国大学或高等专门学校习各专门学科三年以上毕业者；

三、经政府认可之本国公、私立大学或高等专门学校习各专门学科三年以上毕业者；

四、委任文官考试及格后，经在行政官署服务三年以上者；

五、习政治、经济、法律之学与第一款至第三款各学校毕业，有同等之学力，并有荐任以上相当资格，经考试院甄录试验及格者。

第二十一条 荐任文官第二试之科目如左：

一、政治科

比较宪法 政治学 经济学 社会政策 经济学史 行政法 国际法 财政学 政治史

二、经济科

经济学 财政学 统计学 经济政策 社会政策 经济史 民法 商法 银行学 货币学 经济学史

三、法律科

比较宪法 行政法 民法 商法 刑法 国际法 民事诉讼法 刑事诉讼法 国际私法 比较法制史 社会学

四、哲学科

论理学 心理学 伦理学 哲学 哲学史 美学 科学方法论 生物学 宗教学 社会学 人类学及人种学

五、史学科

史学原理 地理学 史学研究法 社会学 史学史 中国史 世界史 考古学 言语学 人类学及人种学

六、文学科

文学 论理学 心理学 伦理学 美学 文字学 文学史 言语学 修辞学 词章学 学术史 哲学概论

七、教育科

论理学 心理学 伦理学 教育学 教育史 教授法 社会学 学校管理法 教育行政 教育测验法 教育统计学

八、数学科

代数　三角　几何　微积分　物理学　函数论　解析几何
微分方程式　数学史

九、物理学科

代数　三角　几何　微积分　解析几何　微分方程式　力学
物理化学　热学　光学　电学　声学　原子论　相对论　电子
论　物理学史

十、化学科

代数　三角　几何　微积分　解析几何　无机化学　有机化
学　卫生化学　应用化学　物理化学　化学史　物理学　分析
化学

十一、地质科

代数　三角　几何　解析几何　微积分　地质学　矿物学
古生物学　地文学　测量学　结晶学　地质学史

十二、土木工科

代数　三角　几何　解析几何　微积分　力学　测量学　水
力学　图法力学　河海工学　卫生工学　桥梁学　道路学　建筑
材料学　铁筋三合土混合构造学　铁路学

十三、机械工科

代数　三角　几何　解析几何　微积分　力学　机械制造学
机关车学　热力学　热机关学　机械学　水力学　电气工学
蒸汽学　图法力学

十四、采矿科

代数　三角　几何　解析几何　微积分　地质学　矿物学
矿山机械学　采矿学　矿床学　岩石学　测量学　分析化学　矿
山法规　选矿学

十五、冶金科

代数　三角　几何　解析几何　微积分　分析化学　冶金机械学　燃料学　冶金学　试金术　选矿学　采矿学　冶铁学　金组学　矿山法规

十六、电工科

代数　三角　几何　解析几何　微积分　力学　机械构造学　电工学　电气学　电气　化学　电报电话学　热力学　热机械学　无线电学

十七、建筑工科

代数　三角　几何　解析几何　微积分　力学　建筑学　各国建筑法　建筑材料学　建筑意匠学　配景法　装饰法　图法力学　铁筋三合土混合构造学

十八、织染科

物理学　化学　工艺学　漂染法　纺织法　染色学　电气工学　绘画法　染料制造法　　机织及意匠学

十九、医科

解剖学　生理学　病理学　药物学　诊断学　医化学　外科总论　内科概要　细菌学　卫生学

二十、药科

药化学　药用植物学　细菌学　制剂学　分析化学　生药学　植物化学　药品工业　动植物成分研究法　卫生化学　裁判化学

廿一、农科

地质学　气象学　动物生理学　植物生理　学肥料学　园艺学　昆虫学　植物病理学　蚕桑学　兽医学　细菌学　农艺化学　农艺　物理学　土壤学　畜产学　有机化学

廿二、林科

森林化学　森林工学　森林测量　森林动物学　森林植物学　土壤学　气象学　林政学　树病学　造林学　昆虫学　森林保护及管理法　植物生理学

廿三、蚕桑科

气象学　害虫学　细菌学　蚕体解剖学　养蚕学　蚕体病理学　桑树栽培法　制丝学　桑树病理学　蚕体生理学　蚕种改良学

廿四、水产科

水产动物学　水产植物学　气象学　海洋学　远洋渔业论　养鱼法　捕鱼论　水产化制品论　鱼病论

廿五、兽医科

解剖学　生理学　组织学　胎生学　病理学　动物学　寄生动物学　细菌学　蹄铁学及蹄病学　内科学　外科学　动物疫论　乳肉检查法　药物学及调剂法

廿六、商业科

商业史　商业通论　经济学　部记学　银行学　货币学　商法　关税学　保险学　财政学　统计学　商业地理　商业数学　国际法

第二十二条　除前条各科考试外，其他各科考试第二试之科目，于考试日期前由考试院临时定之。

第二十三条　荐任文官第三试，就应试人曾经笔试之各科目口试之。

第六章　委任文官

第二十四条　凡年满二十岁以上、有左列各款资格之一者，得与委任文官考试：

一、有第二十条第一款至第三款资格之一者；

二、经政府认可之技术专门学校毕业者；

三、习政治、经济、法律之学与专门学校毕业有同等之学力经甄录试验及格者；

四、曾任委任文官一年以上者。

第二十五条　委任文官第二试令〔分〕行政职与技术职两种。行政职之科目如左：

法制大意　经济大意　行政法规　现行法令解释　文牍　历史　地理

技术职就考试所需技术，按照应试人之学业分别考试之。

第二十六条　委任文官第三试，就应试人曾经笔试之各科目口试之。

第七章　外交官及领事官

第二十七条　凡年满二十二岁以上、有左列各款资格之一者，得与外交官及领事官考试：

一、第二十条第一款至第三款毕业学生之习政治、经济、法律、商业各科者；

二、在外国语专门学校三年以上毕业，兼习政治、经济、法律、商业之学者。

第二十八条　外交官及领事官第一试之科目，除依本条例第十条规定外，加试外国语。

第二十九条　外交官及领事官第二试之科目如左：

国际法　国际私法　经济学　各国政府论　政治学　政治史　外交史　国际组织论　商法　商业史　商业学　民法　商业地理　统计学　税则论

第三十条　外交官及领事官第三试,就应试人曾经笔试之各科目口试之。但除第一试之外国语外,应兼试第二种外国语。

第八章　司法官

第三十一条　凡年满二十二岁以上、有左列各款资格之一者,得与司法官考试:

一、本国国立大学或高等专门学校习法政学科三年以上毕业者;

二、经政府认可之外国大学或高等专门学校习法政学科三年以上毕业者;

三、经政府认可之本国公、私立大学或高等专门学校习法政学科三年以上毕业者;

四、在外国大学或高等专门学校习速成法政学科一年半以上毕业,曾充推事、检察官一年以上,或曾在第一款或第三款所列各学校教授法政学科二年以上经报告政府有案者。

第三十二条　司法官第二试之科目如左:

比较宪法　民法　刑法　民事诉讼法　刑事　诉讼法　行政法　法院编制法　商法　国际私法　经济学　社会学

第三十三条　司法官第三试,就应试人曾经笔试之各科目口试之。

第三十四条　司法官考试及格人员,分发地方以下审检各厅或法官学校学习。

学习规则及法官学校规程另定之。

第三十五条　前条学习人员于学习期满后,由该管长官或校长呈报上级官厅咨送考试院再试,但在法官学校毕业成绩在七十分以上者,以再试及格论。

第三十六条　司法官再试,分笔试、口试两种。

第三十七条　司法官再试之笔试,以二件以上诉讼案件为题,令应试人详叙事实及理由,拟具判词作答。

第三十八条　司法官再试之口试,就应试人学习期内所得之经验口试之。

按司法官与一般之官吏不同,非经一番实地练习,则于手续上多未谙练,贻误匪浅。故各国考试司法官均分两次,名曰初试、再试。于初试后练习若干时期,然后再试。本条例于第一、二、三试及格后,分发各厅或法官学校,即仿各国初试之例。其练习后之考试,即仿其再试之例也。

第九章　律　师

第三十九条　律师之应试资格,准用本条例第三十一条之规定。

第四十条　律师第二试及第三试,准用本条例第三十二条、第三十三条之规定。

第十章　法院书记官

第四十一条　凡年满二十岁以上、有左列各款资格之一者,得与法院书记官考试:

一、有应司法官考试之一者;

二、在本国或外国大学或高等专门学校预科毕业者;

三、在本国或外国中等以上学校毕业者;

四、有与委任职以上相当资格,曾办理行政或司法行政事务一年以上,或曾习法政学科一年以上者;

五、曾办理各级审检厅书记官事务一年以上者。

第四十二条　法院书记官第二试之科目如左：

法学通论　民法概要　刑法概要　民事诉讼法概要　刑事诉讼法概要　公文程式　统计学

第四十三条　法院书记官第三试，由考试委员口演，令应试人速记之。

第十一章　荐任警官

第四十四条　凡年满二十二岁以上、有左列各款资格之一者，得与荐任警官考试：

一、经政府认可之本国或外国警察学校三年以上毕业者；

二、第二十条第一款至第三款毕业学生之习法政学科者；

三、在本国或外国军官学校毕业，曾在本国军队服务二年以上者；

四、警官传习所一年以上毕业，曾受委任办理警察事务二年以上者；

五、曾充委任警官五年以上者。

第四十五条　荐任警官第二试之科目如左：

行政法　警察学　户籍法　刑法　刑事诉讼法　国际法　统计学　军事学　市政论

第四十六条　荐任警官第三试，就应试人曾经笔试之各科目口试之。

第十二章　委任警官

第四十七条　凡年满二十岁以上、有左列各款资格之一者，得与委任警官考试：

一、有应荐任警官考试资格之一者；

二、在警官传习所毕业，或在警官传习所相当之学校毕业者；

三、曾充委任警官一年以上者；

四、在中等以上学校毕业者；

五、在警察教练所毕业，曾在警察官署服务二年以上者。

第四十八条　委任警官第二试之科目如左：

警察学　违警罚法　卫生行政　消防行政　勤务要则　统计学

第四十九条　委任警官第三试，就应试人曾经笔试之各科目口试之。

第十三章　监狱官

第五十条　凡年满二十岁以上、有左列各款资格之一者，得与监狱官考试：

一、经政府认可之本国或外国监狱学校或警监学校毕业者；

二、在本国或外国法政学校毕业者。

第五十一条　监狱官第二试之科目如左：

监狱学　刑法　刑事政策　监狱统计学　刑事诉讼法　现行监狱法规　指纹法

第五十二条　监狱官第三试，就应试人曾经笔试之各科目口试之。

第十四章　中等学校教员

第五十三条　凡年满二十二岁以上、有左列各款资格之一者，得与中等学校教员考试：

一、有第二十条第一款至第三款资格之一者；

二、经政府认可之中等学校毕业，曾任中等以上学校教员一年以上者；

三、曾在优级师范学校选科速成科或同等学校一年半以上毕业者；

四、曾任中等以上学校教员五年以上者。

第五十四条　中等学校教员第二试之科目如左：

教育学　教育史　教授法　伦理学　历史　地理　论理学心理学　应试人志愿担任教授之学科

第五十五条　中等学校教员第三试，就应试人曾经笔试之各科目口试之。

第十五章　小学校教员

第五十六条　凡年满二十岁以上、有左列各款资格之一者，得与小学校教员考试：

一、有第五十三条所列各款资格之一者；

二、曾在初级师范学校本科速成科或同等学校毕业者；

三、经政府认可之中等学校毕业者；

四、曾充小学校长或教员三年以上者；

五、曾受小学校教员检定者。

第五十七条　小学校教员第二试之科目如左：

公民学　历史　地理　数学　教授法　学校管理法　教育学儿童心理学

第五十八条　小学校教员第三试，就应试人曾经笔试之各科目口试之。

第十六章　医　生

第五十九条　凡年满二十五岁以上、有左列各款资格之一者，得与医生考试：

一、本国国立医科大学或高等医学专门学校毕业者；

二、经政府认可之外国医科大学或高等医学专门学校毕业者；

三、经政府认可之本国公、私立医科大学或高等医学专门学校毕业者。

第六十条　医生第二试之科目，准用本条例第二十一条第十九款关于医科考试之规定。

第六十一条　医生第三试，就应试人曾经笔试之各科目口试之。

第十七章　其他特种考试

第六十二条　其他特种考试之应试资格及考试科目，由考试院定之。

第十八章　附　则

第六十三条　本条例施行细则及考试规则另定之。

第六十四条　本条例自公布日施行。

附二：考试条例施行细则

第一条　举行考试前，考试院或考试分院应遵照《考试条例》第四条之规定，以考试之种类及日期电知各省区长官及驻外公使，分别通告。

第二条　举行考试条例所规定之甄录试验时，其科目由考试院或考试分院定之。

第三条　应试人于考试前，应赴考试院或考试分院领取履历书、志愿书及保证书,并缴纳卷费,其费额由考试院定之。

第四条　前条之履历书应填二份,详写年岁、籍贯、履历,并粘连应试人最近之四寸像片。

前条之志愿书应填明愿受何种何科考试,或何种外国语。

前条之保证书应声明所具履历书确无虚伪,并确无本条例第六条所列之各种情形,其保证书须由现任官吏或学校校长、教员署名盖章。

第五条　应试人如有虚冒,或前条之保证有不实时,在考试前发觉者,应予扣考。在考试及格后于六个月内发觉者,除撤销及格证书外,其保证不实之保证人,由各该主管机关分别惩戒。

第六条　应试人于报名时,应分别呈验左列各项文书:

一、履历书;

二、志愿书;

三、保证书;

四、学校毕业文凭或证明书;

五、成绩证明书;

六、曾任官吏之公文书;

七、其他证明资格之文件。

第七条　举行考试时,其预备试验日期,依左列次第行之:

一、应试人领取履历书、志愿书及保证书,截止期以第一试前十日为限;

二、报名截止期以第一试前七日为限;

三、宣布与试合格人名期,以第一试前三日为限。

第八条　每试入场时间及考试时间,由考试院或考试分院先期公布。

第九条　所有试卷概于卷角编号弥封,在卷面上另贴浮签一纸,书明应试人姓名及坐号。

卷面浮签于交卷时由监试委员揭去。

应试人姓名编号册应送监试委员会严缄保管,非经评定试卷后,无论何人不得拆阅。

第十条　所有试卷均由监试委员会就弥封及骑缝处加盖印章。

第十一条　《考试条例》第九条规定之第一、第二、第三各试,每试为一场,如一场不能考竣时,得分场考试。

第十二条　举行口试如应试人过多时,准用前条之规定。

第十三条　举行口试时,考试人与应试人有亲属关系声明回避者,由考试委员长易员考试。

第十四条　口试问答,应派员笔录,当场由应试人及考试委员、监试委员署名盖章。

第十五条　考试委员、监试委员应于考试三日前迁入试场,不得与外人交通,发榜后始行迁出。

第十六条　考试委员会评定试卷后,应汇送考试院长或考试分院长会同监试委员会开封,填名造册发榜。

第十七条　各种考试及格者,于领取及格证书时,应缴证书费,其费额由考试院定之。

第十八条　本细则自公布日施行。

据《大本营公报》第廿四号《命令》

给徐绍桢的指令

(一九二四年八月二十六日)

大元帅指令第九五八号

令大本营内政部长徐绍桢

呈报该部人员原兼各职并呈现支薪俸实数详表一纸由。

呈悉。表存。此令。

（中华民国陆海军大元帅之印）

中华民国十三年八月廿六日

据《大本营公报》第廿四号《指令》

给法制委员会的指令

（一九二四年八月二十六日）

大元帅指令第九六○号

令法制委员会

呈拟定《考试院组织条例》及《考试条例》、《考试条例施行细则》，请核定施行由。

呈悉。所拟《考试院组织条例》及《考试条例》暨《考试条例施行细则》，均尚妥协，应予照准。已明令公布矣。各草案存。此令。

（中华民国陆海军大元帅之印）

中华民国十三年八月廿六日

据《大本营公报》第廿四号《指令》

给廖仲恺的训令 *

（一九二四年八月二十五至二十七日间）

据中央直辖滇军第三军军长胡思舜呈称："案据职军第六师师

　　＊　一九二四年九月二日《广州民国日报》称，此令为大元帅训令第四四三号。按大元帅训令第四四○号及第四四五号发令日期，分别为八月二十五日和二十七日。今据此推定此件日期为二十五日至二十七日间。

长胡思清呈称：'查此次九江风潮，迭经先后电呈在案。惟九江烟酒两税为国家正当收入，关系本军饷糈，业经径函南海李县长转饬代收陆续解送，以济军食，并经先行电呈在案，应请钧座察核，分别呈咨大元帅暨总司令、广东省长转饬南海县长遵照代收解缴，以符原议而救军食，并免派队征收，又生误会。是否之处，合呈请核送'等情。据此，查职军前后方部队伙食，前经奉令自行筹给，且九江烟酒两税早经指定拨充职军饷糈在案，应准照旧征收，以济军食。惟驻防部队现既调防，所拟责成南海县代收解送，俟后不再派队征收，免生误会，似属可行。理合备文呈请钧座察核，转饬南海县长遵照代收解缴，以符原案而济军食，实为公便"等情。据此，除指令函准外，合行令仰该省长转饬南海县长遵照办理。此令。

据《广州民国日报》一九二四年九月二日《令南署收缴九江烟酒税》

准郑洪年辞职令

（一九二四年八月二十七日）

大元帅令

　　大本营财政部长兼盐务督办叶恭绰呈兼盐务署署长郑洪年恳请辞职。郑洪年准免兼职。此令。

（中华民国陆海军大元帅之印）

中华民国十三年八月廿七日

据《大本营公报》第廿四号《命令》

准免黄建勋黄仕强职务令

（一九二四年八月二十七日）

大元帅令

　　大本营财政部长叶恭绰呈参事黄建勋、中央税捐整理处处长黄仕强另有任用，请免本职。黄建勋、黄仕强均准免本职。此令。

（中华民国陆海军大元帅之印）

中华民国十三年八月廿七日

据《大本营公报》第廿四号《命令》

任命黄建勋职务令

（一九二四年八月二十七日）

大元帅令

　　任命黄建勋为盐务署署长。此令。

（中华民国陆海军大元帅之印）

中华民国十三年八月廿七日

据《大本营公报》第廿四号《命令》

任命黄仕强职务令

（一九二四年八月二十七日）

大元帅令

　　任命黄仕强为大本营财政部参事。此令。

（中华民国陆海军大元帅之印）

中华民国十三年八月廿七日

据《大本营公报》第廿四号《命令》

委派蒋中正等职务令

（一九二四年八月二十七日）

大元帅令

派蒋介石、马超俊、李章达、谭平山、宋子文、孙科、甘乃光为平枭局委员。此令。

孙　文

中华民国十三年八月廿七日

据谭编《总理遗墨》第三辑影印原稿

给吴铁城的命令 *

（一九二四年八月二十七日）

查广州市近日发觉各种诋毁政府传单，日有数起。各区警察事前既不能防闲，临时又不能制止。甚至任由奸人随街分送，或乘汽车飞派，均若视无睹，殊属有乖职守。仰该局长毋得再行玩视，即饬警察侦缉，分队四处巡逻。如见有此种行为，应即拘拿，根究出处，从严惩办，以遏乱萌。切切。此令。

据《广州民国日报》一九二四年八月二十七日《昨日市内商店复业情形》

---

* 此件所标时间系《广州民国日报》发表日期。

给滇桂粤湘豫五总司令
及广东省长的训令

（一九二四年八月二十七日）

大元帅训令第四四五号

令滇、桂、粤、湘、豫五总司令，广东省长

查此次商店罢市系由奸人愚弄，且并未停业，及不得已而受挟制者实居多数。现已分令各军民长官严谕一律照常复业，应由该总司令转饬所部切实保护，并严令各带兵官长约束军队，恪守纪律，担负责任，实行保护。并由该总司令立即布告晓谕商民，以副本大元帅保安良善，维持治安之至意。除分令外，仰该总司令、省长即便遵照、知照，并布告晓谕一体知照。此令。

（中华民国陆海军大元帅之印）

中华民国十三年八月廿七日

据《大本营公报》第廿四号《训令》

给程潜的训令 *

（一九二四年八月二十七日）

据大本营军政部次长兼理广九铁路军车处事宜胡谦呈称："呈为财政竭绌，煤费难筹，谨拟办法，仰祈睿鉴事：除原文该处有案不

———————

　　* 原令未署日期。按八月三十日《广州民国日报》载：八月二十七日，军政部转令胡谦："现奉大元帅训令"。今据此确定日期。

录外,后开:如承采择,即乞批示并令行建设部转饬路局照办,不特财政从此减轻负担已也,如将来整理有效,除煤费、办公费尚有剩余时,请准每日尽先拨给三百元为北伐第三军给养,是否有当,伏乞示遵"等情,并附呈维持广九铁路办法九条前来。查核所拟各办法,尚属可行,仰该部长转饬该军车处遵照办理为要。至原呈所称俟将来整理有效,除煤费办公费尚有剩余时,请准每日尽先拨给三百元为北伐第三军给养一节,应俟整理就绪,再行呈报核夺。仰□并饬遵办法九条抄发。此令。

据《广州民国日报》一九二四年八月三十日《整理广九路案之部令》

给叶恭绰的指令

（一九二四年八月二十七日）

大元帅指令第九六四号

令大本营财政部长叶恭绰

呈报遵办各征收机关收入解存中央银行由。

呈悉。此令。

（中华民国陆海军大元帅之印）

中华民国十三年八月廿七日

据《大本营公报》第廿四号《指令》

给叶恭绰的指令

（一九二四年八月二十七日）

大元帅指令第九六五号

令大本营财政部长兼盐务督办叶恭绰

呈为郑洪年恳辞盐务署长兼职,遗缺请以参事黄建勋调简,递遗参事缺请以黄仕强调简由。

呈悉。已有明令分别任、免、准辞矣。仰即知照。此令。

（中华民国陆海军大元帅之印）

中华民国十三年八月廿七日

据《大本营公报》第廿四号《指令》

给叶恭绰的指令

（一九二四年八月二十七日）

大元帅指令第九六七号

令大本营财政部长叶恭绰

呈请裁撤中央税捐整理处乞鉴核由。

呈悉。既据陈明中央税捐整理处无进行之必要,应准予裁撤。仰即知照。此令。

（中华民国陆海军大元帅之印）

中华民国十三年八月廿七日

据《大本营公报》第廿四号《指令》

复沈鸿英等电

（一九二四年八月二十八日）

万急。八步沈行营沈总司令①、桂林邓指挥②、陆师长③、张、

---

① 沈总司令:即沈鸿英。
② 邓指挥:即前敌总指挥邓右文。
③ 陆师长:即陆云高。

陈、莫三旅长①均鉴：顷接邓指挥等有电，欣悉桂林克复，地方安靖，至为嘉慰。陆逆②收合余烬，窃据汉城，劳我义师，于今半载。兄以貔貅之众，冒暑遄征，尝胆卧薪，停辛伫苦，卒能克复雄诚，挫其凶锋。邕桂既得，逆势益靡，尚望乘胜长驱，奠安全桂，并传谕诸将士咸使闻知。大元帅。全③午。

据《广州民国日报》一九二四年九月二日《帅电嘉奖克复桂林将领》

任命邓彦华职务令

（一九二四年八月二十八日）

大元帅令

　　任命邓彦华为大本营参军。此令。

（中华民国陆海军大元帅之印）

中华民国十三年八月二十八日

据《大本营公报》第廿四号《命令》

饬商人开业令 *

（一九二四年八月二十八日）

　　查逆匪陈廉伯甘心从逆，阴谋叛乱，经政府查获证据与该逆党

---

①　张、陈、莫三旅长：即张希拭、陈春光、莫显成。

②　陆逆：即陆荣廷。

③　"全"似"俭"字笔误。按八月二十四日沈军克复桂林，有（二十五）日邓右文驰电报捷。孙中山"顷接邓指挥等有电"后复电。据此推断，俭（二十八）日复电是可能的，今据此酌定日期。

*　原令未署年份。据令中有关商团罢市等内容判断，应在一九二四年。

自行宣传，逆迹昭然，中外共见。迨事机败露，该逆潜逃，竟敢密遣党羽散布谣言，愚弄商团，诱胁商人罢市，不惜牺牲商民之生业，扰害市面之安宁，以图一逞。此而可忍，人道何存？此而何〔可〕容，国纪何在？本大元帅素以宽大为怀，不忍株累。故前此再三晓谕准商团自行检举，允为发还所购枪支。不意其受人挟持，公然有罢市之举。在商人素明大义，利害所迫或系一时被其迫胁，受其欺蒙。政府为保全治安，伸张法纪，惟有实行正当之解决，以维大局而遏乱源。除一面分令军民长官，严谕商家一律照常复业，切实保护外，所有商团订购之枪支，查系此次实行罢市抵抗政府者，应即分别收没；其未罢市者仍准发还，以昭惩劝。如仍有执迷不悟，抗不开市，并有叛乱行为者，惟有将该市区内商团枪枝按数勒缴，并将首要严拿惩办，决不宽贷。除分令外，仰即遵照，并转饬所属知照。此令。

八月廿八日

据《广州民国日报》一九二四年八月二十九日《解决扣械案之帅令》

致范石生廖行超函
（一九二四年八月二十九日）

小泉、品卓二兄鉴：

　　此次民心之愤激，实因恨客军而起。我之对商民，以为筹备送客则可，用武逐客则不可，因此遂为众怨之的，所幸工人农团犹向政府。若两兄不能为政府立威信，则工人农团将必有畏势而退缩，则人心尽去，而大局更危矣！政府万一不固，则滇军必无幸免之理，此实关于滇军生死之机，不独革命成败已也。铁城枪毙其团副，此乃分所当然，彼辈一时不就范，只有以法绳之而已。望兄等速决心,不能稍示犹豫。陈廉伯已助东江之敌以大款,不日当有大反攻,若吾人不先清内患,则前方危矣。如明日尚无解决,则吾人非与彼辈决一生死不可。此时正要由死中求生,不可一误再误,时间为敌人之利器,拙速乃吾党之生路。务望与绍基及樊军一致行动,速下万钧之威,不顾一切死里求生乃可,否则追悔无及矣。勇决勇决,革命幸甚!中国前途幸甚!此致,即候

毅安

孙　文

中华民国十三年八月二十九日午前二时

据广东省社会科学院历史研究所藏原件照片

致范石生廖行超函

（一九二四年八月二十九日）

小泉、品卓两兄鉴:

商团数来调和,每次皆以事故中变,此其故意延长时间,以待东江敌人反攻而为夹击之计,已无疑义,我等不可尚在梦中也。今日若尚无解决,则非死中求生不可。望两兄速决心与政府一致对商团为最后之忠告,明日须悉将商团缴枪,勒令商户开市。如有不从,则由有纪律之军队协同学生、工人,将西关全市之米粮、布匹悉数征发,以为战时军用。如此则吾军前后方可免饥寒之忧,乃可持久。此为战时必要之举,各国皆有先例,在我当仿而行之。能行则生,不能行则死,生死关头在此,成败利钝亦在此,望两兄速决而力行之,大局幸甚。此致。

孙文　中华民国十三年八月廿九日

据中国革命博物馆所藏原件

复范石生廖行超函

（一九二四年八月二十九日）

小泉、品卓两兄鉴：

所拟各节尚无碍难之处，今后办法不独陈廉伯之表示悔悟措辞如何，尤当察其诚意如何。如真有诚意服从政府，则何事不可通融办理？所以，千头万绪，都在一"诚"字而已。故于开市之后，请两兄约同各签字之人到来面谈一切，以观其诚意之所在。如明开市，即请午后四点到来可也。此候

毅安

孙文　中华民国十三年八月廿九日

据香港《华字日报》编《广东扣械潮》（香港华字日报社一九二四年冬版）影印原函

给中央银行的命令 *

（一九二四年八月二十九日）

着中央银行由今日起，至再有命令之日止，将所发出之纸票每百元加税一元。此税款每日交大本营会计司收。此令。

据《广州民国日报》一九二四年八月三十日《帅令中央纸币加税》

---

* 此件所标时间系据八月三十日《广州民国日报》云"昨大元帅复令中央银行"酌定。

给程潜的指令

（一九二四年八月二十九日）

大元帅指令第九六八号

　　令大本营军政部长程潜

　　呈复已故湘军所部队长岳云宾请追赠陆军少校并照例给予少校恤金由。

　　呈悉。岳云宾准如所请追赠给恤，仰即遵照办理。此令。

（中华民国陆海军大元帅之印）

中华民国十三年八月廿九日

据《大本营公报》第廿四号《指令》

给程潜的指令

（一九二四年八月二十九日）

大元帅指令第九六九号

　　令大本营军政部长程潜

　　呈转呈湘军师长刘文锦请省释任鹤年交该部效力等情乞察核由。

　　呈悉。照准。此令。

（中华民国陆海军大元帅之印）

中华民国十三年八月廿九日

据《大本营公报》第廿四号《指令》

给徐绍桢的指令

（一九二四年八月二十九日）

大元帅指令第九七一号

　　令大本营内政部长徐绍桢

　　呈报征收中、西医生照费，数目分别列表，请予备案，并声明该款拨充部费情形由。

　　呈悉。此令。

（中华民国陆海军大元帅之印）

中华民国十三年八月廿九日

据《大本营公报》第廿四号《指令》

给财政委员会的训令

（一九二四年八月二十九日）

大元帅训令第四五〇号

　　令财政委员会

　　为令行事：据大本营财政部长呈称："为呈复事：窃职部所有收入，前经指拨各项〔各项〕经费，拟具概算开列清单呈报钧座鉴核在案。兹于八月二十一日奉大元帅第四三〇号训令内开：'案查前次政务会议提议，一切税捐仍交地方主管官厅直接办理，除印花税应归财政部经理外，其余糖捐、桑田、酒精、火柴各捐均应由广东财政厅征收。业经议决，应即实行。除分令广东省长转饬财政厅照办外，仰该部长即便遵照，仍各将交收日期分报查核。此令'等因。

奉此,自遵照办理。惟查酒精一项,原属奥加可类印花税,系援职部所办烟酒印花税之例并案办理,乃酒类印花税之一种,曾于本年三月三十日由部订定《施行奥加可类印花税章程》呈奉,大元帅第三二〇号指令准予备案各在案,而火柴检验证亦属于特种印花税之一。现时梧州业已开办,广东亦开办未久。今奉帅令印花税应归财政部管理等因,则上两项税收既属于印花税,应否一律交厅,似尚须考虑。但既奉令,饬拟将广东火柴检验印花改为火柴捐,于本月二十八日先行交厅。惟梧州业已开办,若只此一隅仍留归部管,恐收入不足以供经费,自应将梧州一埠停办。至糖类捐系于七月二十八日开办,拟俟本月二十七日一个月期满,于二十八日移归财厅接办,以便收支款项划清界限,易于计算。此外,如糖类捐附加二成军费及桑田特别税,拟均于本月二十八日移归该厅接办。但有不得不声明者,职部收入本已指拨各项经费均经分行呈报有案。如省河及各属普通烟酒两项印花税已指定为短期军需库券还本付息基金,预计尚属不敷,正恃他种印花税以资挹注,而向在印花税项下开支之职部经费本已等于无着,现各项税收既奉令改归财厅接办,则职部对于指拨各机关经费及其他军费,实已无此财力应付,以后即无从担任。合并陈明"等情。据此,除指令"呈悉。已令行财政委员会查照矣。此令"印发外,合行令仰该会查照。此令。

(中华民国陆海军大元帅之印)

中华民国十三年八月廿九日

据《大本营公报》第廿四号《训令》

给叶恭绰的指令

（一九二四年八月二十九日）

大元帅指令第九七五号

　　令大本营财政部长叶恭绰

　　呈复遵令将地方税捐分期移归广东财政厅直接管理暨声明部管财政情形由。

　　呈悉。已令行财政委员会查照矣。此令。

　　　　　　　　　　　　　　　（中华民国陆海军大元帅之印）

中华民国十三年八月廿九日

　　　　　　　　　　　　　　据《大本营公报》第廿四号《指令》

给许崇智的指令

（一九二四年八月二十九日）

大元帅指令第九七六号

　　令粤军总司令许崇智

　　呈将大本营中流砥柱制弹厂改为粤军第一制弹厂，以符名实由。

　　呈悉。准如所请办理仰即知照。此令。

　　　　　　　　　　　　　　　（中华民国陆海军大元帅之印）

中华民国十三年八月廿九日

　　　　　　　　　　　　　　据《大本营公报》第廿四号《指令》

准鲁涤平辞职令

（一九二四年八月三十日）

大元帅令

　　禁烟督办鲁涤平呈请辞职。鲁涤平准免本职。此令。

（中华民国陆海军大元帅之印）

中华民国十三年八月三十日

据《大本营公报》第廿四号《命令》

特派谢国光职务令

（一九二四年八月三十日）

大元帅令

　　特派谢国光为禁烟督办。此令。

（中华民国陆海军大元帅之印）

中华民国十三年八月三十日

据《大本营公报》第廿四号《命令》

裁撤大本营医官令 *

（一九二四年八月）

　　大本营医官一职可裁撤。

文

据谭编《总理遗墨》第三辑影印原稿

---

　　* 　原令未署日期，所标时间据《国父全集》。

本卷编后说明

　　《孙中山全集》第十卷的编辑工作，由广东省社会科学院历史研究所孙中山与辛亥革命研究室承担。参与者有张磊、方式光和王杰同志，王杰同志负担了大部分的工作。

　　黄彦同志对编辑工作提供了许多有益的意见和资料。

　　在编辑过程中，多承中共中央宣传部图书资料室、中国革命博物馆等单位和久保田文次、王好立、高兴国、丁贤俊、虞和平、李昌文等同志给予指点和帮助，特此致谢。

编　者

一九八五年五月